LERNPLUS XXL

Trainingsbuch
Gymnasium 6

Deutsch
Mathematik
Englisch

Schroedel

LERNPLUS XXL

Trainingsbuch
Gymnasium 6

Deutsch
Mathematik
Englisch

Autor Deutsch:
Friedel Schardt

Autor Mathematik:
Rainer Hild

Autoren Englisch:
Bernd Raczkowsky
Christof Wagner

Druck A[1] / Jahr 2013

Redaktion: Katrin Spiller
Umschlaggestaltung und Herstellung: Sandra Grünberg
Layout: Janssen Kahlert Design & Kommunikation GmbH, Hannover
Illustrationen: Sarah Burrini, Köln und Matthias Berghahn, Bielefeld (Deutsch und Englisch);
    Dieter Tonn, Bovenden-Lenglern (Mathematik)
Druck und Bindung: westermann druck GmbH, Braunschweig

ISBN 978-3-507-**23176**-4

Liebe Schülerin, lieber Schüler,

Lernplus XXL hilft dir, die wichtigsten Inhalte der Hauptfächer Deutsch, Mathematik und Englisch der Jahrgangsstufe 6 zu wiederholen, zu üben und besonders die Themen zu trainieren, die erfahrungsgemäß viele Stolpersteine enthalten.
Alle Kapitel in diesem Buch sind überschaubar gegliedert und alle Regeln werden Schritt für Schritt erklärt, bevor du sie in den Übungen selbstständig anwendest.

Training plus fragt dein Wissen am Ende eines Kapitels noch einmal ab. Mithilfe der insgesamt 99 Testfragen pro Fach kannst du gut überprüfen, wie sicher du die einzelnen Regeln beherrschst.

Den **Abschlusstest** nach jedem Kapitel bearbeitest du so wie eine Klassenarbeit. In den Lösungen findest du eine Punkteübersicht, mit deren Hilfe du deine Leistungen einschätzen kannst.

In *Lernplus XXL* gibt es außerdem drei besondere Elemente:

 Die Regeln werden in jedem Kapitel verständlich zusammengefasst und anschaulich erklärt. Oft werden sie durch Beispiele ergänzt.

 Hinweise, worauf du beim Lernen achten solltest oder wie du dir etwas besonders gut merken kannst, findest du bei den Tipps.

 Für alle, die etwas mehr wissen wollen, bietet Info plus spannende Informationen und Hintergrundwissen.

Mithilfe der **Lösungen** kannst du kontrollieren, ob du die Aufgaben richtig bearbeitet hast und wie viele Punkte du im Abschlusstest erzielt hast. Wenn du im Buch nicht genügend Platz für die Bearbeitung der Übungen findest, schreibe die Lösungen bitte in ein Heft.

Viel Erfolg beim Üben und Besserwerden wünscht dir

das *Lernplus XXL*-Team

LERNPLUS XXL

Trainingsbuch
Gymnasium 6

Deutsch

Schroedel

1	Rechtschreibung und Zeichensetzung	8
1.1	Groß- und Kleinschreibung	8
1.2	Lange und kurze Vokale	12
1.3	Die Schreibung der s-Laute	16
1.4	Gleich und ähnlich klingende Laute	18
1.5	Zeichensetzung	21
	→ Training plus	24
	→ Abschlusstest	25

2	Satzarten	28
2.1	Der Hauptsatz	28
2.2	Das Satzgefüge: Haupt- und Nebensatz	31
2.3	Satzglieder und Objekte	35
	→ Training plus	42
	→ Abschlusstest	43

3	Wortarten und Wortformen	46
3.1	Adverbien	46
3.2	Pronomen	48
3.3	Verben	50
	→ Training plus	55
	→ Abschlusstest	56

4	Erzählen	58
4.1	Fantastische Geschichten erzählen	58
4.2	Lügengeschichten	64
	→ Training plus	68
	→ Abschlusstest	69

5	Berichten und Beschreiben	70
5.1	Der Zeugenbericht	70
5.2	Die Tierbeschreibung	74
5.3	Die Personenbeschreibung	80
	→ Training plus	84
	→ Abschlusstest	85

6	Argumentieren und Begründen	86
	→ Training plus	92
	→ Abschlusstest	93

7	Texte bearbeiten	94
7.1	Texte unterscheiden: Bericht und Beschreibung	94
7.2	Texten und Grafiken Informationen entnehmen	97
	→ Training plus	102
	→ Abschlusstest	103

8	Gedichte untersuchen	104
8.1	Reime	104
8.2	Bilder, Vergleiche und Metaphern	107
	→ Training plus	109
	→ Abschlusstest	110

→ Training plus – zum Schluss 111

Lösungen 112
Glossar 141
Stichwortverzeichnis 427
Quellenverzeichnis 430

1.   Rechtschreibung und Zeichensetzung

Es gibt Sprachen, in denen zum Beispiel nur Satzanfänge und Namen großgeschrieben werden oder die kein ß und *ss* kennen. Deutsch gilt daher oft
als schwierige Sprache. Wer aber die einzelnen Wortarten und Grundregeln
kennt, findet sich in der deutschen Rechtschreibung und Zeichensetzung viel
einfacher zurecht.

1.1   Groß- und Kleinschreibung

Regel

Großschreibung

+ Immer großgeschrieben werden im Deutschen die **Satzanfänge** und
  Eigennamen.
+ Auch alle **Substantive** werden großgeschrieben.
+ Außerdem können Wörter anderer Wortarten (wie Verben oder Adjektive) als
  Substantive gebraucht werden. Man spricht dann von **Substantivierungen**
  bzw. Nominalisierungen oder von substantivierten Adjektiven und Verben.
  Beispiel: *das Betreten des Rasens …, das Schöne an den Ferien*

1   Text 1 besteht nur aus Kleinbuchstaben. Schreibe ihn richtig in dein Heft
ab und achte dabei auf die Großschreibung.

Text 1: beim fußballspielen

in der schulmannschaft der unterstufe spielte erkan den rechtsaußen, aber er
hatte noch einige probleme beim schießen von eckbällen. er wollte den mangel
beheben und übte das treten der eckbälle von rechts. das laufen zum bolzplatz
wollte er sich sparen, deshalb wählte er den hinterhof zum üben, etwas besseres
fiel ihm nicht ein. das trainieren dauerte nicht allzu lange, da zeigte ein lautes klirren an, dass erkans schießen zum zerbrechen einer fensterscheibe geführt hatte.
erkan verzichtete auf langes nachdenken, schnappte sich seinen ball und schon
gab es für ihn nur noch ein rennen, retten, flüchten. der hausmeister aber hatte
nur auf etwas so willkommenes gewartet und rannte gleich hinterher. bald war es
mit dem davonrennen vorbei, der hausmeister hatte erkan gefasst und fauchte
ihn an: „kannst du nicht richtig zielen?" „wieso denn?", erwiderte erkan. „ich habe
das fenster doch gut getroffen, und mein wegrennen erklärt sich ganz einfach: ich
wollte nur schnell das geld zum bezahlen holen!"

Tipp Wie erkennt man Substantivierungen?

✚ Werden Adjektive oder Verben als Substantive (Nomen) gebraucht, werden sie wie Substantive behandelt, d.h. sie werden dekliniert und können einen Begleiter haben. Wenn man also einen bestimmten oder unbestimmten Artikel voranstellen kann, schreibt man das Wort groß (*das Lesen, der Große*).

✚ Oft weisen die mit einem Artikel vereinigten Präpositionen *am, im, zum, vom* oder *beim* darauf hin, dass es sich beim Bezugswort um ein substantiviertes Verb handelt. (*Beim Essen sollte man nicht sprechen.*).

✚ Steht vor einem Adjektiv ein unbestimmtes Mengenwort, handelt es sich um ein substantivisch gebrauchtes Adjektiv (*alles Gute, viel Neues*).

---

2 Groß oder klein? Mache die Probe und fülle die Lücke richtig aus.

Eines (schönen) _____ Morgens

wachte Lars auf. So (klein) _____ war

Lars eigentlich nicht. Aber alle nannten ihn

den (kleinen) _____, weil er frü-

her der (kleinste) _____ in der

Familie war. Es war ja auch nichts (schlimmes)

_____, und Lars hatte sich an den

Namen gewöhnt.

Beim (aufwachen) _____ an diesem Morgen aber wollte Lars

das (alte) _____ ändern. Er wollte nicht mehr der (kleine) _Kleine_

sein, schließlich hatte er heute Geburtstag und mit zehn ist man nicht mehr

(klein) _____. Sein (protestieren) _____ beim Frühstück

führte zu einem allgemeinen (lachen) _____. „Das ist ja

etwas ganz (neues) _____!", riefen seine Geschwister. „Komm, (kleiner)

_____, sei friedlich. Du bist schließlich unser (bester) _____."

Am Ende aber versprachen sie Lars dann doch, ihn nie wieder so zu nennen.

Regel

Ableitungen von Orts- und Ländernamen

✚ Werden von Orts- oder Ländernamen **Wörter mit -er** abgeleitet, werden diese **großgeschrieben**: *Baden* ➔ *Badener Wein*.

✚ Werden **Wörter auf -isch** abgeleitet, werden sie **kleingeschrieben**: *irisch*.

✚ **Achtung**: Es gibt Ausnahmen, wenn die Ableitungen zu einem Namen bzw. festen Begriff gehören.
Beispiel: *Holstein* ➔ *die Holsteinische Schweiz*; aber: *Die holsteinische Butter ist teurer als die irische.*

---

3 | Entscheide: Schreibst du groß oder klein?

a) Sie bestellte ein Stück _____ (s)chwarzwälder Kirschtorte. Er aß lieber ein

deftiges Frühstück mit _____ (w)estfälischem Schinken, _____ (s)chweizer Käse

und als Abschluss ein paar _____ (n)ürnberger Bratwürste.

b) Die _____ (l)andauer Bürger wurden sehr getäuscht. Der _____ (b)erliner Kandi-

dat entpuppte sich als Hochstapler. Er hatte sich als _____ (b)randenburgischer

Gelehrter ausgegeben, war aber in Wirklichkeit ein _____ (o)stwestfälischer

Eulenspiegel.

c) Auf dem Speisezettel standen diese Woche weder _____ (w)iener Schnitzel

noch _____ (u)ngarisches Gulasch oder _____ (s)chwäbische Maultaschen. Es

gab vielmehr nur _____ (i) talienischen Salat, _____ (g)riechischen Salat und

_____ (g)rünen Salat mit Tomaten und Paprika.

d) _____ (b)erliner Currywurst ist sein Lieblingsessen.

Tipp

Zusammengesetzte Wörter

Werden Wörter aus einem Adjektiv und einem Substantiv zusammengesetzt, entscheidet die Wortart des Grundwortes über die Wortart des neuen Wortes. Falls das Grundwort ein Substantiv ist, wird das zusammengesetzte Wort großgeschrieben (*groß + Bauer* ➔ *Großbauer*). Falls das Grundwort ein Adjektiv ist, wird die Zusammensetzung kleingeschrieben (*Himmel + blau* ➔ *himmelblau*).

Regel

Zeitangaben und Tageszeiten

Zeitangaben sind meist adverbiale Bestimmungen. Sie werden durch Adverbien (*gestern*, *morgen*) ausgedrückt und kleingeschrieben. Gleiches gilt für die Angaben *abends, morgens, mittags* usw.

✚ Wird *gestern, heute, morgen* mit einer Tageszeit kombiniert, wird die Tageszeit großgeschrieben: *Gestern Mittag, heute Morgen*.

✚ Wird die Tageszeit mit einem Wochentag kombiniert, entsteht ein neues zusammengesetztes Wort, welches großgeschrieben wird: *am Freitagabend*. **Vorsicht**: Man schreibt aber: *Es war freitagabends, als er …*

---

4 | Setze die mit Großbuchstaben markierten Zeitangaben richtig ein.

Text 2: Lena und die Bäuerin am Fluss (Rätsel)

Lena war schon seit dem frühen SONNTAGMORGEN _____

unterwegs. Gegen MITTAG _____ kam sie an einen Fluss, an dessen

Ufer sah sie eine Bäuerin. Sie hörte sie seufzen: „Was mache ich nur? Seit GESTERN

ABEND _____ sitze ich hier und komme nicht weiter. Ich

habe HEUTE NACHT _____ kein Auge zugetan. Ich muss

über den Fluss und muss den Hund, die Ziege und den Rotkohl hinüberbringen. Seit

VORGESTERN ABEND _____ ist die Fähre außer

Betrieb. GESTERN _____ hat MITTAGS _____ ein kleiner Kahn den

Betrieb aufgenommen. Der trägt nur immer zwei von uns. Ich kann aber weder die

Ziege mit dem Kohl noch den Hund mit der Ziege allein lassen. Was mache ich nur!

Diesen ABEND _____ muss ich drüben sein, denn ich werde MOR-

GEN MITTAG _____ zu Hause erwartet!" Lena überlegte. Solche

Probleme löste sie noch ABENDS _____ vor dem Schlafengehen.

Na klar! Die Bäuerin brauchte nicht bis zum ABEND _____ auf die Lösung

warten. Lena hatte sie schon NACHMITTAGS _____ gefunden. Und

so war die Bäuerin pünktlich am MONTAGMITTAG _____ zu Hause.

1.2 Lange und kurze Vokale

Lange Vokale

✚ Für lange Vokale gibt es verschiedene Schreibweisen:
- **mit einfachem Vokal** ohne weitere Kennzeichnung der Länge (*der Rabe, der Hase*).
- mit dem **-h als Dehnungszeichen** (*das Nahe, die Uhr*).
- mit einer **Verdoppelung des Vokals** als Dehnungszeichen (*das Boot, der Saal*).

✚ Beim langen Vokal i gibt es zusätzliche Schreibweisen:
- mit **Dehnungs -e** im Wort oder im Auslaut: *Niete, verlieren, Tier, Knie, Geografie.*
- mit **Dehnungs -h**: *ihm, er flieht, er sieht, das Vieh.*
- als **einfaches i**: *Mine, Lid, Benzin, Klima.*

---

5 Kreuzworträtsel: lange Vokale

Waagerecht
3. Gerät, um Holz zu schneiden
5. Ort, an dem Getreide zerkleinert wird
7. ohne Inhalt
8. essbare, kleine rote Knollenwurzel
11. sich auf Rädern vorwärts bewegen
14. Leder

Senkrecht
1. Kälte empfinden
2. zerkleinertes Getreide
3. etwas unberechtigt wegnehmen
4. empfinden
6. Getreide zerkleinern
8. getrocknete Weintraube
9. ein Bild herstellen
10. etwas in der Pfanne erhitzen
12. in die Länge ziehen, ausweiten
13. Sitzmöbel

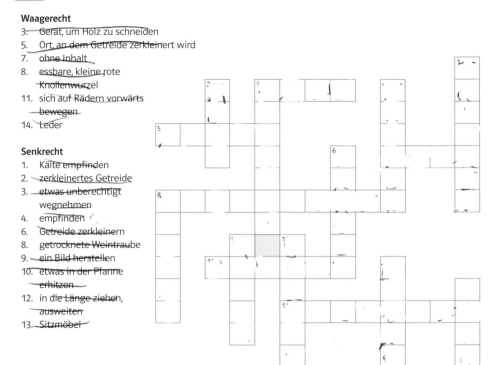

6 a) Lege im Heft eine Tabelle an und ordne die Wörter aus Aufgabe 5 nach ihrem Dehnungszeichen.

ohne Zeichen	Verdoppelung	Dehnungs-h	Dehnungs-e

b) Schreibe die Wörter unten dreimal ab, damit du sie dir noch besser merkst.

ungefähr – Tal – kostbar – nämlich – dämlich – spuken – spazieren – Kreuz – Metzger – vielfältig

 Tipp   *wider* und *wieder*

Die Schreibweise von *wider* und *wieder* macht besondere Schwierigkeiten, vor allem in Zusammensetzungen. Am besten merkst du dir:
Wenn etwas wiederholt auftaucht, noch einmal geschieht, schreibt man *-ie* (*wiederholen, Wiedersehen*). Ist aber etwas entgegengesetzt, gegen etwas, schreibt man einfaches *i* (*Widerspruch, Widerstand*).

7 *i* oder *ie*? Ergänze die Lücken.

Immer w_____der w____dersprach er. Sein W____derspruch führte dann

w____derum zu neuen Vorwürfen. Er habe w____holt abgeschrieben, so wurde

immer w____der aufs Neue behauptet. Seine Erw____derungen nahm man ein-

fach nicht ernst. Schließlich hatte sein Freund ein Gespräch w____dergegeben,

aus dem hervorging, dass er sich nur w____derwillig in die Prüfung begeben

hatte und lieber die Klasse w____derholen wollte, als darauf zu verzichten, auf

Fragen das zu erw____dern, was er für richtig hielt. Immer w____der forderte er

Beweise, die seine Behauptung, er habe nicht abgeschrieben, zu w____derlegen

vermochten.

Regel **Kurze Vokale**

Einem kurzen Vokal folgt in der Regel
- ein **Doppelkonsonant** (*Butter*, *Sonne*, *sammeln*) oder
- zwei oder **mehrere Konsonanten** (*Wand*, *Stern*, *klopfen*).

8 | Schreibe den Text 3 als Laufdiktat. (Oder lasse ihn dir diktieren!)

Text 3: Licht am Ende des Tunnels

Unter der Falltür war eine wackelige Treppe, deren Stufen bei jedem Schritt beängstigend knarrten. Die Kerze in seiner Hand flackerte, und ihre Flamme drohte zu verlöschen. Da hatte er die letzte Stufe erreicht und spürte wieder festen Boden unter den Füßen, das heißt, so fest war der Boden nicht. Er stand auf Brettern, welche bei jedem Tritt federten, und so kam es, dass er sein Zittern noch immer nicht einstellen konnte. Immerhin begann er jetzt nachzudenken. Das Flackern seiner Kerze musste einen Grund haben. Da gab es Zugluft, und das konnte nur bedeuten: Es gab einen zweiten Ausgang. Vorsichtig tastete er sich Schritt für Schritt über die Bretter. Endlich erreichte er ein gemauertes Podest und die Wackelei hatte ein Ende. Erleichtert atmete er auf. Dabei musste er vor lauter Pusten die Kerze ausgeblasen haben. Nun stand er völlig im Finstern. Aber nein! Jetzt war es deutlich zu sehen! Er bemerkte einen kleinen Lichtschimmer. Das war es, das berühmte Licht am Ende des Tunnels. (169 Wörter)

 Regel **ck und tz**

✚ Die Buchstaben z und k treten nur selten, eigentlich nur in Fremdwörtern, als Doppelkonsonanten auf. Soll z verdoppelt werden, schreibt man *tz*, statt *kk* schreibt man *ck*.
✚ Nach *l*, *n*, *r*, steht nie *tz* und nie *ck*!

9 | Wähle aus der Liste passende Reimwörter aus und ordne sie den vorgegebenen Wörtern auf Seite 15 zu.

~~Katze~~ - spritzen - ~~Latz~~ - ~~Spatz~~ - ~~Satz~~ - ~~kratzen~~ - spitzeln - ~~schmatzen~~ - ~~schwitzen~~ - ~~Fratze~~ - ~~blitzen~~ - ~~putzen~~ - verschmutzen - ~~witzeln~~ - ~~Tatze~~ - ~~kritzeln~~ - ~~schwatzen~~ - ~~kitzeln~~ - ~~Glatze~~ - ~~nutzen~~ - ~~Platz~~ - ~~ritzen~~ - verpatzen

Matratze: _____

Schatz: _____

sitzen: _____

schnitzeln: _____

platzen: _____

stutzen: _____

Dreimal derselbe Konsonant

Wenn ein Wort mit einem Doppelkonsonanten (*Schiff*) endet und wenn es mit einem zweiten Wort verbunden wird, das mit diesem Konsonanten beginnt (*Fahrt*), bleiben die drei Konsonanten erhalten (*Schifffahrt*).
Hinweis: Man kann auch einen Bindestrich setzen (*Stall-Laterne*).

Der Bindestrich

Ein Bindestrich ist immer dort willkommen, wo es gilt, ein Missverständnis zu vermeiden oder einen Bestandteil hervorzuheben; er dient also dem Ziel, Klarheit zu schaffen. (…) Um es bildhaft auszudrücken: Wo ein Bindestrich steht, da holt das Auge gewissermaßen Luft. Um bei längeren Wortketten nicht aus der Puste zu kommen oder um ein Element besonders zu betonen, ist das Luftholen eine sinnvolle Sache. Doch in einem Text, in dem Auto-Bombe, Polizei-Einsatz, Verkehrs-Chaos und Rettungs-Maßnahmen gekoppelt werden, fängt das Auge vom vielen Luftholen förmlich zu japsen an.

aus: Bastian Sick: Der Dativ ist dem Genitiv sein Tod. Ein Wegweiser durch den Irrgarten der deutschen Sprache (S. 72 f.) © 2004, 2012 by Kiepenheuer & Witsch GmbH & Co. KG, Köln

10 Setze aus diesen Wörtern neue Wörter mit drei gleichen aufeinanderfolgenden Konsonanten zusammen und schreibe sie in dein Heft.

Nuss – Fahrt – Klemm – Schale – Tipp – Partner – Imbiss – Geschirr – Plakat – still – Flasche – Schiff – frei – Tempo – Mappe – Lauf – Legung – Stube – Schadstoff – fest – griff – Lampe – Ballett – Länderspiel – Sauerstoff – Kontrolle – schnell – Truppe – Papp – Schritt – Fußball – Reiniger – Stoff – Farbe

1.3 Die Schreibung der s-Laute

Schreibung der s-Laute (Wiederholung)

✚ Das stimmhaft gesprochene s wird immer einfach geschrieben.
✚ Das stimmlose *s* wird nach langem Vokal *ß* geschrieben. (Übrigens: Diph-
  thonge, also Doppellaute, gelten immer als lange Laute!)
✚ Das stimmlose *s* nach kurzem Vokal wird in den meisten Fällen als einfaches *s*
  geschrieben, falls noch ein Konsonant folgt (*Rost*).
✚ Das stimmlose s nach kurzem Vokal wird jedoch mit zwei *ss* geschrieben, falls
  ein Konsonant oder ein Vokal folgt (*Wasser, bewusst*).

11 │ Im Text 4 fehlen die s-Laute. Setze sie ein.

Text 4: Zeugnisschreck

Jenny hatte einen Freund namen____ Tobi. Tobi war äu____erst gutmütig und

_____ehr verlä____lich. Aber in der Schule ____tand e____ nicht be____onders gut

um ihn. E____ unterlief ihm ____o manche ____M.____geschick. Be____onders

schlecht lief e____, wenn e____um eine Prüfung ging. Da rächten ____ich dann

die vielen Versäumni.____e. Tobi erlebte viele M____erfolge und bekam sogar einen

blauen Brief. So kam e____ zum Schlu____ zu einem Zeugn____, da____zwar nicht

mal ____o schlecht war, aber doch viele Wünsche offen lie____. Als Tob____Vater

das Zeugni____ehen wollte, mu____te ihm Tobi gestehen: „Ich habe e____

meiner Freundin Jenny au____geliehen. Sie will ihren Vater erschrecken!"

Info plus   Ein **blauer Brief** verheißt nichts Gutes. Entweder bezeichnet
er ein Kündigungsschreiben oder einen Mahnbrief an die Eltern von Schülern,
deren Versetzung gefährdet ist. Der blaue Brief verdankt seinen Namen den
blauen Umschlägen preußischer Kabinettsschreiben im 19. Jahrhundert, mit
denen auch Offiziere aufgefordert wurden, ihren Abschied aus der Armee zu
nehmen. nach: Duden Etymologie. Das Herkunftswörterbuch der deutschen Sprache, Duden Band 7,
von Günther Drosdowski, Dudenverlag, Mannheim/Wien/Zürich 1989, S. 86.

Regel

das oder dass

Das und *dass* werden völlig gleich ausgesprochen, denn beide haben einen kurzen Vokal. In ihrer Funktion und in der Schreibung unterscheiden sie sich jedoch:

- *Das* als Artikel, Relativpronomen oder Demonstrativpronomen wird mit einfachem *s* geschrieben.
- *Dass* als Konjunktion wird mit *ss* geschrieben.

Tipp

Das oder dass? So machst du die Probe:

- *Das* als Artikel kann man durch *ein* ersetzen.
- *Das* als Demonstrativpronomen kann man durch *dieses* ersetzen.
- *Das* als Relativpronomen kann man durch *welches* ersetzen.
- Die Konjunktion *dass* lässt sich nicht ersetzen.

Merke dir: Kann man *das* durch *ein*, *dieses* oder *welches* ersetzen, schreibt man es mit einfachem *s*.

12 | Im folgenden Text taucht *dass* bzw. *das* auf. Setze das richtige Wort ein.

Text 5: Dilowan wundert sich

Ein Wetter war _____ _____ _____ regnete und regnete. Es regnete schon so

stark, _____ man fast die Lust verlieren konnte, zum Spielplatz zu gehen. Dilowan

hatte _____ Wagnis trotzdem unternommen und war auf dem Spielplatz. Da sah

er ein kleines Mädchen, _____ lustig in den Pfützen herumplanschte.

„_____ darf doch nicht wahr sein! _____ darf _____ doch nicht!" Er sah,

_____ die Mutter am Rand stand und _____ alles ansah, ohne zu schimpfen.

Dilowan ging zu ihr hin. „Darf _____ ?", fragte er.

„_____ darf _____ , _____ habe ich ihm erlaubt!", war die Antwort der

Mutter. „Hm!", brummte Dilowan, ging weiter und wunderte sich: „_____

_____ _____ darf ..."

Tipp

Bei Substantiven auf -*nis* wird ein einfaches *s* geschrieben, wenn auf das *s* kein Laut mehr folgt. Im Genitiv Singular sowie im Plural schreibt man *ss*: *Verhältnis* → *Verhältnisse*.

Übrigens: Ähnlich verhält es sich bei den Wörtern auf -*in*: *Lehrerin* → *die Lehrerinnen*. Das betrifft alle Feminina, die von ursprünglichen Maskulina abgeleitet wurden: *Freund* → *Freundin*.

13   Leite von den Wörtern Substantive auf -*nis* ab. Übertrage die Tabelle in dein Heft und fülle sie aus.

zeugen, wagen, sich ereignen, verhalten, geheim, binden, erkennen, erleben, ergeben

Nominativ Singular	Genitiv Singular	Nominativ Plural
das Zeugnis		

14   Leite von den genannten Substantiven Feminina ab und bilde den Plural.

Bürger: _____

Lehrer: _____

Fahrer: _____

Kollege: _____

Reiter: _____

1.4   Gleich und ähnlich klingende Laute

Tipp

ai – ei

Es gibt im Deutschen nur wenige Wörter, die mit *ai* geschrieben werden.
Am besten prägst du dir diese Wörter ein:
Laib - Mais - laichen - Hai - Taifun - Waise - Kaiser - Hain - Saite - Rain - Laie - Main - Kai - Mai.

15 Und hier nochmal alle Wörter mit *ai* als Kreuzworträtsel.

Waagerecht
1. dient der Tonerzeugung bei Streichinstrumenten
3. Raubfisch
5. Hafenanlage
6. gebackenes Brot
7. Monat
9. Kind, dessen Eltern gestorben sind
10. Ackerbegrenzung

Senkrecht
2. Wirbelwind
3. kleines Wäldchen
4. Eiablage bei Fischen
5. oberster Herrscher
6. Nichtfachmann
7. Körnerfrucht
8. Nebenfluss des Rheins

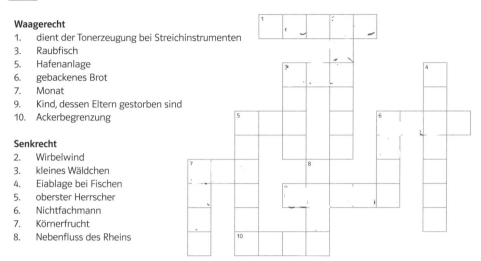

 Tipp *äu* und *eu*

➕ Zwischen *äu* und *eu* hört man keinen Unterschied. Aber man kann überprüfen, ob es zum Wort eine Wortform oder ein verwandtes Wort mit *au* gibt. Dann schreibt man das Wort mit *äu* (*Läufer* ← *laufen, sich häuten* ← *Haut*).

➕ Bei einigen Wörtern mit *äu* wirst du keine Form mit *au* finden. Präge sie dir daher gut ein: *Säule, Knäuel, räudig, sich sträuben, sich räuspern.*

16 eu oder äu?
   a) Entscheide, begründe und schreibe richtig in die Lücke.
   b) Ordne die Wörter nach ihrer Schreibung und übertrage sie in eine Tabelle in dein Heft.

B___le; br___nlich; das L___ten; die L___te; b___gen; B___me;

best___ben; t___men; l___chten; sch___ßlich; s___bern; Sch___ne;

B___tigam; R___ber; Z___ge; Z___gnis; aufz___men; t___schen;

ber___en; T___fel; K___le; h___fig; Fr___lein; S___gling; Vogelsch___che;

St___er; Wiederk___er; Ef___ßerlich; l___gnen; l___fer; m___tern;

B___tel; Geb___de; schl___dern

Tipp

-ig oder *-ich? end-* oder *ent-?*

➕ *-ig* und *-ich* am Wortende werden oft gleichklingend gesprochen (*nötig, freilich*). In einigen Regionen Deutschlands spricht man *-ig* auch mit [k]. Ob *-ig* oder *-ich* geschrieben wird, lässt sich entscheiden, wenn man das Wort verlängert, also eine Wortform bildet, bei der noch ein Vokal folgt. Wird jetzt ein *g* gesprochen, wird das Wort ebenfalls mit *g* geschrieben (*König* ➜ *Könige*).

➕ Die Vorsilbe *ent-* kehrt oft die Bedeutung eines Wortes um (*decken – entdecken*). Der Wortstamm *-end* hat dagegen immer mit Ende oder Abschluss zu tun. Man schreibt *end-* auch, wenn der Stamm in Adjektiven (*endlos, endlich*) oder Verben (*beenden*) verwendet wird.

Achtung: Es gibt zahlreiche Fremdwörter, die auf *-ent* enden (*Testament*)!

17 **End** oder *ent? ig* oder *ich?* Erweitere die Wörter und entscheide.

Wortform	Erweiterung
fröh_____	
lust_____	
gesell_____	
reich_____	
bill_____	
gewöhr_____	
sonn_____	
ziem_____	

a) Das Projekt geht in die _____phase.

b) Nach der schlechten Nachricht war er ganz _____mutigt.

c) Die Feuerwehr gab nach dem Brand für die Anwohner _____warnung.

d) Der Dirig_____und sein Orchester wurden vom Publikum gefeiert.

e) Unsere Mannschaft hat das _____spiel leider nicht erreicht.

f) In dem Naturpark gab es viel zu _____decken.

1.5 Zeichensetzung

Wenn wir sprechen, gliedern wir eine Äußerung, indem wir Pausen machen, die Stimme heben oder senken. Wir werden lauter oder leiser oder verändern die Satzmelodie, wenn wir fragen oder auffordern. All das geht beim Schreiben nicht. Da gibt es andere Wege, solche zusätzlichen Informationen zu vermitteln: Man setzt Satzzeichen.

Regel **Das Komma**

✚ Das Komma trennt die Glieder einer **Aufzählung**: *Er trug einen dunklen Anzug, ein weißes Hemd, gelbe Schuhe und einen altmodischen, grauen, etwas verwitterten Hut.*

✚ Auch kurze Hauptsätze können, wenn sie inhaltlich etwas miteinander zu tun haben, aneinandergereiht werden. Sie bilden dann eine **Satzreihe** und werden durch Kommas getrennt: *Jens keuchte, Svea hustete, Alex räusperte sich.*

✚ Werden zwei Hauptsätze durch eine Konjunktion wie zum Beispiel *doch, aber* oder *denn* verbunden, steht **vor der Konjunktion** ein Komma: *Sven war traurig, denn er durfte an diesem Nachmittag nicht raus zum Spielen. Marco wartete auf Sven, doch er wartete vergebens.*

✚ Wird der letzte Satz einer solchen Reihung durch *und* oder *oder* angeschlossen, kann ein Komma stehen, es muss aber nicht gesetzt werden: *Janina spielt Geige, ihre Freundin Julia spielt Klavier und deren Schwester spielt Cello.*

18 Setze in jeder Satzreihe ein oder mehrere Kommas.

a) Die Klasse 6a will in den Zoo die Klasse 6b möchte auf den Abenteuer-spielplatz und die Klasse 6c zieht es vor zu wandern.

b) Herr Klaus unterrichtet Erdkunde Frau Zebur unterrichtet Geschichte und Herr Müller ist für Deutsch verantwortlich.

c) Michaela reitet gerne ihr Bruder spielt lieber Basketball oder er geht schwimmen.

d) Michaela jubelte laut Marco klatschte vor Freude in die Hände doch am meisten freute sich der kleine Benni.

Regel

Kommas bei Satzgefügen

✚ Ein Satzgefüge ist die Verbindung von einem Hauptsatz und einem Nebensatz bzw. mehreren Nebensätzen. **Haupt- und Nebensatz** werden dabei durch Komma getrennt.

✚ Der Nebensatz kann an verschiedenen Stellen stehen:
- vor dem Hauptsatz: *Wenn ich übe, werde ich eine gute Note schreiben.*
- nach dem Hauptsatz: *Ich werde eine gute Note schreiben, wenn ich übe.*
- eingeschoben in den Hauptsatz. In diesem Fall wird er am Anfang wie am Ende durch ein Komma vom Hauptsatz getrennt: *Ich werde, wenn ich übe, eine gute Note schreiben.*

✚ Wird ein Nebensatz einem Nebensatz untergeordnet, wird er wiederum durch Komma abgetrennt: *Da ich gestern, als ich nach Hause kam, zu müde war, habe ich nicht mehr angerufen.*

---

19 Setze in jedem Satzgefüge ein Komma oder mehrere Kommas.

a) Nachdem den ganzen Tag die Sonne geschienen hatte, regnete es am Abend.

b) Der Spielplatz stand unter Wasser, da es heftig geregnet hatte.

c) Laura musste mit ihrem Kaninchen zum Tierarzt, da die Krallen geschnitten werden mussten.

d) Das Buch das so spannend begonnen hatte, wurde immer langweiliger.

e) Das Pferd lahmte, da es ein Hufeisen verloren hatte.

---

20 Setze die Kommas.

a) Wir kehrten um, da der Gipfel den wir sehen wollten, in Wolken gehüllt war.

b) Während wir gestern, als es regnete, Schach spielten, haben die Mädchen im Regen, Fußball gespielt.

c) Ich höre wenn ich meine Hausaufgaben mache, gern Musik da ich so andere Geräusche die von draußen kommen, überhöre.

d) Michelle freute sich riesig, da ihre Freundin die so lange krank war, wieder mit ihr spielen konnte.

Regel

Das Komma bei einer Infinitivgruppe

Eine Infinitivgruppe (oft ein mit zu erweiterter Infinitiv) kann im Rahmen eines Satzgefüges eine ähnliche Rolle spielen wie ein Nebensatz. Allerdings wird die Infinitivgruppe nur in bestimmten Fällen durch Kommas vom Hauptsatz abgetrennt:

1. wenn diese Gruppe durch ein **besonderes hinweisendes Wort** angekündigt wird: _Damit_, keine Hausaufgaben gemacht zu haben, solltest du nicht auch noch angeben.
2. wenn die **Infinitivgruppe** zusammengefasst und in einem hinwesenden Wort **wieder aufgenommen** wird: _Endlich einmal eine Eins zu schreiben, das war sein größter Wunsch._
3. wenn die Infinitivgruppe in einen Hauptsatz **als Erläuterung eingeschoben** wird: _Herr Müller ging, um ja nichts unversucht zu lassen, auf diese Vorschläge zunächst ein._

21 Wo fehlt ein Komma?

a) Kim wollte um das alles schnell zu erreichen mit doppeltem Eifer an die Arbeit gehen.

b) Kim wollte mit doppeltem Eifer an die Arbeit gehen um alles möglichst schnell zu erreichen.

c) Dominik hatte um ja nichts zu vergessen eine riesige Einkaufsliste erstellt.

d) Es allen recht zu machen danach strebte er immer.

e) Daran alle Klassenkameraden einzuladen wollte Sina nichts ändern.

f) Wir waren uns alle einig keinem ein Wort zu sagen.

g) Wir waren uns alle darin einig keinem ein Wort zu sagen.

h) Nico musste um weiterfahren zu dürfen sein Rad in Ordnung bringen lassen.

i) Florian zog einen Anorak an um nicht nass zu werden.

j) Florian hatte nur im Sinn seinen Hund Gassi zu führen.

k) Endlich im Sattel zu sitzen das war Sinas größter Wunsch.

1 Was ist eine Satzreihe? _____

2 Was ist ein Satzgefüge? _____

3 Was geschieht, wenn ein Nebensatz in einen Hauptsatz eingeschoben wird?

_____

4 Wann wird eine erweiterte Infinitivgruppe durch Komma abgetrennt?

_____

5 Wie kann man feststellen, ob ein Verb als Substantiv gebraucht und großgeschrieben wird?

_____

6 Wie lässt sich herausfinden, ob man *das* oder *dass* schreiben muss?

_____

7 Welche Möglichkeiten gibt es, einen langen Vokal zu kennzeichnen?

_____

8 Nach welchen Konsonanten steht nie *tz* oder *ck*? _____

9 Was geschieht, wenn bei einer Wortzusammensetzung drei gleiche Konsonanten aufeinandertreffen? Nenne drei Beispiele. _____

_____

10 Erläutere: Wann schreibt man *wieder*, wann *wider*?

_____

11 Wie überprüft man, ob man *äu* oder *eu* schreiben muss? Nenne zwei Beispiele, bei denen diese Überprüfung nicht greift.

_____

12 Wie lässt sich entscheiden, ob *-ig* oder *-ich* geschrieben wird?

_____

13 Welche Wörter schreibt man im Deutschen groß?

Substantive

1 Hast du den richtigen Tipp? Trage ein: 0 = beide Wörter richtig geschrieben; ___/12
1 = erstes Wort falsch, 2 = zweites Wort falsch; X = beide Wörter falsch

1. Wort	2. Wort	Tipp
Fehder	Fehler	
fliehen	flihgen	
versperren	lehnen	
lühgen	genühgen	
wiehgen	Vieh	
pflügen	striegeln	
sühß	Reh	
Booht	Jaar	
Bluse	Moos	
alljärlich	Ebbe	
Margariene	Schiene	
Maschine	Rosiene	

2 Trage ein: i oder ie? ___/14

Justin w____sprach zum w____derholten Mal. Aber er hatte w____der keinen

Erfolg mit seinem W____derspruch. So gab seine Mine seine innere Stimmung

w____der. Sein grimmiger Gesichtsausdruck spiegelte sein w____derspenstiges

Wesen w____der. Er gab eben immer w____der W____derworte, w____dersetzte

sich, wo immer es notwendig wurde, und w____derstand so der Versuchung, alles

einfach und w____derspruchslos hinzunehmen. Natürlich w____derfuhr Justin

damit manche W____derwärtigkeit.

__/6 **3** | Welche der folgenden Schilderinschriften sind richtig?
Verbessere die falsch geschriebenen Wörter.

__/16 **4** | Setze ein: g oder ch?

fleiß___, ehrli___, völli___, unglaubli___, dursti___, dickfelli___, plötzli___,

langweili___, südli___ freiwilli___, dreiteil___, einstimmi___, übli___,

abfälli___, dümmli___, eigensinni___.

__/12 **5** | Dass oder das? Setze das richtige Wort ein!

Hannah hat Probleme mit der Schreibung des Wortes „das". Sie kann nicht begrei-

fen, _____ Wort einmal mit einem „s" und einmal mit „ss" geschrieben

werden muss. Ihre Lehrerin empfahl ihr: „Wenn du Zweifel hast, wie ___ Wort,

____ du schreiben willst, geschrieben wird, dann denk an unsere Überprüfung,

die wir aufgeschrieben haben. ____ Beste wäre, du schlägst ____ jedes Mal

nach. Ich glaube, _____ Beste wäre für dich!" Hannah meinte dazu:

____ glaube ich nicht. ____ Dumme ist eben, ___ ich nie Zweifel habe!"

6 Wie schreibt man die Tageszeiten? Schreibe die in Großbuchstaben geschriebenen Wörter richtig. ___/12

Das Rätsel der Sphinx

Die Sphinx belagerte Theben und gab (TAG für TAG) _____ den Vorüber-

kommenden ein Rätsel auf. Wer das Rätsel nicht lösen konnte, wurde gefressen.

Eines (TAGES) _____ kam Ödipus vorüber. Die Sphinx trug ihr Rätsel vor:

„Was ist das: Am (MORGEN) _____ ist es vierfüßig, (MITTAGS) _____

geht es auf zwei Füßen und am (ABEND) _____ geht es auf dreien? Am

frühen (MORGEN) _____ ist es langsamsten, mit zwei Füßen ist es am

(MITTAG) _____ am schnellsten, und (DES ABENDS) _____

wird es wieder langsamer." Ödipus löste das Rätsel und antwortete: „Heute (MIT-

TAG) _____ hast du deinen Meister gefunden. Du meinst den Menschen.

Am (MORGEN) _____ seines Lebens krabbelt er auf Händen und Füßen,

(MITTAGS) _____ geht er auf zwei Beinen und ist am schnellsten, am

(ABEND) _____ braucht er einen Stock als drittes Bein und als Stütze."

7 Setze im folgenden Text die Kommas. Markiere das Komma, das wahl-
weise gesetzt wird. (Es fehlen insgesamt _____ Kommas!) ___/20

Anna-Lena ging, nachdem sie sich verabschiedet hatte, nach Hause. Sie hatte jetzt

nur noch eines vor, nämlich ihre Hausaufgaben zu erledigen. Dann wollte sie sich

verkrümeln, um in Ruhe ihr Buch weiterlesen zu können. Sie kam zu Hause an, sie

öffnete die Haustür und schon kam ihr kleiner Bruder angestürmt. Tommy be-

grüßte sie stürmisch, aber eigentlich war er nur deshalb so freundlich, weil er

seine Schwester brauchte. Er hatte keine rechte Lust dazu, seine Hausaufgaben zu

machen. Er hatte Probleme, da er die neu gelernte Rechtschreibregel, noch nicht

begriffen hatte.

**Gesamt-
punktzahl**
___/92

2. Satzarten

Sätze sind das Gerüst unserer Sprache. In Sätzen fügen wir einzelne Wörter so zusammen, dass sie einen Sinn ergeben und eine Botschaft vermitteln. Aber Satz ist nicht gleich Satz. Es gibt Hauptsätze, Nebensätze und außerdem viele verschiedene Möglichkeiten, sie zu kombinieren. Dadurch ist es möglich, Zusammenhänge zwischen einzelnen Dingen und Vorgängen auf vielfältige Weise darzustellen.

2.1 Der Hauptsatz

Regel

Sätze

+ Sätze sind abgeschlossene **sprachliche Sinneinheiten**. Kann eine solche Sinneinheit für sich stehen, ohne dass sie von anderen Einheiten abhängig ist, spricht man von einem **Hauptsatz**.

+ Es gibt sogar Sinneinheiten, die nur aus einem Wort bestehen. Sie heißen **Ein-Wort-Sätze**. Beispiel: *Hilfe!*

+ Werden mehrere Hauptsätze aneinandergereiht, bilden sie eine **Satzreihe**. Die einzelnen Hauptsätze werden, falls sie inhaltlich zusammengehören, durch Kommas getrennt. Der letzte dieser Hauptsätze kann durch *und* angebunden werden. Vor diesem *und* steht dann kein Komma.
Beispiel: *Gero spielte auf dem Klavier, Jenny begleitete ihn auf dem Cello und Julia summte die Melodie mit.*
(Eine Komma kann allerdings vor *und* gesetzt werden, um die Gliederung des gesamten Satzes zu verdeutlichen.)

1 Setze im Text 1 die Satzzeichen und schreibe die Satzanfänge groß.

Text 1: Vorbei!

Gestern noch rannten sie am Wasser. Sie spielten am Strand, sie tobten durch den Sand und sie wurden nicht müde. Heute geht es nach Hause, die Koffer sind schon gepackt, die Rechnung ist bezahlt, von den Strandfreunden haben sie sich verabschiedet und nun warten sie nur noch auf den Bus. Auf die Eltern wartet zu Hause viel Arbeit, die ganze Urlaubswäsche muss in Ordnung gebracht werden, die Kinder sollen sich auf die Schule vorbereiten und selbst der Hund braucht wieder seine geregelten Abläufe.

Regel

Hauptsatzverbindungen

✚ Man kann Hauptsätze einfach aneinanderreihen, man kann sie aber auch durch Konjunktionen zusammenfügen. Diese **Konjunktionen** können Sätze verbinden wie die Konjunktion *und*.

✚ Konjunktionen können aber auch ganz bestimmte **Beziehungen** zwischen den Sätzen hervorheben:
  – **Gegensätze**: *Ich werde nicht warten, sondern ich werde nach Hause gehen.*
  – **andere Möglichkeiten**: *Warten wir noch oder fangen wir an zu spielen.*
  – **Begründungen**: *Sie waren müde, denn sie hatten den ganzen Tag gearbeitet.*

2   a) Verbinde die Hauptsätze durch geeignete Konjunktionen. Achte dabei auf die Satzzeichen.
    b) Notiere nach jedem Satz, was die von dir eingesetzte Konjunktion zum Ausdruck bringt.

Susanne dachte nach _____ ihr fiel nichts ein.

_____ _____

Sollte sie protestieren __ _____ sollte sie alles so lassen?

_____ _____

Sie glaubte sich im Recht _ _____ sie hatte die Hausaufgaben gemacht.

_____ _____

Der Lehrer war anderer Meinung __ ____ Susanne konnte nichts vorwei-

sen _ __ sie protestierte nicht _ _ sie schwieg.

___ _____ ____ _____

_____ _____ _____

Normalerweise packte sie ihre Tasche gewissenhaft ___ so ein Verse-

hen konnte auch ihr passieren.

_____ _____ _____

_____

Regel

Reihung von Aufforderungssätzen

Auch Aufforderungssätze lassen sich aneinanderreihen. Sie werden dann durch Kommas getrennt. Das Ausrufezeichen steht erst am Schluss der Reihe.
Beispiel: *Komm herein, schließ die Tür, setze dich hin und höre gut zu!*

Regel

Satzverbindende Adverbien

+ Es gibt Wörter, die haben eine ähnliche Aufgabe wie Konjunktionen. Sie verbinden Hauptsätze und stellen bestimmte Zusammenhänge zwischen den Hauptsätzen her.
  Beispiel: *Wir klärten die Angelegenheit. Danach spielten wir weiter.*
+ Während die Konjunktionen zwischen den Sätzen stehen und weder zum einen noch zum anderen gehören, sind die **satzverbindenden Adverbien** Satzglieder des einen Satzes. Sie müssen nicht am Satzanfang stehen, sondern können in den Satz „hineinwandern".
  Beispiel: *Timo fühlte sich nicht wohl. Er ging deshalb heim.*
+ Satzverbindende Adverbien können verschiedene Zusammenhänge angeben:
  - **Grund, Ursache**: deshalb, darum, daher,
  - **Zeit**: danach, davor, gleichzeitig, inzwischen,
  - **Folge**: sodass, folglich, infolgedessen, also.

---

3 | Verbinde jeweils zwei Sätze durch ein satzverbindendes Adverb. Notiere, welche Art von Zusammenhang du hergestellt hast.

a) Olaf hat fleißig gearbeitet, _____ hat er eine gute Note geschrieben.

Art des Zusammenhangs: _ _____

b) Es goss in Strömen, _____ hatte lange die Sonne geschienen.

Art des Zusammenhangs: _ _____

c) Benni hatte nicht aufgepasst, er wusste _____ nicht, was im Unterricht gefragt war.

Art des Zusammenhangs: _ _____

d) Sie fühlte sich nicht wohl _____ sie heimging.

Art des Zusammenhangs: _ _____

2.2 Das Satzgefüge: Haupt- und Nebensatz

> **Regel**
>
> **Satzgefüge: Hauptsatz mit Nebensatz**
>
> ✚ Werden Hauptsätze durch Nebensätze erweitert, spricht man von **Satzgefügen**. Beispiel: *Er ging aus dem Haus, nachdem es aufgehört hatte zu regnen.*
> ✚ Nebensätze lassen sich an verschiedenen Merkmalen erkennen:
>   - Sie können **nicht allein** stehen.
>   - Sie werden oft durch eine unterordnende **Konjunktion** oder ein **Relativpronomen** an den Hauptsatz angeschlossen.
>   - Die **flektierte Form des Verbs** (die Personalform) steht am **Satzende**.
>   - Sie werden immer durch ein **Komma** vom Hauptsatz getrennt.

4 Unterstreiche im Text 2 die Nebensätze.

Text 2: Die Schlange unterm Stein (nach einer afrikanischen Fabel)

Als neulich der große Regen niederging, stürzte ein Stein auf eine Schlange. Ein Mensch wollte ihr helfen und hob den Stein auf. Die Schlange, die sich nun wieder frei bewegen konnte, wollte den Menschen beißen. Der aber sagte: „Halt ein! Lass uns erst einen Klugen fragen." Sie wandten sich an den Schakal. „Wenn wir das richtig entscheiden wollen, müssen wir alles rekonstruieren. Du meinst, weil du die Schlange gerettet hast, darf sie dich nicht beißen. Wenn sie aber ohne dich freigekommen wäre, dann dürfte sie dich sehr wohl beißen. Wir müssen also die Schlange nochmals unter den Stein legen, damit wir feststellen können, wer im Recht ist." Beide waren einverstanden und der Mensch legte den Stein, welchen er mit Mühe aufgehoben hatte, wieder auf die Schlange, sodass diese wieder feststeckte. Die Schlange wand sich, aber sie konnte sich nicht befreien, da der Stein zu schwer war. Als der Mensch den Stein wieder aufheben wollte, sagte der Schakal: „Lass ihn liegen. Wenn sie dich beißen will, so soll sie sich allein befreien!"

5 Bilde Satzgefüge und benenne in Klammern den Zusammenhang.

a) Er dachte nach. – Er hatte eine gute Idee. ⇒ _

_____   _____   _____

b) Er zitterte am ganzen Körper. – Er hatte Angst. ⇒ _____

Regel

Stellung des Nebensatzes

Für die Stellung des Nebensatzes gibt es drei Möglichkeiten:
- **vor dem Hauptsatz:** *Weil er nicht einschlafen wollte, ging er ununterbrochen im Zimmer auf und ab.*
- **innerhalb des Hauptsatzes:** *Er ging, weil er nicht einschlafen wollte, ununterbrochen im Zimmer auf und ab.*
- **nach dem Hauptsatz:** *Er ging ununterbrochen im Zimmer auf und ab, weil er nicht einschlafen wollte.*

6 | Formuliere mindestens fünf Satzgefüge, die verschiedene Zusammenhänge in den Vordergrund stellen. Benutze jeweils eine der Konjunktionen und schreibe sie in dein Heft.

Timo und Erkan spielen Fußball.

	weil		weil	
	da		wobei	
	sodass		sodass	
Timo rempelt Erkan	damit	Erkan stürzt zu Boden	als	Erkan verletzt sich.
	nachdem			
	als			

Erkan stürzte zu Boden, weil Timo ihn rempelte. (Grund)

7 | Dreimal fast das Gleiche, aber nicht ganz! Beschreibe den Unterschied. Überlege: Wie würde eine Lehrerin oder ein Lehrer jeweils reagieren?

a) Max rempelte nach der Pause Sarina an, sodass sie zu Boden fiel.

das es nicht mit Absicht war

b) Max rempelte nach der Pause Sarina an, damit sie zu Boden fiel.

Max bestrafen

c) Als Max nach der Pause Sarina anrempelte, fiel sie zu Boden.

Regel

Adverbialsätze

Es gibt eine Gruppe von Nebensätzen, die die näheren Umstände eines Geschehens ausführlicher erläutern. Man unterscheidet:

- **Temporaler Adverbialsatz** (Zeit): *Als Karina kam, freuten sich alle.*
- **Kausaler Adverbialsatz** (Grund): *Weil Karina kam, freuten sich alle.*
- **Finaler Adverbialsatz** (Zweck, Absicht): *Sie half Kira beim Packen, damit sie
  schneller losgehen konnten.*
- **Lokaler Adverbialsatz** (Ort, Richtung): *Alle sahen zu der Stelle, wo der Zauberer
  gerade noch gestanden hatte.*
- **Modaler Adverbialsatz** (Art und Weise): *Sie wollten auf sich aufmerksam ma-
  chen, indem sie heftig winkten.*
- **Konditionaler Adverbialsatz** (Bedingung): *Wenn du nach Hause kommst, werden wir essen.*
- **Konsekutiver Adverbialsatz** (Folge): *Er stellte sich auf die Leiter, sodass er besser sehen konnte.*

8 | Formuliere die kursiv gedruckten Satzglieder in Adverbialsätze um.

a) *Wegen der Verspätung der Straßenbahn* musste Kerstin sich beeilen.

   Konsekutiver Adverbialsatz

b) *Nach dem Sonnenaufgang* begann unsere Bergtour.

   _____

c) *Aufgrund seiner guten Noten* war Ronny bei allen angesehen.

   _____

d) *Der Startpunkt der Radtour* wurde gemeinsam festgelegt.

   _____

e) *Durch seine Trödelei* kam er zu spät an.

   _____

9 | Suche aus dem Text „Die Schlange unterm Stein" (Seite 31) die Adver-
bialsätze heraus, bestimme sie und schreibe sie in dein Heft.

10 Bilde aus den folgenden Sätzen jeweils ein Satzgefüge (1 + 2; 2 + 3; …) und schreibe die Sätze in dein Heft. Achtung: Manchmal gibt es mehrere Möglichkeiten. Dann musst du dich für eine entscheiden. Der Nebensatz kann vor oder nach dem Hauptsatz stehen.

(1) Evi freut sich. (2) Bald gibt es Urlaub. (3) Die ganze Familie will ans Meer fahren. (4) Am liebsten gehen die Kinder schwimmen. (5) Das Wasser ist nicht zu kalt. (6) Vater traut sich mit den Füßen ins Meer. (7) Evi rennt durch das Wasser an Papa vorbei. (8) Das Wasser spritzt hoch auf. (9) Papa zuckt zurück. (10) Mama und Evi lachen.

Info plus   Auch im Mittelalter gab es schon **Urlaub**. Damals bedeutete das Wort jedoch „Erlaubnis". Wenn in der höfischen Gesellschaft eine höherstehende Person einer Magd oder eine Dame dem Ritter die Erlaubnis gab, wegzugehen, gab sie im „urloup". In der Neuzeit bezeichnete Urlaub dann die vorübergehende Freistellung vom Dienstverhältnis, bevor das Wort im 20. Jahrhundert dann allgemein für die arbeits- und dienstfreie Zeit gebräuchlich wurde.

Regel

Relativsätze
Nebensätze, die sich auf ein Substantiv des übergeordneten Satzes beziehen und dieses näher erläutern, heißen **Relativsätze**. Das Bindewort, welches den Relativsatz an das Bezugssubstantiv bindet, heißt **Relativpronomen**. Relativpronomen sind: *der, die, das, welcher, welche, welches*.

11 Forme die kursiv gedruckten Satzglieder in Relativsätze um.

a) Die *vom Wind aufgebauschten* Segel leuchteten über das Wasser.

_____

b) Die *in den Sand eingedrückten* Fußspuren wurden von den Wellen ausgelöscht.

_____

c) Sie schauten hoch zu den *am Himmel dahinfliegenden* Wölkchen.

_____

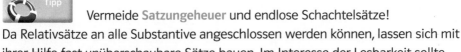 Vermeide Satzungeheuer und endlose Schachtelsätze!
Da Relativsätze an alle Substantive angeschlossen werden können, lassen sich mit ihrer Hilfe fast unüberschaubare Sätze bauen. Im Interesse der Lesbarkeit sollte man solche Ungetüme vermeiden.

12 Löse die folgenden Satzungeheuer auf, indem du mehrere Sätze bildest. Schreibe sie in dein Heft.

a) Das Mädchen, dessen Fahrrad, dessen Reifen, welche noch letzte Woche von dem Polizisten, welcher den Verkehrsunterricht, welcher in unserer Schule jährlich stattfindet, durchführte, begutachtet und geprüft worden und nun völlig zerschnitten waren, gestohlen und wieder gefunden wurde, war sehr traurig.

b) Der Junge, dessen Fahrrad, das an der Hauswand, die so bunt bemalt war und den Kindern, die zum Bus wollten, als Abstellplatz diente, abgestellt war, ohne Reifen, welche im Supermarkt, der gerade um die Ecke lag, gekauft worden waren, gefunden wurde, weinte sehr.

2.3 Satzglieder und Objekte

 Regel

Satzglieder

✚ Die Bausteine, aus denen ein Satz zusammengesetzt ist, heißen **Satzglieder**. Was alles zu einem Satzglied gehört, lässt sich mit der **Umstellprobe (Verschiebeprobe)** feststellen. Die Wörter und Wortgruppen, die beim Verschieben zusammenbleiben, bilden zusammen ein Satzglied.
Beispiel: *Eines Tages begegnete am Waldrand der Hase einem Fuchs.*
Umstellprobe: *Am Waldrand* *begegnete* *eines Tages* *der Hase* *einem Fuchs*

✚ Satzglieder beantworten verschiedene W-Fragen (Wer? Was? Wo? Warum? Wann? …). Man kann also auch die Satzglieder mit den W-Fragen erfragen.

13 Mache die Umstellprobe und bestimme die Satzglieder im Heft.

Am ersten Ferientag ritt Sabrina sehr früh mit ihrem Pony über die feuchten Wiesen.

Regel

Objekte

Viele Prädikate fordern außer dem Subjekt noch eine weitere Ergänzung oder mehrere Ergänzungen. Diese Ergänzungen sagen aus, auf wen oder was sich die Tätigkeit bzw. das Geschehen bezieht, von dem im Prädikat die Rede ist.

- **Akkusativobjekte** sind Ergänzungen der Satzaussage, die auf die Wen- oder Was-Frage antworten: *Der Bus erreichte die Haltestelle.*
- **Dativobjekte** heißen Ergänzungen, die auf die Wem-Frage antworten: *Das Fahrrad gehört dem Jungen.*
- **Genitivobjekte** sind Ergänzungen, die auf die Wessen-Frage antworten. Es gibt nur wenige Verben, die eine Ergänzung im Genitiv erfordern: *Der fremde Mann bediente sich eines Tricks.*

14 Unterstreiche im Text 3 die Akkusativobjekte rot, die Dativobjekte grün und die Genitivobjekte gelb.

Text 3

Laura suchte ihr Heft. Sie hatte es gestern ganz bestimmt in die Tasche gepackt. Dessen war sie sich sicher. Irgendjemand musste das Heft herausgenommen haben. Wollte man ihr einen Streich spielen? Sie hatte den Aufsatz doch geschrieben. Sie hatte ihn sogar ihrem Vater vorgelesen. Richtig! Das war es! Ihr Vater hatte das Heft noch einmal haben wollen. Papa hatte ihr das Heft nicht zurückgegeben. Erleichtert erzählte sie alles ihrer Lehrerin. Diese erinnerte sich eines eigenen Erlebnisses, das ähnlich verlief, und da Laura die Hausaufgaben eigentlich immer sehr sorgfältig erledigte, glaubte Frau Sinn ihr die Geschichte und bat nur darum, das Heft am nächsten Tag vorzuzeigen.

15 Bilde zu jeder Objektart einen Beispielsatz und schreibe ihn in dein Heft.

 Regel

Präpositionalobjekt

+ Manche Verben stehen zusammen mit einer Präposition.
  Beispiel: *Lisa stritt sich mit ihrer Schwester. Sie wartet auf ihren Bruder.*
+ Ergänzungen, die mit einer Präposition eingeleitet werden, heißen **Präpositionalobjekte**.
  Beispiel: *Maren achtete nicht auf den Straßenverkehr.*
+ Das Präpositionalobjekt antwortet auf Fragen, die zum Beispiel mit „**Auf wen?**" oder „**Auf was?**" eingeleitet werden. Du erkennst es daran, dass das Fragewort immer zusammen mit einer Präposition steht (*Woran, Wofür? Wozu? Wogegen?*)

16 Unterstreiche im Text 4 die Präpositionalobjekte.

Text 4

Klara verzichtete auf weitere Fragen. Sie konnte sich auch so noch ganz genau an das Geschehen erinnern. Ellen hatte ihr Pausenbrot ausgepackt und auf die Bank gelegt, Sarah saß schon auf der Bank und Ashlian wollte sich auf den Platz daneben setzen. Das ging schief: Ashilan setzte sich auf das Pausenbrot und schon hatte sie einen gewaltigen Fleck auf ihrer Hose. Dann wandte sie sich an Ellen und meinte, dass diese den Schaden beheben sollte. Beide gerieten in Streit und jetzt hatten sie sich an Klara gewandt und um eine Entscheidung gebeten.

 Regel

Adverbiale Bestimmungen (Adverbialien)

Sätze enthalten bisweilen Satzglieder, die die näheren Umstände eines Geschehens erläutern. Man spricht von Umstandsbestimmungen, adverbialen Bestimmungen oder Adverbialien (Singular: Adverbial oder Adverbiale). Es gibt die:

- **Adverbiale Bestimmung des Ortes** (Frage: Wo? Wohin? Woher? Wie weit?).
  Beispiel: *Nachdenklich kratzte Kai sich hinter den Ohren.*
- **Adverbiale Bestimmung der Zeit** (Frage: Wann? Wie lange?).
  Beispiel: *Fünf Minuten nach Schulbeginn kam Sina durch die Tür.*
- **Adverbiale Bestimmung der Art und Weise** (Frage: Wie? Auf welche Weise?).
  Beispiel: *Sie brüllten mit lauter Stimme.*
- **Adverbiale Bestimmung des Grundes** (Frage: Warum? Weshalb? Weswegen?).
  Beispiel: *Wegen seiner Erkältung konnte er nicht zur Schule gehen.*

17 Unterstreiche im folgenden Text die adverbialen Bestimmungen
des Ortes rot, der Zeit grün, der Art und Weise gelb, des Grundes blau.

Text 5

Seit einer halben Stunde warteten Carina und Leo schon. Wegen des Regens wollten sie eigentlich die Hoffnung aufgeben. Aber dann entschlossen sie sich, geduldig noch ein paar Minuten zuzugeben. Endlich hörten sie im Flur ein Geräusch. Sie blickten erwartungsvoll zur Tür. Da kam Sabeth völlig durchnässt herein. Sie war noch völlig außer Atem, denn sie war die ganze Strecke von der Bushaltestelle bis hierher gelaufen. Das hatte ihr allerdings nicht viel geholfen. Die Haare hingen ihr in Strähnen herunter, ihre Schuhe quietschten vor Nässe und ihren Anorak konnte sie auswringen. Sabeth entschuldigte sich lang und breit wegen ihrer Verspätung. Dann kramte sie in ihrer Tasche herum. Sie hatte sich gestern erste Gedanken gemacht und ihre Ideen in Stichwörtern festgehalten. Irgendwo in dieser verflixten Tasche musste der Zettel doch stecken! Schließlich fand sie ihn. Aber welch ein Pech! Wegen des Regens war die Schrift auf dem Zettel kaum lesbar.

Info plus In der deutschen Sprache gibt es viele **eingewanderte Wörter**. Viele dieser Wörter sind im Laufe der Zeit so gebräuchlich geworden, dass sie gar nicht mehr wie ein Fremdwort erscheinen. *Anorak* ist ein Beispiel dafür. Es stammt aus der Sprache der Inuit und bedeutet wortwörtlich „etwas gegen den Wind". Ursprünglich wurden Anoraks aus Robbenfell genäht und hatten an der Oberseite nur eine Kapuzenöffnung für den Kopf. Heute gibt es viele andere Modelle. Auch das Wort *Kajak* stammt von den Inuit.

Regel

Adverbialsätze

✚ In vielen Fällen können Adverbialsätze die Aufgabe einer adverbialen Bestimmung übernehmen. Sie können also ein Satzglied ersetzen. Man nennt sie deshalb auch Gliedsätze. Von Fall zu Fall muss man entscheiden, welche Form besser geeignet ist.
Beispiel: *Jana konnte wegen ihrer Rückenschmerzen nicht reiten.* ↤↦ *Jana konnte nicht reiten, weil sie Rückenschmerzen hatte*.

✚ Adverbialsätze sind ausführlicher, adverbiale Bestimmungen wirken bisweilen etwas umständlich.
Beispiel: *Infolge seiner Verspätung hatte er den Anfang der Geschichte nicht gehört.* ⟶ *Er kam zu spät, sodass er den Anfang der Geschichte nicht hörte*.

✚ Bisweilen lässt sich etwas kürzer und prägnanter durch eine adverbiale Bestimmung sagen, insbesondere, wenn diese aus einem Adverb besteht.
Beispiel: *Nachdem das geschehen war, gingen sie.* ⟶ *Danach gingen sie.*

18 Forme die Adverbialsätze in adverbiale Bestimmungen um. Überlege: Wo klingt die adverbiale Bestimmung besser? Wo ist der Adverbialsatz besser?

a) Nachdem die Sonne untergegangen war, saßen sie am Lagerfeuer.

_____

b) Da es kühl geworden war, hatten alle ihre Jacken übergestreift.

_____

c) Sally begann ein Lied anzustimmen, indem sie auf der Gitarre spielte.

_____

d) Während die zweite Strophe gespielt wurde, summten alle die Melodie mit.

_____

e) Als sie den Refrain zweimal gehört hatten, versuchten sie mitzusingen.

_____

19 Forme die adverbialen Bestimmungen in Adverbialsätze um.

a) ***Nach zweimaliger Wiederholung*** konnten die Freundinnen den Text.

_____

b) ***Mit Unterstützung Sallys*** sangen sie das Lied nun gemeinsam.

_____

c) Nun wollten sie mehr ***über die Herkunft des Liedes*** wissen.

_____

d) Sally holte ihr Liederbuch ***aus dem Rucksack***.

_____

e) ***Nach kurzem Blättern*** konnte sie alles über das Lied vorlesen.

_____

Regel

Das Attribut

✚ Es gibt Ergänzungen im Satz, die Gegenstände, Dinge oder Personen näher bestimmen. Man nennt sie **Attribute**. Attribute sind keine eigenständigen Satzglieder sind, sondern Teile solcher Satzglieder. Die Attribute stehen immer in der Nähe des Wortes, auf das sie sich beziehen (davor oder dahinter).

✚ Attribute geben genauere Auskunft über Eigenschaften (*Angelina trug eine gelb gestreifte Jacke.*) oder sie bewerten (*Nicole trug ein tolles Shirt.*).

✚ Attribute können durch einen **Attributsatz** (Relativsatz) ersetzt werden. Beispiel: *Angelina trug eine Jacke, die gelb gestreift war.*

✚ Es gibt verschiedene Arten von Attributen:
  1. **Adjektivattribut**: *Das blonde Mädchen aus der Klasse 6c fehlte.*
  2. **Genitivattribut**: *Julias Sporttasche stand an der Bushaltestelle.*
  3. **Präpositionalattribut**: Es wird immer nachgestellt und durch eine Präposition eingeleitet: *Ich begegnete dem Mädchen aus meiner Straße.*
  4. **Apposition**: Diese Wortgruppe mit einem Substantiv wird immer nachgestellt und durch Kommas abgetrennt: *Sandra, das blonde Mädchen aus der 6c, gewann den Vorlesewettbewerb.*

---

20 Unterstreiche im Text 6 die Adjektivattribute rot, die Genitivattribute grün, die Präpositionalattribute blau, die Appositionen gelb und Attributsätze schwarz.

Text 6: Der Vorlesewettbewerb

Unsere Schule führt jedes Jahr einen Wettbewerb im Vorlesen durch. Alle sechsten Klassen nehmen teil. Zunächst wird in den einzelnen Klassen die beste Leserin oder der beste Leser ermittelt. Die Schülerinnen und Schüler, die teilnehmen wollen, melden sich bei dem für sie zuständigen Deutschlehrer. Sie suchen einen geeigneten Text aus, am besten aus ihrem Lieblingsbuch, und üben. Beim Lesen kommt es auf textrichtiges Lesen an, aber auch eine angemessene Betonung ist wichtig. In unserer Klasse, der 6b, hat Julia gewonnen. Julias hervorragende Aussprache hat alle überzeugt. Aber auch ihre gute Stimmführung und Betonung kam bei allen, die mitbestimmen durften, gut an. Heute wird es zu einem spannenden Wettbewerb kommen. Sandra, das blonde Mädchen aus der 6c, gilt neben Nico, dem Klassensprecher der 6a, als große Favoritin. Sie hat einen Textausschnitt aus „Pippi Langstrumpf" ausgewählt. Ein solch lustiger Text kommt natürlich immer gut an. Wenn nun noch die Betonung beim Vorlesen stimmt, haben es die anderen Teilnehmer schwer. Deshalb hat die diesjährige Jury entschieden, dass alle beteiligten Vorleser und Vorleserinnen auch noch einen fremden Text vorlesen müssen.

21   Verwandle die Attribute in Attributsätze.

a)   Alle am Wettbewerb beteiligten Schülerinnen und Schüler versammelten sich.

_____

b)   Die in den sechsten Klassen unterrichtenden Deutschlehrerinnen bildeten die Jury des diesjährigen Wettbewerbs.

_____

c)   Die Reihenfolge der Vorlesenden wurde ausgelost.

_____

d)   Die vorgesehenen unbekannten Texte wurden gleichfalls ausgelost.

_____

22   a) Verwandle die Attributsätze in Attribute.
      b) Kreuze farbig an, ob es besser ist, einen Attributsatz zu verwenden (rot), ob beide Möglichkeiten gleich gut sind (grün) oder ob das Attribut besser ist (blau).

a)   Die Aufregung unter den Kandidaten, welche auf ihren Auftritt warteten, wurde immer größer.

_____

_____

b)   Julia, die unsere Klasse vertrat, war schon ganz blass um die Nase.

_____

c)   Endlich gab Frau Lehmann, die die Vorsitzende der Jury war, das Startzeichen, auf das alle warteten.

_____

_____

14 Was leistet eine Konjunktion? _____

15 Welcher Unterschied besteht zwischen einer Konjunktion und einem satzverbindenden Adverb? _____

_____

16 Woran erkennt man einen Nebensatz? _____

_____

17 Beschreibe die möglichen Stellungen eines Nebensatzes beim Hauptsatz.

_____

_____

18 Nenne fünf verschiedene Arten von Adverbialsätzen. (Notiere in Klammern,
was sie genau angeben).

_____

_____

_____

19 Welche Fragen beantworten das Genitivobjekt, das Dativobjekt und das
Akkusativobjekt?

_____

20 Welche adverbialen Bestimmungen kennst du?

_____

21 Welche Sätze können adverbiale Bestimmungen ersetzen?

_____

22 Wie unterscheiden sich Attribut und Adverb?

_____

23 Welche Nebensätze können Attribute ersetzen? _____

1 a) Setze zwischen den Sätzen geeignete Konjunktionen ein. Erprobe immer mehrere Möglichkeiten.   _/8

b) Setze auch die richtigen Satzzeichen.

a) Tim dachte angestrengt nach _denn_ die Vokabel fiel ihm nicht ein.

b) Nicole wartete _und_ wartete _doch_ Nina kam nicht.

c) Sandra lag noch lange wach _denn_ sie musste über vieles nachdenken.

2 Setze zwischen die folgenden Sätze satzverbindende Adverbien. Die Art des Zusammenhangs ist in Klammern angegeben. (Du musst im zweiten Satz vielleicht die Satzstellung verändern!)   _/4

Sabrina hat fleißig geübt. --- Ihr Spiel hat sich gewaltig verbessert. (Grund)

_(1)_ _____

nachdem

Sabrina hat ihre Hausaufgaben erledigt. --- Sie geht raus zum Spielen. (Zeit)

_____

3 Bestimme die Satzglieder.   _/10

Wir stießen auf eine gute Idee, als wir gemeinsam nachdachten.

a) Wo steht im Hauptsatz die flektierte Form des Verbs? _____

b) Wo steht im Nebensatz die flektierte Form des Verbs? _____

4 Stelle die beiden Vorgänge in einem Satzgefüge dar und zeige, welche drei Möglichkeiten es gibt, den Nebensatz anzuordnen.   _/6

Mehmet kam gestern nach Hause. Er hatte einen Riesenhunger.

1. Möglichkeit: _____

2. Möglichkeit: _____

3. Möglichkeit: _____

___/6 5 Gib an, um welche Art von Adverbialsatz es sich handelt.

a) Als Carlo ging, waren alle traurig. _____

b) Weil Carlo ging, waren alle traurig. _____

c) Alle sahen dahin, wo Carlo gerade noch gesessen hatte.

_____

d) Sie schickten Lea hinterher, damit sie Carlo zum Bleiben überredete.

_____

e) Wenn Carlo sich überreden ließ, wollten sie alles anders machen.

_____

f) Sie wollten Carlo umstimmen, indem sie sich entschuldigten.

_____

___/6 6 Formuliere die Attribute in Attributsätze um.

a) Das auf das Knie gefallene Kind weinte laut.

_____

b) Die auf die Fenster gemalten Bilder gefielen allen Passanten.

_____

c) Die hier fremden Kinder blickten sich scheu um.

_____

___/6 7 Unterstreiche die adverbialen Bestimmungen und gib an, welcher Art sie sind.

a) Jens bohrte vor Langeweile schon seit fünf Minuten in der Nase. _____

b) Fabian wühlte mit Feuereifer im Schlamm. _____

c) Wegen ihrer Aufregung konnte Vivienne nicht mehr still sitzen. _____

8 | Markiere die Objekte der Sätze und bestimme sie.   ___/8

Alina traf ihre Freundinnen. Sie gab jeder die Hand. Alle zusammen erinnerten sie sich des letzten Schultags. Damals freuten sie sich auf die Ferien.

a) Genitivobjekt: _____

b) Präpositionalobjekt: _____

c) Akkusativobjekt: _____

d) Dativobjekt: _____

9 | Welche Fragen beantworten die adverbiale Bestimmungen?   ___/4

a) des Ortes: _____

b) der Zeit: _____

c) der Art und Weise: _____

d) des Grundes: _____

10 | Wandele die folgenden adverbialen Bestimmungen in Adverbialsätze um.   ___/8

a) Wegen einer Erkältung fehlte Mehmed beim Fußballspielen.

_____

b) Nach der Geigenstunde will Janina reiten.

_____

c) Nach Sonnenuntergang begann es zu regnen.

_____

d) Nena wandte sich den Kopf schüttelnd ab.

_____

**Gesamt-
punktzahl**
___/66

3. Wortarten und Wortformen

Wörter sind die kleinsten Einheiten einer Sprache, die einen Sinn vermitteln. Unterschiedliche Wortarten haben unterschiedliche Aufgaben. Verben haben beispielsweise eine zentrale Stellung im Satz, aber auch Adverbien und Pronomen sind regelmäßig in Texten anzutreffen.

3.1 Adverbien

Regel

Adverb

✚ Adverbien informieren über die **Umstände**, unter denen ein Geschehen abläuft. Es gibt verschiedene Adverbien:
- **Temporaladverbien** (Adverbien der Zeit). Sie geben an, **wann** etwas geschieht: *gestern, morgen, heute, immer, nie, bald* ...
- **Lokaladverbien** (Adverbien des Ortes). Sie geben an, **wo** etwas geschieht: *dort, hier, nirgends, überall, rechts, links, oben, unten* ...
- **Modaladverbien** (Adverbien der Art und Weise). Sie geben an, **wie** etwas geschieht: *seltsamerweise, wahrscheinlich* ...
- **Kausaladverbien** (Adverbien des Grundes). Sie geben an, **warum** etwas geschieht: *deshalb, nämlich, folglich, deswegen* ...

✚ Adverbien sind **unveränderlich**. Von einigen gibt es jedoch Steigerungsformen (zum Beispiel *öfter, baldigst*).

✚ Fast alle Adjektive können als Adverbien gebraucht werden. Sie sind dann unveränderlich, können aber gesteigert werden: *Julia spielt schön auf der Geige. Lisa spielt schöner.*

---

1 | Hier fehlen die Adverbien. Suche aus der Liste passende Adverbien aus und setze sie ein.

Gestern - damals - wahrscheinlich - ~~heute~~ - ~~deshalb~~ - endlich - ~~neben~~ - daneben - demnächst - dort - nachmittags - dort - immer wieder - ~~oft~~ - ~~bald~~ - nirgends - hier - nebenan - dort

Text 1

Laura hatte sich ___gestern___ mit Svenja verabredet. Sie wollten sich

an der Bank ___neben___ dem Sportplatz treffen. _____

treffen sich _____ _____ junge Leute. Die Bank kennt

_____ fast jeder. _____ fühlen sich die jungen Leute

so wohl wie _____. _____ hat man schon als Kind

_____ die Großen bewundert, die lässig auf der Banklehne saßen

und herumalberten. Schon _____ hatte man sich vorgenommen:

_____, wenn ich etwas größer bin, werde ich auch dabeisitzen.

So saß Svenja _____ auf der Banklehne, _____ lehnte

ihr Fahrrad am Zaun des Sportplatzes. Sie hatte sich mit den Hausaufgaben beeilt.

_____ war sie so früh. Laura hatte _____ Probleme mit

den Mathematikaufgaben. _____ wird sie wohl Nachhilfestunden

nehmen.

2   Ordne die Adverbien aus Text 1 in die Tabelle ein.

Temporal-adverbien	Lokaladverbien	Kausaladverbien	Modaladverbien

3.2 Pronomen

Regel

Relativpronomen

✚ Pronomen können für Substantive (Nomen) stehen.
Die Rose blühte. <u>Sie</u> wurde regelmäßig gegossen.

✚ Relativpronomen (rückbezügliche Fürwörter) beziehen einen ganzen
Nebensatz zurück auf ein Substantiv oder ein anderes Pronomen.
Die Rose, <u>die</u> regelmäßig gegossen wurde, blühte wunderschön.
Alles, <u>was</u> du nicht weißt, kannst du noch lernen.

✚ Zu den Relativpronomen gehören z. B. *der/die/das; welcher/welche/welches.*

✚ Der Relativsatz wird durch Komma vom übrigen Satz abgetrennt.

✚ Oft wird das Relativpronomen zusammen mit einer Präposition verwendet:
Der Stuhl, <u>auf dem</u> er saß, wackelte.

✚ In Genus und Numerus stimmt das Relativpronomen mit dem Bezugswort
überein. Sein Kasus ist aber abhängig von der Funktion, die es im Nebensatz
als Satzglied erfüllt. Ist es z. B. Genitivattribut, steht es im Genitiv.
Das Haus, <u>dessen</u> Fenster geschlossen sind, steht leer.

---

3 Unterstreiche im Text 2 die Relativpronomen.

Text 2: Nicos Geburtstag

An jenem Morgen, von dem ich erzählen will, war Nico schon sehr früh aufgewacht. Das war schließlich der Tag, an dem er Geburtstag feierte. Der erste Gedanke, der ihm durch den Kopf ging, war: „Wird mein sehnlichster Wunsch erfüllt?"
Nico hatte nämlich einen ganz besonderen Wunsch, welchen er seinen Eltern
aufgeschrieben hatte. Nico, der sonst immer sehr langsam aufstand, schlüpfte
schnell in seine Pantoffeln, die er heute gar nicht lange suchen musste, und
rannte zum Wohnzimmer, in welchem er seine Geschenke vermutete. Und richtig,
da stand der Tisch, auf dem sie lagen. Er sah die vielen Päckchen, welche hübsch
verpackt nur darauf warteten, ausgepackt zu werden. Aber das, was er sich am
meisten gewünscht hatte, fehlte. Da hörte er ein eigenartiges Geräusch, welches
sich nach einem leisen Winseln anhörte. Seine Eltern, die hinter der Tür gestanden
hatten, traten ins Wohnzimmer. Sein Vater trug auf dem Arm ein kleines Bündel,
welches sich bewegte. Nico stürzte auf seinen Vater zu. „Danke, Papa! Danke!" Nun
bekam er doch noch das, was er sich gewünscht hatte: Einen kleinen Hund, der
ganz allein ihm gehören sollte, auf den er nun aufpassen, für den er sorgen und
mit dem er regelmäßig Gassi gehen musste.

4 Bilde aus den Satzpaaren Haupt- und Relativsätze.

a) Nico bekommt einen Hund geschenkt. Der Hund ist klein und wuschelig.

_____

b) Der Hund ist ein Mischling. Er hat ein dichtes, schwarzes Fell.

_____

Regel

Demonstrativpronomen

✚ Demonstrativpronomen (hinweisende Fürwörter) sind Pronomen, mit deren
Hilfe man auf Dinge oder Personen hinweist. Sie zeigen auf etwas, das schon
genannt wurde.
Diese Rosen gefallen mir ganz besonders gut.
Dieser Umstand führte dazu, dass ich einen Strauß kaufe.

✚ Demonstrativpronomen werden **dekliniert**. Werden sie als Begleiter benutzt,
stehen sie im gleichen Kasus, Genus und Numerus wie ihr Bezugswort.
Vivienne hatte nicht mit dieser Überraschung gerechnet.

✚ Demonstrativpronomen können aber auch als echte Pronomen gebraucht
werden und Stellvertreter sein.
Er fragte noch dies und das, wollte jenes wissen und klären.

✚ Als Demonstrativpronomen können z. B. gebraucht werden:
der, die, das _dieser, diese, dieses_
jener, jene, jenes _welcher, welche, welches_
derjenige, diejenige, dasjenige _derselbe, dieselbe, dasselbe._

5 Unterstreiche Demonstrativpronomen rot und Relativpronomen grün.

„Das ist genau das, was uns immer so aufregt!", sagte Carlo, welcher sich nur
mit Mühe zurückhalten konnte. Dieser Streit entbrannte immer wieder, wenn
er und seine Klasse mit der Parallelklasse zusammentrafen. Immer ging es um
jene verflixten Bemerkungen ihres Klassenlehrers, die sich mit dem Fleiß und
der Mitarbeit der 6a beschäftigten. Allerdings muss gesagt werden: Es gibt keine
Zeugen dafür, dass Herr M. solche Bemerkungen, wie sie die 6c verbreitete, von
sich gegeben hat. Derjenige, der das gehört haben wollte, war nicht mehr auszumachen. Von „Faulheit" und „Unzuverlässigkeit" war in jener Bemerkung die Rede.
Keiner konnte sich eigentlich vorstellen, dass Herr M. diese Dinge gesagt hat. Aber
die 6c ließ keine Gelegenheit aus, auf diese Bemerkungen anzuspielen.

3.3 Verben

Verben

+ Die Wörter, die **Tätigkeiten**, Geschehen oder Zustände bezeichnen, heißen Verben. Die Grundform der Verben ist der **Infinitiv**.
+ Das Verb kommt im Satz in verschiedenen Formen vor. Die **Personalformen** des Verbs informieren über die Person, die etwas tut (*ich*, *du*, *er/sie/es*, *wir*, *ihr*, *sie*). Die Verbform informiert auch über die **Zeit** (Tempus), in der die Tätigkeit stattfindet, stattfand oder stattfinden wird. Diese Verbformen nennt man **finite Formen**.
+ Das Verb verändert sich, das heißt es wird **konjugiert**, und ist dabei abhängig von Person und Numerus seines Subjekts.

6 Text 3 enthält viele Verbformen im Infinitiv. Setze die richtigen Personalformen im Präsens ein und schreibe den Text in dein Heft.

Text 3: Vom Hund, vom Affen und vom Löwen

Ein alter Jagdhund, mit allen Wassern gewaschen, (*gehen*) in Pension. Die Jägerei ist ihm zu schnell geworden. Er (*wollen*) jetzt seine Ruhe haben und reisen. So (*kommen*) er nach Afrika und (*streunen*) durch die Wüste. Gerade (*stehen*) er vor ein paar Knochen, die da ausgeblichen in der Sonne (*liegen*), da (*hören*) er hinter sich das Grollen des Löwen. Aber so schnell (*sein*) er nicht zu erschüttern. Er (*schmatzen*) vielmehr laut und (*knurren*): „So, den Löwen habe ich jetzt. Aber Hunger (*haben*) ich immer noch!" Der Löwe (*hören*) dies, (*bekommen*) Angst und (*laufen*) davon. Der Affe aber hat alles mitbekommen, (*laufen*) dem Löwen nach und (*berichten*) ihm von dem Täuschungsmanöver des Jagdhundes. Der Löwe (*umkehren*). Dieser (*bemerken*) die beiden, (*tun*) aber so, als sehe er sie nicht und (*knurren*) laut: „Wo nur der Affe (*bleiben*)? Er versprach mir doch, einen neuen Löwen zu besorgen!"

7 Trage alle Verben aus Text 3 in eine Tabelle ein und bestimme die Personal- und Zeitformen genauer. Arbeite im Heft.

Infinitiv	Personalform	Bestimmung
waschen	gewaschen	Partizip II

Regel

Infinite Formen

„Infinit" heißt auf Deutsch **„unbestimmt"**. Der Infinitiv ist eine unbestimmte Verbform, da er weder über die Person noch über die Zeit etwas aussagt.

Es gibt noch weitere Verbfomen, die wie der Infinitiv **keine Personalendung** aufweisen. Diese Formen heißen **Partizipien**. Man unterscheidet:

- **Partizip I** (der Vorgang läuft gerade): *singend, sehend, schreibend*.
- **Partizip II** (der Vorgang hat schon stattgefunden): *geschlafen, gefragt, gesucht*.

8 Für dieses Kreuzworträtsel musst du jeweils das Partizip II bilden.

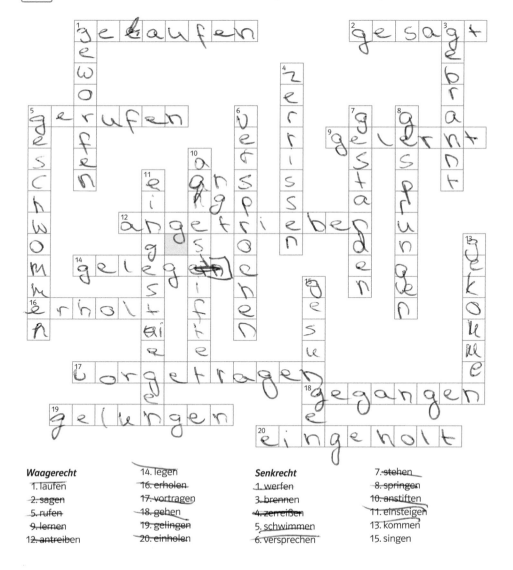

Waagerecht	14. legen	Senkrecht	7. stehen
1. laufen	16. erholen	1. werfen	8. springen
2. sagen	17. vortragen	3. brennen	10. anstiften
5. rufen	18. gehen	4. zerreißen	11. einsteigen
9. lernen	19. gelingen	5. schwimmen	13. kommen
12. antreiben	20. einholen	6. versprechen	15. singen

> **Zeitstufen und Tempora**
>
> Das Verb steht in einem **Tempus**, enthält also Informationen zur Zeit. Man unterscheidet die **Zeitstufen Gegenwart, Vergangenheit, Zukunft**.
>
> ✚ Das **Präsens** kann ein Geschehen in der Gegenwart bezeichnen, aber auch ein zukünftiges Geschehen ansprechen.
> *Ich spreche gerade mit ihm. Morgen regnet es bestimmt.*
> Das Präsens kann auch einen Vorgang beschreiben, der sich wiederholt, oder etwas bezeichnen, das immer gilt.
> *Ich gehe täglich zur Schule. Wer anderen eine Grube gräbt, fällt selbst hinein.*
>
> ✚ Das **Präteritum** bezeichnet einen Vorgang, der in der Vergangenheit ablief. Es ist die Zeitform für schriftliches Geschichtenerzählen.
> *Es war einmal … Sie trat vor ihren Spiegel …*
>
> ✚ Das **Perfekt** bezeichnet ebenfalls einen Vorgang in der Vergangenheit. Im schriftlichen Sprachgebrauch ist dieser Vorgang jedoch schon abgeschlossen. Beim mündlichen Erzählen wird es oft anstelle des Präteritums benutzt.
>
> ✚ Das **Plusquamperfekt** benutzt man, um ein Geschehen zu bezeichnen, das noch weiter zurückliegt als das Geschehen im Präteritum.
> *Nachdem ich Äpfel gepflückt hatte, regnete es.*
>
> ✚ Das **Futur I** drückt Vorgänge aus, die in der Zukunft liegen.
> *Ich werde nächstes Jahr in die siebte Klasse gehen.*
>
> ✚ Das **Futur II** beschreibt Vorgänge, die in der Zukunft als abgeschlossen gelten.
> *Morgen um diese Zeit werde ich das geschafft haben.*

9   Erzähle Text 3 im Präteritum. Schreibe die Erzählung in dein Heft.

10   Schreibe den Text 4 mit den richtigen Verbformen in dein Heft.
Denke auch an die Präposition und bestimmten Artikel, wenn nötig.

Die Geschichte „Der Sprachabschneider" erzählt von einem Jungen namens Paul, der mit einem Herrn Vielolog seltsame Geschäfte macht. Paul verkauft ihm erst seine Präpositionen und die bestimmten Artikel, dann sogar alle Verbformen bis auf den Infinitiv. Dafür macht Herr Vielolog Pauls Hausaufgaben. Paul geht in der gewonnenen Freizeit in den Zirkus.

Text 4: Paul im Zirkus
Die Vorstellung fängt erst um fünfzehn Uhr an. Paul kann sich vorher die Tierschau ansehen. Vor den Käfigen, in denen die Löwen liegen, trifft Paul seinen Freund Bruno. Paul fragt: „Gehen du auch Zirkus?" Bruno sagt: „Paul, was ist los mit dir?"

„Nichts", antwortet Paul. „Wann machen du Hausaufgaben?"

Bruno sagt: „Nun hör aber auf, Paul!" An der Zirkuskasse sagt Paul gar nichts. Er gibt Bruno das Eintrittsgeld, und Bruno kauft zwei Karten. Ehe die Vorstellung beginnt, fragt Paul noch: „Bruno, was gefallen dir besser, Akrobatik oder Dressur?"

„Am besten gefällst du mir", antwortet Bruno. Da schweigt Paul bis zum Ende der Vorstellung, obwohl er gerne etwas gesagt hätte. Bruno hat zuletzt beinahe ein schlechtes Gewissen.

Am Abendbrottisch muss Paul seinen Eltern unbedingt vom Zirkus erzählen. „Herrlich sein Dressuren", sagt er. „Ein Tiger springen einen brennenden Reifen. Ein Elefant sitzen ein großer Hocker." Pauls Eltern werden sehr traurig, als sie Paul reden hören. Er hatte ihnen beim Abendbrot immer von seinen Erlebnissen erzählt. Jetzt bringt er nur noch solche Sätze zustande. Vater, der sich nichts anmerken lassen will, fragt: „Und die Akrobaten?"

„Es geben Trapezkünstler und einen Seiltänzer", sagt Paul. „Seiltänzer halten jede Hand einen Regenschirm, und seine Schultern tragen er ein Mädchen." Jetzt sieht Paul, dass seine Eltern sehr traurig sind.

 Regel

Einfache und zusammengesetzte Verbformen

+ Die **einfachen Formen** im Präsens und Präteritum werden so gebildet:
Präsens: Stamm + Endung.
ich find-e, du find-est, er/sie/es find-et, wir find-en, ihr find-et, sie find-en
Präteritum:
1. bei schwachen Verben: Stamm + t + Endung
   ich zeig-t-e, du zeig-t-est, er/sie/es zeig-t-e, wir zeig-t-en, ihr zeig-t-et, sie zeig-t-en
2. bei starken Verben: veränderter Stammvokal + Endung
   ich schlug, du schlug-st, er/sie/es schlug, wir schlug-en, ihr schlug-t, sie schlug-en

+ **Zusammengesetzte Formen** werden so gebildet:
Perfekt und Plusquamperfekt: Personalform von sein oder haben + Partizip II.
ich bin gegangen / ich war gegangen; ich habe gearbeitet / ich hatte gearbeitet
Futur I: Personalform von werden + Infinitiv.
ich werde sehen, du wirst sehen, er wird sehen, wir werden …
Futur II: Personalform von werden + Partizip II + Infinitiv von sein oder haben
ich werde gewonnen haben, ich werde angekommen sein

Ein Vorgang – zwei Sichtweisen: Aktiv und Passiv

✚ Man unterscheidet beim Verb zwei Handlungsarten (lat. Genera verbi):

Aktiv: *Svenja schlägt den Nagel* **Passiv:** *Der Nagel wird (von Svenja)*
in die Wand. *in die Wand geschlagen.*

→ **Schwerpunkt: Täter** → **Schwerpunkt: Handlung**

✚ Das Passiv bildet man so: Personalform von *werden* + Partizip II des Verbs.

11 Unterstreiche die Passivformen im Text 5.

Text 5: Basketball spielen

Der Ball wird meist mit zwei Händen gefangen. Die Arme werden dem Ball entgegengestreckt. Der Ball wird mit gespreizten Fingern angenommen. Nur die Finger
berühren den Ball. Der Ball wird leicht an den Körper herangezogen, um ihm die
Wucht zu nehmen und um ihn vor dem Gegner zu schützen.
Der Standwurf: Der Ball wird etwa brusthoch gehalten. Aus dieser Stellung geht
der Spieler tiefer in die Knie. Dann wird der Ball mit beiden Händen nach oben
geführt. Die Wurfhand kommt erst hinter, dann unter den Ball. Dabei wird das
Handgelenk nach hinten abgebeugt. Die andere Hand (Führungshand) bleibt seit-
lich am Ball. Ist der Ball über Kopfhöhe, wird die Führungshand vom Ball gelöst.
Der Ball wird mit der Wurfhand zum Korb gedrückt. Während der Ball nach oben
geführt wird, werden die Beine gestreckt. Wichtig: Der Ball wird mit den Fingern
geworfen, nicht mit der Handfläche.

Vorsicht: Verwechsele das Passiv nicht mit dem Futur I Aktiv.

Präsens Passiv: *Der Nagel wird in die Wand geschlagen.*
Futur I Aktiv: *Er wird den Nagel in die Wand schlagen.*

Das Passiv verschweigt den Täter

✚ Da das Passiv eine Form ist, die den Urheber der Handlung nicht unbedingt
angibt, wird es oft benutzt, wenn man den Täter nicht kennt oder wenn es
unwichtig ist, wer eine Handlung ausführt.
Die Fensterscheibe wurde eingeworfen. Der Teig wird glatt gerührt.

✚ Das Passiv wird in zwei Formen verwendet:

1. Einmal wird es gebildet mit *werden* + Partizip II und bezeichnet einen
Vorgang: *Die Bank wird gestrichen.*

2. Außerdem wird es mit *sein* + Partizip II gebildet und bezeichnet einen
schon erreichten **Zustand**: *Die Bank ist gestrichen.*

24 Beschreibe den Unterschied zwischen einem Attribut und einem Adverb.

_____

_____

25 Nenne drei Lokaladverbien. _____

26 Nenne vier Temporaladverbien.

_____

27 Welche Aufgabe haben Demonstrativpronomen in einem Text?

_____

28 Nenne drei Demonstrativpronomen. _____

29 Was ist ein Relativpronomen? _____

30 Welche Zeitstufen kann das Tempus Präsens angeben?

_____

31 Wann benutzt man das Plusquamperfekt?

_____

32 In welchem Verhältnis stehen Futur I und Futur II zueinander?

_____

_____

33 Warum finden sich in Anleitungen so viele Passivformen?

_____

34 Welche zwei Passiv-Formen gibt es? Wie unterscheiden sie sich?

_____

_____

___/18 **1** Ordne die Adverbien in die Tabelle ein.

> gestern – dort – morgen – seltsamerweise – heute – nirgends – überall – rechts –
> wahrscheinlich – deswegen – öfter – nie – bald – oben – nämlich

Temporal-adverbien	Lokaladverbien *wo?*	Kausaladverbien *warum?*	Modaladverbien *Wie?*
gestern	dort	deswegen	seltsamer-weise
morgen	nirgends	wahrscheinlich	nie
heute	überall	nämlich	
bald	recht		
	oben		

___/12 **2** Unterstreiche im Text die Relativpronomen grün, die Demonstrativ-
pronomen rot, die Artikel gelb.

An jenem Baum, an dem ich vorbeikam, hing ein seltsamer Zettel. Ich trat näher
heran, um diesen lesen zu können. Auf dem Zettel stand: „Die, die die Kirschen,
die noch nicht reif sind, als ihr Eigentum betrachten, sollen wissen: Der liebe Gott
sieht alles!" In krakeliger Kinderschrift war darunter geschrieben: „Das stimmt.
Aber der petzt nicht!"

___/10 **3** Diese Anleitung reiht nur Infinitive aneinander. Forme einen richtigen
Anleitungstext. Benutze fünf Passivformen!

Florentiner: Mandeln, Zitronat, Orangeat, Zucker, Vanillezucker, Zimt und Mehl gut
mischen. Butter und Sahne in einem Topf zum Kochen bringen. Mischung einrüh-
ren und kurz aufkochen. Im heißen Wasserbad Brei flüssig halten. Mit Esslöffel
Häufchen auf Oblaten geben. Im vorgeheizten Backofen bei 180 Grad 20 – 25
Minuten backen.

4 | Hilf Paul noch einmal. Schreibe den richtigen Text ins Heft. _____/22

Paul hat Vielolog noch viel mehr verkauft und kann sich kaum noch verständigen.
Nun will Paul alles zurückhaben. Vielolog macht ihm ein Angebot. Er übergibt ihm
einen Zettel und sagt: „Du kriegst alles von mir zurück, wenn du herausfindest, was
auf diesem Blatt fehlt." Paul und Bruno rekonstruieren mithilfe der Grammatik den
ersten Satz:

Paul schlägt seine Grammatik auf und findet heraus, dass es heißen muss: „Es gibt
einen Mann …" Er probiert vor dem „r" in „roße" alle Konsonanten aus und kommt
darauf, dass ein „g" fehlt: „große". Wieder sieht Paul in seiner Grammatik nach und
sagt: „Es gibt einen Mann mit große Ohren. Nein,… mit großen Ohren." „Stimmt!",
ruft Bruno.

Es geben einen Mann roße Ohren. Mann essen gerne. Oder er gehen spazieren

und lachen. Er haben einen lauen Anzug, ein gelbes Hemd und eine rote Rawatte.

Seine Sachen sein unangenehm mutzig. Jedes Haus leiben er tehen und lauschen.

Er wollen Kinder hören. Mann haben immer einen Koffer Hand. Oft gehen Mann

ein Haus. Wohnung Mann sein fabelhaft unordentlich. Überall liegen Holzkästchen.

Manchmal sein Mann sehr röhlich. Dann nehmen er Kästchen und werfen sie

Höhe. Ein Kästchen landen Bank. Ein Kästchen landen Lampe. Mann aber lachen

nur. Er sein sehr lampig. Abends sitzen er Tisch und ritzeln. Oder malen er? Öfter

lesen er seine Ritzelei laut. Es lingen roßartig. Mann hopsen Tisch und rufen: „Was

ich will, das kriege ich, kriege ich, verbiege ich. Wort für Wort und Satz für Satz,

Katz beißt Hund und Hund beißt Katz."

aus: Hans Joachim Schädlich: Der Sprachabschneider. Copyright © 1980 by Rowohlt Verlag GmbH, Reinbek bei Hamburg

Gesamt-
punktzahl
_____/62

4. Erzählen

4.1 Fantastische Geschichten erzählen

Bei der Fantasieerzählung geht es zunächst einmal darum, die Leser mit einer interessanten, spannenden Geschichte zu unterhalten. Hinsichtlich ihres Stoffes aber unterscheidet sich die Fantasieerzählung in einem wichtigen Punkt von anderen Erzählungen. Im Gegensatz zur Handlung anderer Geschichten enthält sie Elemente, die in der Wirklichkeit so nie geschehen könnten.

Wenn sich die Leser trotzdem auf ein „Gespinst von Fantasie und Lüge" einlassen, dann hat das mehrere Gründe:
1. Sie fühlen sich befreit vom „Druck der Wirklichkeit".
2. Sie erfreuen sich am „freien Spiel der Fantasie".
3. Sie sind gespannt darauf, wie alles ausgeht.
4. Sie genießen die Erzählung und freuen sich über einzelne Wendungen, Bilder und Vergleiche.

 Regel

Unglaubwürdiges muss glaubwürdig sein

Unglaubwürdiges kann man glaubwürdig erscheinen lassen, indem man
- Elemente in das fantastische Geschehen einbaut, die es auch in der Wirklichkeit gibt.
- einen **Rahmen** erfindet, der in der Wirklichkeit möglich ist und der eine direkte **Verbindung zwischen der Wirklichkeit und dem fantastischen Geschehen** schafft.
- die Leser ganz allmählich aus der Wirklichkeit in die Welt der Fantasie führt.

1 Gliedere Text 1. Wie weit reicht die Einleitung? Wo beginnt der Schluss?

2 Markiere mit einem Textmarker alle Teile, die dir fantastisch vorkommen.

3 Warum glaubt man dennoch, dass die Geschehnisse so, wie sie dargestellt werden, „irgendwie stimmen"?

4 Unterstreiche in den Teilen, die du als fantastisch markiert hast, die Dinge, die so in der Wirklichkeit möglich sind.

5 Beschreibe genau, wie der Erzähler die Leser in die Traumwelt hinein- und wieder herausführt.

Text 1: Meine Begegnung mit Neptun

Letzten Sommer verbrachten wir einen
Teil der Ferien an der Nordsee. Eines
Nachmittags lag ich auf meinem Hand-
tuch in unserer Strandburg. Vom strah-
lend blauen Himmel schien die Sonne, 5
es wehte nur ein leichter Wind, selbst
meine kleine Schwester Moni gab Ruhe
und stellte ganze Serien von Sandkuchen
her. Nur das Meer war mal wieder nicht
da, das heißt, es war Ebbe. Darum lag ich in der Strandburg und sah den wenigen 10
Wolken am Himmel zu. Dabei geriet ich ins Dösen, als sich plötzlich die Sonne
verdunkelte und ein Schatten auf mich fiel. Ich öffnete die Augen und erschrak
doch ein wenig, als ich sah, von wem der Schatten kam. Das Wesen sah irgendwie aus wie ein Mensch, der sich verkleidet hat. Es war über und über mit Tang
und Seegras behangen und hielt in der einen Hand eine eigenartige Gabel, sein 15
Gesicht schimmerte grünlich-silbern und auf dem Kopf trug das Wesen so etwas
wie eine Krone. „Hallo!", sagte es und strahlte dabei übers ganze Gesicht. Etwas
zögerlich antwortete ich: „Äh, ja, hallo! Was … Wer … äh …" „Wie", entgegnete mir
mein Besucher, „du kennst mich nicht? Ich bin Neptun, der Gott der Meere! Das
lernt man doch schon in der Schule!" So. Aha! Neptun. Ich muss da in der Schule 20
etwas nicht so recht mitbekommen haben. Laut sagte ich: „So, Neptun. Das kann
ja jeder behaupten!" Das Lachen meines Besuchers ging etwas zurück. „Erkennst
du mich nicht? Hier, meine Krone! Und da: der Dreizack!" So, das war also ein Dreizack, diese eigenartige Gabel. „Ja, ja, jetzt sehe ich das alles erst so richtig. Hallo,
Herr Neptun!", setzte ich das Gespräch fort. So ganz geheuer war mir das alles 25
nun doch nicht. Mein Besucher aber zeigte wieder sein breites Lachen und fuhr
fort: „Ich bin gekommen, um mich bei dir zu bedanken. Du hast gestern einem
meiner Söhne das Leben gerettet!" „Ich? Gestern?" „Ja, erinnerst du dich nicht an
den Fisch, der die abfließende Flut verpasste und im Schlick festsaß?" Jetzt erinnerte ich mich. Wir waren gestern im Watt gewandert, und da sah ich einen Fisch 30
zappeln. Er hatte mir leid getan, und so hatte ich ihn gefangen und zum nächsten
Priel getragen. „Ach, das war doch nicht der Rede wert!", sagte ich zu Neptun. „Oh
doch!", meinte der. „Und ich werde mich erkenntlich zeigen. Komm mit in mein
Reich, dort hast du einen Wunsch frei!" Dabei beugte er sich über mich. Er wollte
mir wohl die Hand reichen, um mir auf die Beine zu helfen. Dabei streifte mich 35
der nasse, glitschige Tang, und ich schrie laut: „Igittigitt!" Dadurch muss ich dann
aufgewacht sein, gerade noch rechtzeitig, um zu verhindern, dass mir Moni auch
ihr zweites Eimerchen mit Wasser über den Bauch leerte.

6 Diese Stichpunkte liefern Stoff für eine ähnliche Geschichte. Denk dir zu
jedem Stichpunkt Ergänzungen aus und mache dir Notizen.

Sommernachmittag: Freibad, heiß, faulenzen _____

_____

Luftmatratze: _____

Kinderplanschbecken: _____

aufgeblasener Riesenfisch: _____

weißer Hai: _____

Angst, Verfolgung: _____

Arzt, Sonnenstich: _____

7 Welche Stichpunkte könnten einen guten Wirklichkeitsrahmen bilden?

8 Was könnte die fantastischen Teile plausibel erscheinen lassen?

9 Schreibe nun die Geschichte „Der weiße Hai im Freibad". Du kannst dir
auch einen anderen Titel ausdenken!

Regel

Die richtige Perspektive

Wer eine fantastische Geschichte erzählt, muss besonders die Perspektive beachten. Man wählt eine Perspektive, die stimmt, d.h. die der Wirklichkeit entspräche,
wenn die fantastischen Bedingungen in der Wirklichkeit möglich wären. Besonders wichtig ist, dass Sehweise und erzählende Figur zusammenpassen. Wenn
jemand die Welt zum Beispiel als Ameise sieht, erscheint ihm ein Grasbüschel
wie ein riesiger Wald.

10 Der Erzähler der Geschichte 2 sieht sich in eine Biene verwandelt. Er
stellt die Ereignisse aus diesem Blickwinkel dar. Unterstreiche die Stellen,
an denen die Sichtweise der kleinen Biene deutlich wird.

Text 2: Ich habe Biene Maja das Leben gerettet

Gestern passierte mir vielleicht ein Ding! Ich saß vor dem Fernseher und sah mir
„Biene Maja" an. Plötzlich machte es „Plopp!" und der Bildschirm begann, sich
aufzulösen. „Hallo!", zirpte es da über mir. Das war doch Maja persönlich! Aber wie
groß sie geworden war! Fast so groß wie ich war sie – oder: Ich war so klein wie
Maja geworden. Jetzt erschrak ich doch ein wenig, zumal ich Probleme hatte, als   5
ich den Kopf drehen wollte. Außerdem spürte ich ein Riesengewicht auf meinem
Kopf. Ich wollte danach greifen, aber – oh Schreck! – ich hatte keine richtigen Hände mehr. Da waren nur noch dünne Beinchen, mit denen ich meinen Kopf abtasten
konnte. Ich hatte wirklich so etwas wie Fühler. Jetzt fehlte nur noch, dass … – ich
probierte es, und richtig! Die Flügeldeckel ließen sich öffnen und die hauchdünnen   10
Flügel, die darunter zum Vorschein kamen, entfalteten sich. „Hallo!", rief mir Maja
zu, „Kommst du mit?" „Hm!", wollte ich sagen, aber es kam nur ein helles Zirpen
heraus. Vorsichtig bewegte ich die Flügel. Das ging ja fast wie von selbst. Schon
hörte ich ein kräftiges Brummen: Das waren meine Flügel! Ich hob vom Sessel ab
und wumm, war ich schon an die Fensterscheibe gestoßen und auf das Fenster-   15
brett gefallen. Da hörte ich ein lautes, wütendes Summen. Das musste Maja sein,
das Summen kam von unten, vom Boden her. Also hob ich ab und flog zum Boden.
„Hallo Maja!", zirpte ich. „Was ist denn los?" „Hilfe!", rief sie unter dem Schrank
hervor. „Hilf mir! Ich bin da in zähe Stricke geraten und komme nicht mehr los! Iee,
wie das klebt!" Ich krabbelte unter den Schrank. Ganz schön dunkel und staubig   20
war es hier unten. Ganz hinten, in der dunkelsten Ecke, jammerte Maja. Ihre Flügel
hatten sich in einem Spinnennetz verfangen. Ich probierte, an den Fäden zu ziehen. Kein Erfolg. „Nimm doch deine Zangen und trenne die Stricke durch!", sagte
Maja. Zangen? Ach ja, was ich da an den Armen hatte, könnte man so bezeichnen.
Ich benutzte sie und der erste Faden gab nach. Ich nahm mir den zweiten Faden   25
vor. Da musste ich schon kräftiger ziehen. „Einen solchen Strick reißt man nicht
einfach durch!", dachte ich. Aber jetzt: ein letzter, kräftiger Ruck und Maja war
wieder frei. „Maja, mach langsam, ich fliege mit!", rief ich ihr hinterher. Hastig versuchte ich zu starten und schon wieder rammte ich den Schrankfuß und – wachte
auf. Ich war beim Fernsehen eingeschlafen und vom Sessel gerutscht. Dabei habe 30
ich mir schließlich den Kopf an der hölzernen Lehne angeschlagen. Ihr glaubt das
nicht? Seht her, was für eine Beule ich noch habe.

11 Unterstreiche im Text 2 die Stellen, an denen wir erfahren, was im Erzähler vorgeht.

12 Welche Rolle spielt in der Erzählung (Text 2) die wörtliche Rede?

 Regel

Wörtliche Rede

Wenn sich zwei Figuren einer Geschichte begegnen, wenn sie sich beraten, unterhalten oder streiten, sprechen sie miteinander. Man kann die Leser gut in das **Geschehen** hineinversetzen, indem man bei solchen Teilen die wörtliche Rede einsetzt. Auch an den **Gedanken** einer Figur können die Leser gut **teilhaben**, wenn diese in wörtlicher Rede dargestellt werden.

Text 3: Im Schuhschrank gibt's Rabatz

Neulich wollte ich zum Sportplatz, und dafür brauchte ich meine Turnschuhe. Als ich aber zum Schuhschrank kam und die Turnschuhe herausnehmen wollte, weigerten sie sich einfach. „Nein!", sagten sie. „Wir wollen nicht mehr! Nimm doch die da, oder die. Die halten sich doch für etwas Besseres!" Was war denn da bloß geschehen? „Ich kann dir das erklären!", meldete sich Vaters linker Wanderschuh zu Wort. „Also gestern …"

13 Setze die Geschichte fort.
   a) Überlege: Welche Schuhe können beteiligt sein?
   b) Welche Eigenschaften könnten wichtig werden?
   c) Um was wird es am Ende in dem Streit gehen?
   d) Wie ließe sich der Streit beenden?

 Regel

Figuren und ihre Eigenschaften

Viele Verhaltensweisen von Figuren sind erst verständlich, wenn man die Eigenschaften der Figuren kennt. Diese Eigenschaften lassen sich so darstellen:
1. Die **Eigenschaft** wird **benannt** (*derb, fleißig, hochnäsig* …).
2. Die Eigenschaft wird durch ein **Bild** oder einen **Vergleich** verdeutlicht (*bienenfleißig, schlau wie ein Fuchs*).
3. Die Eigenschaft wird durch eine kleine **Beispielhandlung** vorgestellt:
   Er war so flink, dass er mit dem Essen schon fertig war, während die anderen noch nach einem Besteck suchten.

14 Die folgenden Eigenschaften kommen bei Figuren in Erzählungen immer wieder vor. Überlege, wie man sie darstellen könnte und halte verschiedene Möglichkeiten in der Tabelle fest.

Benennung	Bild/Vergleich	Beispielgeschichte
sehr klein	kleiner Zwerg	Er war so klein, dass seine Füße nicht einmal den Boden berührten, wenn er auf einem Stuhl saß.
dumm	dumm wie Bohnenstroh	Wenn man ihn nach seinem Namen fragte, musste er schon sehr lange nachdenken, ehe ihm was Passendes einfiel.
fröhlich	sonniges Gemüt	
hochnäsig		
bescheiden		
klug		
schlau		
langsam		
schnell		

Tipp Stoff finden für eine Fantasieerzählung

Wenn du eine Fantasiegeschichte erzählen bzw. erfinden willst, brauchst du einen geeigneten „Stoff". Den zu finden ist gar nicht schwierig. Hier ein paar Tipps:

1. Sieh dir genau das Thema an. Was gibt es an Neuem her?
2. Welche Perspektive legt das Thema nahe? Wie wird die Welt aus dieser Perspektive aussehen?
3. Welche überraschenden Begegnungen sind möglich?
4. Welche Teile der realen Welt könntest du in die Fantasiewelt einbauen?
5. Wie könnte man zu dieser Perspektive kommen (Traum, Wünsche …)?

Text 4: Plötzlich war ich eine Ameise

Es war ein sonniger Nachmittag. Wir hatten Ferien und ich lag im Gras und faulenzte. Ein leichter Luftzug bewegte einen Grashalm so, dass er genau vor meinen Augen quer in den Himmel stand. Da, plötzlich – der Halm wurde größer und größer, auch das übrige Gras um mich herum wuchs und wuchs, bis ich schließlich von einem schier undurchdringlichen Wald umgeben war. Ich wollte mich aufrichten, konnte aber zunächst nur hilflos zappeln. Was war nur mit meinen Händen und Armen los? Da waren nur noch dünne Beinchen. Ich sah an mir herunter und konnte es nicht glauben: Ich war tatsächlich eine Ameise! …

15 | Erzähle die Geschichte (Text 4) weiter und schreibe sie in dein Heft. Die Stichpunkte unten können dir helfen. (Denke an die Perspektive!)

Sturm – Gras wirbelt durcheinander – unwegsames Gelände – Regentropfen – Löwenzahndach – nicht schwimmen können – kleine Schwester – Gießkanne

4.2 Lügengeschichten

 Regel **Lügengeschichten**

Die Lügengeschichte ähnelt der Fantasiegeschichte sehr.

1. Wer eine Lügengeschichte erzählt, nimmt es mit der Wahrheit nicht so genau. Die Erzählung könnte aber so abgelaufen sein, wenn die im Mittelpunkt stehende Lüge zuträfe.
2. Beim Erzählen einer Lügengeschichte ist es wichtig, sich auf **eine zentrale Lüge** zu konzentrieren und nicht einfach noch eine Lüge einzubauen, wenn man nicht mehr weiter weiß.

Text 5: Der Kirschbaum-Hirsch *Münchhausen*

Was ein richtiger Jägersmann ist, der erlebt die merkwürdigsten Dinge. Sie haben unstreitig von dem heiligen Schutzpatron der Waidmänner und Schützen, St. Hubert, gehört, nicht minder auch von dem stattlichen Hirsch, der ihm einst im Walde begegnete und welcher das heilige Kreuz zwischen seinem Geweih trug. An diese Geschichte wurde ich einmal lebhaft erinnert. Einst, als ich mein Blei verschossen hatte, stieß mir der stattlichste Hirsch der Welt auf. Er blickte mir so mir nichts, dir nichts ins Auge, als ob er gewusst hätte, dass mein Beutel leer war. Augenblicklich aber lud ich meine Flinte mit Pulver und darüber her eine ganze Handvoll Kirschkerne, wovon ich, so hurtig sich das tun ließ, das Fleisch abgezogen hatte. Und so gab ich ihm die volle Ladung mitten auf seine Stirn. Der Schuss betäubte ihn zwar, er taumelte, machte sich aber doch aus dem Staube. Ein oder zwei Jahre danach war ich in demselben Walde auf der Jagd. Und siehe, zum Vorschein kam ein stattlicher Hirsch mit einem voll ausgewachsenen Kirschbaum zwischen seinem Geweih. Mir fiel gleich mein Abenteuer wieder ein; ich betrachtete den Hirsch als mein längst erworbenes Eigentum und legte ihn mit einem Schuss zu Boden, wodurch ich an Braten und Kirschtunke zugleich geriet. Denn der Baum hing reichlich voller Früchte, die ich in meinem ganzen Leben so delikat nicht gegessen hatte.

16 | Gliedere die Geschichte und fasse der Abschnitte in einem Satz zusammen.

Einleitung: _____

1. Erzählschritt: _____

2. Erzählschritt: _____

3. Erzählschritt: _____

Der Freiherr von Münchhausen (1720 – 1797)

Vielen Menschen ist Münchhausen als literarische Figur und Filmheld bekannt, weniger jedoch als historische Person. Hieronymus Carl Friedrich Freiherr von Münchhausen wurde in Bodenwerder geboren. Nach seiner Karriere als Offizier im Dienste der russischen Zarin kehrte er 1750 dorthin zurück. Bereits zu Lebzeiten war er als brillanter, humorvoller Erzähler berühmt. Die englischen und deutschen Ausgaben seiner Erzählungen verhalfen ihm 1785/1786 zu Weltruhm. Münchhausen selbst aber schätzte diese Bücher fremder Autoren keineswegs. Er sah sich seiner Geschichten und seiner unverwechselbaren Fabulierkunst beraubt.

nach: http://www.muenchhausenland.de

17 a) Was in Text 5 kann in der Wirklichkeit so geschehen sein?

b) Untersuche genauer: Wo beginnt die Lüge?

 Tipp Lügen wahrscheinlich erscheinen lassen

Man kann das, was man erzählend zusammenlügt, für Leser wahrscheinlich erscheinen lassen, indem man

- Zeugen angibt (*„ihr könnt den/die … ruhig fragen …"*)
- Beweise vorlegt (*Wenn ihr mir nicht glauben wollt, dann seht euch mal die Beule an, die ich noch habe …*)
- Sätze einfügt, die kundtun, dass man selbst erst einmal skeptisch war. (*Ich traute meinen Augen nicht …; Mir blieb der Mund offen …; Vor Staunen blieb ich wie angewurzelt stehen …; Das konnte doch nicht wahr sein! Ich glaubte zu träumen …; Ungläubig schüttelte ich den Kopf …; Sprachlos ging ich weiter …*)

18 Schreibe eine Lügengeschichte zum Thema „Ich flog über meine Heimatstadt".

a) Lege fest, wo sich deine Geschichte ereignen soll und was dort geschieht: Große Wiese im Park; Freunde; Drachen steigen …

b) Du hältst den Drachen, jemand zieht an der Drachenschnur, der Drachen beginnt zu steigen (erste Übertreibungen beginnen) …

c) Steigere die Übertreibungen! Der Drachen steigt mit dir, du entdeckst, dass du ihn steuern kannst, die Welt wird immer kleiner …

d) Löse dich ganz von der Wirklichkeit: Du fliegst mit deinem Drachen über die Stadt, siehst die Kinder im Park, Leute winken …

e) Kehre zur Wirklichkeit zurück: Gleite zur Erde, beschreibe die Landung und die Begrüßung der staunenden Freunde …

 Regel Spannend erzählen durch Verzögerungen

Spannung lässt sich steigern, indem man vor dem Höhepunkt das, was geschieht, verzögert, das heißt „gedehnt" erzählt. Das Erzählen dauert dann länger als das Geschehen, das erzählt wird. Dieses Stilmittel heißt **Dehnung**.

Beispiel: *Alle starrten zur Tür. Langsam, ganz langsam senkte sich die Klinke. Wer würde da jetzt bloß erscheinen? Ich hielt den Atem an.*

Regel

Der Aufbau einer Lügengeschichte

1. Die **Einleitung** stellt die Umstände dar, aus denen sich das Geschehen entwickeln soll. Sie können so in der Wirklichkeit zu finden sein.
2. Der **erste Erzählschritt** stellt die konkrete Situation dar, in der bereits die Lüge beginnt. Allerdings setzt nicht sofort eine maßlose Übertreibung ein. Übertreibungen beginnen ganz allmählich.
3. Im **zweiten Erzählschritt** wird das Geschehen ins Fantastische gesteigert. Allerdings bleibt die Logik erhalten. Es geschieht nichts offenkundig Widersinniges.
4. Im **dritten Erzählschritt** wird der Höhepunkt erreicht. Das Geschehen hat jetzt nichts mehr mit der Wirklichkeit zu tun. Es hat sich aber nachvollziehbar entwickelt.
5. Am **Schluss** kehrt die Erzählung in die Wirklichkeit zurück. Was nun geschieht, kann wieder wirklich geschehen sein.

19 Schreibe eine Lügengeschichte zu dem Erzählanfang in Text 6.

Text 6: Meine Begegnung mit dem Braunbären

Wie ihr wisst, gibt es in den Alpen wieder Bären. Und da ist mir im letzten Urlaub eine fast unglaubliche Geschichte mit so einem Braunpelz passiert.
Ich wanderte allein über eine Hochalm, da hörte ich links hinter mir ein tiefes Brummen. Ich drehte mich um und, was glaubt ihr, wer da stand? Richtig. Ein Braunbär, hoch aufgerichtet und grimmig brummend. „Au weia!", dachte ich. „Der hat Hunger! Und ich habe in meinem Rucksack nur ..."

a) Die Einleitung hast du schon. Was an der Situation kannst du nutzen, um deine Geschichte interessant und wirklichkeitsnah zu gestalten?
b) Mache dir zu den einzelnen Erzählschritten Notizen.
   (Was könnte im Rucksack sein? Eine leere Butterbrotdose? Wie könntest du den Bären überlisten oder überwinden? Denke z. B. an Tanzbären. Wie könnte das Erlebnis enden?)
c) Wo könntest du gedehnt erzählen, um die Spannung zu erhöhen?
d) Erzähle die ganze Geschichte. Schreibe sie in dein Heft.

35 Wie wird Fantastisches glaubwürdig? _____

_____

36 Was musst du bei der Perspektive einer Fantasiegeschichte beachten?

_____

37 Welche drei Möglichkeiten gibt es, die Eigenschaften einer Figur zu verdeutlichen? _____

_____

38 Was bewirkt „Dehnung" in einer Erzählung? _____

39 Durch welche Mittel kann man es erreichen, dass die Leser einer Lügengeschichte trotz der Lügen weiterlesen?

_____

40 Erläutere die Aufgaben der Erzählschritte in einer Lügengeschichte.

a) Einleitung: _____

b) 1. Erzählschritt: _____

c) 2. Erzählschritt: _____

d) 3. Erzählschritt: _____

e) Schluss: _____

41 Wann ist es sinnvoll, wörtliche Rede einzusetzen? _____

42 Welche Wirkung erzielt die wörtliche Rede in einer Geschichte?

_____

43 Wie unterscheiden sich Fantasieerzählungen und Lügengeschichten?

_____

_____

1 a) Hier findest du einen Schüleraufsatz. Um was für eine Geschichte __/18
handelt es sich? (2 Punkte) _____

b) Nenne die Merkmale, an denen du dies erkennst. (8 Punkte)

_____

_____

c) Gliedere den Text und gib den Handlungsschritten Überschriften.
Notiere sie am Rand. (8 Punkte)

2 Schreibe den verbesserten Text in dein Heft. __/18
a) Überlege: Wo könntest du gedehnt erzählen, um die Spannung zu erhöhen? (8 Punkte)
b) Füge an geeigneten Stellen im Text wörtliche Rede ein. (8 Punkte)
c) Welche Wirkung wird durch die eingesetzte wörtliche Rede erzielt?
(2 Punkte)

Ein Haifisch im Swimmingpool

Ach, wie schön ist es, zu Hause einen Swimmingpool zu haben. Ich erinnere mich noch ganz genau an den Sommer letzten Jahres. Es war furchtbar
heiß. Ich hatte schon ungefähr eine halbe Stunde im kühlen Nass ver-
bracht und mit meinem Bruder gespielt, der auf einem riesigen Gummi-
fisch zu reiten versuchte. Dann legte ich mich auf meine Luftmatratze und 5
begann, vor mich hin zu dösen. Mein Bruder hatte seine Versuche aufge-
geben und ließ seinen Fisch alleine vor sich hindümpeln. Ich genoss das
Plätschern des Wassers am Beckenrand und die warmen Sonnenstrahlen
auf meiner Haut. Alles war ruhig. Ich wurde müde. Auf einmal bekam ich
einen Riesenschreck. Da schwamm so ein Vieh auf mich zu, von dem ich 10
nur die Umrisse erkennen konnte, weil alles so verschwommen war. Die
totale Panik ergriff mich. Und als ich den Schatten des riesigen Mauls über
mir spürte und die spitzen, weißen Zähne sah, wusste ich: Es ist ein Hai! Es
war einfach furchtbar. Dann wurde ich bewusstlos.
Als ich wieder aufwachte, hörte ich eine bekannte Stimme. Es war die 15
Stimme unseres Hausarztes. Nur mit viel Mühe konnte ich meine Augen-
lider etwas heben und erkennen, dass ich mich nicht im Haifischbauch,
sondern in meinem Zimmer befand. Ich wusste überhaupt nicht, was los
war. In meiner Ratlosigkeit fragte ich, ob es schwer gewesen sei, mich aus
dem Haifischbauch zu retten? Meine Mutter starrte mich an, da sagte der 20
Doktor, dass man bei einem Hitzschlag oft eigenartige Erlebnisse hätte
und ich den Plastikfisch im Pool wohl für ein Ungeheuer gehalten hätte.

Gesamt-
punktzahl
__/36

5. Berichten und Beschreiben

Wer von einem Geschehen berichtet, möchte die Leser vertraut machen mit einem Ablauf, dessen Zeuge man war. Vertraut machen heißt, all das über den Ablauf, die Zusammenhänge und die näheren Umstände mitzuteilen, was notwendig ist, damit die Leser das Gesamtgeschehen überblicken können. Im Bericht geht es um die Sache selbst. Daher muss er sachlich und genau sein.

5.1 Der Zeugenbericht

Regel

Zeugenbericht

Wer über Geschehnisse berichtet, teilt mit, was passiert ist. Ein Zeugenbericht stellt dar, was man im Zusammenhang mit einem Geschehen wahrgenommen hat. Dabei kommt es auf eine **möglichst genaue Darstellung** an. Wichtig sind alle Teilvorgänge und Umstände, die mit dem Ablauf zu tun haben, um den es geht.

 Schau dir die Bilder nacheinander an und mache dir Notizen: Was geschieht genau? Unterscheide was abläuft, wer was tut und welche Umstände eine Rolle spielen.

2 Vergleiche diesen Zeugenbericht mit deinen Stichpunkten.
a) Was fehlt? Welche zusätzlichen Aussagen enthält der Bericht?
b) Welche Informationen sind deiner Meinung nach überflüssig?

Ina saß am Nachbartisch und hat das Geschehen beobachtet. Die Versicherung, die die teure Brille ersetzen soll, will Genaueres über den Ablauf wissen. Ina schreibt deshalb einen Bericht:

Wir haben am 9.4.2008 im Deutschunterricht bei Frau Kern in Gruppen einzelne Geschichten bearbeitet. Ich war in Gruppe drei und habe an einer Eulenspiegelgeschichte gearbeitet. An unserem Nachbartisch wurde eine Geschichte von den Schildbürgern behandelt. Jan war Mitglied dieser Gruppe. Eigentlich war er dann selbst schuld, dass seine Brille zu Bruch ging, denn er hat sie einfach abgesetzt und leichtsinnigerweise an den Rand des Tisches gelegt.
Die Diskussion in der Gruppe wurde etwas lauter und die Leute an den Nachbartischen schauten interessiert zu. Lena kam vom nächsten Tisch dazu, um mit uns zu diskutieren, obwohl sie das alles nichts anging. Dilowan, der sich immer als Erster einmischt, drehte sich zu ihr um, um sie wegzuschicken. Dabei war er etwas zu hektisch und fegte die Brille mit dem Ellenbogen vom Tisch. Diese fiel unglücklich auf den Boden vor Lenas Füße, sodass sie unbeabsichtigt darauftrat. Das Glas ging zu Bruch.

 Regel

Sachlichkeit im Zeugenbericht
Vermutungen über Zusammenhänge, über Denken und Planen der Beteiligten sowie Schuldzuweisungen und Bewertungen müssen in Zeugenberichten vermieden werden. Auch die persönliche Meinung der Zeugin oder des Zeugen gehört nicht in diese Berichtsform.

3 Unterstreiche die Stellen in Inas Bericht, die eine Meinung oder eine Bewertung enthalten.

4 Versetze dich in Inas Lage und verfasse einen neuen Zeugenbericht, der sich auf die Darstellung dessen beschränkt, was zu beobachten war. Arbeite im Heft.

Regel

Gründe und Absichten im Zeugenbericht

Um jemandem etwas zu erklären, ist es bisweilen wichtig zu sagen, warum etwas geschah, oder die Absicht darzustellen, die zu einzelnen Handlungen führte. Dabei sollte man aber vorsichtig sein und sich auf die klar erkennbaren Absichten beschränken. Vermutungen gehören nicht in einen Zeugenbericht.
Beispiel: *Das Kind rennt <u>offensichtlich</u> auf die Straße, um seinen Ball zu holen.*

5 Formuliere zu jedem Bild einen Satz, der den Vorgang beschreibt.

Zwischen den drei Vorgängen bestehen verschiedene Zusammenhänge.
Beispiel: *Der Ball rollte auf die Straße --- deshalb --- sprang das Kind hinterher.*
<u>Grund</u>
Das Kind sprang auf die Straße, --- um --- den Ball zu holen.
<u>Absicht</u>

6 Formuliere weitere Zusammenhänge zwischen dem Verhalten des Kindes und dem abbremsenden Autofahrer sowie zwischen dem abbremsenden Autofahrer und dem Bus.

7 Auf dem letzten Bild siehst du, dass das Mädchen wegläuft. Die Polizei wird den Unfall aufnehmen. Der Pkw-Fahrer hat ein Problem zu erklären, warum er so plötzlich bremsen musste. Verfasse einen Zeugenbericht. (Offensichtliche Gründe und Absichten darfst du nennen.)

Text 1: Junger Mann greift Affen im Zoo an

MELBOURNE. Ein junger Mann hat gestern im Zoo von Melbourne in Australien
das 110 Kilogramm schwere Gorillaweibchen Betsy und ein Junges angegriffen
und verprügelt. Ein Zooarbeiter beendete den Kampf, indem er alle drei in getrennte Käfige sperrte. Wie eine Sprecherin des Tiergartens berichtete, war der
Mann mit dem Ruf „Ich bringe einen Gorilla um" über die Brüstung des Geheges 5
gesprungen. „Er schlug und trat Betsy und entriss Mzuri ein Spielzeug", sagte
die Sprecherin. Die Affen hätten vor Furcht geschrien. Ein von dem Lärm aufgeschreckter Arbeiter sei zwischen die Kämpfenden gegangen und habe erst die
beiden Tiere und dann den jungen Mann in getrennte Käfige gesperrt, bis die
Polizei eingetroffen sei. Der offenbar geisteskranke Mann sei zur Beobachtung in 10
eine Klinik gebracht worden.

8   a) Gliedere den Text 1 und fasse jeden Abschnitt knapp zusammen.
    b) Wie ist der Zeitungsbericht aufgebaut?
    c) Ordne die Sätze nach der zeitlichen Reihenfolge des Geschehens.

9   Stelle dir vor, du seist der Zooarbeiter gewesen, der die drei eingesperrt
    hat. Verfasse einen Bericht für die Zooverwaltung. (Achtung: Du kannst
    nur das berichten, was du selbst wahrgenommen hast!)

Regel

Aufbau eines Zeugenberichts

✚ In einem Zeugenbericht geht es um die **sachliche Darstellung** eines Vorgangs.
Die Darstellung folgt dem zeitlichen Ablauf des Geschehens, ist also **chronologisch** aufgebaut.

✚ Zunächst werden die **Situation und die näheren Umstände**, die für das Geschehen wichtig werden, dargestellt. Insbesondere räumliche Einzelheiten
sind wichtig (z. B.: Wer kam von welcher Seite?). Dann wird die Position des
Beobachtenden umrissen.

✚ Bei der Darstellung des Geschehens hält man sich an die zeitliche Reihenfolge
und fragt:
  – Wie begann alles?
  – Wer war in welcher Weise beteiligt?
  – Was geschah zuerst? Was geschah dann?

✚ Die Beteiligten und ihr Anteil am Geschehen werden immer dargestellt, aber
nur so weit, wie man es beobachten konnte. Oft müssen die näheren Umstände berücksichtigt werden (zum Beispiel das Wetter, Geräusche …).

5.2 Die Tierbeschreibung

Die Beschreibung eines Tieres

Bei der Beschreibung eines Tieres geht es darum, genaue Angaben über seine **Form, Farbe und Größe** sowie über einzelne **Körperteile** zu machen. Auch die genaue Lage einzelner Körperteile ist bisweilen wichtig. Dabei müssen **Fachbegriffe** zur Bezeichnung einzelner Teile des Körpers verwendet werden.

10 Eines der drei abgebildeten Tiere hast du bestimmt schon einmal beobachtet. Notiere die besonderen Merkmale der drei Vögel in Stichpunkten.

Merkmale des Schwans: _____

_____

Merkmale der Gans: _____

_____

Merkmale der Stockente: _____

_____

Wie man Formen beschreiben kann

Es ist nicht immer leicht, eine Form genau zu beschreiben. Oft hilft zur Verdeutlichung ein Vergleich mit bekannten Gegenständen.

Beispiel: _Hakennase_; _s_-förmig gebogen, _keil_förmig, _fächer_förmig.

11 Notiere die wichtigsten Merkmale der Hunderassen in der Tabelle.

	Schäferhund	Pudel	Berner Sennhund
Körperbau			
Kopfform/ Schnauze			
Fell/ Schwanz			
Besonderes			

Rund um den Hund

Hunde sind in vielen deutschen Redensarten und Ausdrücken anzutreffen. Zusammengesetzte Wörter wie *hundsgemein, hundemüde, Hundewetter* oder *Hundeleben* wurden allerdings nicht gerade von Hundeliebhabern geprägt. Der Ausspruch *„Damit lockt man keinen Hund hinter dem Ofen hervor"* bedeutet, dass man schon wichtigere Gründe oder Informationen anführen muss, um sein Ziel zu erreichen. Er erklärt sich dadurch, dass die Öfen früher meist auf zwei oder vier Beinen standen, zwischen denen der Hund gerne seinen Ruheplatz suchte. Wenn zwei Menschen sich *„wie Hund und Katz"* verhalten, haben sie dauernd Streit. Nach Meinung von Zoologen beruht die Unverträglichkeit zwischen den Tieren aber keineswegs auf einer angeborenen Feindschaft, sondern lediglich auf Missverständnissen, die ihre Körpersprache auslöst. Was bei dem Hund ein Zeichen der Freude ist, deutet die Katze als feindselige Handlung.

nach: Lutz Röhrich: Lexikon der sprichwörtlichen Redensarten, Herder spektrum Bd. 5400, © Verlag Herder GmbH, Freiburg im Breisgau, 3. Auflage 2006, S. 755 – 766.

---

12   Unterstreiche im Text 2 die Angaben zu Farben.

Text 2: Rabenvögel

Von der Gattung der Paradiesraben ist vor allen der Göttervogel bekannt (...) Dieser ist ungefähr ebenso groß wie unsere Dohle; seine Länge beträgt etwa 45, die Fittichlänge 24, die Schwanzlänge 26 cm. Oberkopf, Schläge, Hinterhals und obere Halsseiten sind prachtvoll dunkelgelb, Stirn, Kopfseiten, Ohrengegend, Kinn und Kehle tief goldgrün, die Zügel grünlichschwarz, die übrigen Teile, Flügel und Schwanz zimtbraun, welche Färbung in der Kropfgegend bis ins Schwarzbraun dunkelt, die langen Büschelfedern der Brustseiten hoch orangegelb, gegen das zerschlissene Ende zu in fahlweiß übergehend, die kürzeren starren Federn in der Mitte des Wurzelteiles der Büschel tief kastanienbraun-schwarz. Der Augenring ist schwefelgelb, der Schnabel grünlich graublau, der Fuß ist fleischbräunlich. Dem Weibchen mangeln alle verlängerten Federn, und seine Färbung ist düsterer, auf der Oberseite bräunlich fahlgrau, an der Kehle gräulichviolett, am Bauch fahlgelb.

aus: Brehms Tierleben. Allgemeine Kunde des Tierreichs, Vögel. Band 1, Leipzig, Wien 3. Auflage 1891, S. 408.

---

13   Text 2 zeigt verschiedene Möglichkeiten, Farben genauer zu bezeichnen. Übertrage die Tabelle in dein Heft und ordne die Angaben ein.

Farbmischung	Vergleich	Bewertung	Schattierung
goldgrün	zimtbraun		dunkelgelb

14 | Beschreibe die Färbung des Wellensittichs möglichst genau.

15 | Überprüfe deine Farbangaben. Was kannst du noch genauer und anschaulicher darstellen?

 Regel

Eigenheiten und Körperteile

✚ Bei einer Tierbeschreibung ist es wichtig, die Eigenheiten eines Tieres genau darzustellen. Man kann sie den Lesern gut mit einzelnen Verhaltensbeispielen vor Augen führen. Dabei muss man allerdings darauf achten, dass dem Tier keine **menschlichen oder vermenschlichenden Eigenschaften** angedichtet werden.

✚ Auch Bewertungen, wie sie gegenüber menschlichen Verhaltensweisen vielleicht angebracht sind, gehören nicht in Tierbeschreibungen.

✚ Bei der **Beschreibung des Körperbaus** und der einzelnen Teile eines Tieres ist es ratsam, gleich die besondere Funktion der Teile anzugeben.

16 | Zweimal der Fuchs. Vergleiche die Darstellung in den beiden Texten.

Text 3

Der Fuchs zieht aus, um zu rauben. Am Bach lungert er umher, um eine schöne Forelle oder einen dummen Krebs zu überraschen (…) Er ist das Sinnbild von List, Verschlagenheit, Tücke, Frevelhaftigkeit. Er ist ein Schlaukopf und Strauchdieb in jeder Hinsicht (…)

aus: Brehms Tierleben, Allgemeine Kunde des Tierreichs, Säuger, Band 2, 3. Auflage Leipzig/Wien 1890.

Text 4

Aus den Beobachtungen freilebender Füchse weiß man, dass sie meist allein auf Beutejagd gehen. Es sind Einzelgänger, die sich an ihre Beute wie Mäuse, Frösche, Käfer oder Kaninchen heranpirschen. Sind sie dicht genug an eine Maus herangekommen, springen sie zielsicher wie eine Katze mit einem kräftigen, hohen und weiten Sprung auf die Beute und drücken sie mit den Vorderpfoten zu Boden. Ein kräftiger Biss tötet sie (…) Wir wissen, dass Füchse vor allem wichtige Mäusevertilger sind. (…)

aus: Biologie heute 1G, Schroedel Schulbuchverlag Hannover 1989, S. 122 f.

a) Wie wird der Fuchs in Text 3 beschrieben? Welchen Eindruck gewinnen die Leser? (Unterstreiche die Wörter, die diesen Eindruck hervorrufen.)

_____

_____

_____

b) Unterstreiche in Text 4 die Wörter, die wichtige Aussagen über den Fuchs und sein Verhalten machen.

17 Beschreibe dein Lieblingstier. Verdeutliche seine besonderen Eigenheiten mit Beispielen für sein Verhalten.

 Tipp Geschickt formulieren

Formulierungen wie „befindet sich", „hat", „besitzt" sollten nicht zu oft in einem Text auftauchen. Solche Wiederholungen lassen sich vermeiden, indem man
1. variiert (*sieht man, lässt sich erkennen, ist zu finden …*).
2. ein Verb wählt, das die Funktion des darzustellenden Körperteils ausdrückt (*dient der Nahrungsaufnahme*).
3. das Dargestellte in einen größeren Zusammenhang einordnet (*ein weißer Halsring trennt die graue Kopffärbung vom bräunlich getönten Hals*).

18 Diese Formulierungen aus Tierbüchern vermeiden Wörter wie *befindet sich, hat* und *besitzt*. Unterstreiche die Wendungen, die das bewirken.

a) Der Schlittenhund der Eskimos wiegt etwa vierzig Kilo. Sein dichtes, warmes Fell ermöglicht es ihm, Kältegrade bis unter 50 Grad Celsius zu ertragen …
b) Der Piranha wird 20 bis 60 cm lang. Seine Zähne sind scharf wie Rasierklingen und fähig, einen Daumen mit einem Biss abzutrennen …
c) Der Schneehase ist durch sein weißes Kleid im Winter ausgezeichnet getarnt. Die starke Behaarung seiner Pfoten verhindert das Einsinken in den Schnee …
d) Der männliche, bis zu drei Meter große Elch trägt meist ein prächtiges Schaufelgeweih …
e) Das Gefieder des Ara Arara leuchtet in kräftigen, bunten Farben …

19 Verbessere die Formulierungen, indem du verschiedene Möglichkeiten nutzt.

a) Die Katze besitzt scharfe Krallen.

_____

b) Zwischen den Zehen der Ente befindet sich eine Haut.

_____

c) Der Dackel besitzt einen feinen Geruchssinn.

_____

d) Der Hase hat kräftige Hinterbeine.

_____

e) Der Specht hat einen steinharten, spitzen Schnabel.

_____

> **Regel**
>
> Der **Aufbau einer Tierbeschreibung**
>
> ✚ So lässt sich die Beschreibung eines Tieres aufbauen:
> 1. Gesamteindruck,
> 2. auffallende, bemerkenswerte Einzelheiten,
> 3. zusammenfassender Überblick.
>
> ✚ Es gibt verschiedene Möglichkeiten, die Darstellung der Einzelteile anzuordnen:
> 1. Man geht vom besonders Auffälligen zum weniger Auffallenden.
> 2. Man beginnt mit dem Unauffälligen und kommt dann zum Besonderen.
> 3. Man wandert von oben, also vom Kopf, nach unten bzw. von vorn nach hinten.
> 4. Man beschreibt einzelne Teilbereiche für sich (z.B. Körperbau, Kopfform, Gliedmaßen, Federkleid/Fell, Stimme, Verhalten usw.)
>
> ✚ Eine andere Möglichkeit, den Text zu gliedern, ist diese Reihenfolge:
> 1. äußere Gestalt (Größe, Farbe, Form, auffallende Merkmale),
> 2. Leben und Lebensraum,
> 3. Lebensäußerungen/Verhalten/Nahrungsaufnahme.

5.3 Die Personenbeschreibung

Beschreibung einer Person

Die Leser einer Personenbeschreibung müssen sich genau vorstellen können, wie die beschriebene Person aussieht. Daher ist es wichtig, das **Aussehen** möglichst genau darzustellen und **Besonderheiten oder Auffälligkeiten** zu nennen.

Text 5: Pippi Langstrumpf

(…) da wurde die Gartentür zur Villa Kunterbunt geöffnet, und ein kleines Mädchen kam heraus. Das war das merkwürdigste Mädchen, das Thomas und Annika je gesehen hatten, und es war Pippi Langstrumpf, die zu ihrem Morgenspaziergang heraus kam. Sie sah so aus:

Ihr Haar hatte dieselbe Farbe wie eine Möhre und war in zwei feste Zöpfe geflochten, die vom Kopf abstanden. Ihre Nase hatte dieselbe Form wie eine ganz kleine Kartoffel und war völlig mit Sommersprossen übersät. Unter der Nase saß ein wirklich riesig breiter Mund mit gesunden weißen Zähnen. Ihr Kleid war sehr komisch. Pippi hatte es selbst genäht. Es war wunderschön gelb; aber weil der Stoff nicht gereicht hatte, war es zu kurz, und so guckte eine blaue Hose mit weißen Punkten darunter hervor. An ihren langen dünnen Beinen hatte sie ein Paar lange Strümpfe, einen geringelten und einen schwarzen. Und dann hatte sie ein Paar schwarze Schuhe, die genau doppelt so groß waren wie ihre Füße. Die Schuhe hatte ihr Vater in Südamerika gekauft, damit sie etwas hätte, in das sie hineinwachsen könnte, und Pippi wollte niemals andere haben. Textauszug aus „Pippi Langstrumpf" von Astrid Lindgren © Friedrich Oetinger Verlag, Hamburg 1986, S. 13 f.

20 | Schreibe Stichworte zu den Textteilen heraus, die das Aussehen von Pippi besonders anschaulich darstellen.

Die Haare: _____

Die Nase: _____

Der Mund: _____

Die Beine: _____

Die Kleidung: _____

_____

Tipp

Köpfe beschreiben

Es ist insbesondere der Kopf, der eine Person von einer anderen unterscheidet. Achte bei der Beschreibung eines Kopfes auf folgende Punkte:

- die Gesichtsform,
- die Frisur,
- die Stirn,
- die Augen und Augenbrauen,
- den Mund.

21 Beschreibe die oben abgebildeten Gesichter im Heft:
- Beschreibe die Form des Gesichts.
- Beschreibe die Stirn, die Augen, die Form der Augenbrauen.
- Beschreibe den Mund.
- Beschreibe die Frisur, soweit sie erkennbar ist.

Text 6: Wer kennt diesen Mann?

DORTMUND. Im Zusammenhang mit dem Raubüberfall auf ein Lokal in der Innenstadt am letzten Freitag wird die Bevölkerung um Mithilfe bei der Fahndung nach dem Täter gebeten. Aufgrund von Zeugenaussagen soll sich der Mann vor dem Überfall kurz vor Geschäftsschluss jeweils in dem Lokal aufgehalten haben. Er wird, wie bereits veröffentlicht, wie folgt beschrieben: 25 bis 30 Jahre alt, etwa 1,85 bis 1,90 Meter groß, dunkelbraune, glatte Haare, über den Ohren kurz, Mittelscheitel, auffallender schwarzer Drei-Tage-Bart, blaue Augen. Der Tatverdächtige trug verwaschene Bluejeans, eine grauschwarze Wolljacke und dicke, schwarze Lederhandschuhe.

22 Obwohl es schon ein gutes Phantombild des Täters gibt, wird noch eine sprachliche Beschreibung des Täters verfasst (siehe S. 81). So wird es möglich, besondere Merkmale hervorzuheben.
   a) Unterstreiche alle Merkmale und Eigenschaften, die der Text mitteilt.
   b) Gliedere den Textteil, der den gesuchten Mann beschreibt.

23 Zeige verschiedene Möglichkeiten, eine Person möglicht genau zu beschreiben und das „hat" zu vermeiden. Verbessere das Beispiel.

Beispiel: Der Mann hat braune Haare und einen Drei-Tage-Bart. Er hat blaue Augen.

_____

_____

_____

24 Setze dich vor einen Spiegel und versuche, einen Steckbrief von dir selbst zu schreiben. Zeige das Ergebnis anderen. Können sie dich erkennen?

Einzelheiten genau benennen
Polizisten müssen immer wieder Menschen genau beschreiben oder Zeugen helfen, eine möglichst genaue Beschreibung zu formulieren. Die Polizei benutzt dabei einen „Fragebogen" mit Formulierungshilfen. Hier sind einige Auszüge:

Kopfform: viereckig, rechteckig, oval
Kopfhaar: hell-, mittel-, dunkelblond, braun, rot, grau, weiß, dicht, schütter, glatt, wellig, gelockt, kraus, struppig, lang, kurz, Scheitel rechts, bürstenförmig, hoch stehend, Glatze, Halbglatze, Bubikopf
Bart: glatt rasiert, lang/kurz geschnittener Schnurrbart, Backenbart, Vollbart, Kinnbart
Gesicht: Farbe auffallend bleich, gebräunt, sommersprossig, pickelig, Form rund, oval, eckig, vorstehende Backenknochen
Stirn: sehr hoch, sehr niedrig, fliehend, senkrecht, vorspringend
Augen: blau, grau, gelb, hellbraun, dunkelbraun, schielend, Tränensäcke
Augenbrauen: schräg nach oben, waagerecht, bogenförmig, zusammengewachsen, buschig, spärlich
Nase: Rücken eingebogen, gradlinig, ausgebogen, winklig, wellig, sehr klein, sehr dick, sehr spitz
Ohren: sehr groß, sehr klein, dreieckig, rund, oval, abstehend, Ohrläppchen angewachsen, durchlocht

Mund: sehr klein, sehr groß, breite, schmale, wulstige Lippen, stark vorstehende Ober-/Unterlippe, schiefer Mund
Zähne: auffallend weiß, gelb, vollständig, lückenhaft, schräg gestellt, vorstehend
Kinn: zurückweichend, vorspringend, spitz, breit, Doppelkinn, gespaltenes Kinn
Sprache: stotternd, lispelnd, tiefe/hohe Stimme, Dialekt, Akzent

25 Überarbeite deine bisherigen Beschreibungen (Aufgaben 21 und 24) noch einmal mithilfe der Angaben für den Polizeibericht.

26 a) Wähle einen Menschen aus deiner Umgebung und versuche, ihn zu beschreiben. Notiere dir zunächst Stichpunkte.
   b) Ordne die Stichpunkte und verfasse eine Personenbeschreibung im Heft.

a) Wie wirkt er insgesamt bei einer ersten Begegnung?
b) Wie ist die Körperhaltung? Wie bewegt er sich?
c) Welche äußeren Merkmale kann man wahrnehmen? Welche Merkmale erscheinen besonders wichtig?
d) Wie spricht er?
e) Wie verhält er sich in bestimmten Situationen?

Tipp Gliederung einer Personenbeschreibung

Erste Möglichkeit:
1. Gesamteindruck
2. Die wichtigsten Einzelmerkmale (vom auffallenden zum weniger auffallenden oder umgekehrt)
3. Besondere Verhaltensweisen
4. Gesamteindruck als Abrundung

Zweite Möglichkeit
1. Gesamteindruck der Gestalt, Größe, Geschlecht, weitere allgemeine Angaben
2. Einzelne Körperteile und Besonderheiten
   a) Kopfform, Haare, Gesicht, Stirn, Nase, Augen
   b) Arme, Hände (vielleicht auch: typische Bewegungen)
   c) Körper (vielleicht auch: typische Bewegungen)
   d) Beine, Füße
3. Gang, Körperhaltung, Sprache/Sprechweise
4. Kleidung (kann auch schon beim Gesamteindruck einbezogen werden)
5. Charakteristische Verhaltensweisen

44 Welche drei W-Fragen muss ein Zeugenbericht beantworten?

_____

45 Was gehört nicht in einen Zeugenbericht?

_____

_____

46 Nach welchem Gesichtspunkt wird ein Zeugenbericht gegliedert?

_____

47 Welche näheren Umstände muss ein Zeugenbericht genauer darstellen?

_____

48 Wie lassen sich Formen veranschaulichen? _____

_____

49 Nenne verschiedene Möglichkeiten, eine Farbe anschaulich zu beschreiben.

_____

_____

50 Was musst du bei der Beschreibung des Verhaltens eines Tieres vermeiden?

_____

51 Welche Möglichkeiten der Gliederung gibt es, Einzelheiten eines Tieres
darzustellen?

_____

_____

52 Welche Körperteile sind bei der Darstellung einer Person besonders wichtig?

_____

_____

1 Schreibe einen Zeugenbericht zu diesem Verkehrsunfall. ___/20
   a) Notiere dir zuerst Stichwörter.
   b) Ordne deine Stichwörter.
   c) Gib den genauen Standort an, von dem aus du beobachtest.

2 Beschreibe die männliche Stockente. Achte besonders auf die Darstellung ___/12
   der Farbe des Federkleids.

3 Wähle eine bekannte oder prominente Person aus und beschreibe sie.
   Lass andere raten, wen du beschrieben hast. Woran haben sie dein
   „Opfer" erkannt?

freie
Lösung

Gesamt-
punktzahl
___/32

6. Argumentieren und Begründen

Zu vielen Fragen und Problemen hat man eine eigene Meinung oder auch
Wünsche und Forderungen. Wer möchte, dass andere für den eigenen Standpunkt Verständnis haben oder ihm vielleicht sogar zustimmen, muss seinen
Standpunkt begründen. Eine Begründung ist aber nur dann erfolgreich, wenn
die Gründe nachvollziehbar und überzeugend sind. Meinungen müssen also
geschickt begründet und Gegenargumente entkräftet werden.

Regel

Einen Standpunkt oder eine Meinung begründen

✚ Wer eine Meinung äußert bzw. einen Standpunkt vertritt, möchte, dass der
oder die Partner den Standpunkt nachvollziehen können. Das fällt leichter,
wenn sie die Gründe kennen, die zu dem Standpunkt führten bzw. hinter einer
Meinung stehen. Eine Äußerung, mit der man eine Meinung oder Behauptung
begründet, heißt **Argument**.

✚ Ob es sich bei einer Äußerung um einen Grund handelt, lässt sich feststellen,
wenn man sie mit der Meinungsäußerung verbindet und die **Konjunktionen**
denn oder *weil* einsetzen kann.

---

1 Kreuze die Aussagen an, bei denen es sich um Gründe handelt, die die
Meinung begründen.

Meinung: *Ich bin der Ansicht, Computerspiele sind blöd.*

☐ Computerspiele gaukeln eine Wirklichkeit vor, die es so nicht gibt.
☐ Computerspiele stellen einen riesigen Markt dar.
☐ Computerspiele sind nur etwas für Stubenhocker.
☐ Viele meiner Freunde haben keinen Computer.
☐ Ich darf den Computer meiner Mutter nicht benutzen.
☐ Computerspiele kosten meist viel Geld.
☐ Ich spiele gern Schach. Das geht auch ohne Computer.
☐ Ich spiele lieber an der frischen Luft.
☐ Mein Freund sitzt nur noch am Computer. Für mich hat er keine Zeit mehr.
☐ Drei meiner Klassenkameradinnen spielen fast jeden Nachmittag am Computer.
☐ Fast die Hälfte aller Elfjährigen spielt täglich mehr als eine Stunde am Compu-
ter. Das haben wissenschaftliche Untersuchungen ergeben.

2 | Es gibt Computerprogramme, mit denen man die Rechtschreibung üben kann. Was hältst du davon? Schreibe drei Gründe für deine Meinung ins Heft.

> **Regel**
>
> **Forderungen begründen**
> + Wünsche oder Forderungen haben mehr Aussicht auf Erfolg, wenn sie begründet werden. Dabei muss man damit rechnen, dass der oder die Gesprächspartner ihre eigenen Ansichten und ihre eigenen Gründe haben. Auf diese Gründe muss man eingehen.
> + Wer mit dem Standpunkt eines anderen nicht einverstanden ist, muss Gründe nennen, die gegen diesen Standpunkt sprechen bzw. Informationen einbringen, die einen anderen Standpunkt als wichtiger erscheinen lassen.

3 | Maren will in den Turnverein eintreten, um Judo zu lernen. Ihre Eltern sind vorläufig dagegen. Beim Abendessen gibt es eine Diskussion.
a) Unterstreiche die Gründe, die die Eltern für ihr „Nein!" vorbringen.
b) Unterstreiche Marens Gegengründe mit einer zweiten Farbe.

Maren: Darf ich jetzt zum Judo gehen?
Vater: Ich denke nein. Denn dann wirst du die Schule vernachlässigen.
Maren: Wenn ich aber nichts habe, worauf ich mich während der Woche einmal freuen kann, dann sind mir auch die Hausaufgaben nicht so wichtig.
Mutter: Beim Judo ist doch die Verletzungsgefahr ziemlich groß, oder? Da fällt man doch dauernd aufs Kreuz.
Maren: Aber es gibt doch Trainer. Und als erstes wird das Fallen geübt. Meine Freundin Jasmin kann schon fallen, ohne dass es auch nur weh tut. Und verletzten kann ich mich überall. Du weißt ja, als ich neulich auf mein Fahrrad steigen wollte, bin ich abgerutscht und habe mir das Knie aufgeschlagen.
Vater: Du bist halt etwas ungeschickt, wenn es um Bewegungen geht.
Maren: Aber genau das ist es ja. Beim Judo lernt man, seinen Körper zu beherrschen. Deshalb hat meine Sportlehrerin ja auch schon gesagt, es wäre ganz gut für mich, wenn ich einen Sport wie Judo betreiben würde.
Mutter: Und billig ist das alles auch nicht. Du wirst eine Ausrüstung brauchen und die Vereinsmitgliedschaft gibt's auch nicht umsonst.
Maren: Einen Teil des Vereinsbeitrags könnte ich von meinem Taschengeld bezahlen und die Ausrüstung könnte ich mir von Oma und Opa zum Geburtstag wünschen. Sie haben mir ja gesagt, ich soll ihnen mal schreiben, was ich mir wünsche.

4   a) Stelle in deinem Heft Gründe und Gegengründe für den Eintritt in den Judoverein gegenüber und gewichte sie.

Gründe und Gegengründe

Gründe und Gegengründe heben sich nicht gegenseitig auf. Aber das Gewicht eines Grundes kann durch einen geeigneten Gegengrund deutlich verringert werden. Wer genügend gewichtige Gegengründe anführt, kann eine **neue Gewichtung** und damit eine **Veränderung der Meinung** des Partners erreichen

Beispiel: Soll ich ein Lexikon kaufen oder nicht?

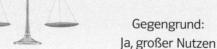

Grund: Gegengrund:
Nein, denn es ist zu teuer.   Ja, großer Nutzen

5   Stelle im Heft Gründe und Gegengründe zusammen, die sich aufeinander beziehen. Wie würdest du gewichten? Warum?

Die 6d will ins Landschulheim fahren. Ihre Klassenlehrerin hat einige Bedenken.

Die Gründe und Bedenken der Klassenlehrerin:
- Es fällt viel Unterricht aus.
- Es gibt in der Klasse oft Streit.
- In der Klasse gibt es zu viele kleine Grüppchen.
- Die Eltern sind vermutlich aus Kostengründen dagegen.
- Der Lernstoff des Schuljahres wird nicht bewältigt.

Die Schüler haben folgende Argumente zusammengetragen:
- Alle Eltern sind einverstanden, falls die Kosten sich in Grenzen halten.
- Bisher war in der 6. Klasse eine mehrtägige Klassenfahrt immer üblich.
- Im Landschulheim kann man viel Neues entdecken, z. B. kann man eine neue Gegend kennenlernen oder an biologischen Erkundungsgängen teilnehmen.
- Gemeinsame Erlebnisse können die Gemeinschaft fördern.
- Wir können uns besser kennenlernen, wenn wir den ganzen Tag zusammen sind.
- Die jetzige 7c war auch ein zerstrittener Haufen und ist heute eine tolle Gemeinschaft.

Regel

Behauptung, Argument, Stütze

Wer eine Meinung vertritt, stellt zunächst eine Behauptung auf. Diese Behauptung wird durch eine Begründung/ein Argument gestärkt. Die Begründung kann durch Beispiele erläutert und gestützt werden.

Behauptung: *Anne ist eine gute Klassenkameradin,*

Argument: *... denn sie hilft, wo sie kann.*

Stütze (Beispiel): *Zum Beispiel hat sie gestern Franziska die Matheaufgabe erklärt.*

6 Markiere in den Landschulheim-Argumenten die Beispiele, die Begründungen stützen.

Regel

Die Aufgabe von Beispielen

✚ Beispiele sollte man **nicht als Gründe anführen**. Sie lassen zu schnell einfach Gegenbeispiele zu und werden dann aufgehoben.

Beispiel: *Mein Freund ist Judoka. Er ist schon oft gefallen und hat sich noch nie verletzt.*

Gegenbeispiel: *Mein Freund ist auch Judoka. Er ist neulich hingefallen und hat sich das Fußgelenk gebrochen.*

✚ Aber **Beispiele** haben doch eine wichtige Funktion: Sie **verdeutlichen und unterstützen** Gründe.

Text 1

Lena wünscht sich zum Geburtstag ein Kaninchen. Ihre Eltern haben diesen Wunsch zunächst einmal abgelehnt und einige Gründe vorgebracht. Lena möchte sich mit diesen Gründen auseinandersetzen und ihren Wunsch noch einmal schriftlich begründen. Sie notiert sich zunächst die Gründe, die ihre Eltern vorgebracht haben:

- Kosten für Anschaffung und Unterhalt
  (Käfig, Streu, Futter)
- kein Platz in der Wohnung
- regelmäßige Pflege notwendig
- möglicher Besuch beim Tierarzt
- Wer verpflegt es im Urlaub?
- Geruchsbelästigung

Lena schreibt unter anderem:

Ich habe mich genau erkundigt und kann sagen, was ein Kaninchen kostet und wie teuer ein Käfig ist. Wenn ich daran denke, was mein letztes Geburtstagsgeschenk gekostet hat, dann liegen die Anschaffungskosten deutlich darunter. Die Unterhaltung kostet zwar Geld, doch lässt sich auch da manches einsparen, so kann ich das Kaninchen z. B. im Sommer mit Löwenzahn und Salatblättern füttern und muss dann kein teures Futter kaufen. Auch was die Streu betrifft, gibt es Sparmöglichkeiten. So kann man z. B. Wiesenheu oder Sägespäne nehmen. Natürlich werde ich selbst für die Pflege des Kaninchens sorgen und auch dafür, dass der Käfig regelmäßig gereinigt wird.

Ich habe mich auch hinsichtlich der Geruchsbelästigung erkundigt und erfahren, dass die sehr niedrig ist, wenn der Käfig regelmäßig gereinigt wird. Für den Fall, dass wir in den Urlaub fahren, hätte ich mehrere Möglichkeiten einer Ferienvertretung. So wären z. B. Oma und Opa bereit, für einige Tage die Pflege zu übernehmen, und auch meine Freundin Kathi würde gern einspringen. Einen Platz für das Kaninchen hätte ich auch. Es könnte z. B. in meinem Zimmer wohnen. Aber die meiste Zeit des Jahres könnte es auf dem Balkon untergebracht werden.

7 | Stelle die Positionen in einer Tabelle gegenüber.

Bedenken der Eltern	Lenas Gründe

8 Untersuche Lenas Text genauer und unterstreiche: Wo nennt sie einen Grund, wo sichert sie ihre Begründung durch ein Beispiel ab?

9 Wie würdest du an der Stelle der Eltern entscheiden? Schreibe aus der Sicht der Eltern einen Antwortbrief in dein Heft.

Text 2
Auch Tim hat Streit mit seinen Eltern. Es geht um das Winterhallentraining seines Leichtathletikclubs, welches auf Freitag, 19.00 Uhr verlegt ist.

Tim: Morgen um 19.00 Uhr beginnt das Hallentraining. Darf ich da hin?
Mutter: Nein, das ist zu spät. Um 19.00 Uhr wird es schon dunkel, und ich will nicht, dass du dich so spät abends noch draußen rumtreibst.
Tim: Aber 19.00 Uhr ist doch nicht so spät. Andere Kinder dürfen in anderen Abteilungen bis 22.00 Uhr zum Training.
Vater: Wir wollen doch nur, dass nichts passiert. Da stand erst neulich in der Zeitung, dass abends ein Kind …
Tim: Aber Papa, ich geh doch mit Lena aus dem Nachbarhaus zum Training.
Vater: Trotzdem. Dass Training geht bis 21.00 Uhr und um diese Zeit sollten sich Zwölfjährige nicht mehr im Dunkeln herumtreiben.
Tim: Aber nach dem Training holt uns doch der Papa von Lena ab und liefert mich hier vor der Haustür ab.
Mutter: Trotzdem. Das ist alles zu spät und am nächsten Morgen bist du unausgeschlafen, wenn du zur Schule sollst.
Tim: Aber das ist doch am Freitagabend. Und Samstag ist keine Schule.
Mutter: Wie auch immer. Euer Verein könnte das Training auf 16.00 Uhr vorverlegen.
Tim: Aber um Vier ist doch für einige Vereinsmitglieder noch Schule und die Halle ist belegt. Und außerdem muss unsere Übungsleiterin arbeiten.
Vater: Das interessiert uns nicht. Das Wintertraining ist gestrichen. Du musst dich mehr um die Schule kümmern und fertig.
Tim: Das ist gemein. Wenn ihr keine Gründe mehr habt, entscheidet ihr und basta. Alle Kinder dürfen am Training teilnehmen, nur ich wieder nicht.

10 Das Streitgespräch (Text 2) enthält Behauptungen und Begründungen. Außerdem werden einzelne Begründungen gestützt. Unterstreiche mit drei Farben die Behauptungen, die Begründungen und die Stützen.

53 Woran lässt sich erkennen, ob eine Aussage einen Grund darstellt?

_____

_____

54 Welche Aufgabe hat ein Argument?

_____

55 Welche Aufgabe haben Beispiele in einer Argumentation?

_____

_____

56 Notiere die richtige Reihenfolge: Stütze, Argument, Behauptung

_____

57 Welche Wortart verknüpft Meinung und Grund? Nenne zwei Beispiele.

_____

58 Warum sollte man Beispiele nicht als Gründe anführen?

_____

59 Du hast Gründe und Gegengründe gehört. Was musst du tun, bevor du entscheidest?

_____

_____

60 Baue ein Argument oder Gegenargument zu dieser These auf:
Musik aus MP3-Playern schadet den Ohren.

_____

_____

_____

1 Kreuze an, wenn es sich bei den Satzpaaren um Behauptungen und Gründe handelt.   ___/4

☐ Ellen ist eine gute Schülerin. Sie geht gern zur Schule.
☒ Ellen ist eine fleißige Schülerin. Sie lernt immer ihre Vokabeln.
☐ Ronny ist musikalisch. Er will am Wettbewerb teilnehmen.
☒ Ronny ist musikalisch. Er hat genau gehört, dass sein Freund falsch gesungen hat.

2 Formuliere zu diesen Begründungen passende Behauptungen.   ___/6

a) _Ich möchte gerne in dem Schulchor_,
   weil ich gern mit anderen singe.

b) _Ich kann nicht immer alles wissen_,
   weil auch Lehrerinnen und Lehrer nicht allwissend sind.

c) _____,
   weil ich gern auch mal allein bin.

3 Unterstreiche Behauptungen (rot), Gründe (grün) und Beispiele (blau).   ___/15

Ruben: Ich möchte nach der Schule erst spielen, ehe ich die Hausaufgaben mache. Ich muss mich erst erholen.
Mutter: Erst die Arbeit, dann das Spiel. Du hast dich doch schon auf dem Heimweg erholt.
Ruben: Im Bus kann man sich nicht erholen. Da haben heute zwei aus der 6b mit mir gestritten.
Mutter: Wenn du gleich anfängst, bist du bald fertig und dann kannst du spielen.
Ruben: Wenn ich erst spiele, kann ich mich hinterher aber besser konzentrieren.
Mutter: Wenn du erst spielst, dann bis du müde. Gestern wolltest du nach dem Spielen auch keine Vokabeln mehr lernen.

4 Du möchtest ein bestimmtes Spiel am Computer spielen. Formuliere selbstständig ein überzeugendes Argument.   ___/6

_____

_____

Gesamt-
punktzahl
___/31

7. Texte bearbeiten

Texte enthalten eine Vielzahl verschiedener Informationen. Wenn wir zu einem Text greifen, interessieren uns aber nicht alle angebotenen Informationen, sondern nur ganz bestimmte. Wie kann man die gesuchten Informationen herausfiltern? Außerdem ist dabei zu beachten, um was für eine Art von Text es sich handelt und ob er das richtige Material für die Suche bietet.

7.1 Texte unterscheiden: Bericht und Beschreibung

Merkmale des Berichts

✚ Berichte informieren über ein **tatsächliches Ereignis**, dessen Ablauf und unter Umständen über dessen Hintergründe.

✚ Da Berichte **einmalige Ereignisse** schildern, die bereits abgelaufen sind, stehen sie im **Präteritum**.

✚ Die Leser eines Berichts sollen sich ein genaues Bild von einem Ablauf machen können. Deshalb brauchen sie **präzise Orts-, Raum- und Zeitangaben**, soweit solche für den Ablauf von Bedeutung sind.

✚ Der **Aufbau** des Berichts wird in der Regel vom **zeitlichen Ablauf** des zu berichtenden Ereignisses bestimmt.

✚ Wird über Äußerungen beteiligter Personen berichtet, stehen diese in indirekter Rede.

Text 1: Unfallbericht

Am 20.4.2008 gegen 15.00 Uhr war ich damit beschäftigt, mein Pferd Moritz zu putzen. Wir befanden uns in der Halle des Reitclubs Musterheim. Moritz war vorschriftsmäßig am Putzplatz an einem dafür vorgesehenen Ring angebunden. Neben ihm war ein zweites Pferd ebenfalls zum Putzen angebunden. Da kam durch die offen stehende Außentür unbemerkt ein Hund in die Halle und fing an zu kläffen. Das zweite Pferd wurde unruhig. Die Unruhe übertrug sich auf Moritz, der sich plötzlich drehte, sodass ich neben seiner linken Hinterhand zu stehen kam. Der Hund näherte sich und Moritz trat aus, ehe ich zur Seite springen konnte. Dabei streifte mich sein Huf am rechten Knie. Ich hatte starke Schmerzen, sodass mich mein Vater zur Untersuchung in die Klinik fuhr. Zeugin des Vorfalls war Julia Schmidt, die das zweite Pferd putzte. Wer der Eigentümer des Hundes ist, kann ich nicht sagen. Es handelte sich bei dem Hund um einen Mischling von der Größe eines Schäferhundes mit schwarz-weiß geflecktem Fell, der nach dem Vorfall davonrannte.

1 Gliedere den Text und fasse den Inhalt der Abschnitte knapp zusammen.

_____

_____

_____

_____

2 Nach welchem Prinzip ist der Text aufgebaut?

_____

_____

3 In welchem Tempus wird berichtet? _____

4 Untersuche die einzelnen Abschnitte des Textes. In welchem Abschnitt werden diese W-Fragen beantwortet:
a) Was geschieht?
b) Wer tut was?
c) Wer war dabei?
d) Was wird erreicht, was kommt dabei heraus?
e) Was war noch wichtig für den Ablauf?

erster Abschnitt: _____

_____

_____

_____

_____

Regel

Beschreibung

Die Leser einer Beschreibung sollen über Sachverhalte, Zustände, Vorgänge, Gegenstände, Tiere oder Personen so **genau** informiert werden, dass sie sich selbst ein **sachgerechtes Bild** vom Beschriebenen machen können.

Text 2: Suchanzeige

Ich habe am Donnerstag, dem 20.3., auf dem Schulhof mein Brillenetui verloren. Das Etui besteht aus rotbraunem Leder und ist innen mit Hartplastik versteift. Es kann mit einer Lasche und einem schwarz-goldenen Druckknopf verschlossen werden. Auf der Lasche sind in Gold die Initialen „M M" eingeprägt. Der Finder wird gebeten, sich bei Maik Mayer, 6c, zu melden.

5 Markiere die Informationen, die im Text 2 Beschreibungen liefern.

6 Nach welchem Gesichtspunkt sind diese Aussagen angeordnet?

Text 3: Eine ausgefallene Mütze

Der äußeren Form nach entspricht die Solarmütze der amerikanischen Baseballmütze. Die Stirnseite ist aus robustem, weißem Baumwollstoff gefertigt, während das Kopfteil aus besonders luftdurchlässigem Netzstoff besteht. Ein großer, ebenfalls aus Baumwollstoff hergestellter Schirm schützt die Augen vor blendender Sonne. Ein das Schweißband verlängernder, verstellbarer Riegel erlaubt es, die Mütze allen Kopfweiten anzupassen. Das Besondere dieser Mütze stellt ein zum Teil auf dem Schirm, zum Teil auf der Stirnseite montierter Miniventilator dar, dessen leise laufenden Motor auf der Oberseite der Mütze montierte Solarzellen antreiben. Zwei Mignon-Batterien können bei fehlender Sonne als Ersatzenergiequelle dienen.

7 Untersuche den Aufbau von Text 3. Nach welchem Gesichtspunkt ist der Text gegliedert?

---

8 Versuche, in dein Heft ein Bild von der vorgestellten Mütze zu zeichnen. Woran kannst du dich da orientieren? Markiere die entsprechenden Teile im Text.

Regel

Merkmale einer Beschreibung

✚ Die Beschreibung gibt einen Zustand wieder. Sie steht daher im **Präsens**.

✚ Die Gliederung ist abhängig von dem, was zu beschreiben ist. Es gibt folgende Gliederungsmöglichkeiten:

- **räumliche Gliederung** (z.B. von oben nach unten, von rechts nach links, von vorn nach hinten bei einer Landschaftsbeschreibung, Bildbeschreibung …)
- **zeitliche Gliederung**: Beschreibung eines Ablaufs, eines Vorgangs
- **logische Gliederung**: Grund – Folge; Ursache – Wirkung (z.B. bei einer Funktionsbeschreibung oder einer Auswertung)
- **Gliederung nach Häufigkeit**: häufig – selten (z.B. bei der Beschreibung des Federkleides eines Vogels)
- **Gliederung nach Auffälligkeit**: auffällig – unauffällig; beeindruckend – kaum zu bemerken (z.B. bei der Beschreibung einer Landschaft)

---

9   Welche Gliederung würdest du bei diesen Texten wählen?

a)   Beschreibung eines Experimentes _____

b)   Beschreibung einer Katze _____

c)   Beschreibung des Blicks aus einem Hotelzimmer _____

d)   Beschreibung eines Unfalls _____

7.2   Texten und Grafiken Informationen entnehmen

Regel

Informationen eines Textes herausarbeiten

Wenn du die Informationen eines Textes erfassen willst, gehe so vor:

1. Lies den Text und versuche herauszubekommen, welches **Thema** bzw. Problem er behandelt. Beachte seine **Überschrift**.
2. Lies den Text ein zweites Mal und gliedere ihn nach **Sinnabschnitten**.
3. Fasse den Sinn eines jeden Abschnitts in einem Satz zusammen. Markiere die **Schlüsselwörter** des Textes, auf die du dich dabei stützt. Schlüsselwörter vermitteln die wichtigen, wesentlichen Aussagen des Textes.
4. Lege eine **Mindmap** an. Trage Thema und Teilthemen des Textes als Äste ein.
5. Überlege: Welche Fragen stellen sich zu den Teilthemen? Ergänze die Mindmap.

10 | Lege im Heft eine Mindmap zum Text 3 an.

11 | a) Lies den Text 4 einmal durch.

Text 4: Warum ist Meerwasser salzig? *Andreas Fischer*

(…) Verschiedene Salze befinden sich neben vielen anderen Mineralien in Gesteinsschichten der Erde. Beim Versickern in den Boden löst Regenwasser diese Mineralien aus dem Gestein. Darunter befinden sich Kalium, Kalzium, Silizium und sehr häufig auch Natrium-Chlorid – besser bekannt als Kochsalz. Kommt das mineral-haltige Wasser wieder an die Oberfläche, sammelt es sich

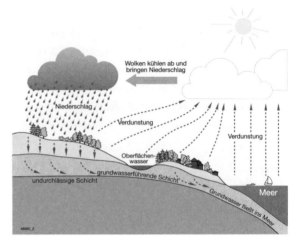

zu Bächen und Flüssen, die noch weitere Minerale aus den Gesteinen und dem Untergrund herauswaschen. Das „Süßwasser" in Flüssen und Bächen enthält also Salze, wenn auch in zu geringen Mengen, als dass man sie schmecken könnte. Die Flüsse münden irgendwann ins Meer und bringen dadurch neben dem Wasser auch ihre „versteckte" Fracht – das gelöste Salz – mit. Jährlich gelangen dadurch Millionen Tonnen Salz in die Weltmeere. Weil es neben dem Wasserkreislauf auch einen Gesteinskreislauf gibt, geht das ins Meer gespülte Salz aber nicht für immer verloren. Im Verlauf der Erdgeschichte sind innerhalb von Jahrmillionen immer wieder Meere und Seen ausgetrocknet. Das Salz, welches dann am Boden zurück-bleibt und zumeist von anderen Erdschichten bedeckt ist, wird zum Beispiel durch die Verschiebung der Kontinentalplatten zu neuen Gebirgen aufgetürmt und wieder ausgewaschen.

aus: http://www.helles-koepfchen.de/warum_ist_meerwasser_salzig.html

b) Welche Frage beantwortet der Text?

_____

c) Gliedere den Text und fasse den Inhalt der Abschnitte oben in je einem Satz zusammen.

_____

_____

_____

_____

12 Welche Aufgabe hat die Grafik?

a) Beschreibe die Elemente der Grafik.

b) Was bedeuten die Pfeile?

c) Welche Informationen liefert die Grafik zum Text?

d) Welche Informationen liefert sie, die im Text nicht vorhanden sind?

 Tipp   Schlüsselwörter

Schlüsselwörter sind die Wörter, die den Inhalt des Textes und seine wesentlichen Aussagen „transportieren". Oft sind es genau die Wörter, die die W-Fragen
beantworten – also die Fragen *Wer? Was? Wo? Wie? Warum?*

Wer die richtigen Schlüsselwörter auswählt und sammelt, kann den Inhalt eines
Textes erfassen, auch wenn er einzelne Textteile vielleicht nicht ganz versteht.

Text 5: Erdbeben erschüttert Pakistan

Quetta (afp). Nach dem schweren Erdbeben in Pakistan rechnen die Behörden mit
mehr als 300 Toten. Nach dem Stand von Mittwochabend seien bei der Katastrophe in der südwestlichen Provinz Belutschistan 215 Menschen ums Leben gekommen, sagte ein Minister der Provinzregierung. Laut den Behörden in der Stadt
Ziarat starben bereits 300 Menschen während des Bebens und danach an ihren
Verletzungen. Tausende warteten unterdessen verzweifelt auf Hilfe. Die Region
wurde von mehr als 250 Nachbeben erschüttert.

© AFP, 26.10.2008

13 Markiere die Schlüsselwörter im Text 5 und fasse den Bericht in einem
Satz zusammen.

_____

_____

Regel

Die Bedeutung von Bildern und Grafiken

Oft werden Texte durch Grafiken ergänzt. Sie haben verschiedene Aufgaben:

1. Sie veranschaulichen das im Text Gesagte (Beispiel: Regenbogen),
2. Sie erläutern das im Text Gesagte (Beispiel: Licht im Prisma),
3. Sie ergänzen das im Text Gesagte (Beispiel: Wasserkreislauf).

Text 6: Beeindruckende Lichtspiegelung: Regenbögen

Es regnet, der Himmel ist ganz düster und gerade scheint „die Welt unterzugehen".
Aber schon im nächsten Moment blinzelt die Sonne durch ein Wolkenloch – wie
von Geisterhand wird die Öffnung am Himmel immer größer, und die Sonnenstrahlen bahnen sich ihren Weg zu uns. Der Regen prasselt noch immer auf die Erde
nieder – und dort hinten am Horizont erscheint ein wunderschöner Regenbogen.
Wüssten wir es nicht besser, kämen wir in Versuchung, an eine übernatürliche
Erscheinung zu glauben. Heute wissen wir jedoch, dass es sich hierbei um eine
Lichtbrechung handelt. Lichtstrahlen brechen dann, wenn auf ihrem Weg angren-
zende Stoffe eine andere optische Dichte haben. Der Effekt ist derselbe wie bei

einem Prisma: Bei einem Regenbogen wird
das Sonnenlicht in den vielen Wassertropfen,
die in der Luft herumschwirren, gebrochen.
Anschließend werfen sie das Licht, das in
seine einzelnen Farben zerlegt wurde, zur
Erde – und wir nehmen es in Regenbogenfar-
ben wahr. Du kannst den Regenbogen aber
nur sehen, wenn sich die Sonne genau im
richtigen Winkel hinter dir befindet.

aus: http://www.helles-koepfchen.de/lichterscheinungen/regenbogen-halo.html

14 a) Gliedere Text 6 und formuliere den Inhalt der Abschnitte in je einem Satz.
      b) Welche Abschnitte geben Auskunft über den Regenbogen?

15 a) Welche Aufgabe hat das Bild? Beschreibe genau, was zu sehen ist.
      b) Welche Zusammenhänge bestehen zwischen Bild und Text?

16 Formuliere neue Fragen zum Thema, die der Text vielleicht andeutet, aber
      nicht oder nicht genau genug beantwortet.

Text 7: Was passiert, wenn man Licht durch ein Prisma wirft?

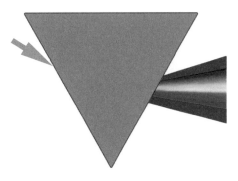

Sonnenlicht ist eigentlich weiß. Aber es vereint alle unterschiedlichen Farben in sich. Wirft man es durch ein Prisma, werden die Strahlen zwei Mal gebrochen – dort, wo sie eintreffen und wo sie wieder austreten. Ein Prisma ist ein lichtbrechender Körper, meist eine Glaspyramide. Mit seiner Hilfe kann weißes Licht in seine „reinen Farben" – die sogenannten Spektralfarben – zerlegt werden.

(…) Jede Farbe hat eine andere Wellenlänge. So ist langwelliges Licht rot, gefolgt von Orange, Gelb, Grün und Blau. Sehr kurzwelliges Licht ist schließlich violett. Licht einer bestimmten Wellenlänge nehmen wir in der entsprechenden Farbe wahr. In einem Lichtstrahl der Sonne sind alle unterschiedlichen Wellenlängen enthalten. Dadurch, dass kurz- und langwellige Lichtstrahlen verschieden stark gebrochen werden, erscheinen auf der anderen Seite des Prismas die unterschiedlichen Farben – sie wurden durch das lichtbrechende Material zerlegt.

aus: http://www.helles-koepfchen.de/lichterscheinungen/regenbogen-halo.html

17 Welche Frage beantwortet Text 7? Gliedere den Text in deinem Heft.

_____

18 Welche Aufgabe hat die Grafik? _____
a) Beschreibe genau und mit eigenen Worten, was die Grafik zeigt.

_____

_____

b) Vergleiche Grafik und Text und beschrifte die Grafik. Nutze dabei alle Informationen, die der Text bietet.

19 Text 7 beantwortet wohl einige der Fragen, die du dir zum Text 6 notiert hast. Verfasse im Heft nun einen eigenen Text zur Frage: Wie entsteht ein Regenbogen?

61 Was ist das Ziel eines Berichts?

_____

62 In welchem Tempus wird ein Bericht verfasst? _____

63 Nach welchem Gesichtspunkt wird ein Bericht gegliedert?

_____

64 Welche Aufgabe hat eine Beschreibung? _____

_____

65 In welchem Tempus ist eine Beschreibung verfasst? _____

66 Nenne vier verschiedene Möglichkeiten, eine Beschreibung zu gliedern.

_____

_____

67 Welche Schritte sind zu empfehlen, wenn man die Informationen eines Textes erfassen will?

_____

_____

68 Wie würdest du einen Unfallbericht gliedern? _____

69 Wie würdest du eine Bildbeschreibung gliedern? _____

70 Welche Aufgabe können Bilder und Grafiken im Zusammenhang mit Texten haben?

_____

_____

71 Was sind Schlüsselwörter?

_____

Ihr wollt in eurer Klasse die Welt der Ritter erarbeiten. Du stößt auf diesen Text:

Der Werdegang eines Ritters

… sehen wir uns einmal an, was so ein kleines Bürschchen durchmachen musste, um endlich ein Ritter zu werden. Als Kind wohnt der Knirps noch im Frauenhaus der väterlichen Burg, wo man – je nach Stand der eigenen Bildung – versucht, ihm Lesen und Schreiben beizubringen und auch wenigstens ein gewisses Maß an Benimm und religiösen Grundkenntnissen. Mit sieben oder acht Jahren jedoch ist die Kindheit zu Ende. Der Vater hat seine Beziehungen spielen lassen und schickt den Knaben jetzt an einen anderen Hof oder auf eine andere Burg, wo er zunächst einmal der Dame des Hauses als Page oder Edelknabe zu dienen hat. Am fremden Hof lernt er unter anderem, „höflich" zu werden. Bei Hofe macht es sich gut, wenn man ein bisschen zu tanzen versteht, das Schachspielen beherrscht – ja, auch ein wenig von jenem besonderen Französisch kann nicht schaden, denn schließlich kommen die Troubadoure aus Südfrankreich und deren Lieder sollte man schon verstehen können. Allzu viel Gelehrsamkeit braucht man natürlich nicht. Darauf achtet schon der Burgherr, denn er hat sich schließlich verpflichtet, aus dem Pagen einen Ritter zu machen, aber das hat noch Weile. Zunächst muss er reiten lernen, das ist das Wichtigste, und jagen natürlich. Verweichlichung ist verpönt. Der Page ist zwar noch ein Kind, aber behandelt wird er wie ein Mann. Rund sieben Jahre lang. Mit 14 oder 15 wird er Knappe und für manche ist da schon Endstation, denn Ritter wird man nicht automatisch. Man muss sich zuvor bewähren, und das wiederum etwa sechs bis sieben Jahre lang. Der Knappe wird nunmehr einem Ritter zugeteilt, dem er zu dienen hat. Er sorgt für dessen Kleidung, wartet ihm beim Festmahl auf, übt mit ihm den ritterlichen Zweikampf und zieht mit ihm in die Schlacht. Bewährt er sich, wird der Ritter, dem er dient, noch einen anderen Ritter suchen, der gleich ihm bezeugen wird, dass der inzwischen etwa zwanzigjährige Knappe adliger Herkunft, christlich getauft und der Aufnahme in den Ritterstand würdig ist.

aus: Dieter Breuers: Ritter, Mönch und Bauersleut. Eine unterhaltsame Geschichte des Mittelalters, Gustav Lübbe Verlag, Bergisch Gladbach1994. S. 267–269.

Notiere für deine Aufgaben wichtige Informationen zunächst stichwortartig.

| 1 | Unterstreiche Schlüsselwörter und gliedere den Text in Sinnabschnitte. | ___/22 |

2	a) Nenne das Thema und die Teilthemen. (5 Punkte)	___/14
	b) Auf welche Fragen gibt der Text Antworten? (7 Punkte)	
	c) Ist der Text als Informationsmaterial für dich geeignet? (2 Punkte)	

| 3 | Fasse den Text in wenigen Sätzen zusammen. | ___/16 Gesamt-punktzahl ___/52 |

8. Gedichte untersuchen

Gedichte fallen schon durch ihr äußeres Erscheinungsbild auf. Ihre Zeilen sind bisweilen recht kurz. Oft klingen die Zeilenenden sehr ähnlich oder sogar gleich. Viele Gedichte haben regelmäßige Abschnitte. Die wichtigsten Merkmale dieser besonderen Textart vermittelt dieses Kapitel.

8.1 Reime

Regel

Reim

✚ Nicht alle, aber viele Gedichte haben Reime.

✚ Von einem Reim spricht man, wenn **zwei Wörter ab dem letzten betonten Vokal gleich klingen**. Achtung: Sie müssen nicht gleich geschrieben werden, sondern nur gleich klingen!

✚ Bei der Bezeichnung von Reimen wählt man Kleinbuchstaben. Gleiche Reime werden mit demselben Buchstaben bezeichnet, z. B. aa bb.

---

1 | Verbessere die Reime.

Der Kaiser will Schilda besuchen und möchte eine gereimte Antwort auf seinen Gruß. Deshalb wollen die Schildbürger die Person zum Bürgermeister wählen, die am besten reimen kann. Die Schildbürger haben beim Reimen aber Probleme.

a) Der Schuster: „Ich bin ein Bürger und kein Bauer
    Und mache mir das Leben bitter." ➜ _____

b) Der Hufschmied: „Ich bin ein Bürger und kein Ritter
    Und mache mir das Leben sauer." ➜ _____

c) Der Bauer: „Ich bin ein rechtschaffener Bauer
    Und lehne meinen Spieß an die Wand." ➜ _____

d) Der Schmied: „Ich heiße Meister Hildebrand
    Und lehne meinen Spieß an die Mauer." ➜ _____

e) Der Fuhrmann: „Ich bin genannt der Hänslein Stolz
    Und führ einen Wagen mit Scheitern." ➜ _____

f) Der Büttel: „Man sagt, ich hab einen schweren Kopf
    Und sei ein arger loser Schelm" ➔ _____

g) Der Maurer: „Mit Namen heiß ich Hänslein Beck,
    Dort steht mein Haus an jenem Ort." ➔ _____

h) Der Kaufmann: „Ich Herr ich möcht gern Schultheiß sein,
    Darum kam ich zu Euch hierher." ➔ _____

i) Der Schweinehirt: „Meine Frau, die heißt Kathrin,
    wäre gerne Bürgermeisterfrau, ➔ _____
    ist schwerer als das schwerste Schwein
    und trinkt am liebsten Bayrisch Bier."➔ _____

Text nach: Karl Simrock, in: http://gutenberg.spiegel.de

2   a) Lies das Gedicht 1 genau. Warum steht das Wiesel im Bachgeriesel?
    b) Der Text hat verschiedene Reime. Markiere sie mit verschiedenen
        Farben.
    c) Reime wirken durch den Klang. Kannst du erklären, warum Morgen-
        stern von einem „ästhetischen" Wiesel spricht?

Gedicht 1: Das ästhetische* Wiesel
Christian Morgenstern

Ein Wiesel
saß auf einem Kiesel
inmitten Bachgeriesel.

Wißt ihr
weshalb?

Das Mondkalb
verriet es mir
im Stillen:

Das raffinier-
te Tier
tat's um des Reimes willen.

* ästhetisch: schön, geschmackvoll, ansprechend

aus: Christian Morgenstern: Gesammelte Werke in einem Band, München 1965.

Info plus   **Christian Morgenstern** hat in seinen Gedichten viele Tiere beschrieben, darunter auch das „Nasobēm". Diese übermütige Beschreibung eines auf seinen Nasen laufenden Tieres hat es als fingierter Lexikonartikel sogar in ein Fachbuch für Zoologie und in die Nachschlagewerke von Meyer und Brockhaus geschafft. Dabei schrieb Morgenstern: *„Es steht noch nicht im Meyer. Und auch im Brockhaus nicht. Es trat aus meiner Leyer zum ersten Mal ans Licht."*

Regel

Wirkungen und Anordnungen der Reime

✚ Bei Reimen wirkt ihr Klang. Reime schaffen Verbindungen zwischen den Wörtern, die sich reimen, und beziehen diese enger aufeinander. Die Wörter, die sich reimen, werden durch den **Gleichklang** hervorgehoben. Reime können auch Sinnschritte markieren.

✚ Reime sind auf verschiedene Arten angeordnet. Man unterscheidet:
1. **Paarreim**: Zwei aufeinanderfolgende Zeilen reimen sich (aabb).
2. **Kreuzreim**: Ein Vers reimt sich mit dem übernächsten Vers (abab).
3. **umarmender Reim**: Ein Paarreim wird von zwei Versen, die sich reimen, umschlossen (abba).

Gedicht 2: Der Lattenzaun
Christian Morgenstern

Es war einmal ein Lattenzaun,
mit Zwischenraum, hindurchzuschaun.

Ein Architekt, der dieses sah,
stand eines Abends plötzlich da –

und nahm den Zwischenraum heraus
und baute draus ein großes Haus.

Der Zaun indessen stand ganz dumm,
mit Latten ohne was herum,

Ein Anblick gräßlich und gemein.
Drum zog ihn der Senat auch ein.

Der Architekt jedoch entfloh
nach Afri-od-Ameriko.

aus: Gedichtebuch. Deutsche Gedichte für das fünfte bis zehnte Schuljahr. CVK, 1. Aufl., Bielefeld 1986, S. 241.

3 a) Markiere die Reime im Gedicht 2. Welche Aufgabe haben sie?

b) Benenne die Reime.

c) Das letzte Wort müsste eigentlich „Amerika" heißen. Warum schreibt Morgenstern „Ameriko"? Wie wirkt das?

8.2 Bilder, Vergleiche und Metaphern

 Regel

Bildliche Ausdrucksweisen

In Gedichten findet man besonders oft bildliche Ausdrucksweisen, die etwas veranschaulichen oder verdeutlichen. Dazu zählen:

1. **Vergleich**: Etwas, das erklärt oder vorgestellt werden soll, wird mit etwas Bekanntem verglichen. Der Vergleich wird möglich, weil beide Elemente mindestens ein Merkmal gemeinsam haben (*eine Mähne wie ein Löwe*).

2. **Metapher**: Sie ist ein verkürzter Vergleich. Es fehlt das „wie". Das gemeinsame Merkmal tritt in den Vordergrund (*eine Löwenmähne*).

3. **Personifikation**: Tiere oder Dinge bekommen menschliche Eigenschaften (*die Sonne lacht*).

Gedicht 3: Kulisse *Wolfdietrich Schnurre*

Regen –
Regen rauscht auf den Rummel
Das Glücksrad verliert seine Farbe,
der Würfelbecher wird klebrig;
in der Schießbude schlafen die Schüsse.
Wills keiner mehr wagen?
Will keiner mehr würfeln?
Will keiner mehr drehn?
Regen –
Regen rauscht auf den Rummel.

aus: Wolfdietrich Schnurre: Kassiber. Suhrkamp Verlag. Frankfurt am Main 1956.

4 a) Lies den Text „Kulisse". Wie kommt es, dass man den Regen hört?

b) Glücksrad, Würfelbecher und Schießbude gibt es auf Jahrmärkten. Notiere in Stichwörtern: Welche „Stimmung" erwartet man bei einem solchen Anlass normalerweise? Was bewirkt der Regen im Text?

c) Eine „Kulisse" ist eine Bühnendekoration, die etwas Wirkliches vortäuscht. Was will Schnurre mit diesem Titel sagen?

Gedicht 4: Feuerwoge jeder Hügel
Georg Britting

Feuerwoge jeder Hügel,
Grünes Feuer jeder Strauch,
Rührt der Wind die Flammenflügel,
Wölkt der Staub wie goldner Rauch.

Wie die Gräser züngelnd brennen!
Schreiend kocht die Weizensaat.
Feuerköpfige Blumen rennen
Knisternd übern Wiesenpfad.

Blüten schwelen an den Zweigen.
Rüttle dran! Die Funken steigen
Wirbelnd in den blauen Raum
Feuerwerk ein jeder Baum!

aus: Britting, Georg: Sämtliche Werke. © Georg-Britting-Stiftung 2008.

5
a) Das Gedicht 4 enthält viele Metaphern. Unterstreiche sie.
b) Unterstreiche mit einer zweiten Farbe die Personifikationen.
c) Das „schwelen" ist kein Druckfehler. Wie deutest du die Metapher?
d) Welche Vorstellung entsteht beim Lesen des Vergleichs in Zeile 4?

Gedicht 5: Die Nachtblume
Joseph von Eichendorff

Nacht ist wie ein stilles Meer,
Lust und Leid und Liebesklagen
Kommen so verworren her
In dem linden Wellenschlagen.

Wünsche wie die Wolken sind,
Schiffen durch die stillen Räume,
Wer erkennt im lauen Wind,
Ob's Gedanken oder Träume? –

Schließ ich nun auch Herz und Mund,
Die so gern den Sternen klagen:
Leise doch im Herzensgrund
Bleibt das linde Wellenschlagen.

aus: Joseph von Eichendorff: Werke, hrsg. von G. Baumann, Stuttgart 1953.

6
a) Lies das Gedicht „Die Nachtblume". Markiere dann Personifikationen,
   Metaphern und Vergleiche mit verschiedenen Farben.
b) Versuche die Stimmung(en) zu benennen, die Eichendorff durch seine
   bildhafte Sprache zum Ausdruck bringt.
c) Was stellst du dir unter einer „Nachtblume" vor?

72 Haben alle Gedichte Reime? _Nein_

73 Wann spricht man von einem Reim?

_____

74 – **76** Nenne die Reimfolge

74 beim Paarreim. _____

75 beim Kreuzreim. _____

76 beim umarmenden Reim. _____

77 Welche besondere Wirkung hat der umarmende Reim?

_____

78 Wann spricht man von einer Personifikation? _____

_____

79 Welcher Unterschied besteht zwischen einem Vergleich und einer Metapher?

_____

_____

80 Welche Wirkungen hat eine Metapher? _____

_____

81 – **86** Welche bildlichen Ausdrucksweisen liegen hier vor?

81 der Abend des Lebens _____

82 Die Natur erwacht. _____

83 Der Dollarkurs liegt am Boden. _____

84 eine Mauer des Schweigens _____

85 Er ist stark wie ein Bär. _____

86 Jungbrunnen _____

Er ist's *Eduard Mörike*

Frühling lässt sein blaues Band
Wieder flattern durch die Lüfte.
Süße, wohlbekannte Düfte
Streifen ahnungsvoll das Land.
Veilchen träumen schon,
Wollen balde kommen.
– Horch, von fern ein leiser Harfenton!
Frühling, ja du bist's!
Dich hab' ich vernommen!

aus: Gedichtebuch. Deutsche Gedichte für das fünfte bis zehnte Schuljahr. CVK, 1. Aufl., Bielefeld 1986.

___/4 | 1 | Benenne die Reimbindungen des Textes. _____

_____

___/2 | 2 | Ein Vers reimt nicht. Welcher ist es?

_____

___/4 | 3 | Wie ist dies zu deuten?

_____

_____

___/4 | 4 | Notiere die Personifikationen aus dem Text.

_____

_____

___/2 | 5 | Der Text benennt einzelne Elemente der Wirklichkeit, die den Frühling ankündigen. Nenne sie.

_____

___/2 | 6 | Nenne die Metaphern, die Mörike benutzt, um den beginnenden Frühling zu veranschaulichen.

_____

freie
Lösung | 7 | Verfasse eine Deutung des Gedichts. Schreibe sie in dein Heft.

Gesamt-
punktzahl
___/18

87 Wann wird der s-Laut als ß geschrieben? _____

88 Welche Funktion hat *das*, welche Funktion dagegen *dass*?

_____

89 Was ist ein Satzgefüge und wo wird im Satzgefüge ein Komma gesetzt?

_____

90 Woran erkennst du Nebensätze? Nenne mindestens zwei Merkmale.

_____

91 Welche Objekte gibt es? _____

92 Wie lässt sich in einer Erzählung die Spannung steigern?

_____

93 Wann und warum wird in einer Erzählung wörtliche Rede eingesetzt?

_____

94 Was ist bei einer Personenbeschreibung zu beachten?

_____

95 Nenne drei Merkmale eines Berichts. _____

_____

96 Bringe die Elemente einer Argumentation in die richtige Reihenfolge:
Beispiel – Behauptung – Begründung – Erläuterung

_____

97 – 99 Welches Reimschema liegt vor?

97 abba _____

98 ccdd _____

99 efef _____

Kapitel 1: Rechtschreibung und Zeichensetzung

Seite 8   1   **Beim Fußballspielen**

In der Schulmannschaft der Unterstufe spielte Erkan den Rechtsaußen, aber er hatte noch einige Probleme beim Schießen von Eckbällen. Er wollte den Mangel beheben und übte das Treten der Eckbälle von rechts. Das Laufen zum Bolzplatz wollte er sich sparen, deshalb wählte er den Hinterhof zum Üben, etwas Besseres fiel ihm nicht ein. Das Trainieren dauerte nicht allzu lange, da zeigte ein lautes Klirren an, dass Erkans Schießen zum Zerbrechen einer Fensterscheibe geführt hatte. Erkan verzichtete auf langes Nachdenken, schnappte sich seinen Ball und schon gab es für ihn nur noch ein Rennen, Retten, Flüchten. Der Hausmeister aber hatte nur auf etwas so Willkommenes gewartet und rannte gleich hinterher. Bald war es mit dem Davonrennen vorbei, der Hausmeister hatte Erkan gefasst und fauchte ihn an: „Kannst du nicht richtig zielen?" „Wieso denn?", erwiderte Erkan. „Ich habe das Fenster doch gut getroffen. Und mein Wegrennen erklärt sich ganz einfach: Ich wollte nur schnell das Geld zum Bezahlen holen!"

Seite 9   2   Eines **schönen** Morgens wachte Lars auf. So **klein** war Lars eigentlich nicht. Aber alle nannten ihn den **Kleinen**, weil er früher **der Kleinste** in der Familie war. Es war ja auch nichts **Schlimmes**, und Lars hatte sich an den Namen gewöhnt. Beim **Aufwachen** an diesem Morgen aber wollte Lars das **Alte** ändern. Er wollte nicht mehr der **Kleine** sein, schließlich hatte er heute Geburtstag und mit zehn ist man nicht mehr **klein**. Sein **Protestieren** beim Frühstück führte zu einem allgemeinen **Lachen**. „Das ist ja etwas ganz **Neues**!", riefen seine Geschwister. „Komm, **Kleiner**, sei friedlich. Du bist schließlich unser **Bester**! Am Ende aber versprechen sie Lars dann doch, ihn nie wieder so zu nennen.

Seite 10   3
a) **S**chwarzwälder Kirschtorte, mit **W**estfälischem Schinken, **S**chweizer Käse, ein Paar **N**ürnberger Bratwürste
b) Die **L**andauer Bürger, der **B**erliner Kandidat, als **b**randenburgischer Gelehrter, ein **o**stwestfälischer Eulenspiegel
c) **W**iener Schnitzel, **u**ngarisches Gulasch, **s**chwäbische Maultaschen, **i**talienischen Salat, **g**riechischen Salat und **g**rünen Salat
d) **B**erliner Currywurst ist sein Lieblingsessen.

Seite 11   4   **Lena und der Bauer am Fluss (Rätsel)**

… seit dem frühen **Sonntagmorgen** … Gegen **Mittag** …Seit **gestern Abend** … Ich habe **heute Nacht** … Seit **vorgestern Abend** … **Gestern** hat **mittags** … Diesen **Abend** … **morgen Mittag** … **abends** vor dem Schlafengehen … bis zum **Abend** … **nachmittags** … am **Montagmittag**.

Seite 12   5   lange Vokale

Seite 13   6
ohne Zeichen: Säge, braten, trüb, malen, Rosine
Verdoppelung: leer, Boot, Beet
Dehnungs-h: Mehl, fühlen, Mühle, Fühler; mahlen, stehen, dehnen, Stuhl
Dehnungs-e: frieren, Radieschen, Tierhaut

7 Immer wieder widersprach er. Sein Widerspruch führte dann wiederum zu neuen Vorwürfen. Er habe wiederholt abgeschrieben, so wurde immer wieder aufs Neue behauptet. Seine Erwiderungen nahm man einfach nicht ernst. Schließlich hatte sein Freund ein Gespräch wiedergegeben, aus dem hervorging, dass er sich nur widerwillig in die Prüfung begeben hatte und lieber die Klasse wiederholen wollte, als darauf zu verzichten, auf Fragen das zu erwidern, was er für richtig hielt. Immer wieder forderte er Beweise, die seine Behauptung, er habe nicht abgeschrieben, zu widerlegen vermochten.

Seite 14/15

9 Matratze: Katze, Fratze, Tatze, Glatze
Schatz: Latz, Spatz, Satz, Platz
sitzen: schwitzen, blitzen, ritzen
schnitzeln: spitzeln, witzeln, kritzeln, kitzeln
platzen: kratzen, schmatzen, schwatzen, verpatzen
stutzen: verschmutzen, putzen, nutzen.

Seite 15

10 Nussschale, Klemmmappe, Schritttempo, grifffest, Tipppartner, Sauerstoffflasche, Fußballländerspiel, Geschirrreiniger, Pappplakat, Schnelllauf, schadstofffrei, Stilllegung, Imbissstube, Balletttruppe, Stofffarbe, Schifffahrt.

Seite 16

11 **Zeugnisschreck**
Jenny hatte einen Freund namens Tobi. Tobi war äußerst gutmütig und sehr verlässlich. Aber in der Schule stand es nicht besonders gut um ihn. Es unterlief ihm so manches Missgeschick. Besonders schlecht lief es, wenn es um eine Prüfung ging. Da rächten sich dann die vielen Versäumnisse. Tobi erlebte viele Misserfolge und bekam sogar einen blauen Brief. So kam es zum Schluss zu einem Zeugnis, das zwar nicht mal so schlecht war, aber doch viele Wünsche offen ließ. Als Tobis Vater das Zeugnis sehen wollte, musste ihm Tobi gestehen: „Ich habe es meiner Freundin Jenny ausgeliehen. Sie will ihren Vater erschrecken!"

Seite 17

12 **Text 5: Dilowan wundert sich**
Ein Wetter war das! Das regnete und regnete. Es regnete schon so stark, dass man fast die Lust verlieren konnte, zum Spielplatz zu gehen. Dilowan hatte das Wagnis trotzdem unternommen und war auf dem Spielplatz. Da sah er ein kleines Mädchen, das lustig in den Pfützen herumplanschte. „Das darf doch nicht wahr sein! Das darf das doch nicht!" Er sah, dass die Mutter am Rand stand und das alles ansah, ohne zu schimpfen. Dilowan ging zu ihr hin. „Darf das das?", fragte er. „Das darf das, das habe ich ihm erlaubt!", war die Antwort der Mutter. „Hm!", brummte Dilowan, ging weiter und wunderte sich: „Dass das das darf …"

Seite 18

13

Nominativ Singular	Genitiv Singular	Nominativ Plural
das Zeugnis	des Zeugnisses	die Zeugnisse
das Wagnis	des Wagnisses	die Wagnisse
das Ereignis	des Ereignisses	die Ereignisse
das Verhältnis	des Verhältnisses	die Verhältnisse
das Geheimnis	des Geheimnisses	die Geheimnisse
das Bündnis	des Bündnisses	die Bündnisse
die Erkenntnis	der Erkenntnis	die Erkenntnisse
das Erlebnis	des Erlebnisses	die Erlebnisse
das Ergebnis	des Ergebnisses	die Ergebnisse

14 die Bürgerin, die Bürgerinnen;
die Lehrerin, die Lehrerinnen;
die Fahrerin, die Fahrerinnen;
die Kollegin, die Kolleginnen;
die Reiterin, die Reiterinnen.

Seite 19   15 **ai**

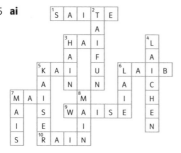

16 Beule; bräunlich; das Läuten; die Leute; beugen; Bäume; bestäuben; träumen; leuchten; scheußlich; säubern; Scheune; Bräutigam; Räuber; Zeuge; Zeugnis; aufzäumen; täuschen; bereuen; Teufel; Keule; häufig; Fräulein; Säugling; Vogelscheuche; Steuer; Wiederkäuer; Efeu; äußerlich; leugnen; Läufer; meutern; Beutel; Gebäude; schleudern.

Seite 20   17 fröhlich – fröhliche; lustig – lustige; gesellig – gesellige; reichlich – reichliche; billig – billige; gewöhnlich – gewöhnliche; sonnig – sonnige; ziemlich – ziemliche.

a) Endphase, b) entmutigt, c) Entwarnung, d) Dirigent, e) Endspiel, f) entdecken.

Seite 21   18 a) Die Klasse 6a will in den Zoo, die Klasse 6b möchte auf den Abenteuerspielplatz und die Klasse 6c zieht es vor zu wandern.
b) Herr Klaus unterrichtet Erdkunde, Frau Zebur unterrichtet Geschichte und Herr Müller ist für Deutsch verantwortlich.
c) Michaela reitet gerne, ihr Bruder spielt lieber Basketball (,) oder er geht schwimmen.
d) Michaela jubelte laut, Marco klatschte vor Freude in die Hände, doch am meisten freute sich der kleine Benni.

Seite 22   19 a) Nachdem den ganzen Tag die Sonne geschienen hatte, regnete es am Abend.
b) Der Spielplatz stand unter Wasser, da es heftig geregnet hatte.
c) Laura musste mit ihrem Kaninchen zum Tierarzt, da die Krallen geschnitten werden mussten.
d) Das Buch, das so spannend begonnen hatte, wurde immer langweiliger.
e) Das Pferd lahmte, da es ein Hufeisen verloren hatte.

20 a) Wir kehrten um, da der Gipfel, den wir sehen wollten, in Wolken gehüllt war.
b) Während wir gestern, als es regnete, Schach spielten, haben die Mädchen im Regen Fußball gespielt.
c) Ich höre, wenn ich meine Hausaufgaben mache, gern Musik, da ich so andere Geräusche, die von draußen kommen, überhöre.
d) Michelle freute sich riesig, da ihre Freundin, welche so lange krank war, wieder mit ihr spielen konnte.

Seite 23   21 a) Kim wollte, um das alles schnell zu erreichen, mit doppeltem Eifer an die Arbeit gehen.
b) Kim wollte mit doppeltem Eifer an die Arbeit gehen, um alles möglichst schnell zu erreichen.
c) Dominik hatte, um ja nichts zu vergessen, eine riesige Einkaufsliste erstellt.
d) Es allen recht zu machen, danach strebte er immer.
e) Daran, alle Klassenkameraden einzuladen, wollte Sina nichts ändern.
f) Wir waren uns alle einig (,) keinem ein Wort zu sagen.
g) Wir waren uns alle darin einig, keinem ein Wort zu sagen.
h) Nico musste, um weiterfahren zu dürfen, sein Rad in Ordnung bringen lassen.
i) Florian zog einen Anorak an(,) um nicht nass zu werden.
j) Florian hatte nur im Sinn, seinen Hund Gassi zu führen.
k) Endlich im Sattel zu sitzen, das war Sinas größter Wunsch.

Seite 24   **Training plus**
1 Aneinandergereihte Hauptsätze, die durch Komma getrennt oder durch eine Konjunktion verbunden werden.
2 Eine Verbindung von einem Hauptsatz mit einem oder mehreren Nebensätzen.

3   Der Nebensatz wird zu Beginn und zum Ende durch Kommas vom Hauptsatz getrennt.

4   Wenn auf die Gruppe durch ein besonderes Wort hingewiesen wird oder wenn die Gruppe in einen Hauptsatz als Erläuterung eingeschoben wird.

5   Wenn man den bestimmten oder unbestimmten Artikel davorsetzen kann.

6   *Das*: Man kann das Wort durch *ein, dieses* oder *welches* ersetzen.

7   Es gibt vier Möglichkeiten: ohne Kennzeichnung, mit Verdoppelung des Vokals, mit Dehnungs-h oder Dehnungs-e.

8   Nach *l, n, r* steht nie tz oder ck.

9   Die drei Konsonanten bleiben erhalten. Beispiele: Flussschifffahrt, Klemmmappe, Stofffetzen.

10 *Wieder* schreibt man bei Wiederholungen, also wenn etwas wieder geschieht. Ist etwas entgegengesetzt bzw. gegen etwas, schreibt man *wider*.

11 Man sucht weitere Wortformen. Schreiben sich diese mit *au*, schreibt man „äu" (Säule, Knäuel, sich räuspern).

12 Man bildet eine Wortform, die auf einen Vokal endet (fleißig – fleißige).

13 Substantive und Namen, Substantivierungen und Wörter am Satzanfang schreibt man groß. Ebenso Länderadjektive mit -er.

Abschlusstest   Seite 25

Allgemeine Hinweise zum Abschlusstest
Damit du deine Gesamtpunktzahl einfach errechnen kannst, gibt es für jede Teilaufgabe bei Lückenaufgaben in der Regel einen Punkt, bei Aufgaben mit selbstständigen Ergänzungen oder Zuordnungen zwei Punkte.
Leider ist es nicht möglich, einen allgemeingültigen Notenschlüssel vorzugeben. Er wechselt von Schule zu Schule, von Bundesland zu Bundesland. Damit du deine Leistung einschätzen kannst, gibt es folgende Orientierungspunkte:
-   Wenn du mehr als 80 Prozent der Gesamtpunktzahl erreicht hast, ist dein Ergebnis gut oder besser.
-   Wenn du mehr als 50 Prozent der Gesamtpunktzahl erreicht hast, ist dein Ergebnis ausreichend oder befriedigend.
-   Wenn du weniger als 50 Prozent der Gesamtpunktzahl erreicht hast, ist dein Ergebnis nicht mehr ausreichend. Du solltest dann die Regeln und Aufgaben, bei denen du viele Fehler gemacht hast, noch einmal genau nachlesen und üben.

100 bis 80 Prozent	79 bis 50 Prozent	unter 50 Prozent
sehr gut bis gut	befriedigend bis ausreichend	nicht mehr ausreichend

1

1. Wort	2. Wort	Tipp
Fehder	Fehler	1
fliehen	flihgen	2
versperren	lehnen	0
lühgen	genühgen	x
wiehgen	Vieh	1
pflügen	striegeln	0
sühß	Reh	1
Booht	Jaar	x
Bluse	Moos	0
alljährlich	Ebbe	0
Margariene	Schiene	1
Maschine	Rosiene	2

___/12

2 Justin widersprach zum wiederholten Mal. Aber er hatte wieder keinen Erfolg mit seinem Widerspruch. So gab seine Mine seine innere Stimmung wieder. Sein grimmiger Gesichtsausdruck spiegelte sein widerspenstiges Wesen wider. Er gab eben immer wieder Widerworte, widersetzte sich, wo immer es notwendig wurde und widerstand so der Versuchung, alles einfach und widerspruchslos hinzunehmen. Natürlich widerfuhr Justin damit manche Widerwärtigkeit.

Seite 26
___/6

3 <u>Falsche Schilderinschriften:</u> Im Treppenhaus nicht lärmen (Verb). Im Hof ist **das Spielen** verboten (substantiviertes Verb). Betteln und Hausieren verboten (substantiviertes Verb).

___/16

4 fleißig, ehrlich, völlig, unglaublich, durstig, dickfellig, plötzlich, langweilig, südlich, freiwillig, dreiteilig, einstimmig, üblich, abfällig, dümmlich, eigensinnig.

5 Hannah hat Probleme mit der Schreibung des Wortes „das". Sie kann nicht begreifen, **dass das** Wort einmal mit einem „s" und einmal mit „ss" geschrieben werden muss. Ihre Lehrerin empfahl ihr: „Wenn du Zweifel hast, wie **das** Wort, **das** du schreiben willst, geschrieben wird, dann denk an unsere Überprüfung, die wir aufgeschrieben haben. **Das** Beste wäre, du schlägst **das** jedes Mal nach. Ich glaube, **dass das das** Beste wäre für dich!" Hannah meinte dazu: „**Das** glaube ich nicht.

___/12
Das Dumme ist eben, **dass** ich nie Zweifel habe!"

Seite 27

6 **Das Rätsel der Sphinx**
Die Sphinx … gab **Tag für Tag** den Vorüberkommenden ein Rätsel auf. … **Eines Tages** kam Ödipus vorüber. Die Sphinx trug ihr Rätsel vor:
„Was ist das: **Am Morgen** ist es vierfüßig, **mittags** geht es auf zwei Füßen und **am Abend** geht es auf dreien? **Am** frühen **Morgen** ist es am langsamsten, mit zwei Füßen ist es **am Mittag** am schnellsten, und **des Abends** wird es wieder langsamer." Ödipus … antwortete: „**Heute Mittag** hast du deinen Meister gefunden. Du meinst den Menschen. **Am Morgen** seines Lebens krabbelt er auf Händen und Füßen, **mittags** geht er auf zwei Beinen und ist am schnellsten, **am Abend**
___/12
braucht er einen Stock als drittes Bein und als Stütze."

7 Achtung: Es fehlen insgesamt **zehn** Kommas. Neun müssen gesetzt werden.
Anna-Lena ging, nachdem sie sich verabschiedet hatte, nach Hause. Sie hatte jetzt nur noch eines vor, nämlich ihre Hausaufgaben zu erledigen. Dann wollte sie sich verkrümeln, um in Ruhe ihr Buch weiterlesen zu können. Sie kam zu Hause an, sie öffnete die Haustür (,) und schon kam ihr kleiner Bruder angestürmt. Tommy begrüßte sie stürmisch, aber eigentlich war er nur deshalb so freundlich, weil er seine Schwester brauchte. Er hatte keine rechte Lust dazu, seine Hausaufgaben zu
___/20
machen. Er hatte Probleme, da er die neu gelernte Rechtschreibregel noch nicht begriffen hatte.

92 bis 74 Punkte	73 bis 46 Punkte	unter 46 Punkte
sehr gut bis gut	befriedigend bis ausreichend	nicht mehr ausreichend

___/92

Anmerkungen:
<u>Aufgabe 1</u>: Für jeden richtigen Tipp gibt es 1 Punkt.
<u>Aufgabe 2</u>: Für jede richtige Verbesserung gibt es 2 Punkte.
<u>Aufgabe 7</u>: Es fehlen insgesamt zehn Kommas. Davon kann das Komma nach Haustür wahlweise gesetzt werden. Für jedes Komma gibt es 2 Punkte.

Kapitel 2: Satzarten

Seite 28

1 **Text 1: Vorbei!**
Gestern noch rannten sie am Wasser, sie spielten am Strand, sie tobten durch den Sand und sie wurden nicht müde. **H**eute geht es nach Hause. **D**ie Koffer sind schon gepackt, die Rechnung ist bezahlt, von den Strandfreunden haben sie sich verabschiedet und nun warten sie nur noch auf den Bus. **A**uf die Eltern wartet zu Hause viel Arbeit. **D**ie ganze Urlaubswäsche muss in Ordnung gebracht werden, die Kinder sollen sich auf die Schule vorbereiten und selbst der Hund braucht wieder seine geregelten Abläufe.

Seite 29

2 Susanne dachte nach, **aber** ihr fiel nichts ein. (Gegensatz)
Sollte sie protestieren **oder** sollte sie alles so lassen? (andere Möglichkeit)

Sie glaubte sich im Recht, **denn** sie hatte die Hausaufgaben gemacht. (Grund)
Der Lehrer war anderer Meinung, **denn** Susanne konnte nichts vorweisen, **aber** sie protestierte nicht, **sondern** sie schwieg. (Grund; Gegensatz; Gegensatz)
Normalerweise packte sie ihre Tasche gewissenhaft, **aber** so ein Versehen konnte auch ihr passieren. (Gegensatz)

3 a) Olaf hat fleißig gearbeitet, **deshalb** hat er eine gute Note geschrieben.   Seite 30
       Art des Zusammenhangs: Grund
    b) Es goss in Strömen, **vorher** hatte lange die Sonne geschienen.
       Art des Zusammenhangs: Zeit
    c) Benni hatte nicht aufgepasst, er wusste **deshalb** nicht, was im Unterricht gefragt war.
       Art des Zusammenhangs: Grund
    d) Sie fühlte sich nicht wohl, **sodass** sie heimging.

4 **Text 2: Die Schlange unterm Stein**   Seite 31
    <u>Als neulich der große Regen niederging</u>, stürzte ein Stein auf eine Schlange. Ein Mensch wollte ihr helfen und hob den Stein auf. Die Schlange, <u>die sich nun wieder frei bewegen konnte</u>, wollte den Menschen beißen. Der aber sagte: „Halt ein! Lass uns erst einen Klugen fragen." Sie wandten sich an den Schakal. <u>„Wenn wir das richtig entscheiden wollen</u>, müssen wir alles rekonstruieren. Du meinst, <u>weil du die Schlange gerettet hast</u>, darf sie dich nicht beißen. <u>Wenn sie aber ohne dich freigekommen wäre</u>, dann dürfte sie dich sehr wohl beißen. Wir müssen also die Schlange nochmals unter den Stein legen, <u>damit wir feststellen können</u>, wer im Recht ist." Beide waren einverstanden und der Mensch legte den Stein, <u>welchen er mit Mühe aufgehoben hatte</u>, wieder auf die Schlange, <u>sodass diese wieder feststeckte</u>. Die Schlange wand sich, aber sie konnte sich nicht befreien, <u>da der Stein zu schwer war</u>. <u>Als der Mensch den Stein wieder aufheben wollte</u>, sagte der Schakal: „Lass ihn liegen. Wenn <u>sie dich beißen will</u>, so soll sie sich allein befreien!"

5 a) Er dachte nach, bis er eine gute Idee hatte. (Zeit)
    b) Er zitterte am ganzen Körper, da er Angst hatte. (Grund)

6 Erkan stürzte zu Boden, weil Timo ihn rempelte. (Grund)   Seite 32
   Timo rempelte Erkan, sodass Erkan zu Boden stürzte. (Folge)
   Timo rempelte Erkan, damit der zu Boden stürzte. (Absicht, Zweck)
   Nachdem Timo Erkan rempelte, stürzte dieser zu Boden. (Zeit)
   Als Timo Erkan rempelte, stürzte dieser zu Boden. (Zeit)
   Erkan verletzte sich, weil er zu Boden stürzte. (Grund)
   Erkan stürzte zu Boden, wobei er sich verletzte. (Art und Weise)
   Erkan stürzte zu Boden, sodass er sich verletzte. (Folge)
   Als Erkan zu Boden stürzte, verletzte er sich. (Zeit)

7 a) Gibt die Folge an.
    b) Unterstellt eine Absicht.
    c) Spricht von dem Zeitpunkt, der Gelegenheit, bei der etwas passierte.

8 a) Kerstin musste sich beeilen, da die Straßenbahn Verspätung hatte.   Seite 33
    b) Nachdem die Sonne aufgegangen war, begann unsere Bergtour.
    c) Ronny war bei allen angesehen, da er gute Noten hatte.
    d) Gemeinsam wurde festgelegt, wo die Radtour starten sollte.
    e) Weil er trödelte, kam er zu spät an.

9 Als neulich der große Regen niederging … (Temporalsatz)
   … sodass diese sich nicht mehr bewegen konnte. (Konsekutivsatz)
   … Wenn wir das richtig entscheiden wollen, … (Konditionalsatz)
   … weil du die Schlange gerettet hast, … (Kausalsatz)
   Wenn sie aber ohne dich freigekommen wäre … (Konditionalsatz)
   … damit wir feststellen können … (Finalsatz)
   … sodass diese wieder feststeckte … (Konsekutivsatz)
   … da der Stein doch zu schwer war. (Kausalsatz)
   Als der Mensch aber den Stein wieder aufheben wollte, … (Temporalsatz)
   Wenn sie dich beißen will … (Konditionalsatz)

Seite 34 10 1+2: Evi freut sich, da es bald Urlaub gibt. (Grund)

        2+3: Wenn es bald Urlaub gibt, will die ganze Familie ans Meer fahren. (Bedingung)

        3+4: Die ganze Familie will ans Meer fahren, da die Kinder am liebsten schwimmen gehen. (Grund)

        4+5: Die Kinder gehen am liebsten schwimmen, wenn das Wasser nicht zu kalt ist. (Bedingung)

        5+6: Das Wasser ist nicht zu kalt, sodass sich Vater mit den Füßen ins Meer traut. (Folge)

        6+7: Während Vater sich mit den Füßen ins Meer traut, rennt Evi durch das Wasser an Papa vorbei. (Zeit)

        7+8: Evi rennt durch das Wasser an Papa vorbei, sodass (damit) das Wasser hoch aufspritzt. [Folge] (Absicht)

        8+9: Während (weil) das Wasser hoch aufspritzt, zuckt Papa zurück. (Zeit; Grund)

        9+10: Mama und Evi lachen, weil Papa zurückzuckt. (Grund)

    11 a) Die Segel, die vom Wind aufgebauscht wurden, leuchteten über das Wasser.

        b) Die Fußspuren, die in den Sand eingedrückt waren, wurden von den Wellen ausgelöscht.

        c) Sie schauten hoch zu den Wölkchen, die am Himmel dahinflogen.

Seite 35 12 <u>Satzungeheuer:</u>

        a) Das Mädchen war sehr traurig. Sein Fahrrad war gestohlen und wieder gefunden worden. Aber die Reifen waren völlig zerschnitten worden. Die Reifen waren noch letzte Woche von dem Polizisten begutachtet und geprüft worden. Der Polizist führte den Verkehrsunterricht durch. In unserer Schule findet jährlich Verkehrsunterricht statt. Unsere Schule legt großen Wert auf den Verkehrsunterricht.

        b) Der Junge weinte sehr. Sein Fahrrad wurde ohne Reifen gefunden. Die Reifen waren im Supermarkt gekauft worden. Der Supermarkt lag gerade um die Ecke. Das Fahrrad lehnt an einer bunt bemalten Hauswand. Die Wand diente den Kindern als Abstellplatz. Die Kinder wollten zum Bus.

    13 <u>Verschiebeprobe:</u>

        Sabrina (Subjekt) ritt (Prädikat) mit ihrem Pony (Präpositionalobjekt) am ersten Ferientag (adv. Bestimmung der Zeit) sehr früh (adv. Bestimmung der Zeit) über die feuchten Wiesen (adv. Bestimmung des Ortes).

Seite 36 14 <u>Akkusativobjekte, rot unterstrichen:</u> ihr Heft, es, das Heft, einen Streich, den Aufsatz, ihn, das Heft, das Heft, alles, die Hausaufgaben, die Geschichte, das Heft

        <u>Dativobjekte, grün unterstrichen:</u> ihr, ihrem Vater, ihr, ihrer Lehrerin, ihr

        <u>Genitivobjekte, gelb unterstrichen:</u> dessen, eines eigenen Erlebnisses

    15 Karla suchte ihre Schultasche. (Akkusativobjekt: ihre Schultasche)

        Frau Gering glaubte den Kindern. (Dativobjekt: den Kindern)

        Vater erinnerte sich seiner eigenen Erlebnisse. (Genitivobjekt: seiner eigenen Erlebnisse)

Seite 37 16 unterstrichen werden: auf weitere Fragen, an das Geschehen, an Ellen, in Streit, an Klara

        Achtung: „auf die Bank, auf der Bank, auf den Platz, auf das Pausenbrot" sind adverbiale Bestimmungen des Ortes

    17 <u>adv. Bestimmung des Ortes, rot unterstrichen:</u> im Flur, zur Tür, da, bis hierher, in ihrer Tasche, irgendwo in dieser verflixten Tasche, auf dem Zettel

        <u>adv. Bestimmung der Zeit, grün unterstrichen:</u> seit einer halben Stunde, dann, nach ein paar Minuten, endlich, noch, (lang und breit), dann, gestern, schließlich

        <u>adv. Bestimmung der Art und Weise, gelb unterstrichen:</u> eigentlich, geduldig, erwartungsvoll, völlig durchnässt, völlig außer Atem, vor Nässe, (lang und breit), in Stichwörtern, kaum lesbar

        <u>adv. Bestimmung des Grundes, blau unterstrichen:</u> wegen des Regens, wegen ihrer Verspätung, wegen des Regens

Seite 38/39 18 a) Nach Sonnenuntergang saßen sie am Lagerfeuer.

        b) Wegen der Kühle hatten sie ihre Jacken übergestreift.

        c) Sally begann auf der Gitarre ein Lied anzustimmen.

        d) (Während) Bei der zweiten Strophe summten alle die Melodie mit.

        e) Beim zweiten Mal versuchten sie mitzusingen.

19 a) Nachdem sie den Text zweimal wiederholt hatten, konnten die Freundinnen den Text. Seite 39
    b) Als Sally sie unterstützte, sangen sie das Lied zusammen
    c) Nun wollten sie mehr darüber wissen, woher das Lied kam.
    d) Sally holte ihr Liederbuch, welches sie im Rucksack hatte.
    e) Nachdem sie kurz geblättert hatte, konnte sie alles über das Lied vorlesen.

20 rot unterstrichen: unsere, jedes, sechsten, einzelnen, beste, beste, zuständigen, geeigneten, Seite 40
                            textrichtiges, angemessene, unserer, hervorragende, gute, spannenden,
                            große, lustiger, anderen, diesjährige, beteiligten, fremden
    grün unterstrichen: ihrer Umgebung
    blau unterstrichen: im Vorlesen, aus „Pipi Langstrumpf", beim Vorlesen
    gelb unterstrichen: am besten aus ihrem Lieblingsbuch, der 6b, das blonde Mädchen aus der
                            6c, dem Klassensprecher der 6a
    schwarz unterstrichen: die teilnehmen wollen, die mitbestimmen durften

21 a) Alle Schülerinnen und Schüler, die am Wettbewerb beteiligt waren, versammelten sich. Seite 41
    b) Die Deutschlehrerinnen, die in den sechsten Klassen unterrichteten, bildeten die Jury des
       Wettbewerbs, der dieses Jahr stattfand.
    c) Die Reihenfolge derer, die vorlesen sollten, wurde ausgelost.
    d) Die Texte, die vorgesehen und unbekannt waren, wurden gleichfalls ausgelost.

22 a) Die Aufregung unter den auf ihren Auftritt wartenden Kandidaten wurde immer größer.
       a. Die unsere Klasse vertretende Julia war schon ganz blass um die Nase.
       b. Aber auch die die anderen Klassen vertretenden Schülerinnen und Schüler waren sehr nervös.
       c. Endlich gab Frau Lehmann, Vorsitzende der Jury, das von allen erwartete Startzeichen.

Training plus Seite 42
14 Eine Konjunktion verbindet Hauptsätze mit Hauptsätzen oder Hauptsätze mit Nebensätzen. Einige Konjunktionen können auch Teile einer Aufzählung miteinander verbinden.
15 Die Konjunktion steht zwischen den beiden Sätzen, die sie verbindet, ein satzverbindendes Adverb kann als Satzglied in den Satz hinein verschoben werden.
16 Die Personalform des Verbs steht an letzter Satzgliedstelle. Der Nebensatz kann nicht allein stehen.
17 Der Nebensatz kann vor oder nach dem Hauptsatz stehen. Er kann auch in den Hauptsatz eingeschoben sein.
18 temporal: Zeit; kausal: Grund; final: Zweck, Absicht; konsekutiv: Folge; lokal: Ort; modal: Art und Weise; konditional: Bedingung
19 Relativsätze
20 Das Attribut kennzeichnet ein Substantiv. Das Adverb kennzeichnet den im Verb vorgestellten Vorgang näher.
21 Genitivobjekt: Wessen?; Dativobjekt: Wem?; Akkusativobjekt: Wen oder Was?
22 Adverbiale Bestimmung des Ortes; der Zeit; der Art und Weise; des Grundes
23 Adverbialsätze

Abschlusstest Seite 43
1 a) Tim dachte angestrengt nach, **aber** die Vokabel fiel ihm nicht ein.
   b) Nicole wartete und wartete, **doch** Nina kam nicht.
   c) Sandra lag noch lange wach, **denn** sie musste über so vieles nachdenken.   ___/8

2 Sabrina hatte fleißig geübt. Deshalb hatte sich ihr Spiel gewaltig verbessert. (Grund)
   Sabrina hatte fleißig geübt. Infolgedessen hatte sich ihr Spiel gewaltig verbessert. (Grund)
   Sabrina hat ihre Hausaufgaben erledigt. Danach geht sie raus zum Spielen. (Zeit)   ___/4

3 Satzglieder: Wir (Subjekt) stießen (Prädikat) auf eine gute (Attribut) Idee (Objekt) als (Konjunktion) wir (Subjekt) gemeinsam (adverbiale Bestimmung) nachdachten (Prädikat)
   a) An zweiter Satzgliedstelle. b) An letzter Satzgliedstelle.   ___/10

4 1. Mehmet hatte einen Riesenhunger, als er gestern nach Hause kam.
   2. Als er gestern nach Hause kam, hatte Mehmet einen Riesenhunger.
   3. Mehmet hatte, als er gestern nach Hause kam, einen Riesenhunger.   ___/6

Seite 44 5 a) temporal b) kausal c) lokal d) final e) konditional f) modal

___/6

6 Das Kind, das auf das Knie gefallen war, weinte laut.
Die Bilder, die auf die Fenster gemalt waren, gefielen allen Passanten.
___/6 Die Kinder, die hier fremd waren, blickten sich scheu um.

7 vor Langeweile (Grund); seit fünf Minuten (Zeit); mit Feuereifer (Art und Weise);
___/6 wegen ihrer Aufregung (Grund); still (Art und Weise)

Seite 45 8 a) des letzten Schultags
b) auf die Ferien
c) ihre Freundinnen, die Hand
___/8 d) jeder

9 a) Wo? Wohin? Woher?
b) Wann? Wie lange?
c) Wie? Auf welche Weise?
___/4 d) Warum?

10 a) Mehmed fehlte beim Fußballspielen, da er erkältet war.
b) Wenn sie die Geigenstunde hinter sich gebracht hat, will Janina reiten.
c) Nachdem die Sonne untergegangen war, begann es zu regnen.
___/8 d) Nena wandte sich ab, indem sie den Kopf schüttelte.

66 bis 53 Punkte	52 bis 33 Punkte	unter 33 Punkte
sehr gut bis gut	befriedigend bis ausreichend	nicht mehr ausreichend

___/66

Anmerkungen:
Aufgabe 3: Für jedes richtig bestimmte Satzglied und für jede Antwort bei a) und b) gibt es 1 Punkt.

Kapitel 3: Wortarten und Wortformen

Seite 46/47 1 Mögliche Lösung: Laura hatte sich **gestern** mit Svenja verabredet. Sie wollten sich an der Bank **neben** dem Sportplatz treffen. **Dort** treffen sich **nachmittags oft** junge Leute. Die Bank kennt **hier** fast jeder. **Dort** fühlen sich die jungen Leute so wohl wie **nirgends**. **Wahrscheinlich** hat man schon als Kind **immer wieder** die Großen bewundert, die lässig auf der Banklehne saßen und herumalberten. Schon **damals** hatte man sich vorgenommen: **Bald**, wenn ich etwas größer bin, werde ich auch dabeisitzen. So saß Svenja **endlich** auf der Banklehne, **daneben** lehnte ihr Fahrrad am Zaun des Sportplatzes. Sie hatte sich mit den Hausaufgaben beeilt. **Deshalb** war sie so früh. Laura hatte **heute** Probleme mit den Mathematikaufgaben. **Demnächst** wird sie wohl Nachhilfestunden nehmen.

Seite 47 2

Temporaladverbien	Lokaladverbien	Kausaladverbien	Modaladverbien
gestern	neben	deshalb	wahrscheinlich
damals	daneben		immer wieder
heute	dort		
endlich	nirgends		
demnächst	nebenan		
nachmittags	hier		
oft			
bald			

Seite 48 3 **Nicos Geburtstag**
An jenem Morgen, von <u>dem</u> ich erzählen will, war Nico schon sehr früh aufgewacht. Das war

schließlich der Tag, an dem er Geburtstag feierte. Der erste Gedanke, der ihm durch den Kopf ging, war: „Wird mein sehnlichster Wunsch erfüllt?" Nico hatte nämlich einen ganz besonderen Wunsch, welchen er seinen Eltern aufgeschrieben hatte. Nico, der sonst immer sehr langsam aufstand, schlüpfte schnell in seine Pantoffeln, die er heute gar nicht lange suchen musste, und rannte zum Wohnzimmer, in welchem er seine Geschenke vermutete. Und richtig, da stand der Tisch, auf dem sie lagen. Er sah die vielen Päckchen, welche hübsch verpackt nur darauf warteten, ausgepackt zu werden. Aber das, was er sich am meisten gewünscht hatte, fehlte. Da hörte er ein eigenartiges Geräusch, welches sich nach einem leisen Winseln anhörte. Seine Eltern, die hinter der Tür gestanden hatten, traten ins Wohnzimmer. Sein Vater trug auf dem Arm ein kleines Bündel, welches sich bewegte. Nico stürzte auf seinen Vater zu. „Danke, Papa! Danke!" Nun bekam er doch noch das, was er sich gewünscht hatte: Einen kleinen Hund, der ganz allein ihm gehören sollte, auf den er nun aufpassen, für den er sorgen und mit dem er regelmäßig Gassi gehen musste.

4 a) Nico bekommt einen Hund geschenkt, der klein und wuschelig ist. Seite 49
   b) Der Hund, der ein dichtes, schwarzes Fell hat, ist ein Mischling.
   (oder: Der Hund, der ein Mischling ist, hat ein dichtes, schwarzes Fell.)

5 „Das ist genau das, was uns immer so aufregt!", sagte Carlo, welcher sich nur mit Mühe zurückhalten konnte. Dieser Streit entbrannte immer wieder, wenn er und seine Klasse mit der Parallelklasse zusammentrafen. Immer ging es um jene verflixten Bemerkungen ihres Klassenlehrers, die sich mit dem Fleiß und der Mitarbeitsbereitschaft der 6a beschäftigten. Allerdings muss gesagt werden: Es gibt keine Zeugen dafür, dass Herr M. solche Bemerkungen, wie sie die 6c verbreitete, von sich gegeben hat. Derjenige, der das gehört haben wollte, war nicht mehr auszumachen. Von „Faulheit" und „Unzuverlässigkeit" war in jener Bemerkung die Rede. Keiner konnte sich eigentlich vorstellen, dass Herr M. diese Dinge gesagt hat. Aber die Leute aus der 6c ließen keine Gelegenheit aus, auf diese Bemerkungen anzuspielen.

6 **Text 3: Vom Hund, vom Affen und vom Löwen** Seite 50
   Ein alter Jagdhund, mit allen Wassern gewaschen, **geht** in Pension. Die Jägerei ist ihm zu schnell geworden. Er **will** jetzt seine Ruhe haben und reisen. So **kommt** er nach Afrika und **streunt** durch die Wüste. Gerade **steht** er vor ein paar Knochen, die da ausgeblichen in der Sonne **liegen**, da **hört** er hinter sich das Grollen des Löwen. Aber so schnell **ist** er nicht zu erschüttern. Er **schmatzt** vielmehr laut und **knurrt**: „So, den Löwen habe ich jetzt erledigt. Aber Hunger habe ich immer noch!" Der Löwe **hört** dies, **bekommt** Angst und läuft davon. Der Affe aber hat alles mitbekommen, **läuft** dem Löwen nach und **berichtet** ihm von dem Täuschungsmanöver des Jagdhundes. Der Löwe **kehrt um**. Der Hund **bemerkt** die beiden, **tut** aber so, als sehe er sie nicht und **knurrt** laut: „Wo nur der Affe bleibt? Er versprach mir doch, einen neuen Löwen zu besorgen!"

7

Infinitiv	Personalform	Bestimmung
waschen	gewaschen	Partizip II
gehen	geht	3. Pers. Sg. Präs.
werden	ist geworden	3. Pers. Sg. Perf.
wollen	will	3. Pers. Sg. Präs.
haben (2x)		Infinitiv
reisen		Infinitiv
kommen	kommt	3. Pers. Sg. Präs.
streunen	streunt	3. Pers. Sg. Präs.
stehen	steht	3. Pers. Sg. Präs.
ausbleichen	ausgeblichen	Partizip II
liegen	liegen	3. Pers. Pl. Präs.
hören	hört	3. Pers. Sg. Präs.

sein	ist	3. Pers. Sg. Präs.
erschüttern		Infinitiv
schmatzen	schmatzt	3. Pers. Sg .Präs.
knurren	knurrt	3. Pers. Sg. Präs.
erledigen	habe erledigt	1. Pers. Sg. Perf.
haben (2x)	habe	1. Pers. Sg. Präs.
hören	hört	3. Pers .Sg. Präs.
bekommen	bekommt	3. Pers. Sg. Präs.
laufen	läuft	3. Pers. Sg. Präs.
mitbekommen	hat mitbekommen	3. Pers. Sg. Perf.
laufen	läuft	3. Pers. Sg. Präs.
berichten	berichtet	3. Pers. Sg. Präs.
umkehren	kehrt um	3. Pers. Sg. Präs.
bemerken	bemerkt	3. Pers. Sg. Präs.
tun	tut	3. Pers. Sg. Präs.
sehen	er sehe	3. Pers. Konj. Präs.
knurren	knurrt	3. Pers. Sg. Präs.
bleiben	bleibt	3. Pers. Sg. Präs.
versprechen	versprach	3. Pers. Sg. Prät.
besorgen		Infinitiv

Seite 51   8

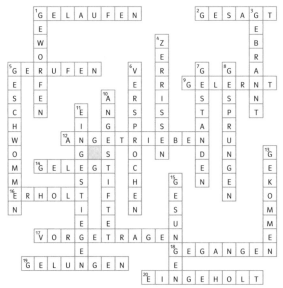

Seite 52   9   **Vom Hund, vom Affen und vom Löwen**

Ein alter Jagdhund, mit allen Wassern gewaschen, **ging** in Pension. Die Jägerei **wurde** ihm zu schnell. Er **wollte** jetzt seine Ruhe haben und reisen. So **kam** er nach Afrika und **streunte** durch die Wüste. Gerade **stand** er vor ein paar Knochen, die da ausgeblichen in der Sonne **lagen**, da **hörte** er hinter sich das Grollen des Löwen. Aber so schnell **war** er nicht zu erschüttern. Er schmatzte vielmehr laut und **knurrte**: „So, den Löwen habe ich jetzt erledigt. Aber Hunger habe ich immer noch!" Der Löwe **hörte** dies, **bekam** Angst und **lief** davon. Der Affe aber hatte alles mitbekommen, **lief** dem Löwen nach und **berichtete** ihm von dem Täuschungsmanöver des Jagdhundes. Der Löwe **kehrte** um. Dieser **bemerkte** die beiden, **tat** aber so, als sehe er sie nicht und **knurrte** laut: „Wo nur der Affe bleibt? Er versprach mir doch, einen neuen Löwen zu besorgen!"

10 **Paul im Zirkus** Seite 52/53

Die Vorstellung fängt erst um fünfzehn Uhr an. Paul kann sich vorher die Tierschau ansehen. Vor den Käfigen, in denen die Löwen liegen, trifft Paul seinen Freund Bruno. Paul fragt: „Gehst du auch zum Zirkus?" Bruno sagt: „Paul, was ist los mit dir?" „Nichts", antwortet Paul. „Wann machst du Hausaufgaben?"

Bruno sagt: „Nun hör aber auf, Paul!" An der Zirkuskasse sagt Paul gar nichts. Er gibt Bruno das Eintrittsgeld, und Bruno kauft zwei Karten.

Ehe die Vorstellung beginnt, fragt Paul noch: „Bruno, was gefällt dir besser, Akrobatik oder Dressur?" „Am besten gefällst du mir", antwortet Bruno. Da schweigt Paul bis zum Ende der Vorstellung, obwohl er gerne etwas gesagt hätte. Bruno hat zuletzt beinahe ein schlechtes Gewissen.

Am Abendbrottisch muss Paul seinen Eltern unbedingt vom Zirkus erzählen. „Herrlich waren die Dressuren", sagt er. „Ein Tiger sprang durch einen brennenden Reifen. Ein Elefant saß auf einem großen Hocker." Pauls Eltern werden sehr traurig, als sie Paul reden hören. Er hatte ihnen beim Abendbrot immer von seinen Erlebnissen erzählt. Jetzt bringt er nur noch solche Sätze zustande. Vater, der sich nichts anmerken lassen will, fragt: „Und die Akrobaten?"

„Es gab Trapezkünstler und einen Seiltänzer", sagt Paul. „Der Seiltänzer hielt in jeder Hand einen Regenschirm, und auf seinen Schultern trug er ein Mädchen." Jetzt sieht Paul, dass seine Eltern sehr traurig sind.

11 unterstrichen: wird gefangen; werden entgegengestreckt; wird angenommen; wird herangezogen; wird gehalten; wird geführt; wird abgebeugt; wird gelöst; wird gedrückt; wird geführt; werden gestreckt; wird geworfen. Seite 54

Training plus Seite 55

24 Ein Attribut kennzeichnet ein Substantiv näher. Ein ein Adverb erläutert den Vorgang, der durch das Verb dargestellt wird.
25 dort, hier, drüben, oben, unten, daneben
26 jetzt, bald, gestern, morgen, bald, lange
27 Es weist auf etwas hin
28 der, diese, jenes
29 ein Pronomen, welches einen Nebensatz (Attributsatz) an ein Substantiv anbindet
30 Gegenwart, Zukunft, Dauer/Wiederholung
31 Wenn man im Präteritum erzählt und einen Vorgang darstellen möchte, der vor dem erzählten Vorgang stattfand.
32 Das Futur I gibt einen Vorgang an, der in der Zukunft stattfinden wird, das Futur II bezeichnet einen Vorgang, der als in der Zukunft abgeschlossen gedacht wird. (Morgen werde ich ausgeruht haben.)
33 Die Anweisungen in einer Anleitung gelten für alle. Das Passiv braucht keinen Urheber zu nennen.
34 Das „Werden-Passiv" kennzeichnet einen Vorgang. Das „Sein-Passiv" kennzeichnet einen Zustand.

Abschlusstest Seite 56

1

Temporaladverbien	Lokaladverbien	Kausaladverbien	Modaladverbien
gestern	dort	deswegen	seltsamerweise
morgen	nirgends	nämlich	wahrscheinlich
heute	überall		
bald	rechts		
öfter	oben		
nie			

___/18

2 An <u>jenem</u> Baum, an <u>dem</u> ich vorbeikam, hing ein seltsamer Zettel. Ich trat näher heran, um <u>diesen</u> lesen zu können. Auf dem Zettel stand: „<u>Die, die</u> die Kirschen, <u>die</u> noch nicht reif sind, als ihr Eigentum betrachten, sollen wissen: Der liebe Gott sieht alles!" In krakeliger Kinderschrift war darunter geschrieben: „<u>Das</u> stimmt. Aber <u>der</u> petzt nicht!"

___/12

3 **Florentiner:** Mandeln, Zitronat, Orangeat, Zucker, Vanillezucker, Zimt und Mehl **werden** gut **gemischt**. Butter und Sahne **werden** in einem Topf **zum Kochen gebracht**. Die Mischung **wird eingerührt** und kurz aufgekocht. Im heißen Wasserbad **wird** der Brei **flüssig gehalten**. Mit einem Esslöffel **werden** Häufchen auf Oblaten **gegeben**. Im vorgeheizten Backofen **werden** die Florentiner bei 180 Grad 20–25 Minuten **gebacken**.

___/10

Seite 57

4 Es gibt einen Mann mit großen Ohren. Der Mann isst gern. Oder er geht spazieren und lacht. Er hat einen blauen Anzug, ein gelbes Hemd und eine rote Krawatte. Seine Sachen sind unangenehm schmutzig. Vor jedem Haus bleibt er stehen und lauscht. Er will die Kinder hören. Der Mann hat immer einen Koffer in der Hand. Oft geht der Mann in ein Haus. Die Wohnung des Mannes ist fabelhaft unordentlich. Überall liegen Holzkästchen. Manchmal ist der Mann sehr fröhlich. Dann nimmt er Kästchen und wirft sie in die Höhe. Ein Kästchen landet auf der Bank. Ein Kästchen landet auf der Lampe. Der Mann aber lacht nur. Er ist sehr schlampig. Abends sitzt er am Tisch und kritzelt. Oder malt er? Öfter liest er seine Kritzelei laut. Es klingt großartig. Der Mann hopst um den Tisch und ruft: „Was ich will, …

___/22

62 bis 50 Punkte	49 bis 31 Punkte	unter 31 Punkte
sehr gut bis gut	befriedigend bis ausreichend	nicht mehr ausreichend

___/62

Anmerkungen:
<u>Aufgabe 4:</u> Für jeden richtig korrigierten Satz gibt es 1 Punkt. Ziehe für falsche Verbformen oder fehlende Präpositionen jeweils 0,5 Punkte ab.

Kapitel 4: Erzählen

Seite 58

1 Die Einleitung reicht bis: „… sah den wenigen Wolken am Himmel zu."
Der Schluss beginnt mit: „Dadurch muss ich …".

2 <u>Markiert könnte sein:</u> Über und über mit Tang und Seegras behangen …; sein Gesicht schimmerte grünlich-silbern und auf dem Kopf trug das Wesen so etwas wie eine Krone; „Ich bin Neptun, der Gott der Meere! Das lernt man doch schon in der Schule!"; „Hier, meine Krone! Und da: der Dreizack!"; Du hast gestern einem meiner Söhne das Leben gerettet!"; „Komm mit in mein Reich, dort hast du einen Wunsch frei!"; Dabei streifte mich der nasse, glitschige Tang.

3 Man kann der Erzählung folgen. Viele Dinge könnten wirklich so geschehen sein.

4 In die Fantasiegeschichte eingebaut sind Elemente, die in der Wirklichkeit so geschehen sein könnten.
Wirklich passiert sein könnte: das Eindösen; die Verdunklung; die Wattwanderung; der zappelnde Fisch und seine Rettung; der glitschige Tang.

5 Der Erzähler lässt alles zur Ruhe kommen, schildert das leise, ruhige Dösen in der Sonne. Das Aufwachen (durch das kalte Wasser) erscheint sehr glaubwürdig und führt in die Wirklichkeit zurück.

Seite 60

6 Weitere Ergänzungen:
- Sonnenschein, heiß, eingeschlafen
- aufblasen, ins Wasser
- im Planschbecken auf Luftmatratze, in der Sonne dösen
- Riesenfisch taucht auf, erst dunkler Schatten, dann immer größer
- kommt bedrohlich nahe
- Versuch zu fliehen
- wie gelähmt, kaum Armbewegungen, Fisch kommt immer näher, reißt Maul auf, Stöhnen, umdrehen, Sonnenlicht grell, Fisch beißt in die Hand

– aufwachen, Augen auf, alles weiß, Arzt steht vorm Bett und hält Hand, zu viel und zu lang in der Sonne gedöst, Sonnenstich

7 Schwimmen auf Luftmatratze, heiße Sonne, Sonnenstich

8 Einschlafen in der Sonne, Sonnenstich

9 siehe Abschlusstest, S. 67

10 <u>Unterstrichen könnte sein:</u> Fast so groß wie ich war sie; ich war so klein wie Maja geworden; ... spürte ich ein Riesengewicht auf meinem Kopf; Hm!", wollte ich sagen, aber es kam nur ein helles Zirpen heraus; Ich hob vom Sessel ab und wumm, war ich schon an die Fensterscheibe gestoßen und auf das Fensterbrett gefallen; Ich krabbelte unter den Schrank; Ich nahm mir den zweiten Faden vor. Da musste ich schon kräftiger ziehen. „Einen solchen armdicken Strick reißt man nicht einfach durch!", dachte ich; Schon wieder rannte ich an den Schrankfuß ...

11 An folgenden Stellen erfahren wir, was im Erzähler vorgeht bzw. was er denkt: Seite 62
Jetzt erschrak ich doch ein wenig; – oh Schreck! –; Jetzt fehlte nur noch, dass – ich probierte es, und richtig!; Ganz schön dunkel und staubig war es hier unten; Zangen?; – „Einen solchen armdicken Strick reißt man nicht einfach durch!", dachte ich.

12 In wörtlicher Rede wird die Begegnung mit Maja und die Hilfsaktion erzählt. Außerdem werden die Gedanken des Erzählers in wörtlicher Rede wiedergegeben.

13 a) Es könnten beteiligt sein: Lackschuhe, Winterstiefel, Hausschuhe, Wanderschuhe, Sandalen ...
   b) feine Lackschuhe: glänzend; derbe Wanderschuhe: robust; etwas niedergetretene Hausschuhe:
   c) Es könnte darum gehen, welche Schuhe am nützlichsten sind.
   d) Es könnte klar werden, dass jeder Schuh für einen bestimmten Verwendungszweck gedacht ist und in diesem Bereich etwas ganz Besonderes ist.

14
Seite 63

Benennung	Bild/Vergleich	Beispielgeschichte
fröhlich	sonniges Gemüt	Immer, wenn ich sie traf, kam sie mir lachend entgegen und begann gleich, mir eine lustige Geschichte zu erzählen, die sie gerade erlebt hatte.
hochnäsig	hochnäsige Gans	Sie trug ihre Nase so hoch, dass sie eigentlich ununterbrochen hätte stolpern müssen.
bescheiden	ein Ausbund an Bescheidenheit	Er war so bescheiden, dass er selbst seinen großen Sieg als etwas Belangloses abtat.
klug	Er war fast schon so klug wie der biblische König Salomon.	Er war so klug, dass selbst viel ältere Mitschüler ihn gelegentlich um Rat fragten.
schlau	ein schlauer Fuchs	Sie war so schlau, dass es bisher noch keinem gelungen war, sie zu übertölpeln.
langsam	langsam wie eine Schnecke	Er war so langsam, dass er beim Spazierengehen darauf achten musste, dass ihn nicht die eine oder andere Schnecke überholte.
schnell	blitzschnell	Wenn es darum ging, in die Pause zu kommen, war er so schnell, dass er mit dem einen Fuß schon unten die Tür zum Pausenhof aufdrückte, während sein anderer Fuß gerade das Klassenzimmer verließ.

15 <u>So könnte die Geschichte weitergehen:</u> ... Mühsam kam ich auf die Beine. Es war gar nicht so   Seite 64
einfach, alle Beinchen auf einmal zu kontrollieren. Und jetzt wurde auch noch der Wind stärker! In der Ferne grollte schon der Donner, während ich, nachdem ich meine Beinchen sortiert hatte, erste zaghafte Gehversuche unternahm. Der aufkommende Sturm wirbelte das Gras durcheinander, sodass die umgestürzten Halme mich kaum weiterkommen ließen. Ein Grashalm begrub

mich sogar unter sich, und nur mit viel Mühe und nach langem Zappeln konnte ich mich wieder befreien. Ich hatte in dem grünen Dschungel um mich herum völlig die Orientierung verloren. Was für ein unwegsames Gelände aus unserem gepflegten Rasen geworden war! Ich hielt gerade an, um etwas zu verpusten, da traf mich ein Schlag im Rücken und schon war ich total durchnässt. Ein Regentropfen hatte mich erwischt! Nun wurde es Zeit, dass ich mich in Sicherheit brachte. Da kam mir ein Löwenzahndach gerade recht. Dort konnte ich warten, bis der Regen vorbei war. Allmählich wurde mein Schutzdach aber nach unten gebogen, bis schließlich ein gewaltiger Sturzbach niederging und mich mit sich fortriss. Auf einem flachen Kieselstein fand ich etwas Halt und konnte mich aus dem Wasser ziehen. Hier ließ es sich nun aushalten. Wenigstens vor dem reißenden Fluss war ich sicher. Da zeigte sich auch schon wieder die Sonne und kitzelte mich in der Nase, sodass ich heftig niesen musste. Dabei wachte ich auf und fand mich wieder ganz normal im Gras liegend. Von Regen keine Spur, nur meine kleine Schwester musste wohl mit ihrer kleinen Gießkanne gespielt und dabei mich in ihr Spiel einbezogen haben.

Seite 65   16 Einleitung: Erinnerung an St.Hubertus und den Hirsch mit dem Kreuz im Geweih
1. Erzählschritt: Begegnung mit einem Hirsch, das Blei ist verschossen.
2. Erzählschritt: Die mit Kirschkernen geladene Büchse wird auf den Hirschen abgefeuert.
3. Erzählschritt: Die zweite Begegnung mit dem Hirsch, der nun einen Kirschbaum zwischen dem Geweih trägt und so neben dem Braten auch die Kirschtunke liefert.

Seite 66   17 Münchhausen kann einem Hirsch begegnet sein, ohne sein Gewehr geladen zu haben.
Er kann sein Gewehr mit Kirschkernen geladen haben.

18 a) Freunde halten die Schnur, ich halte den Drachen.
b) Ich bleibe mit dem Anorak am Drachen hängen und steige mit.
c) Das Gewicht des Drachen, der mich trägt, wird zu stark, Drachen reißt sich los, wir fliegen zusammen höher; ich neige mich zur Seite, der Drache schwenkt zu dieser Seite, ist steuerbar; ich schaue nach unten: Meine Freunde sind kaum mehr zu erkennen.
d) Ich fliege über den Park, sehe den Straßenverkehr. Die Leute schauen nach oben und winken.
e) Ich bekomme Hunger, es wird Zeit für die Landung. Ich lege den Drachen flacher auf den Wind, er beginnt zu sinken, wir gleiten langsam tiefer, landen mit einem Rumms auf der Wiese.

Seite 67   19 <u>Fortsetzung der Geschichte:</u> … noch eine fast leere Frühstücksdose. Ob das genügt? Der Bär kam langsam näher. Sein Brummen klang ganz schön bedrohlich. Vorsichtig nahm ich meinen Rucksack vom Rücken. Jetzt nur keine hastige Bewegung! Das Klappern im Rucksack ließ den Bären aufmerksam werden. Er sah interessiert auf meine Hände, die zitternd begannen, den Rucksack zu öffnen. Noch drei, vier Meter, und der Bär hätte mich in seinen Pranken. Was sollte ich nur tun? Die Brotdose war leer. Aber das Klappern? Richtig! Ich hatte meine Mundharmonika im Rucksack. Und das erinnerte mich an meinen letzten Besuch im Zirkus. Da war doch ein Bär aufgetreten, der sich durch Musik beruhigen ließ. Nun, einen Versuch war's ja wert! Ganz, ganz langsam nahm ich die Mundharmonika heraus, der Bär folgte der Bewegung meiner Hand mit dem Kopf. Ich setzte das Instrument an den Mund, der Bär kam noch näher. Jetzt bloß nicht nervös werden! Zuerst blies ich ganz leise an, sah aber, dass der Bär begann, sich zu entspannen. Er setzte sich auf die Hinterbeine. Ich wurde mutiger und blies eine ruhige Melodie. Langsam schaukelte der Bär mit. Nun traute ich mich an ein langsames Marschlied und begann, mich zurückzuziehen. Der Bär folgte, hielt aber schön Abstand. Was soll ich viel weiter erzählen? Ich kam ins nächste Dorf, die Bewohner staunten nicht schlecht über meinen Tanzbären, der allmählich müde wurde und vom Tanzen genug zu haben schien. Wahrscheinlich störten ihn auch die vielen Leute. Er drehte sich nämlich bald um und trollte sich davon.

Seite 68   **Training plus**
35 Durch Einbettung in die Wirklichkeit, durch Aufnahme von Teilen, die auch in der Wirklichkeit zu finden sind.
36 Die Perspektive muss mit der Figur des Erzählers übereinstimmen, sie muss zum Erzähler „passen".
37 Eigenschaften kann man benennen und durch einen Vergleich oder ein Bild anschaulich darstellen. Man kann sie vorstellen, indem man eine kleine Geschichte erzählt, in der die Eigenschaft besonders deutlich hervortritt.
38 Wenn an der richtigen Stelle (etwa vor dem Höhepunkt) gedehnt wird, lässt sich die Spannung steigern.

39 Man kann den Leser durch spannendes Erzählen fesseln (z.B.: Dehnung, wörtliche Rede).
40 a) Einleitung: Sie gibt die Umstände an, aus denen sich das Geschehen entwickelt.
   b) Der Abschnitt stellt die Situation vor, in der die erste Lüge beginnt.
   c) Das Geschehen wird ins Fantastische gesteigert.
   d) Der Höhepunkt des Geschehens wird erreicht.
   e) Die Erzählung kehrt in die Wirklichkeit zurück.
41 Bei Begegnung zweier Figuren oder wenn sich zwei oder mehrere Personen streiten, wenn sie diskutieren etc.
42 Wörtliche Rede lässt die Leser am Geschehen teilnehmen, indem sie die Leser ins Geschehen hineinversetzt.
43 Die Lügengeschichte setzt bewusst die Lüge als Mittel ein. Die Fantasiegeschichte entwickelt sich dagegen aus der Wirklichkeit heraus.

Abschlusstest Seite 69

1 a) Fantasiegeschichte
  b) Ausgangssituation wirklichkeitsnah; Entwicklung ins Fantastische; keine zentrale Lüge, alles ist möglich; Rückkehr in die Wirklichkeit, die das Erlebte wahrscheinlich erscheinen lässt.
  c) Gliederung:
     1. Einleitung: Situation im Sommer
     2. konkrete Ausgangssituation: Dösen auf der Luftmatratze
     3. Die Begegnung mit dem Haifisch und die Bewusstlosigkeit
     4. Aufwachen in der Wirklichkeit: Aufklärung über das Geschehen ___/18

2 a) Ab Zeile 11 könnte gedehnt erzählt werden, um die Spannung zu erhöhen. Beispiel:
     … Da schwamm so ein Vieh auf mich zu, von dem ich nur die Umrisse erkennen konnte, weil alles so verschwommen war. Was konnte das nur für ein Tier sein? Es war so groß, ob es am Ende gefährlich war? Was sollte ich bloß tun? Die totale Panik ergriff mich …
  b) In meiner Ratlosigkeit fragte ich: „Ist es schwer gewesen, mich aus dem Haifischbauch zu retten?" Meine Mutter starrte mich an, da sagte der Doktor: „Bei einem Hitzschlag hat man oft eigenartige Erlebnisse. Sie hat wohl den Plastikfisch draußen im Pool für ein Ungeheuer gehalten."
  c) Durch die wörtliche Rede wird die Geschichte lebendiger. Die Leser erleben den Dialog direkt mit. ___/18

36 bis 29 Punkte	28 bis 18 Punkte	unter 18 Punkte
sehr gut bis gut	befriedigend bis ausreichend	nicht mehr ausreichend

___/36

Anmerkungen:
Aufgabe 1: b) Für jedes genannte Merkmal gibt es 2 Punkte.
c) Vier Abschnitte sind möglich. Für jeden gibt es 2 Punkte.
Aufgabe 2: a) Für die Markierung der Stelle gibt es 2 Punkte. Für den Dehnungssatz gibt es 6 Punkte, wenn er mindestens drei Sätze enthält.
b) Zwei wörtliche Reden werden erwartet (der Erzähler, die Mutter). Für jede gibt es 4 Punkte.
Für jeden richtig korrigierten Satz gibt es 1 Punkt. Ziehe für falsche Verbformen oder fehlende Präpositionen jeweils 0,5 Punkte ab.

Kapitel 5: Berichten und Beschreiben

1 Was geschieht genau? Seite 70
  Bild 1: Eine Gruppe arbeitet an einem Tisch. Bild 2: Ein Junge nimmt seine Brille ab. Bild 3: Ein anderer Junge dreht sich um / steht auf und stößt dabei die Brille mit dem Arm vom Tisch. Ein Mädchen kommt auf den Tisch zu. Bild 4: Mit dem Fuß tritt das Mädchen, das herankommt, auf die Brille. Das Brillenglas zerbricht.

2 freie Lösung Seite 71

3 a) Es fehlt eine klare Darstellung des Ablaufs. Stattdessen gibt es viele unnötige Informationen (z.B. … haben an einer Eulenspiegel-Geschichte gearbeitet). Der Bericht enthält außerdem Bewertungen („Eigentlich war er dann selbst schuld …; er hat sie einfach abgesetzt und leichtsinnigerweise an den Rand … gelegt …; … obwohl sie das alles nichts anging …; Dilowan, der sich immer als Erster einmischt; war etwas zu hektisch …; fiel unglücklich …, sodass sie unbeabsichtigt darauf trat."

4 **Neuer Zeugenbericht** (mögliche Lösung):
Jan arbeitete in der Gruppe am Nachbartisch. Ich sah, wie er die Brille abnahm und neben sich auf den Tisch legte. Lena kam vom dritten Tisch zu Jans Gruppe. Als sie vor dem Tisch stand, wandte sich Dilowan Lena zu. Während er sich zu ihr umdrehte, stieß er mit seinem Ellenbogen Jans Brille zu Boden. In diesem Augenblick machte Lena noch einen Schritt vorwärts und trat direkt auf die am Boden liegende Brille.

Seite 72   5 Bild 1: Ein Kind läuft hinter einem Ball her, der auf die Straße rollt.
Bild 2: Das Auto bremst abrupt vor dem Kind auf der Straße.
Bild 3: Der Bus kann nicht mehr rechtzeitig bremsen und fährt auf das stehende Auto auf.

6 Weitere Zusammenhänge:
Das Kind sprang plötzlich auf die Straße, sodass der Autofahrer stark bremsen musste. / Der Autofahrer bremste so stark, dass sein Auto noch vor dem Kind auf der Straße zum Stehen kam. / Der Autofahrer bremste so stark, dass der hinter ihm fahrende Bus auf ihn auffuhr. / Das Kind lief davon, während der Bus auf das stehende Auto auffuhr.

7 Ein möglicher Zeugenbericht (freie Lösung):
Ich stand auf dem gegenüberliegenden Bürgersteig und beobachtete, wie ein kleines Mädchen hinter seinem Ball hersprang, der auf die Straße rollte. In diesem Augenblick kam von rechts ein Auto angefahren. Der Fahrer bremste sehr stark, um das Kind nicht zu überfahren. Er kam noch rechtzeitig zum Stehen, sodass das Kind seinen Ball aufnehmen konnte, ohne angefahren zu werden. In diesem Augenblick hörte ich ein Krachen und sah, dass ein Bus auf das haltende Auto aufgefahren war. Das Kind sprang gerade von der Straße und lief weg.

Seite 73   8 a) Gliederung des Textes:
1. Das Geschehen im Überblick: Ein Mann greift ein Gorillaweibchen an. (Zeile 1–3)
2. Das Ende des Streits: Die Streitenden werden in Käfige gesperrt. (Zeile 3–4)
3. Der Beginn des Streits: Ein Mann will das Gorillaweibchen verprügeln. (Zeile 4–7)
4. Der Streit und die Angst der Affen. Der Arbeiter greift ein und trennt die Kämpfenden. Die Kämpfenden werden in getrennte Käfige gesperrt. (Zeile 7–9)
5. Die Polizei trifft ein. (Zeile 10)
6. Der geisteskranke Mann wird in die Klinik gebracht. (Zeile 10–11)
b) Zuerst kommt das Wichtigste im Überblick, dann wird der Verlauf des Streits in der Reihenfolge des Ablaufs dargestellt. Am Ende wird das „Ergebnis" erwähnt.
c) Die Reihenfolge des Geschehens:
1. Zusammenfassung des gesamten Geschehens: Ein junger Mann hat gestern im Zoo von Melbourne in Australien das 110 Kilogramm schwere Gorillaweibchen Betsy und ein Junges angegriffen und verprügelt. Ein Zooarbeiter beendete den Kampf, indem er alle drei in getrennte Käfige sperrte.
2. Der Mann war mit dem Ruf „Ich bringe einen Gorilla um!" über die Brüstung des Geheges gesprungen. Er schlug und trat die Gorillamutter Betsy und entriss ihrem Jungen Mzuri ein Spielzeug", berichtete eine Zoo-Sprecherin. Die Affen hätten vor Furcht geschrieen.
3. Ein von dem Lärm aufgeschreckter Arbeiter sei zwischen die Kämpfenden gegangen und habe erst die beiden Tiere und dann den jungen Mann in Käfige gesperrt …
4. … bis die Polizei eingetroffen sei.
5. Der offenbar geisteskranke Mann sei zur Beobachtung in eine Klinik gebracht worden,
6. erklärte eine Sprecherin des Tiergartens.

9 Zeugenbericht: Angriff auf Affen im Zoo
Ich war gerade mit der Wegereinigung beschäftigt, da hörte ich bei den Affenkäfigen einen Mann laut schreien. Ich hörte, dass er den Affen fertigmachen wolle (indirekte Rede!). Kurz darauf

machten die Affen einen Riesenlärm. Ich eilte zum Käfig und sah, dass ein Fremder in das Gehege eingedrungen war, auf das Gorillaweibchen Betsy einschlug und sie mit Füßen trat. Er nahm, während ich mich näherte, das Spielzeug von Betsys Baby an sich. Nun setzte sich auch Betsy zur Wehr. Die übrigen Affen schrien vor Furcht. Ich griff mir den Eindringling und sperrte ihn in einen Käfig. Auch Betsy und ihr Junges musste ich in einen eigenen Käfig sperren, bis sie sich wieder beruhigt hatten. Anschließend alarmierte ich die Polizei und verständigte die Zooleitung.

10 <u>Merkmale des Schwans</u>: weißes Federkleid, orangefarbener Schnabel mit schwarzer Schnabelspitze, schwarze Färbung oberhalb des Schnabels zwischen Schnabel und Augen, besonders langer, s-förmig gebogener Hals; Flügel sind beim Schwimmen höckerförmig angelegt.

Seite 74

<u>Merkmale der Wildgans</u>: kürzerer Hals als der Schwan, schlankerer Körper, braunes Federkleid, hellbraune Brust, dunkelbraune Färbung am Hals und an den Flügeln, schmaler orangefarbener Schnabel.

<u>Merkmale der Stockente</u>: Kopf und Hals sind grün gefärbt, die Brust dunkelbraun, der Körper graubraun, die Flügelspitzen braun, kurzer Hals, relativ breiter, gelb-orangefarbener Schnabel, kleinerer, gedrungener Körper, kurze Beine (auffällige Färbung nur beim Männchen)

11 Merkmale von Hunden (mögliche Lösungen)

Seite 75

	Schäferhund	Pudel	Berner Sennhund
Körperbau	– kräftig und wendig, langer gerader Rücken, leicht abfallendes Rückenende, Brust mäßig breit – Die Vordergliedmaßen sind gerade; die Stellung der Hinterläufe ist leicht gebogen.	Der Körper des Pudels ist wohlproportioniert. Die Kopfgröße beträgt ungefähr ein Viertel der Gesamtgröße.	Hals: kräftig, muskulös, mittellang Brust: kräftig, breit Rücken: fest und gerade; Rückenende ist sanft abgerundet.
Kopfform/ Schnauze	keilförmig, zwischen den Ohren mäßig breit. Die Stirn ist nur wenig gewölbt, Ober- und Unterkiefer sind kräftig ausgebildet Die Augen sind mittelgroß, treten nicht hervor.	gradlinig; von oben betrachtet erscheint der Schädel in der Längsachse oval, der Fang (Schnauze) erscheint kräftig und elegant, jedoch nicht spitz	kräftig; ausgeprägter, jedoch nicht zu starker Stirnabsatz; mittellanger, gerader Fang (Schnauze)
Fell/ Schwanz	– dichtes Fell, an der Schnauze und am Rücken – schwarz, rotbraune, braune und beige Einfärbungen an der Brust, an den Läufen (Beinen), an den Schenkeln und oberhalb der Augen – lange, hängende schwarze Rute (Schwanz)	– gelocktes, schwarzes Fell – kurzer Schwanz (Rute), setzt auf Höhe der Lendenpartie an. In der Bewegung wird die Rute schräg nach oben gerichtet getragen	lang und dicht, schlicht oder leicht gewellt; tiefschwarze Grundfarbe mit braunroter Zeichnung an den Backen; zwischen den Augen, an allen vier Läufen und auf der Brust weiße, symmetrische Kopfzeichnung; weiße, durchgehende Kehl- und Brustzeichnung; buschige Rute
Besonderes	Ohren: spitze Stehohren von mittlerer Größe, die aufrecht und in die gleiche Richtung ausgerichtet sind	Ohren: ziemlich lang und entlang den Wangen herabhängend, mit sehr langem, welligem Haar bedeckt	Ohren: dreieckig, leicht gerundet, hoch angesetzt, mittelgroß, in der Ruhe flach anliegend

Seite 76 12 <u>Unterstrichene Farbangaben sollten sein:</u>
(prachtvoll) dunkelgelb; tief goldgrün; grünlichschwarz; zimtbraun; Färbung … bis ins Schwarzbraun dunkelt; hoch orangegelb; zu fahlweiß übergehend; tief kastanienbraun-schwarz; schwefelgelb; grünlich graublau; fleischbräunlich; Färbung … düsterer; bräunlich fahlgrau; gräulichviolett; fahlgelb.

13 **Farbmischung:** goldgrün, grünlichschwarz, kastanienbraun-schwarz, bräunlich fahlgrau, gräulichviolett, grünlich graublau; **Vergleich:** zimtbraun, orangegelb, schwarzbraun, kastanienbraun, fleischbräunlich, schwefelgelb; **Bewertung:** fahlweiß, fahlgrau, fahlgelb, düsterer; **Schattierung:** dunkelgelb, tief goldgrün, hoch orangegelb, tief kastanienbraun-schwarz, dunkel

Seite 77 14 <u>Beschreibung des Wellensittichs</u>
Kopf und Hals des Wellensittichs sind zitronengelb. Auffällig ist ein kräftiger blauer Fleck an den Backen. Eine Reihe kräftiger schwarzer Punkte, die wie eine Perlenkette rundum verläuft, trennt den Hals von der hellgrün-gelb schimmernden Brust. Zum Bauch hin wird das Grün dunkler. Das Ende der blaugrauen Füße bilden die rötlich-violetten Krallen.
Rücken und Flügel des Wellensittichs sind hellgrün-gelb verwaschen und werden von kräftigen schwarzen Querwellen durchzogen. An den Federenden der Flügel zeichnen sich schwarze Flecken ab. Der blassgelbe Schnabel mit einer hellblau gefärbten Wurzel und nach oben gerichteten Nasenlöchern krümmt sich hakenförmig zur Brust.

15 freie Lösung

Seite 77/78 16 Zweimal der Fuchs: Die Darstellung im Text 3 ist wertend und abschätzig. Text 4 ist sachlicher, neutraler formuliert und enthält weniger Wertungen. Stattdessen beruft er sich auf Forschungsergebnisse.
   a) Die Leser gewinnen den Eindruck, der Fuchs sei ein abscheuliches, böses Tier. Der Grund dafür ist die Wortwahl. Viele Wörter enthalten Wertungen und drücken Geringschätzung aus: rauben, lungert herum, überraschen, List, Verschlagenheit, Tücke, Frevelhaftigkeit, Schlaukopf, Strauchdieb (unterstrichene Wörter).
   b) Unterstrichene Wörter in Text 4: meist allein auf Beutejagd; Einzelgänger; heranpirschen; springen … zielsicher; kräftiger Biss; wichtige Mäusevertilger.

Seite 78 17 Freie Lösung. Beachte die Regeln und Tipps zur Tierbeschreibung aus Kapitel 5.2.

18 Unterstrichen sollten sein:
   a) … ermöglicht es ihm …
   b) … sind scharf … und fähig …
   c) … ist getarnt …, … verhindert das Einsinken …
   d) … trägt … Schaufelgeweih
   e) … leuchtet in kräftigen, bunten Farben …

Seite 79 19 Mögliche verbesserte Formulierungen (freie Lösung):
   a) … mit ihren scharfen Krallen packt sie die Beute …; Ihre scharfen Krallen erlauben es ihr, ohne Mühe Bäume zu besteigen …
   b) Zwischen den Zehen … spannt sich eine Schwimmhaut …; Die Schwimmhäute zwischen ihren Zehen machen die Ente zu einer guten und schnellen Schwimmerin.
   c) Der Geruchssinn des Dackels ist besonders gut ausgebildet. Den Dackel zeichnet ein besonders guter Geruchssinn aus.
   d) Mit seinen kräftigen Hinterbeinen kann der Hase die berühmten „Haken" schlagen und so seinen Verfolgern entkommen. Die Hinterbeine des Hasen sind besonders kräftig ausgebildet.
   e) Mit seinem steinharten, spitzen Schnabel kann der Specht an Baumstämmen hämmern und sie aushöhlen.

Seite 80 20 <u>Pippis Aussehen:</u>
   a) <u>Die Haare:</u> Farbe wie eine Möhre, in zwei feste Zöpfe geflochten, die vom Kopf abstanden
   b) <u>Die Nase:</u> Form wie eine ganz kleine Kartoffel, mit Sommersprossen übersät
   c) <u>Der Mund:</u> riesig breiter Mund mit gesunden weißen Zähnen
   d) <u>Die Beine:</u> lange dünne Beine
   e) <u>Die Kleidung:</u> komisches Kleid: selbst genäht, wunderschön gelb, aber zu kurz; blaue Hose mit weißen Punkten darunter, lange Strümpfe (einen geringelten und einen schwarzen); schwarze Schuhe (doppelt so groß wie ihre Füße)

21 Gesichter $\qquad$ Seite 81

    a) <u>Beschreibung der Gesichter</u> (hier in Stichworten)

    <u>Person 1:</u> länglich-schmale Gesichtsform; Haare verdecken den größten Teil der Stirn; schmale Augenbrauen; große Augen; strenger, schmaler Mund; Frisur: Bubikopf; Haarfarbe dunkelbraun.

    <u>Person 2:</u> rundliche, breite Gesichtsform, untere Gesichtshälfte sehr breit; breite Stirn; Brillenträger; breiter, schmaler Mund; hellbraune kurze Haare, rechts gescheitelt.

    <u>Person 3:</u> rechteckiges, längliches Gesicht; hohe Stirn/Glatze; dichte buschige Augenbrauen; Mund ist von dichtem Schnauzbart fast ganz verdeckt; volle Unterlippe; Glatze mit grauem Haarkranz.

    <u>Person 4:</u> rundliches Gesicht; hohe Stirn; schmale Augenbrauen; mandelförmige Augen; voller Mund; rotes Haar, streng nach hinten gekämmt, zum Pferdeschwanz gebunden.

22 a) <u>Unterstrichen sollte sein:</u> 25 bis 30 Jahre alt, etwa 1,85 bis 1,90 Meter groß, dunkelbraune, glatte Haare, über den Ohren kurz, Mittelscheitel, auffallender schwarzer Drei-Tage-Bart, blaue Augen. Kleidung: Verwaschene Bluejeans, eine grauschwarze Wolljacke und dicke, schwarze Lederhandschuhe. $\qquad$ Seite 82

    b) Gliederung:

        1. Allgemeine Angaben zu Geschlecht, Größe und Alter

        2. der Kopf: Haare (Farbe, Frisur), Bart, Augen

        3. Kleidung

23 Seine braunen Haare sind in der Mitte gescheitelt. Er trägt sein braunes Haar in der Mitte gescheitelt. / Er trägt einen Drei-Tage-Bart. Sein Drei-Tage-Bart fällt besonders auf.

24 – 26 freie Lösung $\qquad$ Seite 82/83

Training plus $\qquad$ Seite 84

44 Was geschah? Wer war beteiligt? Wie geschah es?

45 In den Zeugenbericht gehören keine eigene Meinung und keine Urteile.

46 Ein Zeugenbericht wird gegliedert nach dem zeitlichen Ablauf.

47 Der Zeugenbericht muss die Umstände darstellen, die Einfluss auf das Geschehen hatten.

48 Bei der Veranschaulichung von Formen helfen Vergleiche mit bekannten Formen oder mit geometrischen Formen.

49 Farben lassen sich anschaulicher beschreiben, wenn eine Farbmischung angegeben wird oder mit Bekanntem verglichen wird.

50 Tierbeschreibungen dürfen keine Vermenschlichungen und keine Bewertungen enthalten.

51 Vom Großen zum Kleinen; von oben nach unten, von vorn nach hinten, vom Auffälligen zum weniger Auffälligen; einzelne Teilbereiche für sich (Reihenfolge dann nach Belieben).

52 Bei der Personendarstellung ist der Kopf besonders wichtig, ggf. auch die Beschreibung von Besonderheiten oder der Kleidung.

Abschlusstest $\qquad$ Seite 85

1 Möglicher Zeugenbericht (freie Lösung):

    Ich war **am 12.8.2009 nachmittags gegen 16.00** (genaue Zeitangabe) auf dem Heimweg von der Schule **in der Schillerstraße** (genaue Ortsangabe). Ich ging auf dem Bürgersteig und war etwa 25 Meter vom Zebrastreifen entfernt, als **auf der Straße ein Junge mit seinem Fahrrad** an mir vorbeifuhr. Es wurde gerade **von einem Pkw überholt**. Der Pkw fuhr plötzlich scharf **an die rechte Fahrbahnkante** und **bremste stark** ab, da ein **Fußgänger den Zebrastreifen überquerte**. Der Junge auf dem Fahrrad wurde „geschnitten", er **konnte nicht mehr so schnell bremsen** und **fuhr auf den Pkw** auf. _____/20

2 Mögliche Beschreibung:

    - Kopf und Hals: Kopf und Oberhals der männlichen Stockente fallen durch das prächtige Grün und das schillernde Dunkelblau auf. Ein schmales, weißes Halsband trennt das Grün des Halses von dem Kastanienbraun der Vorderbrust.

    - Rumpf: Die Oberschwanzdeckfedern, deren mittlere Federn sich aufwärts krümmen, sind schwarzgrün, die Unterdeckfedern samtschwarz, die Schwingen dunkelgrau.

    - Rumpf: Auffallend ist an beiden Seiten die blaue Färbung an der Spitze der Seitenflügel, die von einer schmalen weißen Linie vom übrigen Flügel abgesetzt ist.

- Rücken: Der hintere Rücken ist wieder schwarzgrün gefärbt, die Unterseite grauweiß.
- Sonstiges: Die Füße der Stockente leuchten orangerot, wobei sich zwischen den einzelnen Zehen eine dünne Schwimmhaut spannt.
- Sonstiges: Mit ihrem grüngelben Schnabel fischt die Stockente im Wasser nach Pflanzen oder Brotkrumen.

___/12

32 bis 27 Punkte	26 bis 16 Punkte	unter 16 Punkte
sehr gut bis gut	befriedigend bis ausreichend	nicht mehr ausreichend

___/32

Anmerkungen:

Aufgabe 1: Für jedes grün markierte Merkmal im Zeugenbericht gibt es 2 Punkte. Zusätzlich gibt es 2 Punkte für die richtige chronologische Reihenfolge. Achte darauf, dass dein Zeugenbericht keine Wertungen und Vermutungen enthält, sondern nur die offensichtlichen Fakten beschreibt.

Aufgabe 2: Die Formulierung der Tierbeschreibung ist frei. Zu jedem Spiegelstrich solltest du Angaben machen. Für jeden Spiegelstrich gibt es 2 Punkte, insgesamt also 12 Punkte.
Achte außerdem auf die logische Gliederung der Tierbeschreibung von Kopf bis Fuß.

Aufgabe 3: Für diese freie Aufgabe können kein Lösungsschema und kein Punkteraster vorgegeben werden.

Kapitel 6: Argumentieren und Begründen

Seite 86

1 Gründe, die die geäußerte Meinung begründen:
☒ Computerspiele gaukeln eine Wirklichkeit vor, die es so nicht gibt.
☒ Mein früherer Freund sitzt nur noch am Computer. Für mich hat er keine Zeit mehr.
☒ Drei meiner Klassenkameradinnen spielen fast jeden Nachmittag am Computer.
☒ Fast die Hälfte aller Elfjährigen spielt täglich mehr als eine Stunde am Computer.

Seite 87

2 Mögliche Meinung und Begründungen:
- Ein solches Übungsprogramm finde ich gut: Man kann so im eigenen Lerntempo üben, ohne gedrängelt zu werden.
- Das Rechtschreibprogramm bietet die Möglichkeit, manche Rechtschreibprobleme immer wieder üben, bis man sie richtig beherrscht.
- Das Programm trainiert besonders tückische Rechtschreibfälle und hilft so, sicherer zu werden.

3 a) <u>Die Gründe der Eltern:</u> Schule wird vernachlässigt; Verletzungsgefahr; „Du bist halt etwas ungeschickt, wenn es um Bewegungen geht."; „Billig ist das alles auch nicht."

b) <u>Marens Gründe:</u> „Wenn ich nichts habe, worauf ich mich während der Woche einmal freuen kann, sind mir auch die Hausaufgaben nicht so wichtig."; „Aber es gibt da doch Trainer und als erstes wird das Fallen geübt."; „… beim Judo lernt man, seinen Körper zu beherrschen."; „Einen Teil des Vereinsbeitrags könnte ich von meinem Taschengeld bezahlen oder mir von Oma und Opa zum Geburtstag wünschen."

Seite 88

4 a)

Gründe der Eltern	Gegengründe von Maren
Du wirst die Schule vernachlässigen.	Wenn ich aber nichts habe, worauf ich mich während der Woche einmal freuen kann, sind mir auch die Hausaufgaben nicht so wichtig.
Verletzungsgefahr	Aber es gibt da doch Trainer. Und als erstes wird das Fallen geübt.
Du bist halt etwas ungeschickt, wenn es um Bewegungen geht.	Beim Judo lernt man, seinen Körper zu beherrschen.

| Und billig ist das alles auch nicht … | Einen Teil des Vereinsbeitrags könnte ich von meinem Taschengeld bezahlen und mir die Ausrüstung von Oma und Opa zum Geburtstag wünschen. |

5   Gründe und Gegengründe für die Fahrt ins Landschulheim:

Es fällt viel Unterricht aus.	Bisher war in der 6. Klasse eine mehrtägige Klassenfahrt immer üblich.
Es gibt in der Klasse oft Streit.	Die jetzige 7c war auch ein zerstrittener Haufen und ist heute eine tolle Gemeinschaft.
In der Klasse gibt es zu viele kleine Grüppchen.	Gemeinsame Erlebnisse können die Gemeinschaft fördern. Wir können uns besser kennenlernen, wenn wir den ganzen Tag zusammen sind.
Die Eltern sind vermutlich aus Kostengründen dagegen.	Alle Eltern sind einverstanden, falls die Kosten sich in Grenzen halten.
Der Lernstoff des Schuljahres wird nicht bewältigt.	Im Landschulheim kann man viel Neues lernen, z.B. eine neue Gegend kennenlernen oder biologische Erkundungen anstellen. Wir wollen gemeinsam etwas Neues kennenlernen.

6   … z.B. kann man eine neue Gegend kennenlernen oder man kann biologische Erkundungen anstellen. Die jetzige 7c war auch ein zerstrittener Haufen und ist heute eine tolle Gemeinschaft.   Seite 89

7   Lena wünscht sich ein Kaninchen: Seite 90

Bedenken der Eltern	Lenas Gründe
– Kosten für Anschaffung und Unterhalt (Käfig, Futter, Streu)	Die Anschaffungskosten liegen deutlich unter dem Preis des letzten Geburtstagsgeschenks; bei Unterhalt und Streu lässt sich auch sparen.
– kein Platz in der Wohnung	Das Kaninchen könnte die meiste Zeit des Jahres auf dem Balkon wohnen.
– regelmäßige Pflege notwendig	Lena selbst sorgt für das Kaninchen.
– möglicher Besuch beim Tierarzt	
– Wer verpflegt das Kaninchen im Urlaub?	Es gibt mehrere Möglichkeiten einer Ferienvertretung (Großeltern, Freundin).
– Geruchsbelästigung	Die Geruchsbelästigung ist sehr gering, wenn der Käfig regelmäßig gereinigt wird.

8   a) Die Gründe ergeben sich aus der obigen Tabelle.   Seite 91
    b) Als stützende Beispiele könnten unterstrichen sein:
        … im Sommer das Kaninchen weitgehend mit Löwenzahn- und Salatblättern füttern und muss dann kein teures Futter zukaufen; … auch wesentlich billigeres Wiesenheu oder Sägespäne nehmen …; Oma und Opa bereit, für einige Tage die Pflege zu übernehmen, und auch meine Freundin Kathi würde gern einspringen; Es könnte z.B. in meinem Zimmer wohnen.

9   Antwortbrief der Eltern (mögliche Lösung):

Liebe Lena,
wir haben lange überlegt, ob wir Dir ein Kaninchen zum Geburtstag schenken sollen. Es sind nicht allein die Kosten für die einmalige Anschaffung, die Du bedenken musst, sondern auch die langfristigen Kosten. Außerdem musst Du immer für das Tier sorgen, nicht nur, wenn Du gerade Lust dazu hast.

Du hast uns aber überzeugt, wie wichtig Dir ein Haustier ist und dass Du Dich um das Kaninchen kümmern wirst. Wir stimmen der Anschaffung des Kaninchens zu, wenn wir uns auf bestimmte Punkte einigen können. Die Kosten lassen sich verringern, wenn Du im Sommer selbst für frisches Futter aus dem Garten sorgst. Außerdem sollst Du ein Drittel Deines Taschengeldes für das Kaninchen aufbringen. Die Kosten für den Tierarzt und den weiteren Unterhalt übernehmen wir.

Die Versorgung im Sommer ist nur dann kein Problem, wenn Du Deine Großeltern rechtzeitig fragst. Ob Deine Freundin das Kaninchen nehmen darf, musst Du außerdem vorher mit ihren Eltern abstimmen. Außerdem ist es wichtig, dass Kathi nicht zur selben Zeit in den Urlaub fährt wie wir. Frage bitte noch eine weitere Freundin, damit wir sicher sind, dass das Kaninchen während des Urlaubs verpflegt ist.

Um die gute Pflege zu gewährleisten, musst Du einen Wochenplan aufstellen und darin festlegen, wann Du den Käfig reinigst und wann Du regelmäßig neues Futter und neues Streu besorgst. Daran musst Du Dich genau halten, damit das Kaninchen immer gut versorgt ist und keine Geruchsbelästigung entsteht.

Können wir uns auf diese Punkte einigen?

Mama und Papa

10 Behauptungen (gelb); Begründungen (grün) und Stützen (rosa)

Tim: Morgen um 19.00 Uhr beginnt das Hallentraining. Darf ich da hin?

Mutter: Nein, das ist zu spät. Um 19.00 Uhr wird es schon dunkel, und ich will nicht, dass du dich so spät abends noch draußen rumtreibst.

Tim: Aber 19.00 Uhr ist doch nicht so spät. Andere Kinder dürfen in anderen Abteilungen bis 22.00 Uhr zum Training.

Vater: Wir wollen doch nur, dass nichts passiert. Da stand erst neulich in der Zeitung, dass abends ein Kind …

Tim: Aber Papa, ich geh doch mit Lena aus dem Nachbarhaus zum Training.

Vater: Trotzdem. Das Training geht bis 21.00 Uhr und um diese Zeit sollten sich Elfjährige nicht mehr im Dunkeln herumtreiben.

Tim: Aber nach dem Training holt uns doch der Papa von Lena ab und liefert mich hier vor der Haustür ab.

Mutter: Trotzdem. Das ist alles zu spät und am nächsten Morgen bist du unausgeschlafen, wenn du zur Schule sollst.

Tim: Aber das ist doch am Freitagabend. Und Samstag ist keine Schule.

Mutter: Wie auch immer. Euer Verein könnte das Training auf 16.00 Uhr vorverlegen.

Tim: Aber um Vier ist doch noch Schule und die Halle ist belegt. Und außerdem muss unsere Übungsleiterin arbeiten.

Vater: Das interessiert uns nicht. Das Wintertraining ist gestrichen. Du musst dich mehr um die Schule kümmern und fertig.

Tim: Das ist gemein. Wenn ihr keine Gründe mehr habt, entscheidet ihr und basta. Alle Kinder dürfen am Training teilnehmen, nur ich wieder nicht.

Seite 92   Training plus

53 Wenn sie in einen Kausalsatz umgewandelt werden kann oder durch ein satzverbindendes Adverb, welches einen Grund angibt (daher, deshalb), an die Behauptung angeschlossen werden kann.

54 Ein Argument begründet eine Behauptung oder Forderung.

55 Beispiele können Gründe und Argumente stützen oder verdeutlichen.

56 richtige Reihenfolge: Behauptung, Argument, Stütze

57 Konjunktionen verbinden Behauptung und Argument (weil, denn).

58 Beispiele lassen Gegenbeispiele zu und können sich so gegenseitig aufheben.

59 Die Gründe und Gegengründe gegeneinander abwägen, sie also gewichten.

60 These: Musik aus MP3-Playern schadet den Ohren.

Gegenargument: Die Behauptung ist Unsinn, denn es ist nicht die Musik, sondern die Lautstärke, die den Ohren schaden kann, und die Lautstärke kann man regeln.

Argument: Musik aus MP3-Playern schadet den Ohren, denn viele Jugendliche hören mit dem MP3-Player so laut und so lange Musik, dass das Gehör dadurch beeinträchtigt wird. Nicht die Musik selbst ist allerdings schädlich, sondern die Lautstärke und die Dauerberieselung durch die Musik.

Abschlusstest   Seite 93

1   ⓧ Ellen ist eine fleißige Schülerin. Sie lernt immer ihre Vokabeln.
    ⓧ Ronny ist sehr musikalisch. Er hat genau gehört, dass sein Freund falsch gesungen hat.   ___/4

2   a) mögliche Lösungen: Ich trete in einen Chor ein, …
    b) Es ist gut, Aussagen von Lehrern kritisch zu bedenken, …
    c) Ich mache manchmal lange Spaziergänge, …   ___/6

3   <u>Behauptungen:</u> Ich möchte nach der Schule erst spielen, ehe ich Hausaufgaben mache; Erst die
Arbeit, dann das Spiel; Im Bus kann man sich nicht erholen; Wenn du gleich anfängst, bist du bald
fertig und dann kannst du spielen.
<u>Gründe:</u> Ich muss mich erst erholen; Du hast dich doch auf dem Heimweg erholt; Wenn ich erst
spiele, kann ich mich dann aber besser konzentrieren; Wenn du spielst, bist du dann müde.
<u>Beispiele:</u> Da haben heute zwei mit mir Streit angefangen; Gestern wolltest du nach dem Spielen
auch keine Vokabeln mehr lernen.   ___/15

4   Mögliche Lösung:
    – Ich möchte dieses Spiel jetzt spielen, um mich zu entspannen und abzulenken. Anschließend
      bin ich ausgeruht und kann mich viel besser auf meine Hausaufgaben konzentrieren. (These,
      Begründung, Beispiel)
    – Ich möchte dieses Spiel jetzt spielen, denn die Aufgaben fördern ganz nebenbei die Konzentra-
      tion und das Reaktionsvermögen. Diese Fähigkeiten brauche ich auch oft in der Schule. (These,
      Begründung, Beispiel)   ___/6

31 bis 25 Punkte	24 bis 16 Punkte	unter 16 Punkte
sehr gut bis gut	befriedigend bis ausreichend	nicht mehr ausreichend

___/31

Anmerkungen:
<u>Aufgabe 3:</u> Für jede richtige Unterstreichung gibt es 1 Punkt.
<u>Aufgabe 4:</u> Für die richtige Anordnung (These, Begründung, Beispiel) gibt es 2 Punkte. Für eine über-
zeugende Begründung erhältst du 2 Punkte, für ein überzeugendes Beispiel ebenfalls.

Kapitel 7: Texte bearbeiten

1   <u>Gliederung:</u>   Seite 95
    1. Situation: Ort und Zeit, Beteiligte und Umstände.
    2. Der Hund kommt in den Stall und sorgt für Unruhe.
    3. Die Pferde werden unruhig.
    4. Das Pferd Moritz tritt nach dem Hund.
    5. Der Huf streift die berichtende Person.
    6. Eine weitere Zeugin wird benannt.
    7. Aussagen zum Hund: Besitzer unbekannt, der Hund wird beschrieben.

2   Darstellung der Situation; Ablauf der Ereignisse in zeitlicher Reihenfolge;
Schlussbemerkungen zu Zeugen.

3   Präteritum

4   <u>Beantwortung der W-Fragen:</u>
    1. Abschnitt: a) Was geschieht?
    2. Abschnitt: a) Was geschieht? und b) Wer tut was?
    3. Abschnitt: e) Wichtiges für den Ablauf
    4. Abschnitt: a) Was geschieht? und b) Wer tut was?
    5. Abschnitt: a) Was geschieht?, b) Wer tut was? und d) Was kommt dabei heraus?

5   Markiert sollten sein: besteht aus rotbraunem Leder und ist innen mit Hartplastik versteift; mit   Seite 96
einer Lasche und einem schwarz-goldenen Druckknopf verschlossen; in Gold die Initialen „MM"
eingeprägt

6 Anordnung der Informationen: Material, wichtiges Detail, besonderes Kennzeichen

7 Gliederung: Gesamtform, wichtige Details, Besonderheiten: Miniventilator; Antrieb des Motors

8 Die Mütze:

Seite 97 9 a) Zielsetzung/Problem; Versuchsanordnung; zeitliche Gliederung; Ergebnis
  b) Gliederung nach Auffälligkeiten; räumliche Gliederung (vom Kopf zum Schwanz)
  c) räumliche Gliederung
  d) zeitliche Gliederung

Seite 98 10 Mindmap

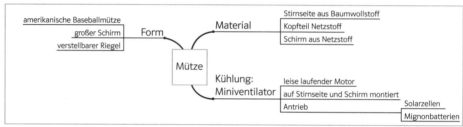

11 b) Der Text beantwortet die Frage: Wie kommt das Salz in das Meerwasser?
  c) Gliederung und Zusammenfassung:
    1. Salze befinden sich in der Erde.
    2. Regenwasser löst die Salze aus dem Gestein.
    3. Wasser in den Flüssen enthält geringe Mengen Salz.
    4. Flüsse fließen mit ihrem Salz ins Meer.
    5. Es gelangen jährlich Millionen Tonnen Salz ins Meer.
    6. Neben dem Wasserkreislauf gibt es auch einen Gesteinskreislauf.
      6.1 Im Verlauf der Erdgeschichte trocknen Seen und Meere aus.
      6.2 Salz wird überdeckt, zu neuen Gebirgen aufgetürmt und kann wieder ausgewaschen werden.

Seite 99 12 a) Wolken bewegen sich vom Meer über das Gebirge. Dort regnen die Wolken sich ab. Das Wasser versickert. Das Wasser sammelt sich in größeren Gewässern.
  b) Die Pfeile zeigen den Kreislauf: Meer → Wolken → Regen → Rückfluss des Wassers.
  c) Die Grafik verdeutlicht den Begriff „Wasserkreislauf".
  d) Das Regenwasser kommt aus den Wolken, die sich über dem Meer bilden. Damit wird klar: Dem Meer wird Wasser entzogen, sodass sich der Salzgehalt erhöht.

13 Als Schlüsselwörter können markiert werden: schwere Erdbeben in Pakistan; mehr als 300 Tote; 300 Tote während des Bebens; Tausende ohne Hilfe; mehr als 250 Nachbeben.
  Zusammenfassung: Ein schweres Erdbeben forderte in Pakistans Provinz Belutschistan mehr als 300 Tote. Tausende Menschen sind nach der Katastrophe hilflos.

Seite 100 14 a) Gliederung in Abschnitte:
    1. Sonne bricht durch Regenwolken und lässt einen Regenbogen aufleuchten.
    2. Der Regenbogen entsteht durch Lichtbrechung.
    3. Lichtbrechung entsteht, wenn Lichtstrahlen durch Stoffe mit unterschiedlicher optischer Dichte gehen.
    4. Der Vergleich mit einem Prisma wird gezogen.
    5. Die Brechung beim Regenbogen wird durch die vielen Regentropfen bewirkt.

6. Die Regentropfen werfen das in einzelnen Farben zerlegte Licht zur Erde.

7. Die Sonne muss im richtigen Winkel stehen, damit man den Regenbogen sehen kann.

b) Die Abschnitte 2, 5, 6 und 7 geben Auskunft über den Regenbogen.

15 a) Man sieht im Vordergrund Wald und eine Wiese, in der Bildmitte Häuser und eine grüne Ebene. Am Himmel haben sich graue Gewitterwolken zusammengezogen. Zwei Regenbögen überspannen die Landschaft. Das Bild stellt einen wirklichen Regenbogen dar.

b) Das Bild veranschaulicht den Text.

16 Wie ist das beim Prisma? Was geschieht bei der Brechung? Wie wird das Licht in seine Farben zerlegt?

17 Der Text stellt dar, wie das Licht durch ein Prisma in seine Grundfarben zerlegt wird. Gliederung des Textes: Seite 101

1. Das weiße Sonnenlicht vereint alle Farben in sich.

2. Beim Durchlaufen eines Prismas werden die Strahlen zweimal gebrochen.

3. Was ist ein Prisma?

4. Mithilfe des Prismas kann weißes Licht in die Spektralfarben zerlegt werden.

5. Die Farben haben verschiedene Wellenlängen.

6. Im Sonnenlicht sind Farben mit verschiedenen Wellenlängen enthalten.

7. Verschiedene Wellenlängen werden verschieden gebrochen.

8. So wird das weiße Licht in Farben verschiedener Wellenlänge gebrochen.

18 a) Die Grafik zeigt, wie weißes Licht beim Eintritt in das Prisma erstmals gebrochen und in die Spektralfarben zerlegt wird. Beim Austritt aus dem Prisma wird es ein zweites Mal gebrochen, wobei die Zerlegung verstärkt wird.

b) Folgende Beschriftungselemente sollten genutzt werden: Prisma; weißes Licht; erste/zweite Brechung; Spektralfarben; langwelliges Licht, kurzwelliges Licht.

19 Stichworte zur Aufgabe:

- Der Regenbogen entsteht, weil die Regentropfen das Sonnenlicht brechen, das heißt in einzelne Farben zerlegen.
- Die Lichtbrechung erfolgt, wenn Lichtstrahlen durch Stoffe mit verschiedener optischer Dichte gehen.
- Das weiße Sonnenlicht vereint alle Farben in sich. Wenn das Sonnenlicht durch einen Regentropfen fällt, wirkt der Tropfen wie ein Prisma und bricht das Licht der Sonnenstrahlen zweimal. Dabei wird das weiße Licht in die einzelnen Farben, die Spektralfarben, zerlegt.
- Im Sonnenlicht sind Farben mit verschiedenen Wellenlängen enthalten. Verschiedene Wellenlängen werden verschieden gebrochen. So wird das weiße Licht in Farben verschiedener Wellenlänge gebrochen.
- Die Sonne muss im richtigen Winkel stehen, damit man den Regenbogen sehen kann.

Training plus   Seite 102

61 Ein Bericht stellt einen einmaligen Ablauf bzw. ein einmaliges Geschehen dar.

62 Der Bericht wird im Präteritum verfasst.

63 Ein Bericht gliedert sich nach der zeitlichen Reihenfolge.

64 Eine Beschreibung stellt einen Gegenstand, eine Person, ein Bild oder eine Landschaft sprachlich dar.

65 Eine Beschreibung wird im Präsens verfasst.

66 Gliederungsmöglichkeiten: räumlich, zeitlich, logisch, nach Häufigkeit, nach Auffälligkeiten.

67 Schritte bei der Informationserfassung: Text lesen, in Abschnitte gliedern, Abschnitte zusammenfassen, Schlüsselwörter markieren.

68 Unfallbericht: nach zeitlichem Ablauf gliedern (chronologisch).

69 Bildbeschreibung: nach räumlichen Gegebenheiten gliedern.

70 Bilder und Grafiken können einen Text veranschaulichen, erläutern und ergänzen.

71 Schlüsselwörter vermitteln die wesentlichen Aussagen eines Textes.

Abschlusstest   Seite 103

1 Schlüsselwörter: Kind, Frauenhaus, väterliche Burg, Lesen, Schreiben, Benimm, religiöse Grund-

kenntnisse, andere Burg, Page, höflich, Tanzen, Schach spielen, Französisch, reiten lernen, jagen, behandelt als Mann, Knappe, einem Ritter zugeteilt, übt ritterlichen Zweikampf, zieht in die Schlacht, bezeugen ritterliche Herkunft, christlich getauft, der Aufnahme in den Ritterstand würdig

Gliederung:
1. Als Kind wohnt der junge Ritter auf der väterlichen Burg und erfährt eine gewisse Grundbildung.
2. Mit sieben Jahren kommt er an einen anderen Hof, dient der Dame zunächst als Page und erfährt eine erste höfische Ausbildung.
3. In der etwa siebenjährigen Ausbildung lernt der Page auch reiten und jagen.
4. Mit 14 oder 15 Jahren wird der Junge zum Knappen und hat einem Ritter zu dienen.
5. Die Aufgaben des Knappen: Den Ritter zu begleiten. Dauer: Etwa sieben Jahre.
___/22
6. Mit etwa zwanzig wird der Knappe in den Ritterstand aufgenommen, wenn er sich bewährt hat.

2   a) Thema: Wie wird man Ritter? Informationen zur Ausbildung des Ritters; Teilthemen: das Kind; der Page, der Knappe.
    b) Der Text beantwortet die Fragen:
       – Wie lange bleibt das Kind in der Obhut der Mutter? Was lernt es?
       – Wann kommt es an einen anderen Hof? Wer ist dort für seine Ausbildung zuständig? Was lernt der Page?
       – Wann wird der Junge zum Knappen? Was sind die Aufgaben des Knappen? Wie lange dauert die Ausbildung des Knappen?
       – Wie wird man Ritter?
    c) freie Lösung. Der Text liefert genaue Informationen und scheint als Informationsmaterial
___/14   geeignet.

3   Mögliche Zusammenfassung: Wie wurde jemand im Mittelalter Ritter?
    Nach der **Kindheit** auf der **väterlichen** Burg, wurde ein zukünftiger Ritter **mit sieben Jahren** an einen **anderen Hof** geschickt. Dort diente er zunächst der **Dame der Burg** und erhielt **sieben Jahre** lang eine höfische **Ausbildung zum Pagen**. Während dieser Ausbildung lernte der Page auch **reiten** und **jagen**. **Mit 14 oder 15 Jahren** wurde der Page zum **Knappen** und musste dann **sieben Jahre** lang einem **Ritter dienen**. Mit **etwa zwanzig** wurde der Knappe dann **nach erfolgreicher**
___/16   **Bewährung** in den **Ritterstand** aufgenommen.

52 bis 42 Punkte	41 bis 26 Punkte	unter 26 Punkte
sehr gut bis gut	befriedigend bis ausreichend	nicht mehr ausreichend

___/52

Anmerkungen:
Aufgabe 1: 20 Schlüsselwörter werden erwartet. Für jedes Schlüsselwort gibt es 1 Punkt. Bei der Gliederung werden 6 Abschnitte erwartet, für jeden gibt es 2 Punkte.
Aufgabe 2: a) Für jede Nennung gibt es 1 Punkt.
b) Sieben Fragen werden erwartet, für jede Frage gibt es 1 Punkt.
c) Für die Einschätzung und Begründung gibt es 2 Punkte.
Aufgabe 3: In chronologischer Reihenfolge soll der Werdegang des Ritters (Station und Aufgaben) genannt werden. Für jede Markierung gibt es 1 Punkt.

Kapitel 8: Gedichte untersuchen

Seite
104/105

1   a) sauer, b) bitter, c) Mauer, d) Wand, e) Holz, f) Tropf, g) Fleck, h) herein,
    i) Bürgermeisterin, süßen Wein

Seite 105

2   a) Das Gedicht behauptet: Das Wiesel steht an dieser Stelle, damit sich alles schön reimt.
    b) Reime: Wiesel, Kiesel, Bachgeriesel; weshalb, Mondkalb; ihr, mir, rafinier-, Tier; Stillen, willen
    c) Wenn Reime durch Klang wirken, also „schön" sind bzw. als „schön" empfunden werden, hat jemand, der es auf eine solche Schönheit anlegt, beim Dichten die Ästhetik im Sinn. „Das ästhetische Wiesel" steht also für ein ästhetisches Gedicht.

3 a) Die Reime sind: Zaun – schaun; sah – da; heraus – Haus; dumm – herum; gemein – ein;   Seite 107
     entfloh – Ameriko. Die Reime bilden Paare (Paarreime) und markieren jeweils einen Textab-
     schnitt (Strophe).
   b) aa, bb, cc, dd, ee, ff
   c) Morgenstern braucht einen Reim auf „oh". Das „Ameriko" wirkt überraschend und lustig.

4 a) Das rollende „r" lässt den Regen „rauschen".
   b) Man erwartet auf einem Rummelplatz Freude, Trubel, Lärm und lustige Leute. Der Regen kehrt
     alles ins Gegenteil. Alles ist trist.
   c) Schnurre will zeigen, dass vieles, was auf den ersten Blick glänzt, verblasst, wenn trübe Zeiten
     kommen.

5 a) Metaphern: Feuerwoge, grünes Feuer, Flammenflügel, goldner Rauch, züngelnd brennen,   Seite 108
     schreiend kocht, feuerköpfige, rennen, knisternd, schwelen, Funken steigen, Feuerwerk
   b) Personifikationen: Der Wind <u>rührt</u> die Flammenflügel, <u>schreiend</u> <u>kocht</u> die Weizensaat,
     feuerköpfige Blumen <u>rennen</u> …, die Funken <u>steigen</u>
   c) Feuer schwelt. Die Blüten beginnen an den Zweigen wie Feuer zu schwelen (Sie fangen an zu
     brennen).
   d) Ein Feuer lässt goldenen Rauch aufsteigen.

6 a) Personifikationen: <u>Lust und Leid und Liebesklagen kommen</u> so verworren <u>her</u>;
     <u>Wünsche schiffen</u> durch die stillen Räume
     Metaphern: bleibt das linde <u>Wellenschlagen</u>
     Vergleiche: <u>wie</u> ein stilles Meer; <u>wie</u> die Wolken sind
   b) Stille, aber keineswegs tote Stille; es ist sanfte Bewegung vorhanden.
   c) freie Lösung

Training plus   Seite 109
72 Nein, Gedichte müssen nicht zwingend Reime haben.
73 Wenn zwei Wörter ab dem Vokal der letzten betonten Silbe gleich klingen, bilden sie einen Reim.
74 Paarreim: aa, bb, cc.
75 Kreuzreim: abab.
76 Umarmender Reim: ab ba.
77 Ein umarmender Reim bindet vier Zeilen enger zusammen und kann so Abschnitte bilden.
78 Personifikation: Ein Ding oder ein Tier handelt wie eine Person.
79 Bei einem Vergleich ist das Wort „wie" noch vorhanden, das zwei Dinge vergleichend nebeneinan-
    der stellt. Eine Metapher ist ein bildhafter Vergleich, aber das Vergleichsobjekt und „wie" fehlen.
80 Eine Metapher hebt eine Eigenschaft besonders hervor und stellt sie anschaulich dar.
81 Metapher
82 Personifikation
83 Personifikation/Metapher
84 Metapher
85 Vergleich
86 Metapher

Abschlusstest   Seite 110
1 abbacdced   ___/4

2 Es ist der vorletzte Vers: Frühling, ja du bist's.   ___/2

3 Dieser Vers wird durch den Bruch / fehlenden Reim besonders hervorgehoben: Der Dichter betont
   damit das **Einmalige**, das **Besondere**.   ___/4

4 Personifikationen: Frühling … lässt <u>flattern</u>, Düfte <u>streifen</u> ahnungsvoll das Land, Veilchen <u>träu-</u>
   <u>men</u> schon, <u>wollen</u> <u>kommen</u>.   ___/4

5 Elemente der Wirklichkeit: süße Düfte, Veilchen.   ___/2

6 Metaphern: blaues Band, Harfenton.   ___/2

7 <u>Er ist's</u>: Deutung des Gedichts (Mögliche Lösung. Die Lösungen der Aufgaben 1 bis 6 müssen in   freie
   der Deutung aufgegriffen werden.)   Lösung

Inhalt und Thema: Eduard Mörike beschreibt mit dem Gedicht „Er ist's" die Ankunft des Frühlings. Zunächst beschreibt die Person, die in dem Gedicht berichtet (das lyrisch Ich), dass sie den nahenden Frühling sieht und riecht (Vers 1–4). Auch die Veilchen bereiten sich schon auf die Blüte vor (Vers 5–6). Den Klang der Harfe in der Ferne deutet die Person (das lyrische Ich) als weiteres Anzeichen des Frühlings (Vers 7–9). Die Person (das lyrische Ich) freut sich auf den Frühling.

Sprachliche Mittel, ihre Wirkung, Zusammenhang zwischen Inhalt und Form: (siehe Aufgabe 2–6) Die Reime des Gedichts sind sehr harmonisch. Auf einen umschließenden Reim (Vers 1–4) folgt ein Kreuzreim (Vers 5–9). Nur Vers 8 reimt sich nicht, wodurch der freudige Ausruf des lyrischen Ichs „Frühling ja, du bist's" noch verstärkt wird. Die Metapher „blaues Band" steht für den Frühling. Vielleicht hat der Dichter sie gewählt, weil der Himmel im Frühling wieder blau ist. Der Frühling wird personifiziert („lässt … flattern") und mit „du" angesprochen, sodass es selbst handelt und lebendig wie eine Person ist. Auch die Veilchen werden personifiziert und scheinen wie der Betrachter selbst auf den Frühling zu warten. Durch den harmonischen Aufbau des Gedichts bringt Mörike die Harmonie zwischen dem Betrachter und der Natur zum Ausdruck.

Aussageabsicht
Das Gedicht „Er ist's" beschreibt die Vorfreude auf den Frühling. Der Frühling lässt sich sinnlich erfahren, was bei der berichtenden Person (dem lyrischen Ich) ein Glücksgefühl auslöst. Die Natur selbst spielt im Gedicht die Hauptrolle, da sie wie die betrachtende Person (die Lüfte, die Düfte, die Veilchen) handelt. Die Person stellt die Natur und den Frühling romantisch da. Sie befindet sich im Einklang mit der Natur.

/18

18 bis 14 Punkte	13 bis 9 Punkte	unter 9 Punkte
sehr gut bis gut	befriedigend bis ausreichend	nicht mehr ausreichend

Anmerkungen:
Aufgabe 3: Für jede Markierung gibt es 2 Punkte.
Aufgabe 4: Für jedes unterstrichene Prädikat, das die Personifizierung ausdrückt, gibt es 1 Punkt.
Aufgabe 5–6: Für jede richtige Nennung gibt es 1 Punkt.

Seite 111   **Training plus zum Schluss**

87 Der stimmlose s-Laut wird nach langem Vokal oder nach Diphthongen ß geschrieben (außen, süß).

88 *Das* ist ein Artikel, ein Relativpronomen oder Demonstrativpronomen. *Dass* als Konjunktion wird dagegen mit ss geschrieben.

89 Satzgefüge: Verbindung aus Hauptsatz und Nebensatz, der Nebensatz wird durch Komma abgetrennt.

90 Nebensätze können nicht allein stehen, werden durch eine Konjunktion oder ein Relativpronomen eingeleitet, die finite Verbform steht am Ende. Nebensätze werden durch Komma vom Hauptsatz abgegrenzt.

91 Objekte: Genitivobjekte (Wessen?), Dativobjekte (Wem?), Akkusativobjekte (Wen?), Präpositionalobjekte (Ergänzungen, die mit einer Präposition eingeleitet werden).

92 Spannung lässt sich durch Dehnung steigern, d.h. das Erzählen dauert länger als das erzählte Geschehen in der Wirklichkeit.

93 Wörtliche Rede steht in einer Erzählung, wenn Personen z.B. miteinander reden oder streiten. Sie lässt die Leser am Geschehen und an den Gedanken teilhaben.

94 Personenbeschreibung: Das Aussehen (ganz besonders der Kopf), andere Besonderheiten oder Auffälligkeiten (z.B. Gang oder Verhalten, Kleidung, Sprache) müssen möglichst genau beschrieben werden.

95 Merkmale des Berichts: sachlich, genau, im Präteritum geschrieben, beschränkt sich auf wesentliche Informationen, ist klar aufgebaut (chronologisch).

96 Argumentation: Behauptung – Begründung / Erläuterung – Beispiel.

97 Reimschema: abba = umschließender Reim

98 Reimschema: ccdd = Paarreim

99 Reimschema: efef = Kreuzreim.

Glossar

Adjektiv
Eigenschaftswort, Wiewort. Gibt Auskunft darüber, wie etwas ist. Steht vor → Nomen oder im Zusammenhang mit dem → Verb sein. Beispiel: *schön, groß, gelb.*

Adverb
Umstandswort. Gibt an, wie man etwas tut. Beispiel: *Er schimpft laut.*

Adverbiale Bestimmung
Umstandsbestimmung. Gibt an, wie, wo, wie oft oder zu welcher Zeit man etwas tut. Beispiel: *hier, morgens, deshalb, mit Bedacht.*

Adverbialsatz
→ Nebensatz, der einen Umstand angibt, z.B. Zeit, Ursache. Beispiel: *…, weil es spät ist.*

Akkusativobjekt
Satzergänzung im Wen-Fall (4. Fall). Beispiel: *Er mag den Käse.*

Aktiv
Handlungsform des → Verbs. Wird verwendet, wenn das → Subjekt des Satzes handelt. Gegensatz zum → Passiv. Beispiel: *„Er fährt"* statt *„Er wird gefahren".*

Attribut
Nähere Bestimmung eines → Nomens, → Adjektivs oder → Adverbs. Beispiel: *die Straße hinter dem Haus, der Hausmeister der Schule, sehr witzig.*

Bericht
Sachliche, präzise Darstellung eines Sachverhalts ohne Ausschmückungen und Wertungen, z.B. Unfallbericht, Ereignisbericht.

Beschreibung
Sachliche, ausführliche Darstellung eines Gegenstandes oder einer Person ohne persönliche Stellungnahme.

Dativobjekt
Satzergänzung im Wem-Fall (3. Fall). Beispiel: *Ich gab ihm die Hand.*

Deklinieren
Beugung von → Nomen, → Pronomen, → Adjektiven, Artikeln. Beispiel: *der Baum, des Baumes, dem Baum, den Baum.*

Diphthong
Doppellaut. Beispiel: *ei, eu, au.*

Direkte Rede
Wiedergabe wörtlicher Rede, in Anführungszeichen und im Wortlaut, im Gegensatz zur → indirekten Rede. Beispiel: *Sie sagte: „Ich komme gleich."*

Finite Verbformen
Verbformen, die sich je nach Person und Zahl verändern; Gegensatz zu → infiniten Verbformen. Beispiel: *ich lief, du liefst, sie liefen.*

Flektieren
Ein Wort beugen, d.h. → konjugieren oder → deklinieren.

Futur I
Zeitform des → Verbs: Zukunft. Beispiel: *ich werde gehen, du wirst gehen.*

Futur II
Zeitform des → Verbs, drückt eine in der Zukunft abgeschlossene Handlung oder eine Vermutung aus. Beispiel: *Er wird schon angekommen sein.*

Genitivobjekt
Satzergänzung im Wessen-Fall (2. Fall). Beispiel: *Es bedarf ihrer Hilfe.*

Genus verbi
Verhaltensrichtung des → Verbs, → Aktiv oder → Passiv.

Hauptsatz
Selbstständiger Satz, der alleine stehen kann. Beispiel: *Ich gehe nach Hause.*

Imperativ
→ Modus des → Verbs, Befehlsform. Beispiel: *Geh! Lauf!*

Indikativ
→ Modus des → Verbs, Wirklichkeitsform, im Gegensatz zu → Konjunktiv und → Imperativ. Beispiel: *Er läuft.*

Infinite Verbformen
Verbformen, die nicht nach Person und Zahl verändert werden, etwa der → Infinitiv oder das → Partizip. Beispiel: *laufen, laufend, gelaufen.*

Infinitiv
Grundform des → Verbs. Beispiel: *gehen, fahren, lesen.*

Kasus
Fall des → Nomens. Beispiel: Genitiv.

Konjugieren
Das → Verb beugen. Beispiel: *ich gehe, du gehst, er geht, wir gehen* usw.

Konjunktion
Bindewort, verbindet Wörter, Satzteile oder Sätze. Beispiel: *und, oder, als, weil, dass.*

Konsonant
Mitlaut. Beispiel: [b],[d], [f], [g].

Metapher
Verkürzter Vergleich, Verwendung eines Wortes in übertragener Bedeutung. Beispiel: *Du bist meine Sonne.*

Modus
Aussageweise des → Verbs: → Indikativ, → Konjunktiv I, → Konjunktiv II oder → Imperativ.

Nebensatz
Steht bei einem → Hauptsatz, kann nicht alleine stehen. Beispiel: *Nachdem ich nach Hause gekommen war, legte ich mich gleich hin.*

Nomen
Substantiv, Hauptwort.

Nominativ
Wer-Fall (1. Fall). Beispiel: *der Baum.*

Numerale
Zahlwort. Beispiel: *zwanzig, alle, viele.*

Numerus
Zahlform des → Nomens oder → Verbs: Singular (Einzahl) oder Plural (Mehrzahl).

Objekt
Satzergänzung. → Genitivobjekte, → Akkusativobjekte, → Dativobjekte, → Präpositionalobjekte.

Partizip I
Oder: Partizip Präsens; → Verb, das wie ein → Adjektiv oder → Adverb gebraucht wird. Beispiel: *erwachend, schlafend, kauend.*

Partizip II
Oder: Partizip Perfekt; Verbform, mit der das → Passiv sowie das → Perfekt, → Plusquamperfekt und → Futur II gebildet werden. Beispiel: *ich werde gesehen, ich habe gelacht, sie war gegangen.*

Passiv
Leideform des → Verbs. Das Subjekt eines Satzes handelt nicht selbst, sondern etwas wird mit ihm gemacht. Gegensatz zu → Aktiv. Beispiel: *„Er wird gefahren".*

Perfekt
Zeitform des → Verbs: vollendete Gegenwart. Beispiel: *Er hat gegessen.*

Personifikation
Vermenschlichung. Gegenstände oder Tiere erhalten die Eigenschaften oder Fähigkeiten von Menschen. Ziel ist die lebendige und Anschauliche Darstellung. Beispiel: *Die Sonne lacht.*

Plusquamperfekt
Zeitform des → Verbs: Vorvergangenheit. Beispiel: *Nachdem ich das gemacht hatte, …*

Prädikat
Satzkern. Besteht aus einem → Verb in der gebeugten Form. Beispiel: *Die Sonne scheint.*

Präposition
Verhältniswort. Beispiel: *in, mit, nach, bei, vor.*

Präpositionalobjekt
Satzergänzung, die mit einer Präposition auf das Prädikat bezogen ist. Beispiel: *Ich stehe vor dir.*

Präsens
Zeitform des → Verbs: Gegenwart. Beispiel: *ich gehe, du gehst, sie geht.*

Präteritum
Zeitform des → Verbs: Vergangenheit. Beispiel: *ich ging, du gingst, sie ging.*

Pronomen
Steht für ein → Nomen. Beispiel: *ich, du, er, sie, es, wir, ihr, sie* (Personalpronomen) und *mein, dein, sein, ihr, unser, euer, ihr* (Possessivpronomen).

Reim
Gleichklang zweier Wörter ab dem letzten betonten Vokal. Durch den Gleichklang werden zwei oder mehr Verszeilen miteinander verbunden. Besonders oft verwendet werden Paarreim (aabb), umarmender Reim (abba) und Kreuzreim (abab).

Satz
Abgeschlossene sprachliche Sinneinheit, besteht aus mindestens einem Prädikat (Ein-Wort-Satz). Es gibt verschiedene Satzarten: Aussage-, Frage-, Aufforderungs- und Ausrufesätze.

Satzgefüge
Aneinanderreihung von → Hauptsatz und → Nebensatz bzw. Nebensätzen.

Satzglied
Teil des → Satzes. Besteht aus einem Wort oder einer Wortgruppe. Satzglieder lassen sich durch die → Umstellprobe / Verschiebeprobe erkennen.

Satzreihe
Aneinanderreihung von → Hauptsatz an Hauptsatz.

Schwache Verben
→ Verben, deren Stammformen durch Anhängen der Endungen -te / -t oder durch Hinzufügen der Vorsilbe ge- gebildet werden. Beispiel: *lachen, lachte, gelacht.*

Starke Verben
Unregelmäßige → Verben, die Formen mit verschiedenen Stammvokalen bilden. Beispiel: *treffen, du triffst, sie traf, er hat getroffen.*

Stimmhafter Laut
→ Konsonant oder → Vokal, bei dessen Erzeugung die Stimmbänder schwingen, Gegensatz zu → stimmloser Laut. Beispiel: [b], [d], [g] in Ball, Dose, Garten.

Stimmloser Laut
→ Konsonant, der ohne Schwingung der Stimmbänder erzeugt wird, Gegensatz zu → stimmhafter Laut. Beispiel: [s] in Fass, [p] in Polizei.

Subjekt
Satzglied im → Nominativ, nach dem mit der Frage „Wer oder was?" gefragt werden kann. Beispiel: Der Unterricht fällt aus.

Substantiv
→ Nomen.

Substantivierung
Umformung von einem → Adjektiv oder → Verb zum → Substantiv. Beispiel: *schön → das Schöne; rennen → das Rennen.*

Tempus
Zeitform des → Verbs, im Deutschen: → Präsens, → Präteritum, → Perfekt, → Plusquamperfekt und → Futur.

Umstellprobe
Verschiebeprobe. Satzglieder lassen sich erkennen, indem man einzelne Satzteile verschiebt und darauf achtet, welche Wörter weiterhin zusammenstehen müssen. Beispiel: *Mein Hund / hasst / schwarze Katzen. – Hasst / mein Hund / schwarze Katzen?*

Verb
Tätigkeitswort, Tuwort.

Vergleich
Verknüpfung zweier Begriffe mit *wie*. Beispiel: *hell wie die Sonne.*

Vokal
Selbstlaut. Beispiel: [a], [e], [i], [o], [u].

Wortstamm
Kern eines Wortes, Ausgangspunkt von Wortbildungen. Beispiel: *herzkrank, die Kranke, erkranken, Krankheit.*

Zahlwort
→ Numerale

Zeit/Zeitform
Zeit lässt sich in die Bereiche Vergangenheit, Gegenwart und Zukunft aufteilen. Zeit wird durch die Zeitformen bzw. das → Tempus ausgedrückt.

/

LERNPLUS xxl

Trainingsbuch
Gymnasium 6

Mathematik

Schroedel

1   Rechnen mit Brüchen   148

1.1   Brüche und Bruchteile 148
1.2   Unechte Brüche und gemischte Zahlen 150
1.3   Erweitern und Kürzen von Brüchen 151
1.4   Größenvergleich von Brüchen – der Hauptnenner 153
1.5   Addition und Subtraktion von Brüchen 154
1.6   Multiplizieren von Brüchen 156
1.7   Dividieren von Brüchen 157
1.8   Verbindung der Rechenarten 158
→ Training plus 159
→ Abschlusstest 160

2   Dezimalbrüche   162

2.1   Die Dezimalschreibweise 162
2.2   Größenvergleich von Dezimalbrüchen 164
2.3   Runden von Dezimalbrüchen 165
2.4   Addition und Subtraktion von Dezimalbrüchen 166
2.5   Multiplikation von Dezimalbrüchen 167
2.6   Division von Dezimalbrüchen 168
2.7   Dezimalbrüche als Maßzahlen 170
→ Training plus 171
→ Abschlusstest 172

3   Rationale Zahlen   174

3.1   Negative Zahlen 174
3.2   Natürliche, ganze und rationale Zahlen 175
3.3   Addition und Subtraktion rationaler Zahlen 176
3.4   Multiplikation rationaler Zahlen 180
3.5   Division rationaler Zahlen 181
3.6   Verbindung der Rechenarten 182
→ Training plus 185
→ Abschlusstest 186

4   Dreisatzrechnung   188

4.1   Proportionale Zuordnungen 188
4.2   Umgekehrt proportionale Zuordnungen 190
4.3   Grafische Darstellungen 192
→ Training plus 194
→ Abschlusstest 195

5   Prozentrechnung   198

5.1   Grundbegriffe der Prozentrechnung 198
5.2   Rechnen mit Prozenten 200
5.3   Grafische Darstellungen 202
→ Training plus 205
→ Abschlusstest 206

6	Winkel	208
6.1	Der Zahlenkreis	208
6.2	Winkel messen und zeichnen	209
6.3	Besondere Winkel an Geradenkreuzungen	212
6.4	Winkel am Dreieck	213
	→ Training plus	214
	→ Abschlusstest	215

7	Flächen und Umfang	218
7.1	Quadrat und Rechteck	218
7.2	Dreiecke	220
7.3	Parallelogramme	222
7.4	Trapeze	223
7.5	Drachen und Raute	224
7.6	Vielecke	225
7.7	Kreis	226
	→ Training plus	227
	→ Abschlusstest	228

8	Abbildungen in der Ebene	230
8.1	Verschiebungen	230
8.2	Drehungen	231
8.3	Punktspiegelungen	232
8.4	Achsenspiegelungen	233
8.5	Verknüpfung von Abbildungen	234
8.6	Symmetrien in Figuren	235
	→ Training plus	236
	→ Abschlusstest	237

9	Berechnung von Zufallsexperimenten	238
9.1	Zufallsexperimente	238
9.2	Absolute und relative Häufigkeiten	240
9.3	Das Gesetz der großen Zahlen	241
9.4	Gleichverteilungen – das Laplace-Experiment	243
9.5	Der Durchschnitt von Häufigkeitsverteilungen	244
	→ Training plus	245
	→ Abschlusstest	246

Lösungen	248
Formelsammlung	281
Stichwortverzeichnis	428

1 Rechnen mit Brüchen

Eine Schulstunde Mathematik und ein Päckchen Spargelcremesuppe haben etwas gemeinsam: die Zahl $\frac{3}{4}$. Die Mathematikstunde dauert nämlich eine Dreiviertelstunde, und für die Zubereitung der Suppe benötigt man einen Dreiviertelliter Wasser.
Was sind Brüche eigentlich, und wie rechnet man mit ihnen?

1.1 Brüche und Bruchteile

> **Regel**
>
> **Teil und Ganzes**
> + Jeder Bruch besteht aus einem Zähler, einem Nenner und einem Bruchstrich dazwischen. Der Zähler wird über den Nenner geschrieben. Im Bruch $\frac{3}{4}$ ist die Zahl 3 der Zähler und die Zahl 4 der Nenner.
> + Der **Nenner** gibt an, in wie viele gleich große Teile das Ganze geteilt werden soll.
> + Der **Zähler** gibt an, wie viele von diesen Teilen gemeint sind.
> + Brüche mit dem Nenner „0" gibt es nicht, weil man durch 0 nicht teilen kann!
> + Wenn in einem Bruch **Zähler und Nenner gleich groß** sind, dann beschreibt der Bruch das Ganze. Der Bruch ist dann die Zahl „1". Zum Beispiel sind $\frac{7}{7} = 1$. Und allgemein: $\frac{n}{n} = 1$, mit $n \in \mathbb{N}$.

Beispiel 1: Um zu berechnen, wie viel $\frac{2}{3}$ von 30 Bonbons ist, teilt man zunächst die Gesamtmenge in 3 gleich große Teile.
Ein Teil besteht dann aus 30 Bonbons : 3 = 10 Bonbons,
und *zwei* Drittel sind dann 2 · 10 Bonbons = 20 Bonbons.

1 | Gib die gefärbte Fläche als Bruchteil der gesamten Fläche an.

a) _____   b) _____   c) _____   d)_____

2 Färbe die Fläche, die dem angegebenen Bruch entspricht.

a) $\frac{7}{10}$ b) $\frac{3}{4}$ c) $\frac{5}{6}$ d) $\frac{3}{16}$

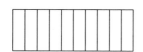

3 Eine Schulklasse besteht aus 32 Schülern. 20 davon sind Mädchen und der Rest sind Jungen. Gib den Anteil der Mädchen und Jungen als Bruch an.

Mädchen: _____ Jungen: _____

4 Berechne.

a) $\frac{2}{5}$ von 150 Bäumen _____ b) $\frac{4}{7}$ von 56 Kindern _____

c) $\frac{3}{4}$ von 80 € _____ d) $\frac{3}{8}$ von 64 Autos _____

Regel

Brüche als Maßzahlen

Brüche tauchen im täglichen Leben sehr oft als Maßzahlen vor Maßeinheiten auf. Beispielsweise dauert eine Schulstunde (in der Regel) eine Dreiviertelstunde. Man kann diese Angaben oft in ganze Maßzahlen umrechnen, wenn man die nächstkleinere Maßeinheit benutzt.

Beispiel 2: Gib in der nächstkleineren Maßzahl an.

a) $\frac{3}{4}$ h $= \frac{3}{4}$ von 60 min $= 3 \cdot (60 : 4)$ min $= 45$ min

b) $\frac{2}{5}$ km $= \frac{2}{5}$ von 1000 m $= 2 \cdot (1000 : 5)$ m $= 400$ m

c) $\frac{3}{10}$ m² $= \frac{3}{10}$ von 100 dm² $= 3 \cdot (100 : 10)$ dm² $= 30$ dm²

5 Gib in der nächstkleineren Maßeinheit an.

a) $\frac{5}{8}$ t = _____ b) $\frac{3}{5}$ kg = _____

c) $\frac{2}{3}$ h = _____ d) $\frac{1}{8}$ km = _____

e) $\frac{1}{4}$ min = _____ f) $\frac{1}{5}$ m = _____

g) $\frac{2}{5}$ m² = _____ h) $\frac{3}{8}$ ℓ = _____

i) $\frac{3}{4}$ Jahr = _____ j) $\frac{1}{2}$ cm³ = _____

1.2 Unechte Brüche und gemischte Zahlen

> **Regel**
>
> Wenn in einem Bruch der Zähler größer als der Nenner ist, dann ist der entsprechende Bruchteil größer als das Ganze. Daher werden solche Brüche als **unechte Brüche** bezeichnet. Man kann sich einen unechten Bruch als eine Summe veranschaulichen, die aus einer ganzen Zahl und einem echten Bruch besteht.

Beispiel 2: In der Grafik ist der unechte Bruch $\frac{9}{4}$ veranschaulicht: Insgesamt sind neun Viertelkreisaus-schnitte blau markiert. Wie man sieht,

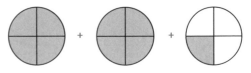

sind das 2 ganze Kreise plus $\frac{1}{4}$ Kreis. Man kann daher für den unechten Bruch $\frac{9}{4}$ auch schreiben: $\frac{9}{4} = 2\frac{1}{4}$

Solche Ausdrücke, die aus einer natürlichen Zahl und einem echten Bruch bestehen, nennt man **gemischte Zahlen**.

> **Regel**
>
> **Umwandlung von echten Brüchen und gemischten Zahlen**
>
> ✚ Einen unechten Bruch wandelt man in eine gemischte Zahl um, indem man zunächst berechnet, wie oft der Nenner in den Zähler passt. Das Ergebnis ist die ganze Zahl in der gemischten Zahl. Der Rest, der bei dieser Rechnung übrig bleibt, ist der Zähler des Bruchs in der gemischten Zahl. Der Nenner der gemischten Zahl ist derselbe wie im unechten Bruch.
>
> ✚ Umgekehrt kann man eine gemischte Zahl in einen unechten Bruch umrechnen, indem man zunächst den Nenner mit der ganzen Zahl multipliziert und den Zähler addiert. Das Ergebnis ist der Zähler im unechten Bruch. Der Nenner des unechten Bruchs ist wieder derselbe wie in der gemischten Zahl.

Beispiel 3:

a) Wandle den unechten Bruch $\frac{13}{5}$ in eine gemischte Zahl um.

Die 5 passt 2-mal in die 13. Somit ist die ganze Zahl 2. Der Rest ist $13 - 2 \cdot 5 = 3$. Das ist der Zähler im Bruch der gemischten Zahl. Somit ist: $\frac{13}{5} = 2\frac{3}{5}$

b) Wandle die gemischte Zahl $4\frac{2}{3}$ in einen unechten Bruch um.

Für den Zähler des unechten Bruchs erhält man: $3 \cdot 4 + 2 = 14$. Somit ist: $4\frac{2}{3} = \frac{14}{3}$

6 Wandle in eine gemischte Zahl um.

a) $\frac{8}{3}$ = _____

b) $\frac{3}{2}$ = _____

c) $\frac{12}{5}$ = _____

d) $\frac{19}{8}$ = _____

7 Schreibe als unechten Bruch.

a) $1\frac{1}{4}$ = _____

b) $2\frac{1}{2}$ = _____

c) $5\frac{3}{8}$ = _____

d) $12\frac{2}{5}$ = _____

8 Gib in der nächstkleineren Maßeinheit an.

a) $3\frac{1}{2}\,t$ = _____

b) $5\frac{3}{4}\,\ell$ = _____

c) $2\frac{3}{4}\,h$ = _____

d) $4\frac{2}{5}\,km$ = _____

e) $1\frac{1}{4}\,min$ = _____

f) $7\frac{3}{8}\,kg$ = _____

1.3 Erweitern und Kürzen von Brüchen

Regel

+ Man **erweitert** einen Bruch, indem man seinen Zähler und seinen Nenner mit derselben natürlichen Zahl ($\neq$ 0) multipliziert.
+ Man **kürzt** einen Bruch, indem man seinen Zähler und seinen Nenner durch dieselbe natürliche Zahl ($\neq$ 0) dividiert.
+ Beim Erweitern und Kürzen bleibt der Wert eines Bruchs erhalten.

Das Erweitern spielt beim Größenvergleich (Seite 153) und bei der Addition bzw. Subtraktion von Brüchen (Seite 154) eine wichtige Rolle. Das Kürzen ist wichtig, um beim Rechnen mit Brüchen möglichst große Zahlen im Zähler bzw. Nenner eines Bruchs zu vermeiden.

Beispiel 4:

a) Erweitere $\frac{7}{8}$ mit 5. $\quad \frac{7}{8} = \frac{7 \cdot 5}{8 \cdot 5} = \frac{35}{40}$

b) Kürze den Bruch $\frac{24}{36}$ so weit wie möglich. $\quad \frac{24}{36} = \frac{24 : 12}{36 : 12} = \frac{2}{3}$

Tipp Wenn man beim Kürzen den größten gemeinsamen Teiler (ggT) zwischen Zähler und Nenner nicht gleich sieht, kann man den Bruch auch **schrittweise kürzen**. So kann $\frac{24}{36}$ zunächst mit 2, dann noch mal mit 2 und schließlich mit 3 gekürzt werden: $\frac{24:2}{36:2} = \frac{12}{18} \Rightarrow \frac{12:2}{18:2} = \frac{6}{9} \Rightarrow \frac{6:3}{9:3} = \frac{2}{3}$.

Wenn man mit dem Zähler kürzen kann, bleibt im Zähler die „1" übrig: $\frac{4:4}{8:4} = \frac{1}{2}$.

Wenn der komplette Nenner gekürzt werden kann, darf man ihn weglassen: $\frac{6:3}{3:3} = \frac{2}{1} = 2$.

---

9 Erweitere den Bruch mit der angegebenen Zahl.

a) $\frac{2}{3}$ mit 4; $\frac{2}{3} =$ _____

b) $\frac{3}{5}$ mit 7; $\frac{3}{5} =$ _____

c) $\frac{6}{7}$ mit 2; $\frac{6}{7} =$ _____

10 Mit welcher Zahl wurde erweitert? Ergänze die fehlende Zahl.

a) $\frac{3}{5} = \frac{}{25}$; erweitert mit _____

b) $\frac{3}{4} = \frac{18}{}$; erweitert mit _____

c) $\frac{4}{7} = \frac{}{49}$; erweitert mit _____

d) $\frac{7}{12} = \frac{}{60}$; erweitert mit _____

11 Erweitere auf den angegebenen Nenner.

a) $\frac{3}{5} = \frac{}{10}$

b) $\frac{3}{4} = \frac{}{28}$

c) $\frac{2}{3} = \frac{}{12}$

d) $\frac{7}{5} = \frac{}{20}$

e) $\frac{17}{25} = \frac{}{100}$

f) $\frac{13}{15} = \frac{}{60}$

12 Kürze soweit wie möglich.

a) $\frac{2}{4} =$ _____

b) $\frac{6}{9} =$ _____

c) $\frac{15}{18} =$ _____

d) $\frac{15}{10} =$ _____

e) $\frac{24}{32} =$ _____

f) $\frac{16}{48} =$ _____

g) $\frac{32}{16} =$ _____

h) $\frac{56}{63} =$ _____

i) $\frac{105}{165} =$ _____

1.4 Größenvergleich von Brüchen – der Hauptnenner

Regel

Größenvergleiche

✚ Brüche, deren Nenner gleich sind, werden **gleichnamige Brüche** genannt. **Von zwei gleichnamigen Brüchen ist derjenige der größere Bruch, dessen Zähler größer ist.**

✚ Will man **ungleichnamige Brüche** miteinander vergleichen, macht man sie zunächst gleichnamig. Dazu bestimmt man das kleinste gemeinsame Vielfache (kgV) ihrer Nenner (Hauptnenner).

✚ Bei **gemischten Zahlen** ist derjenige Bruch der größere, bei dem der ganze Anteil größer ist. Vorsicht beim Größenvergleich von gemischten Zahlen und **unechten Brüchen!** In diesem Fall muss man beide Brüche in unechte Brüche oder gemischte Zahlen umwandeln (siehe Beispiel 5c).

Beispiel 5: a) $\frac{7}{12}; \frac{11}{12}$ → gleichnamig; $\frac{11}{12}$ hat größeren Zähler, also: $\frac{11}{12} > \frac{7}{12}$.

b) $\frac{7}{15}; \frac{9}{20}$ → $\frac{7}{15} = \frac{7 \cdot 4}{15 \cdot 4} = \frac{28}{60}$ und $\frac{9}{20} = \frac{9 \cdot 3}{20 \cdot 3} = \frac{27}{60}$, also $\frac{7}{15} = \frac{28}{60} > \frac{9}{20} = \frac{27}{60}$

c) $2\frac{3}{4}; \frac{21}{8}$ → $\frac{21}{8}$ ist ein unechter Bruch: $\frac{21}{8} = 2\frac{5}{8}$; die ganzen Anteile sind gleich groß (2); gleichnamig machen der Bruchteile führt zu $\frac{3}{4} = \frac{6}{8} > \frac{5}{8}$; also $2\frac{3}{4} > \frac{21}{8}$.
Alternativ rechnet man mit zwei unechten Brüchen: $2\frac{3}{4} = \frac{11}{4} = \frac{22}{8}$, also $2\frac{3}{4} > \frac{21}{8}$.

Tipp

Bestimmen des Hauptnenners

Wenn man das kgV zweier Nenner – beispielsweise von 18 und 15 – nicht sofort erkennt, kann man es mit folgender Methode leicht berechnen:

Man bildet aus den beiden Nennern (hier 18 und 15) einen Bruch, den man vollständig kürzt: $\frac{15}{18} = \frac{5}{6}$.

Indem man in dieser Gleichung den Nenner des linken Bruchs mit dem Zähler des rechten Bruchs multipliziert (oder umgekehrt), erhält man das gesuchte kgV bzw. den Hauptnenner: $18 \cdot 5 = 90$ bzw. $15 \cdot 6 = 90$.

Ein weiterer Vorteil dieser Methode ist, dass man sofort die Faktoren erkennt, mit denen jeder Bruch erweitert werden muss.

13 Bestimme den Hauptnenner.

a) $\frac{3}{4}; \frac{1}{2}$ _____

b) $\frac{2}{5}; \frac{8}{15}$ _____

c) $\frac{3}{8}; \frac{7}{10}$ _____

d) $\frac{4}{9}; \frac{1}{6}$ _____

e) $\frac{7}{15}; \frac{5}{12}$ _____

f) $\frac{5}{18}; \frac{7}{24}$ _____

g) $\frac{5}{6}; \frac{3}{8}; \frac{13}{20}$ _____

h) $\frac{3}{4}; \frac{7}{10}; \frac{3}{25}$ _____

14 | Setze < oder > ein.

a) $\frac{3}{5} \square \frac{2}{3}$ _____

b) $\frac{5}{6} \square \frac{7}{9}$ _____

c) $\frac{1}{3} \square \frac{5}{16}$ _____

d) $\frac{11}{18} \square \frac{7}{12}$ _____

15 | Die Tabelle zeigt, wie viele Schüler in den Klassen 5a und 6a
mit welchem Verkehrsmittel zur Schule kommen.

	Fahrrad	Bus	zu Fuß
Klasse 5a	10	8	6
Klasse 6a	12	10	8

Welche Klasse hat den höchsten Anteil an

a) Fahrradfahrern? _____

b) Busbenutzern? _____

c) Fußgängern? _____

1.5 Addition und Subtraktion von Brüchen

Gleichnamige Brüche werden addiert bzw. subtrahiert, indem man
ihre Zähler addiert bzw. subtrahiert und den gemeinsamen Nenner beibehält:
$\frac{a}{c} + \frac{b}{c} = \frac{a+b}{c}$ bzw. $\frac{a}{c} - \frac{b}{c} = \frac{a-b}{c}$ (mit a, b, c $\in \mathbb{N}$)
Ungleichnamige Brüche müssen immer zuerst auf den Hauptnenner erweitert
werden, bevor man die Addition bzw. Subtraktion durchführen kann.

Bei 3 oder mehr gleichnamigen Brüchen lautet die entsprechende Regel:
$\frac{a}{d} + \frac{b}{d} + \frac{c}{d} = \frac{a+b+c}{d}$
Kommen in einer Summe bzw. Differenz gemischte Zahlen vor, kann man die
Summe bzw. Differenz der ganzen Zahlen und der echten Brüche jeweils getrennt
voneinander berechnen. Anschließend addiert man die beiden Ergebnisse.

Tipp So nicht: $\frac{a}{c} + \frac{b}{d} = \frac{a+b}{c+d}$
Die Nenner dürfen niemals addiert bzw. subtrahiert werden!

Beispiel 6: Berechne. Kürze das Ergebnis, falls möglich.

a) $\frac{5}{21} + \frac{11}{21} = \frac{5+11}{21} = \frac{16}{21}$

b) $\frac{7}{12} - \frac{2}{15} = \frac{35}{60} - \frac{8}{60} = \frac{35-8}{60} = \frac{27}{60} = \frac{9}{20}$

16 Fasse zusammen und kürze das Ergebnis soweit wie möglich.

a) $\frac{2}{7} + \frac{4}{7} =$ _____

b) $\frac{7}{9} + \frac{2}{9} =$ _____

c) $\frac{5}{12} - \frac{1}{12} =$ _____

d) $\frac{19}{8} - \frac{3}{8} =$ _____

e) $1\frac{1}{5} + 2\frac{2}{5} =$ _____

f) $3\frac{3}{4} + 2\frac{1}{4} =$ _____

17 Fasse zusammen und kürze das Ergebnis soweit wie möglich.

a) $\frac{7}{8} + \frac{3}{4} =$ _____

b) $\frac{7}{15} + \frac{7}{10} =$ _____

c) $\frac{2}{9} - \frac{1}{6} =$ _____

d) $\frac{5}{6} - \frac{3}{8} =$ _____

e) $\frac{3}{14} + \frac{12}{35} =$ _____

f) $\frac{5}{18} + \frac{7}{24} =$ _____

18 Berechne.

a) $\frac{1}{9} + \frac{1}{3} + \frac{2}{9} =$ _____

b) $\frac{2}{5} + \frac{3}{10} + \frac{7}{10} =$ _____

c) $\frac{1}{4} + \frac{2}{5} + \frac{3}{8} =$ _____

d) $\frac{3}{7} + \frac{5}{14} + \frac{2}{21} =$ _____

19 Ein Verkäufer jammert: „Ein Achtel meiner Äpfel ist angefault, drei Sechzehntel sind noch grün und ein Achtzehntel hat eine Macke. Wie soll ich da wenigstens die Hälfte aller Äpfel verkaufen?" Beklagt sich der Verkäufer zu Recht?

_____

_____

_____

20 Tina hat 3 Freundinnen zum Geburtstag eingeladen und möchte die Torte so aufteilen, dass die erste Freundin $\frac{1}{5}$ von der Torte bekommt, die zweite $\frac{4}{15}$ und die dritte fünf Zwanzigstel. Tina selbst möchte noch wenigstens ein Viertel der Torte abbekommen. Geht diese Rechnung auf?

_____

_____

1.6 Multiplizieren von Brüchen

> **Regel**
>
> Zwei Brüche werden miteinander multipliziert, indem man beide Zähler und beide Nenner miteinander multipliziert:
> $\frac{a}{b} \cdot \frac{c}{d} = \frac{a \cdot c}{b \cdot d}$ (mit $a, b, c, d \in \mathbb{N}$)
> Ein Bruch wird mit einer natürlichen Zahl k multipliziert, indem man den Zähler des Bruchs mit dieser Zahl multipliziert: $k \cdot \frac{a}{b} = \frac{k \cdot a}{b}$ bzw. $\frac{a}{b} \cdot k = \frac{a \cdot k}{b}$
> (mit $a, b, k \in \mathbb{N}$)

Eine natürliche Zahl k kann man auch als Bruch schreiben. Dazu „verpasst" man ihr einfach den Nenner 1. Es gilt: $k = \frac{k}{1}$.
Dann wird aus $k \cdot \frac{a}{b}$ ein Produkt zwischen zwei Brüchen: $k \cdot \frac{a}{b} = \frac{k}{1} \cdot \frac{a}{b} = \frac{k \cdot a}{1 \cdot b} = \frac{k \cdot a}{b}$.

21 Berechne.

a) $\frac{3}{5} \cdot \frac{4}{7} =$ _____

b) $\frac{2}{9} \cdot \frac{5}{11} =$ _____

c) $\frac{4}{3} \cdot \frac{8}{5} =$ _____

d) $\frac{1}{2} \cdot \frac{4}{13} =$ _____

e) $\frac{7}{8} \cdot 5 =$ _____

f) $6\frac{3}{4} \cdot \frac{7}{10} =$ _____

> **Tipp**
>
> **Überkreuz-Kürzen:** Bevor man zwei Brüche miteinander multipliziert, sollte man immer versuchen, überkreuz zu kürzen. Dazu kürzt man den Zähler des linken Bruchs mit dem Nenner des rechten Bruchs und umgekehrt. Eine **Multiplikation mit gemischten Zahlen** kann nur dann durchgeführt werden, wenn man die gemischte Zahl zuvor in einen Bruch umwandelt (→ Seite 150)!

Beispiel 7: Berechne. Kürze zuvor überkreuz.

a) $\frac{8}{35} \cdot \frac{25}{12} = \frac{2}{7} \cdot \frac{5}{3} = \frac{10}{21}$

b) $\frac{6}{11} \cdot 2\frac{4}{9} = \frac{6}{11} \cdot \frac{22}{9} = \frac{2}{1} \cdot \frac{2}{3} = \frac{4}{3}$

22 Berechne. Kürze vor dem Multiplizieren überkreuz, falls möglich.

a) $\frac{4}{9} \cdot \frac{5}{8} =$ _____

b) $\frac{18}{25} \cdot \frac{15}{9} =$ _____

c) $3 \cdot \frac{5}{21} =$ _____

d) $\frac{3}{16} \cdot 12 =$ _____

e) $3\frac{1}{2} \cdot \frac{8}{9} =$ _____

f) $\frac{29}{18} \cdot \frac{81}{58} =$ _____

23 Das Gewicht von Edelsteinen wird in Karat (Kt) angegeben. 1 Kt entsprechen $\frac{1}{5}$ g. Wie viel Gramm wiegen folgende Edelsteine?

a) Diamant, 2560 Kt _____

b) Rubin, 7250 Kt _____

1.7 Dividieren von Brüchen

Regel

Man dividiert **durch einen Bruch**, indem man mit seinem Kehrbruch (= Kehrzahl) multipliziert: $\frac{a}{b}:\frac{c}{d} = \frac{a}{b}\cdot\frac{d}{c} = \frac{a\cdot d}{b\cdot c}$ bzw. $k:\frac{c}{d} = k\cdot\frac{d}{c} = \frac{k\cdot d}{c}$ (mit $a, b, c, d, k \in \mathbb{N}$)

Den **Kehrbruch** eines Bruchs erhält man, indem man Zähler und Nenner vertauscht; d.h. den Bruch „auf den Kopf" stellt.

Man dividiert einen **Bruch durch eine natürliche Zahl** k, indem man den Nenner des Bruchs mit dieser Zahl multipliziert: $\frac{a}{b}:k = \frac{a}{b\cdot k}$ (mit $a, b, k \in \mathbb{N}$)

Beispiel 8: Berechne und vereinfache soweit wie möglich.

a) $\frac{6}{7}:\frac{2}{3} = \frac{6}{7}\cdot\frac{3}{2} = \frac{3}{7}\cdot\frac{3}{1} = \frac{9}{7}$

b) $9:\frac{5}{2} = 9\cdot\frac{2}{5} = \frac{18}{5}$

c) $\frac{5}{8}:2 = \frac{5}{8\cdot 2} = \frac{5}{16}$

d) $4\frac{2}{3}:\frac{7}{9} = \frac{14}{3}\cdot\frac{9}{7} = \frac{2}{1}\cdot\frac{3}{1} = \frac{6}{1} = 6$

Tipp

+ Eine Division mit gemischten Zahlen kann nur dann durchgeführt werden, wenn man die gemischte Zahl zuvor in einen Bruch umwandelt (→ S. 150)!

+ Man berechnet Doppelbrüche, indem man den großen Bruchstrich als „:" schreibt. Folgende Fälle (mit $a, b, c, d, k \in \mathbb{N}$) können vorkommen:

$$\frac{\frac{a}{b}}{k} = \frac{a}{b}:k = \frac{a}{b\cdot k} \qquad \frac{k}{\frac{a}{b}} = k:\frac{a}{b} = \frac{k\cdot b}{a} \qquad \frac{\frac{a}{b}}{\frac{c}{d}} = \frac{a}{b}:\frac{c}{d} = \frac{a}{b}\cdot\frac{d}{c} = \frac{a\cdot d}{b\cdot c}$$

24 Berechne.

a) $\frac{2}{3}:\frac{5}{8} =$

b) $\frac{11}{12}:\frac{1}{2} =$

c) $6:\frac{7}{9} =$

d) $\frac{3}{4}:8 =$

e) $5\frac{1}{2}:\frac{2}{3} =$

f) $2\frac{2}{5}:5\frac{1}{5} =$

25 Schreibe mit dem Geteiltzeichen und berechne.

a) $\frac{\frac{3}{5}}{6} =$

b) $\frac{8}{\frac{4}{9}} =$

c) $\frac{\frac{2}{3}}{\frac{8}{15}} =$

d) $\frac{5\frac{1}{2}}{4\frac{3}{4}} =$

1.8 Verbindung der Rechenarten

> **Regel**
>
> Wenn in einem Rechenausdruck sowohl „Punktrechnungen" als auch „Strichrechnungen" vorkommen, muss man die Reihenfolge der Rechenschritte einhalten. Dabei gelten folgende Regeln:
>
> ✚ **Klammerregel:** Rechnungen in Klammern müssen zuerst ausgeführt werden. Bei geschachtelten Klammern rechnet man von der inneren Klammer nach außen.
> ✚ **Punkt-vor-Strich-Regel:** Punktrechnungen (· und :) müssen vor Strichrechnungen (– und +) ausgeführt werden.
>
> Hilfreich sind oft auch die Distributivgesetze:
> ✚ **Distributivgesetz der Multiplikation:**
> $a \cdot (b + c) = a \cdot b + a \cdot c$ bzw. $(b + c) \cdot a = b \cdot a + c \cdot a$
> Entsprechend bei Differenzen:
> $a \cdot (b - c) = a \cdot b - a \cdot c$ bzw. $(b - c) \cdot a = b \cdot a - c \cdot a$
> ✚ **Distributivgesetz der Division:**
> $(a + b) : c = a : c + b : c$ bzw. $(a - b) : c = a : c - b : c$
> Beachte: Bei $c : (a + b)$ gilt diese Regel nicht!
> a, b und c können natürliche Zahlen oder Brüche sein.

Beispiel 9: Berechne.

a) $\frac{12}{7} - \left(\frac{3}{7} + \frac{2}{7}\right) = \frac{12}{7} - \frac{5}{7} = \frac{7}{7} = 1$

b) $\frac{3}{16} + \frac{1}{2} \cdot \frac{7}{8} = \frac{3}{16} + \frac{7}{16} = \frac{10}{16} = \frac{5}{8}$

26 Berechne die Klammer zuerst. Nimm dein Heft für Nebenrechnungen.

a) $\frac{2}{5} \cdot \left(\frac{3}{8} + \frac{7}{8}\right) = $ _____

b) $\left(\frac{2}{5} + \frac{4}{5}\right) \cdot \frac{3}{4} = $ _____

c) $\frac{7}{6} \cdot \left(\frac{5}{6} - \frac{4}{9}\right) = $ _____

27 Wende das Distributivgesetz an. Nimm dein Heft für Nebenrechnungen.

a) $3\frac{1}{2} \cdot \left(\frac{3}{4} + \frac{7}{8}\right) = $ _____

b) $\left(\frac{12}{5} - \frac{3}{2}\right) : 1\frac{1}{2} = $ _____

c) $\left(\frac{2}{3} - \frac{1}{2}\right) \cdot \frac{3}{5} = $ _____

28 Berechne. Nimm dein Heft für Nebenrechnungen.

a) $\frac{3}{4} \cdot \frac{2}{5} + \frac{4}{5} = $ _____

b) $\frac{11}{6} - \frac{4}{9} \cdot \frac{5}{6} = $ _____

c) $\frac{3}{5} \cdot \frac{15}{7} - \frac{2}{21} \cdot \frac{6}{5} = $ _____

d) $\frac{2}{3} - \frac{3}{8} : \frac{5}{6} + 1\frac{3}{4} = $ _____

e) $\frac{9}{40} : \frac{21}{10} + \frac{3}{7} : \frac{15}{14} = $ _____

f) $\frac{7}{8} \cdot \frac{2}{5} + \frac{4}{3} - \frac{14}{5} \cdot \frac{2}{7} = $ _____

1   Mit welcher Regel wird ein Bruch erweitert?

_____

2   Wie kürzt man einen Bruch?

_____

3   Welcher von zwei gleichnamigen Brüchen ist der größere?

_____

4   Wie bestimmt man den Hauptnenner zweier Brüche?

_____

5   Wie addiert bzw. subtrahiert man zwei gleichnamige Brüche?

_____

6   Was muss man bei der Addition bzw. Subtraktion ungleichnamiger Brüche

beachten? _____

7   Wie multipliziert man zwei Brüche miteinander?

_____

8   Wie dividiert man eine Zahl bzw. einen Bruch durch einen anderen Bruch?

_____

9   Wie kann man eine natürliche Zahl als Bruch schreiben?

_____

10   Was muss man bei der Multiplikation bzw. Division mit gemischten Zahlen

beachten? _____

_____

11   Mit welchem Trick löst man Doppelbrüche auf? _____

_____

__/2 **1** Berechne, nutze dein Heft für Nebenrechnungen.

a) Bei einer Umfrage geben $\frac{5}{7}$ von 287 Schülern Mathematik als ihr Lieblingsfach an. Das sind _____ Schüler.

b) Ein Stadtgebiet umfasst 1755 ha. $\frac{4}{15}$ davon sind Grünfläche. Das sind = _____ m²

__/2 **2** Berechne.

a) Ein Mensch besteht etwa zu zwei Drittel aus Wasser. Wie viele Liter Wasser enthält der Körper eines Jugendlichen mit 63 kg Körpergewicht?

_____

b) Auf der Tüte einer Spargelcremesuppe ist zu lesen:
„Inhalt in $\frac{3}{4}\ell$ kaltes Wasser schütten und unter Rühren 5 min erhitzen."
Wie viel ml Wasser muss man mit dem Messbecher abmessen?

_____

__/4 **3** Gib in der nächstkleineren Einheit an.

a) $\frac{3}{4}$ cm² = _____   b) $\frac{2}{5}\ell$ = _____   c) $\frac{5}{6}$ h = _____   d) $\frac{5}{8}$ m³ = _____

__/2 **4** Schreibe als gemischte Zahl.

a) $\frac{11}{2}$ = _____   b) $\frac{17}{8}$ = _____   c) $\frac{18}{7}$ = _____   d) $\frac{35}{9}$ = _____

__/2 **5** Schreibe als unechten Bruch.

a $3\frac{1}{4}$ = _____   b) $7\frac{3}{8}$ = _____   c) $5\frac{2}{7}$ = _____   d) $17\frac{2}{3}$ = _____

__/4 **6** Erweitere auf den Hauptnenner und ordne der Größe nach.

a) $\frac{1}{8}; \frac{2}{9}; \frac{2}{3}$, HN = _____   ___ > ___ > ___

b) $\frac{2}{5}; \frac{3}{4}; \frac{5}{6}$, HN = _____   ___ > ___ > ___

c) $\frac{5}{8}; \frac{13}{24}; \frac{7}{12}$, HN = _____   ___ > ___ > ___

d) $\frac{11}{4}; \frac{19}{8}; \frac{12}{5}$, HN = _____   ___ > ___ > ___

__/2 **7** In der Klasse 6a sind 14 Mädchen und 16 Jungen; in der 6b sind 12 Mädchen und 15 Jungen. In welcher Klasse ist der Anteil der Mädchen größer?

_____

8 Fasse zusammen und kürze falls möglich. ___/4

a) $7\frac{5}{12} - \frac{11}{12} =$ _____ = _____

b) $6\frac{3}{4} - 1\frac{7}{8} =$ _____ = _____

c) $\frac{31}{25} - \frac{11}{20} =$ _____ = _____

d) $\frac{3}{8} + \frac{5}{16} + \frac{7}{24} =$ _____ = _____

9 Berechne. ___/4

a) $\frac{7}{8} \cdot \frac{2}{21} =$ _____ = _____

b) $\frac{16}{35} \cdot \frac{21}{20} =$ _____ = _____

c) $3\frac{1}{2} \cdot \frac{5}{14} =$ _____ = _____

d) $9\frac{1}{3} : \frac{16}{15} =$ _____ = _____

10 Herberts Lottogemeinschaft hat 2850 € gewonnen. Seiner Frau hat er ___/3
versprochen, ihr $\frac{2}{5}$ seines Gewinns zu schenken. Wie viel Euro bekommt Herberts
Frau, wenn die Lottogemeinschaft aus insgesamt 5 Spielern besteht?

_____

11 Karin hat $8\frac{3}{4}$ kg Konfitüre ___/4
gekocht und möchte damit
Einmachgläser zu je $\frac{1}{3}$ kg füllen.

a) Wie viele Gläser benötigt Karin?

_____

_____

b) Wie viel Kilogramm Konfitüre bleiben beim Füllen der Gläser übrig?

_____

12 Kai-Uwe bestellt sich in einem Restaurant einen halben Liter Cola. Mit dem ___/4
ersten Schluck kippt er ein Viertel hinunter. Während der Mahlzeit trinkt er
vom Rest ein Drittel und nach der Mahlzeit noch mal $\frac{1}{5}$ von der ursprünglichen
Menge. Rechne im Heft.

a) Wie viele Liter hat er insgesamt getrunken?
b) Wie viele Liter Cola hat er dann noch im Glas?

13 Drei Freunde haben für eine Party 18 Flaschen Limonade gespendet. ___/4
Nach der Party sind 11 Flaschen leer, 5 halb voll und 2 noch ungeöffnet.
Wie müssen alle Flaschen ohne Umfüllen verteilt werden, damit jeder der drei
Freunde gleich viel bekommt? Rechne im Heft.

Gesamt-
punktzahl
____/41

2 Dezimalbrüche

Es gibt Zahlen, die begegnen einem bei immer wieder: Sei es beim Schulbäcker, wo man für eine Tüte Milch mit Laugenbrötchen 1,35 € bezahlen muss, oder bei den Bundesjugendspielen, wo der Sportlehrer eine Weitsprungweite mit 4,37 m misst. Was bedeuten diese sogenannten Dezimalbrüche und wie rechnet man mit ihnen?

2.1 Die Dezimalschreibweise

Regel

Dezimalbrüche

+ In einem **Dezimalbruch** (oder Dezimalzahl bzw. Kommazahl) wie z. B. 1,375 (sprich: „eins Komma drei sieben fünf") gibt die erste Stelle hinter dem Komma die Zehntel an, die zweite Stelle die Hundertstel, die dritte Stelle die Tausendstel usw. So bedeutet $1,375 = 1 + \frac{3}{10} + \frac{7}{100} + \frac{5}{1000}$.

+ Die Stellen hinter dem Komma heißen **Dezimalstellen** (oder Dezimale bzw. Nachkommastellen). Stehen rechts von einer Dezimale nur noch Nullen, darf man sie auch weglassen: $3,2500 = 3,25$

+ Man wandelt einen **Dezimalbruch in einen Bruch** um, indem man zunächst die Ziffern des Dezimalbruchs ohne Komma in den Zähler schreibt. Im Nenner des Bruchs steht dann eine 10er-Zahl, die so viele Nullen hat, wie es im Dezimalbruch Dezimalstellen gibt.

Beispiel 1: Um 3,75 als Bruch zu schreiben geht man wie folgt vor:
3,75 hat zwei Dezimalstellen. Also muss der Nenner des entsprechenden Bruchs 100 sein. Der Zähler ist 375. Damit ist: $3,75 = 3\frac{75}{100} = 3\frac{3}{4}$ oder auch: $3,75 = \frac{375}{100} = \frac{15}{4}$

1 Schreibe die gesuchte Ziffer in das Kästchen.

a) erste Dezimale von 4,23:   b) Hundertstel von 0,0457:

c) dritte Dezimalstelle von 5,2081:   d) Tausendstel von 7,050 19:

2 Schreibe ohne überflüssige Nullen.

a) 0,702 00 = _____   b) 3,000 10 = _____

c) 0,101 010 = _____   d) 100,000 009 = _____

3 Schreibe als Bruch und kürze vollständig.

a) $0{,}45 = \underline{\hspace{1.5cm}} = \underline{\hspace{1.5cm}}$

b) $2{,}125 = \underline{\hspace{1.5cm}} = \underline{\hspace{1.5cm}}$

c) $1{,}005 = \underline{\hspace{1.5cm}} = \underline{\hspace{1.5cm}}$

d) $2{,}7500 = \underline{\hspace{1.5cm}} = \underline{\hspace{1.5cm}}$

Regel

Man wandelt einen **Bruch in einen Dezimalbruch** um, indem man den Quotienten „*Zähler durch Nenner*" berechnet. Wenn sich dabei bestimmte Ziffern hinter dem Komma ständig wiederholen, erhält man einen **periodischen Dezimalbruch**. Über die sich periodisch wiederholende(n) Ziffer(n) macht man einen Strich.

Beispiel 2: Schreibe als Dezimalbruch: a) $\frac{3}{4}$ b) $\frac{11}{6}$

Sobald man bei der Division einen Rest erhält, muss man dem Rest eine „0" anfügen und im Ergebnis ein Komma setzen.

a) $3 : 4 = 0{,}75$
$\underline{0}$
30
$\underline{28}$
20
$\underline{20}$
0

b) $11 : 6 = 1{,}833\ldots = 1{,}8\overline{3}$
$\underline{6}$
50
$\underline{48}$
20
$\underline{18}$
20
$\ldots$

Tipp

10er-Brüche können auch folgendermaßen in Dezimalbrüche umgewandelt werden: Der Zähler des 10er-Bruchs gibt die Ziffern des Dezimalbruchs an. Die Zahl der Nullen des Nenners gibt die Zahl der Dezimalstellen an, z. B. ist $\frac{7}{100} = 0{,}07$. Da 100 zwei Nullen hat, muss der Dezimalbruch auch zwei Dezimalstellen haben.

4 Schreibe als Dezimalbruch – das geht im Kopf.

a) $\frac{24}{10} = \underline{\hspace{1.5cm}}$ b) $\frac{2008}{1000} = \underline{\hspace{1.5cm}}$ c) $\frac{8}{100} = \underline{\hspace{1.5cm}}$ d) $\frac{75}{10\,000} = \underline{\hspace{1.5cm}}$

5 Schreibe als Dezimalbruch, notiere eventuelle Nebenrechnungen im Heft.

a) $\frac{5}{4} = \underline{\hspace{1.5cm}}$ c) $\frac{12}{5} = \underline{\hspace{1.5cm}}$ d) $\frac{13}{20} = \underline{\hspace{1.5cm}}$ e) $\frac{3}{8} = \underline{\hspace{1.5cm}}$

f) $\frac{7}{50} = \underline{\hspace{1.5cm}}$ g) $\frac{2}{3} = \underline{\hspace{1.5cm}}$ h) $\frac{2}{11} = \underline{\hspace{1.5cm}}$ i) $\frac{20}{9} = \underline{\hspace{1.5cm}}$

2.2 Größenvergleich von Dezimalbrüchen

> **Regel**
>
> Zwei Dezimalbrüche vergleicht man miteinander, indem man die Ziffern stellenweise von links nach rechts miteinander vergleicht. Derjenige Dezimalbruch ist dann größer, der an derselben Stelle zuerst eine größere Ziffer hat. Z.B. 3,7025 > 3,7019. Um die Lage von Dezimalbrüchen auf einem Zahlenstrahl zu bestimmen, muss man die Unterteilung des Zahlenstrahls beachten.

Beispiel 3: Welche Dezimalbrüche sind auf dem Zahlenstrahl markiert?

Der Abstand zwischen den Dezimalbrüchen 0,7 und 0,8 ist in 10 kleinere Abschnitte unterteilt. Da sich 0,7 und 0,8 in der Zehnteldezimale unterscheiden, steht die kleinere Unterteilung des Zahlenstrahls für die Hundertsteldezimale. Also: A = 0,72; B = 0,74 und C = 0,79

6 | Ergänze das Größer- oder Kleinerzeichen.

a) 3,47 ☐ 3,49   b) 12,5071 ☐ 12,5069   c) 0,075 ☐ 0,57

7 | Ordne der Größe nach. Beginne mit der kleinsten Zahl.

a) 0,31; 0,13; 0,103; 1,3; 0,301; 1,03 _____

b) 0,83; 8,3; 83,0; 3,8; 3,08; 80,3 _____

8 | Zeichne die Dezimalzahlen in einen geeigneten Zahlenstrahl.

A = 0,9   B = 1,75   C = 2,05   D = 1,99

9 | Lies die markierten Zahlen ab.

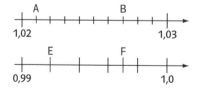

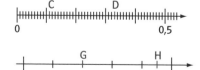

A = _____ ; B = _____ ; C = _____ ; D = _____ ;

E = _____ ; F = _____ ; G = _____ ; H = _____

2.3 Runden von Dezimalbrüchen

> **Regel**
>
> Beim Runden wird der Wert eines Dezimalbruchs näherungsweise angegeben. Zunächst muss man beim Runden wissen, auf welche Dezimalstelle gerundet werden soll. Anschließend wendet man folgende Regeln an:
> + Ist die Ziffer rechts von der zu rundenden Dezimalstelle 0, 1, 2, 3 oder 4, wird **abgerundet**, d.h. man lässt alle Ziffern rechts von dieser Dezimalstelle weg.
> + Ist die Ziffer rechts von der zu rundenden Dezimalstelle 5, 6, 7, 8 oder 9, wird **aufgerundet**, d.h. man lässt alle Ziffer rechts von dieser Dezimalstelle weg und zählt zu dieser Dezimalstelle 1 dazu.
> + **Beachte:** Beim Aufrunden der Ziffer 9 wird aus der 9 eine 0, und die nächste Ziffer links davon wird um 1 erhöht.

Beispiel 4: Runde jeweils auf die erste Dezimale: a) 3,72 und b) 1,57

a) Da rechts von 7 eine 2 steht, muss 3,72 abgerundet werden zu 3,7.

b) Da rechts von 5 eine 7 steht, muss 1,57 aufgerundet werden zu 1,6.

---

10 Fülle die Tabelle aus.

Runde	3,4278	0,04259	12,0994	9,9999
auf eine Dezimale				
auf zwei Dezimale				
auf drei Dezimale				

---

11 Bearbeite.

a) Einer englischen Seemeile entsprechen 1,609 342 6 km. Runde auf Meter.

_____

b) Ein Barrel Rohöl entspricht 158,987 294 928 ℓ. Runde auf ganze Liter.

_____

c) Der Weltrekord über 100 m Sprint liegt bei 9,69 s (Olympiade 2008, Usain Bolt). Warum wird hier üblicherweise nicht auf Sekunden gerundet?

_____

2.4 Addition und Subtraktion von Dezimalbrüchen

Regel

Beim Addieren und Subtrahieren von Dezimalbrüchen schreibt man die Dezimalbrüche so untereinander, dass Komma unter Komma steht. Anschließend addiert bzw. subtrahiert man die Ziffern stellenweise und setzt im Ergebnis das Komma so, dass es ebenfalls unter den anderen Kommas steht.

Beispiel 5: Schreibe untereinander und addiere bzw. subtrahiere.

a) 7,0658 + 3,6247

	7,	0	6	5	8
+	3,	6	2	4	7
1			1	1	
1	0,	6	9	0	5

b) 120,036 − 15,25

	1	2	0,	0	3	6
−		1	5,	2	5	0
		1	1	1		
	1	0	4,	7	8	6

c) 37,34 − 1,89 − 8,72

		1,	8	9
+		8,	7	2
1	1	1		
1	0,	6	1	

	3	7,	3	4
−	1	0,	6	1
		1		
	2	6,	7	3

Tipp

Wenn man von einem Dezimalbruch gleich mehrere Dezimalbrüche abziehen soll, kann man aufgrund des Distributivgesetzes (→ Seite 183, Ausklammern von „−1") zuerst die Summe der Dezimalbrüche berechnen, vor denen ein Minuszeichen steht. Anschließend zieht man das Ergebnis vom ersten Dezimalbruch ab (→ Beispiel 5c).
Wenn die Dezimalbrüche unterschiedlich viele Dezimalstellen haben, darf man rechts **Nullen anfügen**. Dies macht die schriftliche Berechnung übersichtlicher (→ Beispiel 5b).

12 Schreibe im Heft stellengerecht untereinander und berechne.

a) 3,75 + 5,96   b) 10,91 − 5,84   c) 7,03 + 8,679
d) 15,082 − 13,4   e) 24,38 − 7,2 − 12,94   f) 4 − 0,97 − 1,001

13 Schreibe den Rechenausdruck ins Heft und berechne dann.

a) Vermindere 5,055 um die Summe von 1,79 und 2,2.
b) Wie viel fehlt von der Summe von 367,06 € und 54,1 € zu 450 € ?

14 Die Waschmaschine von Familie Sauber musste repariert werden.
Der Handwerker berechnet für:
Anfahrt: 15,45 €;   Ersatzteile: 39,75 €;   Lohn: 85 €;   Mehrwertsteuer: 26,65 €.
Wie hoch sind die Gesamtkosten? Berechne im Heft.

2.5 Multiplikation von Dezimalbrüchen

> **Regel** Man multipliziert zwei Dezimalbrüche miteinander, indem man zunächst die Kommas nicht berücksichtigt. Anschließend setzt man das Komma so, dass im Ergebnis so viele Dezimalen stehen wie in beiden Faktoren zusammen.

Beispiel 6: Berechne: $2,5 \cdot 4,75$
Es ist: $25 \cdot 475 = 11\,875$. Da im Produkt $2,5 \cdot 4,75$ insgesamt drei Dezimalstellen vorkommen, muss das Ergebnis ebenfalls drei Dezimalstellen haben:
$2,5 \cdot 4,75 = 11,875$

> **Tipp** Besonders leicht kann man das **Produkt zwischen** einem **Dezimalbruch und einer 10er-Zahl** berechnen: Hier muss man nur das Komma um so viele Stellen nach *rechts* verschieben, wie die 10er-Zahl Nullen hat.
> Beispielsweise muss man in $4,251 \cdot 100$ das Komma um zwei Stellen nach rechts verschieben, da 100 zwei Nullen hat. Man erhält: $4,251 \cdot 100 = 425,1$
> Fehlende Dezimalstellen müssen durch Nullen ergänzt werden.

15 Setze das Komma an der richtigen Stelle.

a) $2,7 \cdot 9,25 = 2\,4\,9\,7\,5$ b) $4,75 \cdot 0,08 = 3\,8\,0\,0$ c) $16 \cdot 4,005 = 6\,4\,0\,8\,0$

16 Berechne.

a) $0,5 \cdot 2 = $ _____ b) $34,56 \cdot 100 = $ _____

c) $1,5 \cdot 2,0 = $ _____ d) $0,004 \cdot 0,2 = $ _____

e) $3,25 \cdot 5,8 = $ _____ f) $28,24 \cdot 0,022 = $ _____

17 Die Länge der Diagonalen eines Computerbildschirmes wird meist in Zoll angegeben (abgekürzt: "). 1 Zoll entspricht $2,54\,cm$. Berechne in cm.

a) $14" = $ _____

b) $17" = $ _____

18 Ein rechteckiges Zimmer ist $4,93\,m$ breit und $6,75\,m$ lang.
Welche Fläche hat das Zimmer? Runde auf die zweite Dezimalstelle.

2.6 Division von Dezimalbrüchen

> **Regel**
>
> Man dividiert **durch einen Dezimalbruch**, indem man im Dividend (linke Zahl) und im Divisor (rechte Zahl) die Kommas gleichzeitig solange nach rechts verschiebt, bis im Divisor kein Komma mehr da steht. Wenn der Dividend weniger Dezimalen hat als der Divisor, ergänzt man die fehlenden Dezimalen durch „0" ergänzen (→ Beispiel 7b). **Beachte:** Bei der *Division durch eine natürliche Zahl* muss man im Ergebnis immer dann ein Komma setzen, wenn das Komma im Dividend überschritten wird oder wenn ein Rest übrig bleibt.

Beispiel 7: Berechne.

a) $24{,}15 : 0{,}7$. Man verschiebt die Kommas um 1 Stelle nach rechts:

$24{,}15 : 0{,}7 =$

	2	4	1,	5	:	7	=	3	4,	5
−	2	1								
		3	1							
	−	2	8							
			3	5						
		−	3	5						
				0						

Komma wird überschritten

b) $1{,}5 : 0{,}05$. Im Dividend muss erst noch eine 0 ergänzt werden:

$1{,}5 = 1{,}50$

Damit folgt:

$1{,}50 : 0{,}05 = 150 : 5 =$ **30**

> **Tipp**
>
> Besonders einfach ist die Division durch eine 10er-Zahl: Hier muss man im Dezimalbruch lediglich das Komma um so viele Stellen nach *links* verschieben, wie die 10er-Zahl Nullen hat. Fehlende Stellen müssen dabei *links* durch Nullen ergänzt werden. Beispiele: $634{,}7 : 100 = 6{,}347$ oder $1{,}3 : 1000 = 0{,}0013$

19 Berechne, schreibe Nebenrechnungen ins Heft.

a) $1{,}8 : 6 =$ _____

b) $0{,}16 : 4 =$ _____

c) $2{,}8 : 7 =$ _____

d) $345{,}67 : 100 =$ _____

e) $27{,}3 : 3{,}5 =$ _____

f) $9{,}3 : 0{,}05 =$ _____

g) $7{,}8 : 2{,}25 =$ _____

h) $74{,}12 : 1{,}7 =$ _____

20 Ein Stapel Papier mit 500 Blatt (DIN A4) wiegt 2,55 kg.
Wie viel Gramm wiegt ein Blatt?

 Info plus **DIN-Formate**

Bei der Festlegung der Papierformate DIN A0, DIN A1, ... hat man sich Folgendes überlegt. Zum einen sollte das Verhältnis der Breite zur Länge in allen Formaten gleich sein. Außerdem sollte durch Halbieren eines Formats (quer zur Längsseite) das nächstkleinere Format entstehen.
Diese Vorgaben werden dann eingehalten, wenn das Verhältnis der Breite zur Länge 1 zu 1,414 ist. Ausgehend von DIN A0 (841 x 1189 mm) gelangt man auf diese Weise zu dem DIN-A4-Format 210 x 297 mm. Übrigens: Das DIN-A0-Format besitzt eine Fläche von genau 1 m². Bei einem Gewicht von 80 g pro Quadratmeter wiegt dann ein DIN-A4-Blatt $\frac{1}{16}$ von 80 g, also 5 g.

21 Gib den Abstand zweier Zaunlatten an, wenn eine Latte 4,8 cm breit ist.

108,5 cm

22 Karl will sein Zimmer neu streichen. Wie viele Eimer Farbe braucht er, wenn ein Eimer für 18 m² reicht und er eine Fläche von 85,5 m² streichen möchte?

23 In der Klasse 7 b sind 28 Schülerinnen und Schüler. Die geplante Klassenfahrt kostet insgesamt 441 €. Wie hoch sind die Kosten pro Person?

2.7 Dezimalbrüche als Maßzahlen

> **Regel**
>
> Wenn die Maßzahl ein Dezimalbruch ist, können Maßeinheiten durch einfache Verschiebung des Kommas ineinander umgerechnet werden: Zur nächstkleineren Einheit jeweils um die **angegebene Zahl** nach *rechts*, zur nächstgrößeren Einheit nach *links*:
>
> **Längen:** m ↔ dm ↔ cm ↔ mm ; **1 Stelle**
> **Flächen:** ha ↔ a ↔ m^2 ↔ dm^2 ↔ cm^2 ↔ mm^2; **2 Stellen**
> **Volumen:** m^3 ↔ dm^3 (= ℓ) ↔ cm^3 ↔ mm^3 (= ml); **3 Stellen**
> **Gewicht:** t ↔ kg ↔ g ↔ mg; **3 Stellen**
> **Beachte:** Bei der Umrechnung von **km in m** muss das Komma um **3 Stellen** verschoben werden!
> **Zeiteinheiten** können nicht durch Kommaverschiebung ineinander umgerechnet werden, da die Umrechnungsfaktoren keine 10er-Zahlen sind.

Beispiel 8: Rechne um.

a) 3,52 m = _____ cm   b) 25,8 dm^2 = _____ m^2 c) 2,5 h = _____ min

a) Von m zu cm sind es zwei Schritte nach rechts: 3,52 m = 352 cm
b) Von dm^2 zu m^2 ist es ein Schritt nach links. Da es Flächeneinheiten sind, muss das Komma um 2 Stellen nach links verschoben werden:
   25,8 dm^2 = 0,258 m^2
c) Hier darf man das Komma nicht verschieben. Statt dessen muss man 2,5 h mit 60 multiplizieren, da 1 h = 60 min sind: 2,5 h = 2,5 · 60 min = 150 min

| 24 | Wandle in die angegebene Einheit um: |

a) 4,35 m = _____ cm   b) 0,5 ℓ = _____ m^3

c) 2500 kg = _____ t   d) 234 mm = _____ dm

e) 45 dm^2 = _____ m^2 f) 90 min = _____ h

g) 5 m 75 cm = _____ cm   h) 270 g = _____ kg

i) 0,25 dm = _____ mm   j) $\frac{3}{4}$ m = _____ dm

k) $\frac{1}{2}$ t = _____ kg   l) $\frac{3}{4}$ h = _____ s

12 Wie kann man einen Dezimalbruch noch bezeichnen?

_____

13 Wie nennt man die Stellen rechts vom Komma?

_____

14 Wie wandelt man einen 10er-Bruch in einen Dezimalbruch um?

_____

15 Wie kann man mit dem Taschenrechner einen Bruch leicht in einen Dezimalbruch umrechnen?

_____

16 Was muss man beachten, wenn man Dezimalbrüche schriftlich addieren bzw. subtrahieren will?

_____

17 Wie geht man vor, wenn man das Produkt zweier Dezimalbrüche berechnen will?

_____

18 Wie kann man das Produkt zwischen einem Dezimalbruch und einer 10er-Zahl angeben, ohne rechnen zu müssen?

_____

19 Wie geht man vor, wenn man den Quotient zweier Dezimalbrüche berechnen will?

_____

20 Warum darf man beim Umrechnen von Zeiteinheiten nicht einfach das Komma verschieben?

_____

21 Was ist das Besondere, wenn man km in m umrechnen will bzw. umgekehrt m in km?

_____

___/4 **1** Schreibe die Brüche als Dezimalbruch, runde dann auf die zweite Dezimale und ordne der Größe nach.

a) $\frac{4}{5}$; 0,79; $\frac{2}{3}$; 0,09; $1\frac{1}{2}$; 1,05 _____

_____

b) 3,4; $\frac{19}{6}$; $\frac{16}{5}$; 2,9; 3,09 _____

_____

___/2 **2** Lies die markierten Zahlen ab:

A = _____; B = _____;

0,6   A   B   0,65

___/2 **3** In den USA verwendet man das Volumenmaß „Gallon". 1 Gallon entspricht etwa 3,7854 ℓ. Rechne in Liter um. (Runde auf die erste Dezimale):

a) 10 Gallon = _____

b) 0,5 Gallon = _____

c) 3,8 Gallon = _____

___/2 **4** Klara bekommt 40 € Taschengeld pro Woche.
Wie viel Euro kann sie jeden Tag ausgeben? Runde das Ergebnis sinnvoll.

_____

___/4 **5** Fabians Mutter kauft 0,250 kg Butter zu 5,60 € das kg, außerdem 450 g Wurst zu 17,80 € pro kg und schließlich 750 g Käse zu einem Kilopreis von 12,48 €.
Wie viel bekommt sie zurück, wenn sie mit einem 50-€-Schein bezahlt?

_____

_____

___/2 **6** Jeder Einwohner in Deutschland verbraucht täglich durchschnittlich 285 g Mehl.
Wie groß ist der Jahresbedarf (in kg) einer vierköpfigen Familie?

_____

7 Prinz Baldrian möchte seine angebetete Prinzessin Kommagunde im ___/8
Königreich Dezimalien besuchen.

Leider muss man in Dezimalien für die Wegbenutzung Gebühren bezahlen, die
nach einem sehr komplizierten Schema berechnet werden. Die Gebühren stehen
auf den Schildern. Alle Angaben in Taler.

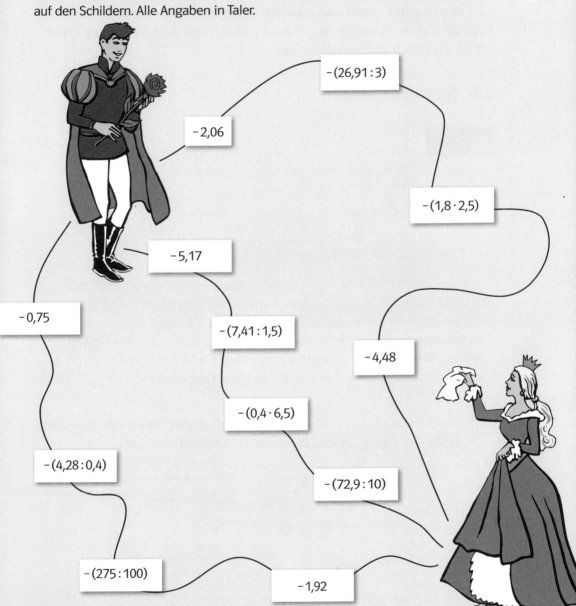

-(26,91 : 3)

-2,06

-(1,8 · 2,5)

-5,17

-0,75

-(7,41 : 1,5)

-4,48

-(0,4 · 6,5)

-(4,28 : 0,4)

-(72,9 : 10)

-(275 : 100)

-1,92

a) Welche Wege kann Prinz Baldrian benutzen, wenn er nur 20 Taler bei sich hat?

b) Wie viele Rosen kann er der Prinzessin dann noch mitbringen, wenn eine Rose
0,85 Taler kostet?

Gesamt-
punktzahl
___/24

3 Rationale Zahlen

Wenn es im Winter sehr kalt wird, sinken die Temperaturen unter 0°C.
Das Thermometer zeigt eine negative Temperatur an. Ungemütlich kann es
auch dann werden, wenn man mehr Geld ausgibt als man auf dem Konto hat.
Dann gerät man nämlich in die „Miesen", die man nur mithilfe der negativen
Zahlen darstellen und berechnen kann.

3.1 Negative Zahlen

> **Regel**
> Neben den positiven Zahlen gibt es auch **negative Zahlen**.
> Sie liegen auf dem Zahlenstrahl links vom Nullpunkt. Man erhält sie, indem man
> die positiven Zahlen am Nullpunkt spiegelt:
>
>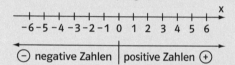
>
> „+" und „–" sind **Vorzeichen**. Eine negative Zahl kennzeichnet man durch das
> Minuszeichen, zum Beispiel: –2 (sprich: minus zwei). Steht vor einer Zahl kein
> Vorzeichen, ist sie immer positiv. Zum Beispiel gilt: 3 = +3.
> Der **Betrag** einer Zahl ist ihr Abstand von 0. Er ist immer positiv. Der Betrag wird
> durch die Betragsstriche gekennzeichnet. Zum Beispiel ist: |–2| = 2.
> Spiegelt man eine Zahl an der 0, erhält man ihre **Gegenzahl**.

1 Trage die Zahlen –2,5; –4,5 und 1,5 auf dem Zahlenstrahl ab. Ordne sie der
Größe nach. Gib außerdem jeweils den Betrag und die Gegenzahl an.

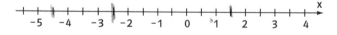

_____

_____

2 Gib die markierten
Zahlen an.

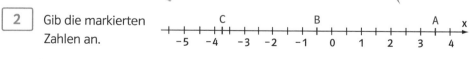

A = _____ ; B = _____ ; C = _____

3 | Trage die Punkte in das
Koordinatensystem ein.

A(-2|1); B(4|-3); C(-3|-1); D(0|-2).

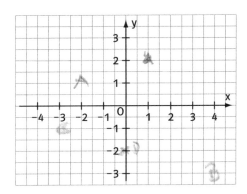

 Info plus   Die Inder rechneten bereits im 7. Jahrhundert n. Chr. mit negativen Zahlen. In Europa hingegen gab es einen jahrhundertelangen Streit um die negativen Zahlen. Erst der berühmte Mathematiker Leonard Euler (1707 – 1783) hat den negativen Zahlen auch in Europa zum Durchbruch verholfen.

3.2 Natürliche, ganze und rationale Zahlen

Regel

Zahlenmengen

+ Die **Menge ℕ der natürliche Zahlen** besteht aus der Null und allen positiven, ganzen Zahlen: ℕ = {0, 1, 2, 3, …}.

+ Die **Menge ℤ der ganzen Zahlen** enthält zusätzlich zu den natürlichen Zahlen auch die negativen, ganzen Zahlen (-1; -2; -3; …).

+ Wenn man zu dieser Menge der ganzen Zahlen noch alle positiven und negativen Brüche und Dezimalbrüche hinzunimmt, erhält man die **Menge ℚ der rationalen Zahlen**.

Man kann sich die Beziehung der verschiedenen Zahlenmengen anhand der Kreise einer Zielscheibe veranschaulichen. Jeder Kreis der Zahlenmenge enthält gleichzeitig die Kreise, die in ihm liegen. So ist z. B. die Zahl 7 nicht nur eine natürliche Zahl, sondern auch eine ganze und rationale Zahl. Die Dezimalzahl 2,75 hingegen gehört nur zu ℚ, nicht aber zu ℕ oder zu ℤ.

Tipp   Manchmal verbirgt sich hinter einem Bruch oder einem Dezimalbruch eine ganze bzw. natürliche Zahl: 5,0 = 5 oder $\frac{18}{3}$ = 6. Teste dies vor der Zuordnung zu einer Zahlenmenge!

---

4 Ordne die Zahlen den richtigen Zahlenmengen zu.

a) $0; -2; 5; 3,1; \frac{4}{5}; -\frac{16}{2}; +\frac{7}{1}; 1,0$

b) $\frac{8}{5}; -\frac{10}{5}; -0,1; +\frac{3}{1}; -2,5; +2\frac{1}{3}$

$\mathbb{N}$: _____

$\mathbb{N}$: _____

$\mathbb{Z}$: _____

$\mathbb{Z}$: _____

$\mathbb{Q}$: _____

$\mathbb{Q}$: _____

5 Entscheide, ob die Aussage richtig oder falsch ist. Begründe deine Antwort.

a) Die Zahl $2\frac{1}{4}$ ist eine rationale **und** eine ganze Zahl.

_____

b) Die Zahl $-5,0$ gehört nur zu den Mengen $\mathbb{Q}$ und $\mathbb{Z}$, nicht aber zur Menge $\mathbb{N}$.

_____

c) Die Gegenzahl einer natürlichen Zahl gehört immer zur Menge $\mathbb{Z}$.

_____

3.3 Addition und Subtraktion rationaler Zahlen

Regel

Ausdrücke wie $a + b$ und $a - b$ (mit $a, b \in \mathbb{Q}$ und $b > 0$) kann man auf dem Zahlenstrahl leicht mit einem **Additions-** bzw. **Subtraktionspfeil** berechnen. Zur Berechnung von $a + b$ geht man von a aus um b Einheiten nach *rechts*. Das Ende des Pfeils zeigt das Ergebnis an:

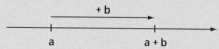

Zur Berechnung von $a - b$ geht man von a aus um b Einheiten nach *links*. Das Ende des Pfeils zeigt das Ergebnis an:

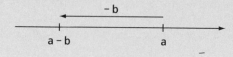

Beachte: Das **Rechenzeichen** gibt an, was man tun soll: addieren oder subtrahieren. Ein Rechenzeichen steht immer zwischen zwei Zahlzeichen.

Das **Vorzeichen** zeigt an, ob es sich um eine positive oder negative Zahl handelt. Links von einem Vorzeichen steht entweder gar nichts oder eine Klammer.

Beispiel 1: Auf dem nebenstehenden Zahlenstrahl ist die Rechnung $+2-6$ veranschaulicht. Von „$+2$" aus geht man 6 Schritte nach links und landet bei „-4": $+2-6 = \mathbf{-4}$

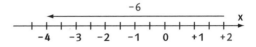

6 | Veranschauliche im Heft auf einem Zahlenstrahl und gib das Ergebnis an.

a) $-3+7 =$ _____ b) $5-8 =$ _____ c) $-1-5 =$ _____ d) $-7,5+4 =$ _____

7 | An einem Wintertag zeigt das Thermometer 5°C an. Am nächsten Tag fällt die Temperatur um 12°C. Wie kalt ist es dann?

_____

8 | Maria hat noch 15€ auf ihrem Konto. Um sich eine neue Musik-CD kaufen zu können, hebt sie 21€ ab. Welchen Kontostand hat ihr Konto dann?

_____

> **Regel**
>
> Ohne Zahlenstrahl berechnet man Ausdrücke wie $a+b$ und $a-b$ (mit $a, b \in \mathbb{Q}$ und $b > 0$) nach folgenden Regeln:
> 1. Das Vor- bzw. Rechenzeichen, das vor dem größeren Zahlzeichen steht, gibt das Vorzeichen des Ergebnisses an.
> 2. Steht vor a und b das **gleiche Vor- bzw. Rechenzeichen**, erhält man den Betrag des Ergebnisses, indem man die Beträge von a und b **addiert**.
> 3. Stehen vor a und b **verschiedene Vor- bzw. Rechenzeichen**, erhält man den Betrag des Ergebnisses, indem man den kleineren Betrag vom größeren **subtrahiert**.

Beispiel 2: Es ist $-4+7 = +3$, weil „$+$" vor der größeren Zahl 7 steht. Wegen der unterschiedlichen Vor- bzw. Rechenzeichen, muss man $7-4 = 3$ rechnen, um den Betrag des Ergebnisses zu erhalten.

9 Schreibe zuerst das Vorzeichen in das Kästchen ☐.
Berechne dann den Betrag des Ergebnisses.

a) $-2 + 9 =$ ☐ _____
b) $-3 - 8 =$ ☐ _____
c) $-28 + 13 =$ ☐ _____

d) $52 - 75 =$ ☐ _____
e) $-83 - 71 =$ ☐ _____
f) $-39 + 0,5 =$ ☐ _____

10 Berechne.

a) $-2,5 + 3,9 =$ _____
b) $-5,75 - 1,25 =$ _____

c) $\frac{4}{7} - \frac{18}{7} =$ _____ $=$ _____
d) $-\frac{31}{5} + 3,4 =$ _____ $=$ _____

e) $-\frac{18}{5} - \frac{21}{10} =$ _____ $=$ _____
f) $3\frac{3}{4} - 7,5 =$ _____ $=$ _____

> ⚠ **Regel**
>
> **Einfache Klammerausdrücke**
>
> Wenn in Rechenausdrücken rationale Zahlen eingeklammert sind, sollte man die Klammern nach folgenden Regeln auflösen, bevor man weiterrechnet:
>
> ✚ Steht vor einer Klammer kein Rechenzeichen, lässt man sie einfach weg:
> $(+a) = +a$ und $(-a) = -a$; z.B. $(+9) = +9$ oder $(-9) = -9$
>
> ✚ Steht vor einer Klammer ein Vor- bzw. Rechenzeichen, gilt:
> Bei **gleichen Vor- bzw. Rechenzeichen** erhält man Plus:
> $+(+a) = +a$; $-(-a) = +a$; z.B. $4 + (+7) = 4 + 7$ oder $4 - (-7) = 4 + 7$
> Bei **verschiedenen Vor- bzw. Rechenzeichen** erhält man Minus:
> $-(+a) = -a$; $+(-a) = -a$; z.B. $3 - (+8) = 3 - 8$ oder $3 + (-8) = 3 - 8$

11 Schreibe ohne die Klammer und berechne.

a) $(+4) + (-8) =$ _____

b) $(-5) - (-7) =$ _____

c) $(+15) - (+9) =$ _____

d) $(-12) + (+7) =$ _____

e) $(-7,2) + (+9,5) =$ _____

f) $\left(-\frac{2}{3}\right) - \left(+\frac{2}{3}\right) =$ _____

Regel

Kompliziertere Klammern auflösen

Klammern um eine Summe bzw. Differenz können auch aufgelöst werden, ohne dass man zuvor den Klammerinhalt berechnen muss.

Dabei gelten folgende Regeln:

➕ Steht vor der Klammer nichts oder ein Plus, kann man die Klammer einfach weglassen; z. B. ist $+(4 - 5 - 7) = +4 - 5 - 7$.

➕ Steht vor der Klammer ein Minus, muss man alle Rechenzeichen in der Klammer „umdrehen", bevor man die Klammer streichen darf. „Umdrehen" heißt: aus „+" wird „-" und aus „-" wird „+"; z. B. ist $-(2 - 8 + 5) = -2 + 8 - 5$.

Wichtiger Sonderfall:

Falls der erste Summand in der Klammer ein Vorzeichen trägt, gilt:

„+(-" wird zu „-"; „-(+" wird zu „-"; „+(+" wird zu „+"; „-(-" wird zu „+";

z. B. $1 + (-8 - 3 - 5) = 1 - 8 - 3 - 5$.

---

12 Schreibe erst ohne die Klammern und berechne dann.

a) $(3 + 5) - 7 = $ _____

b) $-4 - (5 - 7 + 1) = $ _____

c) $2 + (-8 + 7) = $ _____

d) $-(+4{,}5) - (-6{,}1 - 0{,}5) = $ _____

e) $(-0{,}9 - 7{,}1) - \left(+\frac{1}{2} - \frac{3}{4}\right) = $ _____

13 Berechne zuerst die Klammerinhalte. Du müsstest dieselben Ergebnisse wie bei Aufgabe 12 erhalten.

a) $(3 + 5) - 7 = $ _____

b) $-4 - (5 - 7 + 1) = $ _____

c) $2 + (-8 + 7) = $ _____

d) $-(+4{,}5) - (-6{,}1 - 0{,}5) = $ _____

e) $(-0{,}9 - 7{,}1) - \left(+\frac{1}{2} - \frac{3}{4}\right) = $ _____

3.4 Multiplikation rationaler Zahlen

> **Regel**
> Man **multipliziert zwei rationale Zahlen** miteinander, indem man zunächst ihre Beträge multipliziert. Das Vorzeichen des Produkts erhält man mit folgenden Regeln:
> + Haben beide Zahlen das **gleiche Vorzeichen**, trägt das Ergebnis ein Pluszeichen; z.B. $(-9) \cdot (-7) = +63$.
> + Haben beide Zahlen **unterschiedliche Vorzeichen**, trägt das Ergebnis ein Minuszeichen; z.B. $(+5) \cdot (-7) = -35$.
> **Beachte:** Wenn zwei Klammerterme nebeneinander stehen, ist immer „mal" gemeint, auch wenn kein Malpunkt da steht. So gilt: $(+5)(-7) = (+5) \cdot (-7) = -35$.

14 Fülle die Tabelle aus.

1. Faktor	2. Faktor	Vorzeichen des Produkts	Betrag des Produkts
$+8$	-4		
-12	-7		
$+15$	-3		
$-\dfrac{5}{9}$	$\dfrac{3}{10}$		

15 Berechne. Achte auf die Vorzeichen, die du noch ergänzen musst ☐.

a) $(-7) \cdot (+4) =$ _____

b) $(\boxed{}9)(-8) = +$ _____

c) $(-6) \cdot (\boxed{}6) = -$ _____

d) $-3 \cdot (\boxed{}1{,}5) = +$ _____

e) $-\dfrac{1}{2} \cdot (+5) =$ _____

f) $(-2{,}5) \cdot \left(-\dfrac{3}{4}\right) = \boxed{}$ _____ $=$ _____

g) $-4{,}8 \cdot 5 =$ _____

h) $-\dfrac{2}{3} \cdot \left(-\dfrac{9}{8}\right) = \boxed{}\dfrac{}{}$

> **Regel**
>
> Man **multipliziert mehrere rationale Zahlen** miteinander, indem man zunächst ihre Beträge multipliziert. Das Vorzeichen des Produkts erhält man mit folgenden Regeln:
>
> + Ist die Zahl der vorkommenden Minuszeichen **gerade**, trägt das Ergebnis ein Pluszeichen; z.B. $(-2) \cdot (+3) \cdot (-4) \cdot (+2) = +48$.
> + Ist die Zahl der vorkommenden Minuszeichen **ungerade**, trägt das Ergebnis ein Minuszeichen; z.B. $(-5) \cdot (+2) \cdot (-4) \cdot (-3) = -120$.
>
> **Beachte:** Bei der **Multiplikation mit 0** braucht man sich weder um das Vorzeichen noch um den Betrag des Ergebnisses kümmern. Denn falls in einem Produkt auch nur eine 0 als Faktor vorkommt, ist das ganze Ergebnis immer 0!

16   Berechne. Verwende dein Heft für Nebenrechnungen.

a) $9 \cdot (+5) \cdot (-2) =$ _____

b) $6 \cdot (-7) \cdot 3 \cdot (-2) =$ _____

c) $(-3) \cdot (-4) \cdot (-5) \cdot (+1) =$ _____

d) $-11 \cdot \left(-\frac{3}{22}\right) \cdot \frac{4}{3} =$ _____

e) $2 \cdot (-1,5) \cdot \left(-\frac{5}{6}\right) \cdot 12 =$ _____

f) $(-25) \cdot 13 \cdot (-9) \cdot 0 \cdot (-21) =$ _____

3.5 Division rationaler Zahlen

> **Regel**
>
> Die **Division zweier rationaler Zahlen** führt man zunächst mit den Beträgen beider Zahlen durch. Das Vorzeichen des Ergebnisses wird nach den gleichen Regeln wie bei der Multiplikation ermittelt:
>
> + Haben beide Zahlen das **gleiche Vorzeichen**, trägt das Ergebnis ein Pluszeichen; z.B. $(-24) : (-6) = +4$.
> + Haben beide Zahlen **unterschiedliche Vorzeichen**, trägt das Ergebnis ein Minuszeichen; z.B. $(+48) : (-8) = -6$.
> + Für **Brüche mit negativem Zähler und/oder Nenner** gilt entsprechend diesen Vorzeichenregeln: $\frac{-3}{4} = \left(-\frac{3}{4}\right); \frac{3}{-4} = \left(-\frac{3}{4}\right); \frac{-3}{-4} = \frac{3}{4}$.
>
> **Beachte:** Die Division durch 0 ist nicht zulässig!

17   Berechne. Ergänze fehlende Vorzeichen.

a) $(-28) : (+4) =$ _____

b) $(-63) : (\square 9) = +$ _____

c) $(-54) : (\square 6) = -$ _____

d) $-3 : \left(-\frac{3}{4}\right) =$ _____

e) $-\frac{1}{2} : \left(+\frac{5}{4}\right) = \square$ ——

f) $-\frac{3}{4} : 8 = \square$ ——

18 Dividiere die Zahlen der linken Spalte durch die Zahlen der oberen Zeile und trage die Dezimalbrüche in die Tabelle ein. Wenn du die Ergebnisse der Größe nach absteigend ordnest, ergeben die Buchstaben in den Feldern einen Lösungssatz.

:	4	−2	+3	−1
+15	R	E	H	T
−12	H	E	N	S
$-\frac{1}{2}$	E	U	R	G
0,48	G	E	T	C

Lösungssatz: _____

19 Schreibe so um, dass in Zähler und Nenner der Brüche kein Minus mehr steht und berechne.

a) $\frac{7}{5} + \frac{-2}{-5} =$ _____

b) $\frac{3}{7} - \frac{9}{-7} =$ _____

c) $\frac{5}{22} + \frac{-2}{11} =$ _____

d) $\frac{5}{6} - \frac{-9}{8} =$ _____

3.6 Verbindung der Rechenarten

Auch beim Rechnen mit rationalen Zahlen gelten die Rechenregeln „Klammer zuerst" und „Punkt vor Strich". Achte auch auf die Distributivgesetze.

Regel

Distributivgesetz der Multiplikation
$$a \cdot (b + c) = a \cdot b + a \cdot c$$
Das Anwenden des Distributivgesetzes nennt man auch **Ausmultiplizieren**.

Beispiel 3:
1. Fall: Der **Faktor a** nicht in der Klammer: Man multipliziert jeden Summanden in der Klammer mit a und löst danach die Klammer auf (→ Seite 179).

$1 - 3 \cdot (2 - 7 + 9) = 1 - (6 - 21 + 27) = 1 - 6 + 21 - 27$

2. Fall: Der **Faktor a** steht ebenfalls in einer Klammer: Man multipliziert *unter Beachtung der Vorzeichenregeln* (→ Seite 180) jeden Summanden in der Klammer mit a und löst danach die Klammer auf.

$2 + (-3) \cdot (5 + 8) = 2 + (5 \cdot (-3) + 8 \cdot (-3)) = 2 + (-15 - 24) = 2 - 15 - 24$

20 | Berechne. Beachte die Regel „Punkt vor Strich".

a) $25 - 24 + 8 \cdot (-5) - 21 =$ _____

b) $(-12) + 9 : \left(-\frac{3}{4}\right) \cdot (-7) + 8,5 =$

_____

c) $-\frac{7}{5} - \frac{12}{5} \cdot 4 - (-6,5) \cdot 2 =$ _____

d) $(-5) \cdot \left(-3\frac{1}{2}\right) + 3,5 - 5 \cdot 7,2 =$

21 | Denke an das Distributivgesetz und trage die richtigen Vor- bzw. Rechenzeichen in die Kästchen ein.

a) $-2 \cdot (8 - 12) = \square 16 \square 24$

b) $(-3 - 7) \cdot 5 = \square 15 \square 35$

c) $3 + (-2) \cdot (5 - 9) = 3 \square (\square 10 \square 18) = 3 \square 10 \square 18$

d) $1 - (9 - 2) \cdot (-4) = 1 \square (\square 36 \square 8) = 1 \square 36 \square 8$

22 | Multipliziere die Klammern aus und berechne.

a) $1 - 6 \cdot (3 - 5) =$ _____

b) $2 - (-5 + 9) \cdot 7 =$ _____

c) $9 - (3 - 4) \cdot (-6) =$ _____

d) $2,5 - \frac{3}{4} \cdot \left(-8 + \frac{4}{3}\right) =$

Tipp Man kann das Distributivgesetz auch „rückwärts" anwenden: $a \cdot b + a \cdot c = a \cdot (b + c)$. Mit diesem Rechenvorgang, dem sogenannten **Ausklammern**, kann man sich die Rechnung manchmal erleichtern, z.B.: $-12 \cdot \mathbf{14} + 15 \cdot \mathbf{14} = \mathbf{14} \cdot (-12 + 15) = \mathbf{14} \cdot 3 = 42$.

23 | Berechne durch Ausklammern.

a) $-86 \cdot 7 + 36 \cdot 7 =$ _____

b) $-20 \cdot 67 + (-20) \cdot 33 =$ _____

c) $\frac{4}{5} \cdot 2{,}45 - 0{,}95 \cdot \frac{4}{5} =$ _____

d) $0{,}5 \cdot 2\frac{1}{6} - 0{,}5 \cdot \left(-3\frac{5}{6}\right) =$

_____

 Regel

Distributivgesetz der Division

$$(b + c) : a = b : a + c : a$$

Beispiel 4:

1. Fall: Der **Faktor a** steht in keiner Klammer: Man dividiert jeden Summanden in der Klammer durch a und löst danach die Klammer auf (→ Seite 179).

$1 - (12 - 16) : 4 = 1 - (3 - 4) = 1 - 3 + 4$

2. Fall: Der **Faktor a** steht ebenfalls in einer Klammer: Man dividiert jeden Summanden in der Klammer *unter Beachtung der Vorzeichenregeln* (→ Seite 180) durch a und löst danach die Klammer auf.

z.B. $2 + (15 + 18) : (-3) = 2 + (15 : (-3) + 18 : (-3)) = 2 + (-5 - 6) = 2 - 5 - 6$

Zur Erinnerung: Man dividiert durch einen Bruch, indem man mit seinem Kehrbruch multipliziert.

24 Ergänze in den Kästchen die richtigen Vor- bzw. Rechenzeichen.

a) $3 + (-35 - 20) : 5 = 3 \,\square\, (\square\, 7 \,\square\, 4) = 3 \,\square\, 7 \,\square\, 4$

b) $(+22 - 14) : (-2) = (\square\, 11 \,\square\, 7) = \square\, 11 \,\square\, 7$

c) $7 - (-30 + 18) : (-6) = 7 \,\square\, (\square\, 5 \,\square\, 3) = 7 \,\square\, 5 \,\square\, 3$

d) $9 + (24 - 32) : (+4) = 9 \,\square\, (\square\, 6 \,\square\, 8) = 9 \,\square\, 6 \,\square\, 8$

25 Wende das Distributivgesetz an, löse die Klammern auf und berechne.

a) $7 - (14 - 35) : 7 =$ _____

b) $5 + (-27 + 18) : (-9) =$ _____

c) $1 - (12 + 30) : (-6) =$ _____

d) $3 + (-4 + 8) : \left(-\frac{4}{7}\right) =$

_____

e) $4{,}5 - (2{,}0 - 7{,}5) : (-5) =$ _____

f) $-\frac{2}{3} - \left(-\frac{1}{2} + \frac{5}{6}\right) : \left(-\frac{1}{6}\right) =$

_____

22 Nenne zwei alltägliche Beispiele, bei denen man mit negativen Zahlen rechnen muss. _____

23 Wo liegen die negativen Zahlen auf der Zahlengeraden?

_____

24 Wie erhält man die Gegenzahl von einer Zahl?

_____

25 Wie hängen die Zahlenmengen $\mathbb{N}$, $\mathbb{Z}$ und $\mathbb{Q}$ miteinander zusammen?

_____

26 Nach welchen Regeln löst man die Klammern in Ausdrücken wie $+(+a)$; $+(-a)$; $-(+a)$ und $-(-a)$ auf?

_____

27 Nach welcher Regel löst man die Klammern um eine Summe auf, wenn vor der Klammer ein Plus steht? Welchen Sonderfall muss man dabei beachten?

_____

28 Nach welcher Regel löst man die Klammern um eine Summe auf, wenn vor der Klammer ein Minus steht? Welchen Sonderfall muss man dabei beachten?

_____

29 Wie lauten die Vorzeichenregel bei der Multiplikation (bzw. Division) zweier rationaler Zahlen?

_____

30 Nach welchen Regeln multipliziert man *mehrere* rationale Zahlen miteinander? _____

31 Warum ist es so angenehm, wenn in einem Produkt der Faktor 0 vorkommt?

_____

32 Wie dividiert man durch einen negativen Bruch?

_____

__/4 | **1** | Trage die Punkte in ein Koordinatensystem ein und verbinde sie. Du erhältst eine schöne Figur. A (0,5 | – 1); B (2,5 | – 0,5); C (0,5 | 0); D (0 | 2,5); E (– 0,5 | 0); F (– 2,5 | – 0,5); G (– 0,5 | – 1); H (0 | – 3,5)

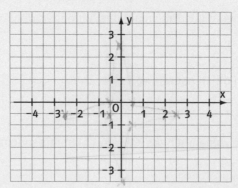

__/3 | **2** | Markiere alle Buchstaben, die über einer ganzen Zahl stehen. Du erhältst so ein Lösungswort.

U	Z	A	E	H	I	L	E	K	R	N	N	M	A	E	H	E	N	O	L	G	E
1,7	2	9	$\frac{5}{7}$	–1	$\frac{2}{3}$	+5	7	3,5	$2\frac{1}{4}$	0,1	12	–5	$\frac{3}{2}$	4,1	$\frac{4}{8}$	$|-5|$	–3	0,1	$\frac{9}{11}$	–8	–101

_____

__/6 | **3** | Berechne.

a) 3,5 + (– 2,4) – 21 – (– 17) = _____

b) 9 – [– 6 + (– 4)] – 8 = _____

c) $-[12,4 - (-8,2)] - \left[-3,25 + \left(-\frac{1}{2}\right)\right] - (4,6 - 2,5) =$ _____

_____

__/6 | **4** | Berechne jeweils das Produkt der Zahlen rund um ein weißes Feld und schreibe das Ergebnis in das weiße Feld. Wenn du die weißen Felder von groß nach klein ordnest, erfährst du, wie du bist.

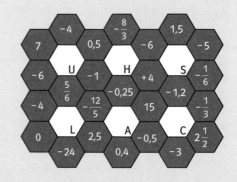

5 Berechne. ___/4

a) $15 + (-8) : \frac{3}{4} \cdot (-6) - (-59) =$ _____

b) $-36 \cdot \left(-\frac{7}{9}\right) + 2,5 \cdot (-8) + 8 : \left(-\frac{16}{7}\right) =$ _____

6 Multipliziere die Klammer aus und berechne. ___/4

a) $0,5 \cdot (-10) - 8 \cdot \left(-\frac{3}{4} + 2\right) =$ _____

b) $1,2 - \left(1,5 + \frac{4}{3}\right) \cdot (-6) =$ _____

7 Klammere aus und berechne. ___/2

a) $3 \cdot (-2,75) + 3 \cdot 1,25 =$ _____

b) $-82,5 \cdot 19 + 19 \cdot 12,5 =$ _____

8 Trage die Beträge der Ergebnisse ein. Wenn du die Buchstabenfelder der ___/9
Größe nach ordnest (beginne mit der kleinsten Zahl), erhältst du das
Lösungswort. (Nebenrechnungen im Heft.)

Waagrecht:

1) $-55 + (-65)$

3) $-(-12) + (-3) \cdot (-9)$

5) $(-27) \cdot \left(-\frac{1}{3}\right) - 36 : \left(-\frac{1}{2}\right)$

6) $\left[5 + 15 : \left(-\frac{1}{5}\right)\right] \cdot \left[(-3) : \frac{1}{3}\right]$

7) $5 \cdot \left(-\frac{81}{4} - 79,75\right) + 1,5 \cdot (-32)$

10) $1 + [3 \cdot (-4) - (+7)] \cdot (-10)$

12) $2 \cdot (-1,5) \cdot (-11 - 100)$

15) $-61 : \frac{1}{3} + 15 : \left(-\frac{1}{9}\right)$

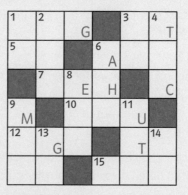

Senkrecht:

1) $10 - (7 - 15)$

2) $85 - 65 \cdot (-2)$

3) $\frac{1}{3} \cdot 85 - (-14) \cdot \frac{1}{3}$

4) $1007 + (-10) : 0,1$

6) $-(-148) + (-1) \cdot (-541)$

8) $400 + 90 \cdot \left(-\frac{2}{15} + \frac{5}{18}\right)$

9) $-251 + 790$

11) $(5 - 16)[1 + 3 \cdot (-4)]$

13) $-3 \cdot 5 + (-15)$

14) $-4 \cdot (-3,2) + 3,2 : (-4) - 4 \cdot (-9)$

Gesamt-
punktzahl
___/38

4   Dreisatzrechnung

Tina soll für ihre Mutter 5 Brötchen beim Bäcker besorgen. Die Kundin vor Tina muss für 3 Brötchen 0,75 € bezahlen. Tina überlegt, wie viel sie wohl bezahlen muss. Aus dem Mathematikunterricht weiß Tina, dass sie eine Dreisatzrechnung anwenden muss. Wie funktioniert diese?

4.1   Proportionale Zuordnungen

> **Regel**
>
> Wenn eine Größe y von einer anderen Größe x abhängt (z.B. der Preis y von der Zahl x der eingekauften Brötchen), spricht man von einer **Zuordnung: x → y** (Jedem Wert x wird genau ein Wert y zugeordnet.)
> Gehört zum 2-, 3-, 4-, … fachen der Größe x auch das 2-, 3-, 4-, … fache der Größe y, nennt man die Zuordnung **proportional**.
> Aus der Zuordnung zweier bekannter Zahlenwerte kann man mithilfe der Dreisatzrechnung in der Form *„Je mehr von x – desto mehr von y"* auf jede beliebige andere Zuordnung schließen (→ Beispiel 1).
> **Beachte:** Bei proportionalen Zuordnungen ist der **Quotient y : x** immer gleich!

Beispiel 1: Gesucht ist der Preis, den Tina für 5 Brötchen bezahlen muss, wenn 3 Brötchen 0,75 € kosten.

1. Schritt: Zunächst notiert man sich die Zuordnung der bekannten Werte so, dass die Einheit der gesuchten Größe (hier der Preis) auf der rechten Seite steht.

$$
\begin{array}{c}
:3\left(\begin{array}{ccc}
\text{3 Brötchen} & \to & 0{,}75\,€ \\
\hline
\text{1 Brötchen} & \to & 0{,}25\,€
\end{array}\right):3 \\
\cdot5\left(\begin{array}{ccc}
\hline
\text{5 Brötchen} & \to & 1{,}25\,€
\end{array}\right)\cdot5
\end{array}
$$

2. Schritt: Dann rechnet man auf den „1er-Wert" der linken Größe. Dazu teilt man beide Seiten durch dieselbe Zahl. Hier durch 3.

3. Schritt: Schließlich rechnet man auf die gesuchte Zuordnung hoch, indem man beide Seiten mit derselben Zahl multipliziert. Hier mit 5.
Ergebnis: Tina muss für 5 Brötchen 1,25 € bezahlen.

> **Tipp**
>
> Teilt man eine Zahl durch sich selbst, erhält man immer 1.
> Die Zahl, durch die man zur Berechnung des 1er-Werts teilen muss, steht also immer schon da – nämlich im Dreisatzschema links oben.

1 Ergänze die Lücken mit der richtigen Rechenvorschrift und berechne den
gesuchten Wert.

a)

7 Äpfel	3,50 €
1 Apfel	0,5 €
12 Äpfel	6 €

b)

14 Flaschen	21 kg
1 Flasche	1,5 kg
8 Flaschen	12 kg

c)

5 Lose	2,50 Cent
1 Los	50 Cent
60 Lose	3000 Cent

d)

27 Liter	450 km
1 Liter	16,6 km
60 Liter	1000 km

2 Peter misst seinen Herzschlag und
zählt 18 Schläge in 15 s.
Wie oft schlägt sein Herz in einer Stunde?

3 Aus einem defekten Wasserhahn
tropfen in 5 min 32 ml Wasser.
Wie viel Liter Wasser fließen in einem Tag
ungenutzt in den Abfluss?
Wie teuer wird die Wasserverschwendung
in einem Jahr, wenn 1 m³ Wasser 4,95 € kostet?

4 Eine Biene sammelt pro Flug ca. 16 mg
Honig. Wie oft muss die Biene für
500 g Honig ausfliegen?

5 Familie Bader fährt mit dem Auto in den Urlaub. Nach 120 km Fahrt zeigt die Tankuhr einen Verbrauch von 8 ℓ an.

a) Wie viel Liter Benzin braucht Familie Bader für die 540 km lange Gesamtstrecke?

b) Durch den Verbrauch von 1 Liter Benzin werden ca. 2,4 kg des Treibhausgases Kohlendioxid freigesetzt. Wie viel kg Kohlendioxid hat Familie Bader auf ihrer Urlaubsreise in die Luft geblasen?

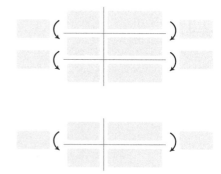

Info plus

Der Name **Dreisatz** kommt daher, weil man zur Berechnung der gesuchten Größe immer drei Sätze formulieren muss: für jede der drei Zuordnungen einen. Wenn die 1er-Zuordnung schon bekannt ist, spricht man von einem Zweisatz, weil dann nur zwei Zuordnungen nötig sind.

4.2 Umgekehrt proportionale Zuordnungen

Regel

Bei **umgekehrt proportionalen Zuordnungen** x → y gehört zum 2-, 3-, 4-, ... fachen der Größe x der zweite, dritte, vierte, ... Teil der anderen Größe y. Aus der Zuordnung zweier bekannter Zahlenwerte kann man mithilfe der Dreisatzrechnung in der Form *„Je mehr von x – desto weniger von y"* auf jede beliebige andere Zuordnung schließen. Dabei muss man auf beiden Seiten des Dreisatzschemas die **entgegengesetzte Rechenoperation** durchführen (→ Beispiel 2).
Beachte: Bei umgekehrt proportionalen Zuordnungen ist das **Produkt** x · y immer gleich!

Beispiel 2: 4 Freunde möchten eine Tüte Bonbons gerecht unter sich verteilen. Insgesamt sind 36 Bonbons in der Tüte.
Wie viele Bonbons würde jeder bekommen, wenn es 6 Freunde wären?
Die Zuordnung ist umgekehrt proportional. Denn je mehr Freunde es sind, desto weniger Bonbons bekommt jeder.

1. Schritt: Zunächst notiert man sich die Zuordnung der bekannten Werte so, dass die Einheit der gesuchten Größe (hier Bonbons) auf der rechten Seite steht.

$$:4 \left(\frac{\text{4 Freunde} \rightarrow \text{36 Bonbons}}{\text{1 Freund} \rightarrow \text{144 Bonbons}} \right) \cdot 4$$
$$\cdot 6 \left(\frac{\text{1 Freund} \rightarrow \text{144 Bonbons}}{\text{6 Freunde} \rightarrow \text{24 Bonbons}} \right) :6$$

2. Schritt: Dann rechnet man auf den „1er-Wert" der linken Größe. Dazu teilt man die linke Seite durch 4. Die rechte Seite muss man mit 4 multiplizieren.

3. Schritt: Schließlich rechnet man auf die gesuchte Zuordnung hoch, indem man links mit 6 multipliziert und rechts durch 6 teilt.

Ergebnis: Bei 6 Freunden bekommt jeder 24 Bonbons.

(Hinweis: In jeder der drei Zuordnungen ist das Produkt aus linker und rechter Seite immer 144.)

6 | Ergänze die Lücken mit der richtigen Rechenvorschrift und berechne den gesuchten Wert. Die Zuordnungen sind jeweils umgekehrt proportional.

a)
$$\left(\frac{\text{3 Arbeiter} \mid \text{16 Tage}}{\text{1 Arbeiter} \mid \quad \text{Tage}} \right)$$
$$\left(\frac{\text{1 Arbeiter} \mid \quad \text{Tage}}{\text{8 Arbeiter} \mid \quad \text{Tage}} \right) \cdot 8$$

b)
$$\left(\frac{80 \frac{km}{h} \mid 4{,}5\,h}{1 \frac{km}{h} \mid \quad h} \right)$$
$$\left(\frac{1 \frac{km}{h} \mid \quad h}{90 \frac{km}{h} \mid \quad h} \right)$$

c)
$$\left(\frac{\text{12 Stück} \mid 30\,g}{\text{1 Ganzes} \mid \quad g} \right)$$
$$\left(\frac{\text{1 Ganzes} \mid \quad g}{\text{15 Stück} \mid \quad g} \right)$$

d)
$$\left(\frac{\quad \text{Gläser} \mid 0{,}2\,\ell}{\text{1 Glas} \mid \quad \ell} \right) \cdot 6$$
$$\left(\frac{\text{1 Glas} \mid \quad \ell}{\text{8 Gläser} \mid \quad \ell} \right)$$

7 | Die Klasse 6a plant eine Klassenfahrt, bei der jeder der 32 Schülerinnen und Schüler 6,30 € für die Busfahrt bezahlen muss. Wie viel muss jeder Einzelne bezahlen, wenn kurzfristig 4 krank werden und daher nichts zahlen?

$$\left(\frac{\quad \mid \quad}{\quad \mid \quad} \right)$$
$$\left(\frac{\quad \mid \quad}{\quad \mid \quad} \right)$$

8 | Ein Bademeister möchte ein Schwimmbecken befüllen. Aus Erfahrung weiß er, dass das Schwimmbecken mit 5 Zuflüssen in 1,5 h gefüllt ist. Wie lange dauert das Befüllen, wenn ein Zufluss verstopft ist?

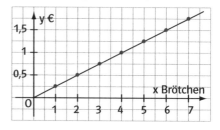

4.3 Grafische Darstellungen

> **Regel**
>
> Eine Zuordnung x → y kann grafisch veranschaulicht werden, indem man eine **Wertetabelle** erstellt und die einzelnen **Wertepaare** in ein Achsenkreuz einträgt. Bei einer proportionalen Zuordnung erhält man als Schaubild eine **Ursprungsgerade** (→ Beispiel 3). Bei einer umgekehrt proportionalen Zuordnung erhält man als Schaubild eine **Hyperbel** (→ Beispiel 4).

Beispiel 3:

Im Beispiel 1 kostet 1 Brötchen 0,25 €, 2 Brötchen kosten 0,50 €, 3 Brötchen 0,75 €,… Man erhält somit folgende Wertetabelle:

Brötchen x	1	2	3	4	5	6
Preis y in €	0,25	0,50	0,75	1,00	1,25	1,50

Trägt man die Wertepaare (1 | 0,25); (2 | 0,5); (3 | 0,75); (4 | 1); (5 | 1,25) und (6 | 1,5) in ein Achsenkreuz ein, erhält man die nebenstehende Ursprungsgerade.

Anmerkung: Bei der eingezeichneten Geraden handelt es sich um eine sogenannte *Trägerkurve*, die die (real nicht existierenden) nicht-ganzzahligen Anteile der Brötchen auf der x-Achse verdeutlichen soll.

Beispiel 4:

Im Beispiel 2 erhält man folgende Wertetabelle:

Freunde x	1	2	3	4	5	6
Bonbons y	144	72	48	36	28,8	24

Trägt man die Wertepaare (1|144); (2|72);
(3|48); (4|36); (5|28,8) und (6|24) in
ein Achsenkreuz ein, erhält man eine
Hyperbel.

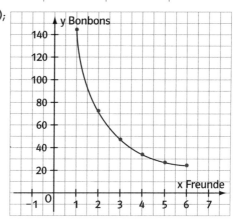

9   a) Ergänze die folgende Wertetabelle zu einer proportionalen Zuordnung
und trage die Wertepaare in ein Achsenkreuz ein.

Birnen x	1	2	3		8	9
Gewicht y (in g)			450	750		

b) Ergänze die folgende Wertetabelle zu einer umgekehrt proportionalen Zuordnung und trage die Wertepaare in ein Achsenkreuz ein.

Maler x	1		3	4	8	12
Arbeitszeit y (in h)		6			1,5	

zu a)

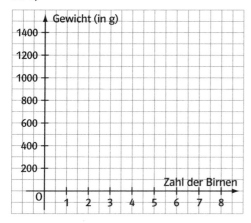

zu b)

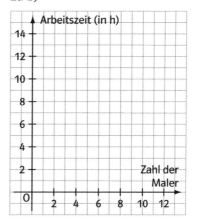

33 Mit welcher mathematischen Kurzschreibweise beschreibt man eine Zuordnung zweier Größen x und y? _____

34 Wie lautet der „*Je* ...- *desto* ...''-Satz bei einer proportionalen Zuordnung?

_____

35 Wie lautet der „*Je* ...- *desto* ...''-Satz bei einer umgekehrt proportionalen

Zuordnung? _____

36 Wie erstellt man eine Wertetabelle?

_____

37 In welcher Beziehung stehen bei einer proportionalen Zuordnung ein x-Wert und der zugehörige y-Wert?

_____

38 In welcher Beziehung stehen bei einer umgekehrt proportionalen Zuordnung ein x-Wert und der zugehörige y-Wert?

_____

39 Durch welche Zahl muss man eine beliebige Zahl a teilen, damit 1 herauskommt?_____

40 Worin unterscheiden sich im Dreisatzschema die Rechenoperationen bei einer proportionalen und einer umgekehrt proportionalen Zuordnung?

_____

41 Wie kann man eine Zuordnung grafisch veranschaulichen?

_____

42 Wie sieht das Schaubild zu einer proportionalen Zuordnung aus?

_____

43 Wie sieht das Schaubild zu einer umgekehrt proportionalen Zuordnung aus?

_____

1 Um welche Art der Zuordnung handelt es sich? Formuliere jeweils einen „je ..., desto ...“-Satz. ___/4

a) Menge an Kartoffeln – Gewicht des Einkaufskorbs _____

_____

b) Reisegeschwindigkeit – Fahrtdauer _____

_____

c) Menge Geld – Zahl der Hemden, die man einkaufen kann _____

_____

d) Benzinvorrat – Reisestrecke _____

_____

2 Ergänze die Lücken im Dreisatzschema (proportionale Zuordnung). ___/4

a)

$\Big($ 12 € | 15 Birnen $\Big)$

$\Big($ 1 € | ___ Birnen $\Big)$

8 € | ___ Birnen

b)

$\Big($ 42 ℓ | 56,70 € $\Big)$

$\Big($ 1 ℓ | ___ € $\Big)$

60 ℓ | ___ €

3 Ergänze die Lücken im Dreisatzschema (umgekehrt proportionale Zuordnung). ___/4

a)

$\Big($ 4 Maler | 7 h $\Big)$

$\Big($ 1 Maler | ___ h $\Big)$

5 Maler | ___ h

b)

$\Big($ 3 Pumpen | 8,5 h $\Big)$

$\Big($ 1 Pumpe | ___ h $\Big)$

5 Pumpe | ___ h

___/4 **4** Die Wertetabelle enthält Werte zu einer proportionalen Zuordnung. Ergänze die fehlenden Werte und trage die Wertepaare in ein Achsenkreuz ein.

Strecke in km	25	80	120		350	
Benzinverbrauch in ℓ				18	21	30

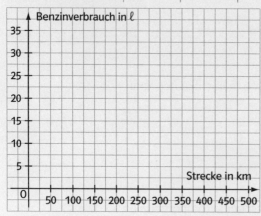

___/4 **5** Die Wertetabelle enthält Werte zu einer umgekehrt proportionalen Zuordnung. Ergänze die fehlenden Werte und trage die Wertepaare in ein Achsenkreuz ein.

Breite eines Rechtecks (in m)	2	6			24	
Länge eines Rechtecks (in m)			15	12	4	2

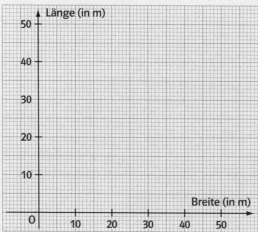

6 Herr Müller möchte mit seiner Familie in die USA reisen. Ein Kollege erzählt ihm, für 1500 € hätte er 2280 $ bekommen.

a) Wie viel Dollar bekommt Herr Müller, wenn er 2000 € umtauschen will?

b) Wie viel Tage kann Familie Müller durch die USA reisen, wenn sie jeden Tag 200 $ ausgibt?

$$\left(\underline{\qquad\qquad}\right)$$
$$\left(\underline{\qquad\qquad}\right)$$

$$\left(\underline{\qquad\qquad}\right)$$
$$\left(\underline{\qquad\qquad}\right)$$

__/4

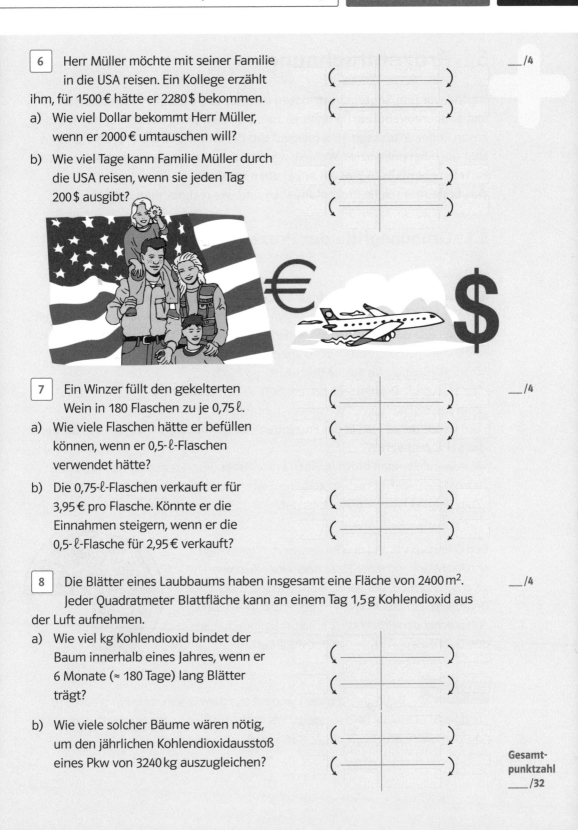

7 Ein Winzer füllt den gekelterten Wein in 180 Flaschen zu je 0,75 ℓ.

a) Wie viele Flaschen hätte er befüllen können, wenn er 0,5-ℓ-Flaschen verwendet hätte?

b) Die 0,75-ℓ-Flaschen verkauft er für 3,95 € pro Flasche. Könnte er die Einnahmen steigern, wenn er die 0,5-ℓ-Flasche für 2,95 € verkauft?

$$\left(\underline{\qquad\qquad}\right)$$
$$\left(\underline{\qquad\qquad}\right)$$

$$\left(\underline{\qquad\qquad}\right)$$
$$\left(\underline{\qquad\qquad}\right)$$

__/4

8 Die Blätter eines Laubbaums haben insgesamt eine Fläche von 2400 m². Jeder Quadratmeter Blattfläche kann an einem Tag 1,5 g Kohlendioxid aus der Luft aufnehmen.

a) Wie viel kg Kohlendioxid bindet der Baum innerhalb eines Jahres, wenn er 6 Monate (≈ 180 Tage) lang Blätter trägt?

b) Wie viele solcher Bäume wären nötig, um den jährlichen Kohlendioxidausstoß eines Pkw von 3240 kg auszugleichen?

$$\left(\underline{\qquad\qquad}\right)$$
$$\left(\underline{\qquad\qquad}\right)$$

$$\left(\underline{\qquad\qquad}\right)$$
$$\left(\underline{\qquad\qquad}\right)$$

__/4

Gesamt-
punktzahl
____/32

5 Prozentrechnung

Kaufhäuser und Supermärkte locken ihre Kunden oft mit Preisnachlässen und Sonderangeboten. Da heißt es zum Beispiel: „20 % Rabatt auf alle Jeanshosen." oder „Wurst um 15 % billiger." Um die Wurst und um Prozente geht es aber auch bei politischen Wahlen, wo die Stimmenanteile der Kandidaten und Parteien ebenfalls in Prozent angegeben werden.

Was bedeuten solche Prozentangaben und wie rechnet man damit?

5.1 Grundbegriffe der Prozentrechnung

> **Regel**
>
> Die Prozentrechnung ist eng verwandt mit der Bruchrechnung (→ Kapitel 1). Das Neue an der Prozentrechnung ist aber, dass Bruchteile nur mit solchen Brüchen beschrieben werden, deren **Nenner 100** ist. Dadurch kann man verschiedene Bruchteile leichter miteinander vergleichen.
>
> Die Schreibweise für solche Brüche ist $\frac{p}{100} = p\,\%$.
>
> Dabei ist p die **Prozentzahl**, p % nennt man den **Prozentsatz**.
>
> Zum Beispiel ist $\frac{5}{100} = 5\,\%$ (sprich: „fünf Prozent").
>
> Das Ganze nennt man in der Prozentrechnung **Grundwert G**, ein Teil des Ganzen heißt **Prozentwert W**.
>
> Man wandelt einen **Bruch in einen Prozentsatz** um, indem man den Bruch zunächst als Dezimalbruch schreibt (→ Seite 163) und dann mit 100 multipliziert.
>
> Zum Beispiel ist: $\frac{1}{4} = 0,25$. Damit ist: $\frac{1}{4} = 0,25 \cdot 100\,\% = 25\,\%$.

Den Grundwert G und den Prozentwert W kann man sich leicht anhand einer Pizza oder eines Kuchens veranschaulichen: Die ganze Pizza entspricht dem Grundwert. Ein Stück davon ist der Prozentwert. Den entsprechenden Prozentsatz erhält man, indem man den Quotienten W : G mit 100 multipliziert.

> **Info plus**
>
> Der Name „Prozent" kommt aus dem Lateinischen (pro centum) und heißt übersetzt „pro hundert". 5 % bedeutet also 5 „von Hundert", was auch mit dem Bruch $\frac{5}{100}$ ausgedrückt wird.

1 Wie viel Prozent der Gesamtfläche sind markiert?

a)   b)

a) _____

b) _____

2 Schreibe die Brüche als Prozentsätze. Runde gegebenenfalls auf die zweite Dezimale. Berechne g), h) und i) im Heft.

a) $\frac{1}{2}$ = _____ %   b) $\frac{3}{4}$ = _____ %   c) $\frac{2}{5}$ = _____ %

d) $\frac{17}{25}$ = _____ %   e) $\frac{9}{20}$ = _____ %   f) $\frac{39}{50}$ = _____ %

g) $\frac{1}{3}$ = _____ %   h) $\frac{5}{6}$ = _____ %   i) $\frac{7}{12}$ = _____ %

3 Schreibe die Prozentsätze als vollständig gekürzte Brüche.

a) 5 % = _____ = _____

b) 20 % = _____ = _____

c) 75 % = _____ = _____

d) 40 % = _____ = _____

e) 50 % = _____ = _____

f) 90 % = _____ = _____

g) 12,5 % = _____ = _____ = _____

h) 7,25 % = _____ = _____ = _____

i) 66,$\overline{6}$ % = _____ + _____ = _____

j) 33,$\overline{3}$ % = _____ + _____ = _____

Tipp Wenn die Prozentzahl p ein Dezimalbruch ist, muss man bei der Umrechnung von p % in einen Bruch folgendermaßen vorgehen:

Man schreibt p zunächst in den Zähler des Bruchs. Der Nenner ist 100. Dann erweitert man so mit einer 10er-Zahl, dass im Zähler eine ganze Zahl entsteht.

Zum Beispiel: $4,2\% = \frac{4,2}{100} = \frac{4,2 \cdot 10}{100 \cdot 10} = \frac{42}{1000} = \frac{21}{500}$

5.2 Rechnen mit Prozenten

> **Regel**
>
> Aus zwei der drei Größen *Prozentwert*, *Grundwert* und *Prozentsatz* kann die dritte Größe mithilfe der Dreisatzrechnung berechnet werden. Dazu sollte man sich folgende Zuordnungen merken:
> Der Grundwert G entspricht immer 100%: **G → 100%** bzw. **100% → G**
> Der Prozentwert W ist immer dem Prozentsatz p% zugeordnet: **p% → W**
> **Beachte:** Die gesuchte Größe muss dabei immer *rechts* stehen!

Beispiel 1: Bei einer Umfrage geben 18 von 30 Schülerinnen und Schülern einer Klasse Mathematik als ihr Lieblingsfach an. Wie viel Prozent sind das?

Die 30 Schüler entsprechen dem Grundwert. Da der Prozentsatz gesucht ist, muss man 100% auf die rechte Seite schreiben. Rechnet man

	30 Schüler	→	100%
	1 Schüler	→	$\frac{10}{3}$%
	18 Schüler	→	60%

$:30 \big($ ... $\big) :30$
$\cdot 18 \big($ ... $\big) \cdot 18$

auf den Prozentwert (= 18 Schüler) hoch, erhält man: $\frac{10}{3}$% $\cdot 18$ = **60%**

Beispiel 2: Ein neuer PC kostet 899€. Nach einigen Monaten verbilligt sich der PC um 40% seines ursprünglichen Preises. Wie viel Euro spart man, wenn man mit dem Kauf des PCs einige Monate wartet?

Der ursprüngliche Preis 899€ ist hier der Grundwert. Gesucht ist der Prozentwert, der dem Prozentsatz 40% entspricht. Man spart dann also 359,60€.

	100%	→	899€
	1%	→	8,99€
	40%	→	359,60€

$:100 \big($ ... $\big) :100$
$\cdot 40 \big($ ... $\big) \cdot 40$

Beispiel 3: 35% der Schüler eines Gymnasiums kommen mit dem Bus zur Schule. Das sind 245 Schüler. Wie viel Schüler gehen auf dieses Gymnasium?

Gesucht ist hier die Gesamtzahl der Schüler, also der Grundwert. Bekannt sind der Prozentwert (= 245 Schüler) und der Prozentsatz 35%. Es gehen 700 Schüler auf das Gymnasium.

	35%	→	245 Schüler
	1%	→	7 Schüler
	100%	→	700 Schüler

$:35 \big($ ... $\big) :35$
$\cdot 100 \big($ ... $\big) \cdot 100$

4 Berechne den Prozentsatz (runde auf die zweite Dezimale, falls nötig). Schreibe den Dreisatz ins Heft.

a) 15€ von 75€ = _____

b) 12 kg von 36 kg = _____

c) 162 Autos von 180 Autos = _____

d) 36 Bäume von 480 Bäumen = _____

5 Berechne den Prozentwert. Schreibe den Dreisatz ins Heft.

a) 25 % von 348 Schülern = _____   b) 90 % von 30 Lehrern = _____

c) 4 % von 75 Computern = _____   d) 42 % von 60 Mio. Wählern = _____

6 Berechne den Grundwert. Schreibe den Dreisatz ins Heft.

a) 35 Autos sind 10 %; G = _____   b) 16 Schüler sind 40 %; G = _____

c) 5,5 % sind 520 €; G = _____   d) 2,5 % sind 25 Fische; G = _____

7 Ein Limonadenhersteller wirbt auf seinen Flaschen mit dem Text *„20 % mehr Inhalt"*. In einer alten Flasche war 270 ml Limonade. Um wie viel Milliliter Limonade hat sich der Inhalt erhöht? Wie viel ist jetzt in einer Flasche?

8 Frau Knauser verdient 2400 € im Monat und gibt davon monatlich 180 € für Nahrungsmittel aus. Wie viel Prozent ihres Einkommens sind das?

9 In einem Landkreis haben 34 Gymnasien den Ganztagsunterricht eingeführt. Das entspricht einer Quote von 40 %. Wie viel Gymnasien gibt es insgesamt in diesem Landkreis?

5.3 Grafische Darstellungen

> **Regel** Man kann die prozentuale Aufteilung einer ganzen Größe z.B. anhand eines **Säulen- oder Balkendiagramms**, eines **Streifendiagramms** oder eines **Kreisdiagramms** veranschaulichen. In einem Säulen-, Balken- und Streifendiagramm wird ein Prozentsatz p% durch die Höhe bzw. Länge einer Säule bzw. Balkens/Streifens veranschaulicht. Trägt man die Säulen waagerecht an, spricht man von einem Balkendiagramm. In einem Kreisdiagramm steht der Öffnungswinkel eines Kreisausschnitts für den entsprechenden Prozentsatz p%.

Beispiel 4: Die Tabelle zeigt, mit welchen Verkehrsmitteln die Schüler eines Gymnasiums zur Schule kommen. Stelle die Verteilung grafisch dar.

Bus	Auto	Mofa	Fahrrad	Zu Fuß
40%	3%	12%	27%	18%

In einem **Säulendiagramm** ist die *Höhe* einer Säule proportional zum jeweiligen Prozentsatz. Besonders praktisch ist es, wenn man als Maßstab 1% ≙ 1mm wählt (in der Zeichnung rechts verkleinert dargestellt). Dann gibt die Prozentzahl p die Höhe der Säule in mm an.

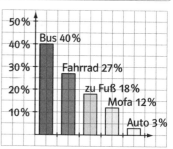

In einem **Streifendiagramm** entspricht der ganze Streifen 100%. Die *Länge* eines einzelnen Abschnitts ist proportional zum jeweiligen Prozentsatz. Besonders praktisch ist es hier, wenn man den ganzen Streifen 100mm (= 10cm) lang zeichnet. Dann gibt jeder Prozentsatz die Länge des entsprechenden Streifens in mm an.

In einem **Kreisdiagramm** entspricht der ganze Kreis 100% (360°). Die Öffnungswinkel der Kreisausschnitte erhält man, indem man jede Prozentzahl mit **3,6°** multipliziert:

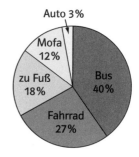

Bus, 40%: $40 \cdot 3{,}6° = 144°$; 40% ≙ 144°
Fahrrad, 27%: $27 \cdot 3{,}6° = 97{,}2°$; 27% ≙ 97,2°
Zu Fuß, 18%: $18 \cdot 3{,}6° = 64{,}8°$; 18% ≙ 64,8°
Mofa, 12%: $12 \cdot 3{,}6° = 43{,}2°$; 12% ≙ 43,2°
Auto, 3%: $3 \cdot 3{,}6° = 10{,}8°$; 3% ≙ 10,8°

Tipp Die Summe aller prozentualen Anteile ergibt immer **100 %**.
Ein fehlender Prozentsatz p % kann somit aus allen anderen Anteilen berechnet
werden. Wenn Anteile mit Brüchen angegeben sind, muss man die Brüche zuerst
in Prozentsätze umrechnen (→ Seite 158).

10 Die monatlichen Ausgaben einer Familie verteilen sich folgendermaßen:
Essen und Getränke: 23 %; Miete: 35 %; Auto und Verkehr: 17 %;
Kleidung: 9 %; Sonstiges: 16 %.
Stelle die Anteile in einem Säulen- und in einem Kreisdiagramm dar.

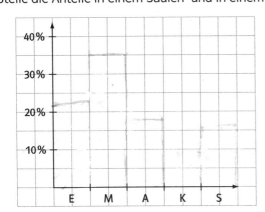
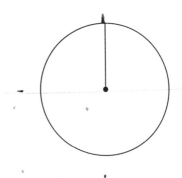

11 Im abgebildeten Kreisdiagramm fehlt ein Anteil.

a) Kannst du den fehlenden Anteil berechnen?

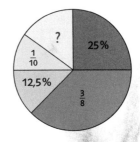

_____

_____

b) Überprüfe deine Rechnung, indem du den Winkel
nachmisst.

_____

c) Veranschauliche die Verteilung in einem Streifendiagramm.

12   Das Säulendiagramm zeigt die Stimmenanteile bei einer Bürgermeisterwahl.

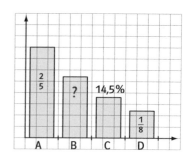

a) Wie viel Prozent der Stimmen hat Kandidat B
bekommen?

_____

_____

_____

b) Wie viele Stimmen wurden insgesamt abgegeben, wenn Kandidat B 1221

Stimmen erhielt? _____

c) Veranschauliche die Verteilung in einem Kreisdiagramm.

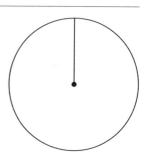

13   Die Tabelle zeigt das Ergebnis einer Schülerumfrage zu ihrem bevorzugten
Hauptfach.

Mathematik	Deutsch	Englisch	Französisch
7,5%	35%	$\frac{3}{8}$	45 Schüler

a) Kannst du den Stimmenanteil in Prozent für Französisch berechnen?

_____

_____

b) Wie viele Schülerinnen und Schüler haben an der Umfrage teilgenommen?

_____

c) Veranschauliche das Umfrageergebnis in einem Kreisdiagramm.

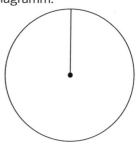

44 Erkläre anhand einer Pizza die Begriffe *Grundwert* und *Prozentwert*.

45 Wie rechnet man einen Prozentsatz in einen Bruch um?

46 Wie rechnet man einen Bruch in einen Prozentsatz um?

47 Wie kann man aus Prozentwert und Grundwert auch ohne eine Dreisatzrechnung den entsprechenden Prozentsatz berechnen?

48 Was ist der Vorteil, wenn man verschiedene Anteile mit Prozentsätzen und nicht mit Brüchen beschreibt?

49 Wie viel Prozent entsprechen immer dem Grundwert?

50 Auf welcher Seite des Dreisatzschemas muss man die gesuchte Größe schreiben?

51 Wofür steht die Höhe einer Säule in einem Säulendiagramm?

52 Wie sollte man den Maßstab beim Zeichnen eines Säulen- bzw. Streifendiagramms wählen?

53 Wie berechnet man aus einem Prozentsatz die Winkelöffnung eines Kreisausschnitts in einem Kreisdiagramm?

54 Wie kann man einen fehlenden prozentualen Anteil berechnen, wenn man alle anderen prozentualen Anteile kennt?

___/4 **1** Schreibe den Bruch als Prozentsatz.

a) $\frac{1}{4}$ = _____ % b) $\frac{7}{40}$ = _____ %

c) $\frac{13}{20}$ = _____ % d) $\frac{1}{6}$ = _____ %

___/2 **2** Eine Jeanshose kostet 45,50 €. Im Ausverkauf wird der Preis um 24 % herabgesetzt.
Um wie viel Euro wird die Hose billiger?
Wie viel kostet sie jetzt?

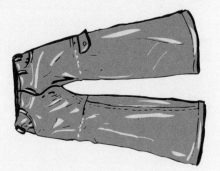

_____

_____

___/2 **3** Kevin trinkt auf einer Party 1,5 Liter Cola, obwohl er weiß, dass Cola 10 % Zucker enthält. Wie viel Gramm Zucker hat er zu sich genommen, wenn 1 Liter Cola 1000 Gramm wiegt?

_____

___/1 **4** Familie Esser gibt monatlich 450 € für Nahrung aus.
Wie viel Prozent des Familienhaushalts sind das, wenn Familie Esser jeden Monat über 3125 € verfügt?

_____

___/3 **5** Bei der Klassensprecherwahl erhielten die vier Kandidaten folgende Stimmenanteile:
Kandidat A: 17 %; Kandidat B: 38 %;
Kandidat C: 15 %; Kandidat D: 30 %.
Stelle die Stimmenanteile in einem Säulen- und in einem Kreisdiagramm dar.

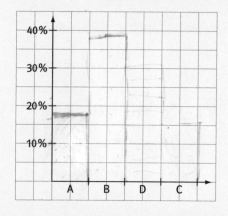

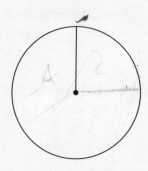

6 Die Tabelle zeigt, wie viel Verpackungsmüll jeder Bundesbürger durchschnitt- ___/4
lich im Jahr erzeugt.

Papier	Glas	Holz	Kunststoffe	Metall	Verbund
67,5 kg	53,7 kg	26,0 kg	20,7 kg	15,6 kg	7 kg

a) Berechne im Heft jeweils den prozentualen Anteil am gesamten Müllaufkommen.

b) Veranschauliche die Anteile in einem Kreisdiagramm.

_____

_____

_____

_____

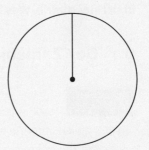

7 Das Schaubild zeigt die Anteile der einzelnen Ener- ___/4
gieträger Deutschlands für die Stromversorgung.
Braunkohle hat mit 139,5 Mrd. kWh den größten Anteil.

a) Wie viel Milliarden Kilowattstunden (kWh) wurden
mit den anderen Energieträgern erzeugt?

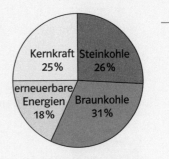

_____

_____

_____

b) Wie viel Gramm Kohlendioxid (CO_2) wurden durch den Stromverbrauch erzeugt, wenn pro Kilowattstunde 614 g CO_2 freigesetzt werden?
Hinweis: Kernkraft und die erneuerbaren Energieträger Sonne, Wind und Wasser verursachen keinen CO_2-Ausstoß. Der erneuerbare Energieträger Holz bindet beim Nachwachsen wieder CO_2, weswegen sein CO_2-Ausstoß vernachlässigt werden kann.

_____

_____

Gesamt-
punktzahl
____/20

6 Winkel

Kreisbewegungen, wie der Lauf der Gestirne, können mit einem Zeiger beschrieben werden, der sich um den Mittelpunkt der durchlaufenen Kreisbahn
dreht. Um die Lage eines solchen Zeigers exakt angeben zu können, hat man
eine dafür geeignete Maßeinheit eingeführt: das Gradmaß. Zusammen mit einer Nulllinie spannt ein Zeiger einen Winkel auf – eine weitere wichtige Größe
in der Geometrie. Was bedeuten Grad und Winkel genau?

6.1 Der Zahlenkreis

Regel
Auf einem **Zahlenkreis** ist die Kreislinie
in 360 gleich lange Teile unterteilt. Wenn der Zeiger
auf dem Zahlenkreis um einen Teilstrich weiter gewandert ist, hat er sich um **1 Grad** (kurz: **1°**) gedreht.
Auf dem abgebildeten Zahlenkreis steht der Zeiger
bei 140°.

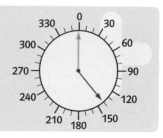

Auf einem Geodreieck sind zwei halbe Zahlenkreise aufgedruckt. Die eine Einteilung zählt **im Uhrzeigersinn**, die andere **gegen den Uhrzeigersinn**.

Info plus
Die Einteilung des Kreises in 360 gleich lange Abschnitte ist über
3000 Jahre alt und stammt von den **Babyloniern**. Vorbild für diese Einteilung
war vermutlich der Jahreskreislauf der Sonne von ca. 360 Tagen. Der griechische
Astronom **Ptolemäus** (100 – 160 n. Chr.) übernahm diese Einteilung des Kreises
und brachte sie nach Europa.

1 Um wie viel Grad hat sich der kleine Zeiger einer Uhr (ausgehend von
12 Uhr) gedreht, wenn es 2 Uhr, 6 Uhr und 10 Uhr ist?
(Beachte: Auf einer Uhr entsprechen 12 Stunden 360°.)

2 Die Abbildung zeigt die Position der Erde
am 21. Dezember (= 0°).
Zeichne die Position der Erde am 21. März ein und gib

die entsprechende Gradzahl an. _____

(Die Einteilung verläuft entgegen dem Uhrzeigersinn.)

6.2 Winkel messen und zeichnen

> **Regel**
>
> Ein **Winkel** besteht aus einem Scheitel und zwei Schenkeln.
>
> Liegt der Punkt A auf dem **ersten Schenkel** und der Punkt B auf dem **zweiten Schenkel**, bezeichnet man den Winkel mit $\sphericalangle ASB$, wobei S der **Scheitel** des Winkels ist.
>
> Der 2. Schenkel entsteht immer durch Drehung des 1. Schenkels entgegen dem Uhrzeigersinn.
>
> Winkelweiten werden auch mit griechischen Buchstaben α, β, γ, δ, ε, ... bezeichnet (alpha, beta, gamma, delta, epsilon, ...).

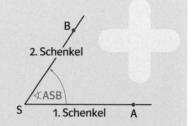

Beispiel 1: Zeichne mit dem Geodreieck den Winkel 50°.

① Zunächst zeichnet man einen Schenkel und den Scheitel.

② Dann legt man die lange Kante des Geodreiecks auf den Schenkel und bringt die „0" mit dem Scheitel S zur Deckung.

③ Anschließend markiert man bei 50° einen Punkt P des zweiten Schenkels, den man dann von S aus durch P zeichnen kann.

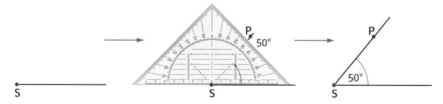

Beispiel 2: Wie groß sind die abgebildeten Winkel?

① Zunächst bringt man die „0" des Geodreiecks mit dem Scheitel zur Deckung und die lange Kante des Geodreiecks mit einem Schenkel.

② Danach liest man die entsprechende Gradzahl auf der richtigen Einteilung des Geodreiecks ab. Vorsicht! Die richtige Einteilung ist die, die beim „Drehen" des waagerechten Schenkels zum auszumessenden Schenkel hin zunimmt.

a)

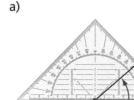

b)

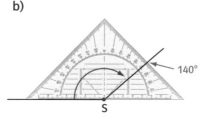

Tipp

Stumpfe Winkel messen und zeichnen

Wenn man einen Winkel α zeichnen bzw. messen soll,
der größer als 180° ist, muss man zuerst den Winkel
360° − α zeichnen bzw. messen.
Der Winkel α wird dann durch den Kreisbogen beschrieben, der zu 360°, also einem ganzen Kreis, fehlt.

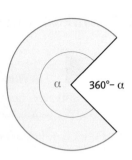

3 | Notiere die markierten Winkel mithilfe der Eckpunkte.

a)

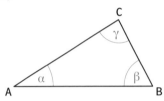

b)

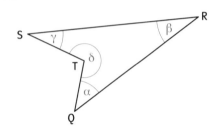

α = ∢_____; β = ∢_____; γ = ∢_____

α = ∢_____; β = ∢_____;

γ = ∢_____; δ = ∢_____

4 | Zeichne im Heft die Winkel ∢PSQ = 57°, ∢RZT= 138°, ∢ABC= 215°, α = 90°
und β = 315°. Erstelle für jeden Winkel eine eigene Zeichnung und achte
darauf, dass du die Punkte und Winkel richtig beschriftest.

5 | Miss die abgebildeten Winkel. Verlängere die Schenkel, falls nötig.

a)

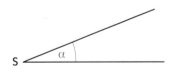

b)

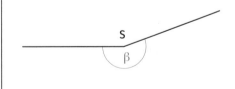

Regel

Winkelarten

Man teilt die Winkel nach ihrer Größe in verschiedene Winkelarten ein:
Einen **rechten Winkel** kennzeichnet man durch einen Punkt in einem Viertelkreis.

Nullwinkel: $\alpha = 0°$
Vollwinkel: $\alpha = 360°$

spitzer Winkel: $0° < \alpha < 90°$

rechter Winkel: $\alpha = 90°$

stumpfer Winkel: $90° < \alpha < 180°$

gestreckter Winkel: $\alpha = 180°$

überstumpfer Winkel:
$180° < \alpha < 360°$

---

6   Gib zuerst die richtige Winkelart an. Miss dann den Winkel aus.

a)

b)

c)

d)

e)

f)

a) _____

b) _____

c) _____

d) _____

e) _____

f) _____

6.3 Besondere Winkel an Geradenkreuzungen

> **Regel**
> Wenn sich zwei Geraden schneiden, gibt es vier Schnittwinkel. Zwei nebeneinander liegende Winkel nennt man **Nebenwinkel**. Ihre Summe ist immer **180°**. Die beiden Winkel, die jeweils einander gegenüberliegen, nennt man **Scheitelwinkel** oder auch **Gegenwinkel**. Sie sind immer gleich groß.
>
> Wenn zwei parallele Geraden f und h von einer dritten Geraden g geschnitten werden, sind die Schnittwinkel zwischen g und h gleich groß, wie die entsprechenden Schnittwinkel zwischen g und f. Die Winkel α_1 und α_2 sind gleich groß und heißen **Stufenwinkel**. Die Winkel β_1 und β_2 sind ebenfalls gleich groß und werden **Wechselwinkel** genannt.

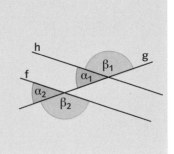

Beispiel 3: In der linken Zeichnung sind die Paare der Scheitelwinkel eingezeichnet. In der rechten Zeichnung sind die Paare der Stufenwinkel (blau) und der Wechselwinkel (grün) eingetragen. Durch Nachmessen kannst du prüfen, dass sich zwei nebeneinanderliegende Winkel zu 180° ergänzen.

7 Arbeite im Heft. Berechne die fehlenden Winkel und gib bei allen gleich großen Winkeln an, ob es sich dabei um Scheitelwinkel, Stufenwinkel oder Wechselwinkel handelt.

a) b) c)

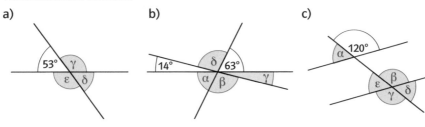

6.4 Winkel am Dreieck

> **Regel**
>
> In jedem Dreieck ergibt die **Summe der drei Innenwinkel** 180°. Es gilt: $\alpha + \beta + \gamma = 180°$. Dabei liegt der Winkel α bei Punkt A, β bei Punkt B und γ bei Punkt C. Verlängert man die drei Seiten über die Ecken hinaus, erhält man die Außenwinkel α', β' und γ'. Die **Summe der Außenwinkel** beträgt in jedem Dreieck 360°. Es gilt: $\alpha' + \beta' + \gamma' = 360°$
>
> **Beachte:** Ein Innenwinkel und der entsprechende Außenwinkel sind Nebenwinkel. Ihre Summe ist daher immer 180°.

8 Miss die Innenwinkel bzw. Außenwinkel und berechne die Innen- und Außenwinkelsumme.

a)

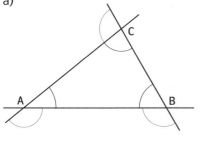

b)

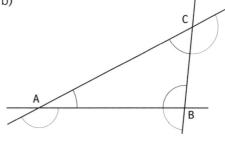

9 Berechne die fehlenden Winkel im Heft und trage sie ein.

a)

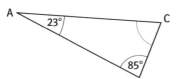

b)

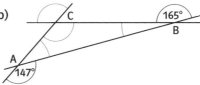

c)

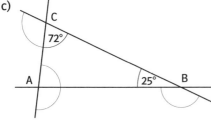

d)

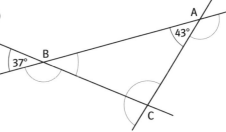

55 In wie viele gleich lange Abschnitte ist ein Zahlenkreis unterteilt? Wie lautet

die Maßeinheit? _____

56 Gibt es auch Zahlenkreise mit einer Unterteilung gegen den Uhrzeigersinn?

_____

57 Warum kann man einen Winkel, der größer als 180° ist, nicht mehr direkt mit

dem Geodreieck messen bzw. zeichnen? Wie muss man dann vorgehen?

_____

_____

58 Gib mindestens vier griechische Buchstaben an, mit denen Winkel bezeich-

net werden. _____

59 Wie kann man einen Winkel, außer mit griechischen Buchstaben, noch

bezeichnen? _____

_____

60 Was ist ein rechter Winkel und wie wird er gewöhnlich gekennzeichnet?

_____

_____

61 Wo kommen Scheitel- und Nebenwinkel vor?

_____

62 Wo kommen Stufen- und Wechselwinkel vor?

_____

63 Wie viel Grad ergibt die Summe der Innenwinkel eines Dreiecks? _____

64 Wie viel Grad ergibt die Summe der Außenwinkel eines Dreiecks? _____

65 In welcher Beziehung steht ein Innenwinkel mit seinem entsprechenden

Außenwinkel? _____

1 Miss die abgebildeten Winkel.   ___/4

a)

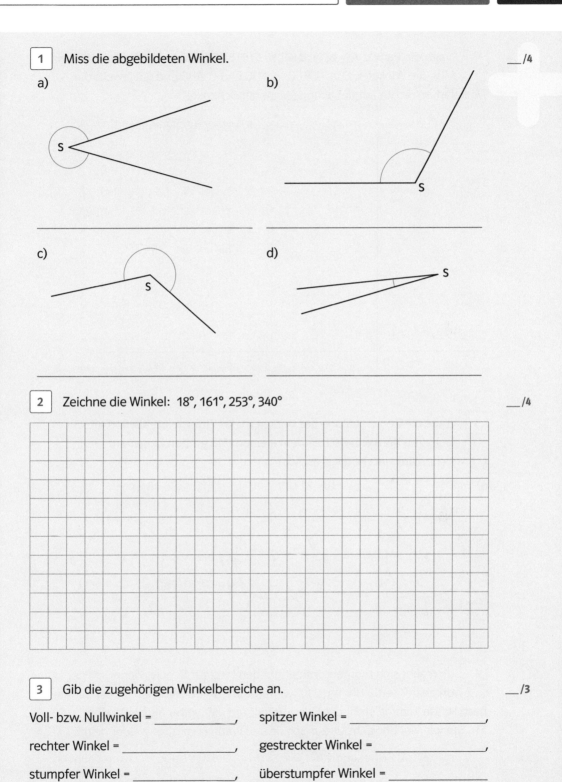

b)

c)

d)

2 Zeichne die Winkel: 18°, 161°, 253°, 340°   ___/4

3 Gib die zugehörigen Winkelbereiche an.   ___/3

Voll- bzw. Nullwinkel = _____,   spitzer Winkel = _____,

rechter Winkel = _____,   gestreckter Winkel = _____,

stumpfer Winkel = _____,   überstumpfer Winkel = _____

___/6   **4**   Trage die Punkte A(−2|0); B(7|1); C(4|5), D(0|4) in das Achsenkreuz ein. Miss die Winkel ∢CBA, ∢BCD, ∢ADC und ∢ABC und gib jeweils die Winkelart an. Achte auf die richtige Lage der Schenkel.

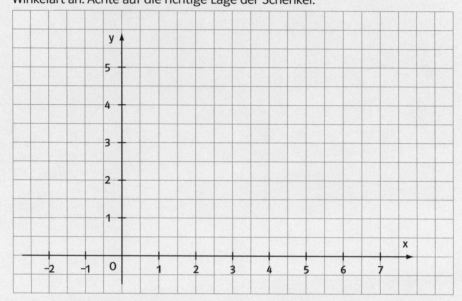

___/3   **5**   Trage die Zeigerstellung der Uhrzeit in das Ziffernblatt ein und gib den kleineren Winkel zwischen dem kleinen und großen Zeiger an. Um welche Winkelart handelt es sich?

a)   4 Uhr   b)   21 Uhr   c)   18 Uhr

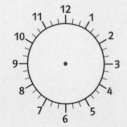   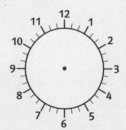   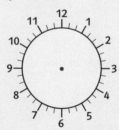

_____   _____   _____

___/4   **6**   Uli macht sich morgens immer auf den Weg zur Schule, wenn sich der kleine Uhrzeiger seit 0 Uhr um 210° weitergedreht hat. Wenn er von der Schule nach Hause kommt, steht der kleine Zeiger um 45° weiter als bei 12 Uhr.

a)   Um wie viel Uhr geht Uli zur Schule und wann kommt er wieder heim?

_____

b)   Wie lange dauert Ulis Schultag? _____

7 Berechne die fehlenden Winkel. (Tipp zu f: Du benötigst eine Hilfslinie.) ___/6

a)

b)

c)

d)

e)

g ∥ h

f)

8 Innenwinkelsatz in Dreiecken ___/4

a) Zeichne ein, wo die Winkel α und β in der Grafik noch auftauchen.

b) Warum ergibt sich damit der Innenwinkelsatz in Dreiecken?

g ∥ h

Gesamt-
punktzahl
___/34

7   Flächen und Umfang

Wer sein Haus renovieren will, sollte nicht nur handwerklich geschickt sein,
er sollte sich auch mit der Berechnung von Flächen auskennen. Denn ob man
die Außenfassade eines Hauses mit Wärmedämmplatten versehen will, neue
Teppiche verlegen oder die Zimmer neu streichen möchte – immer hat man
es mit Flächen und Längen zu tun, von deren Größe natürlich das benötigte
Material abhängt. Wie geht man bei solchen Berechnungen vor?

7.1   Quadrat und Rechteck

> **Regel**
>
> Der **Flächeninhalt A eines Quadrats** mit der
> Seitenlänge a wird mit der Formel $A = a \cdot a$ berechnet.
> Für den **Umfang u des Quadrats** gilt: $u = 4 \cdot a$.
>
> Der **Flächeninhalt A eines Rechtecks** mit der Länge a
> und der Breite b wird mit der Formel $A = a \cdot b$ berechnet.
> Für den **Umfang u des Rechtecks** gilt: $u = 2 \cdot a + 2 \cdot b$.
>
> **Beachte:** Bei der Berechnung einer Fläche oder eines
> Umfangs müssen alle Seitenlängen die gleiche Einheit haben!

1   Berechne den Flächeninhalt und den Umfang des Rechtecks bzw. Quadrats.
Entnimm die benötigten Längen der Zeichnung. Überprüfe dein Ergebnis,
indem du die Kästchen zählst. 4 Kästchen entsprechen $1\,cm^2$.

a)

b)

a) _____

b) _____

2   Berechne Flächeninhalt und Umfang der abgebildeten Figuren.

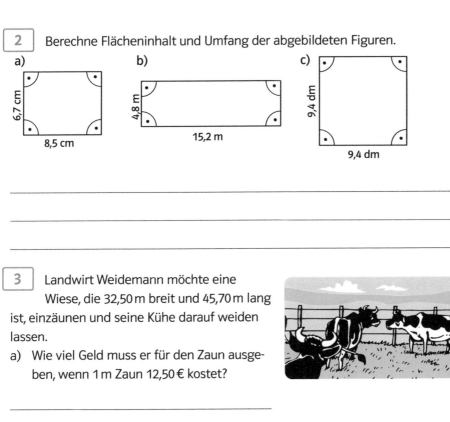

a)

6,7 cm

8,5 cm

b)

4,8 m

15,2 m

c)

9,4 dm

9,4 dm

_____

_____

_____

3   Landwirt Weidemann möchte eine
Wiese, die 32,50 m breit und 45,70 m lang
ist, einzäunen und seine Kühe darauf weiden
lassen.

a)   Wie viel Geld muss er für den Zaun ausgeben, wenn 1 m Zaun 12,50 € kostet?

_____

b)   Wie viele Kühe kann er auf die Wiese lassen, wenn eine Kuh mindestens
200 m² Fläche benötigt?

_____

4   Herbert möchte eine Wand seines
Hauses neu anstreichen (siehe Abb.).

a)   Wie viele Eimer Farbe braucht er, wenn
1 Eimer für 4 m² Fläche reicht?

Fenster

80 cm

1,50 m

2,5 m

7,50 m

_____

_____

b)   Wie viel kostet der Anstrich, wenn 1 Eimer Farbe 15,60 € kostet?

_____

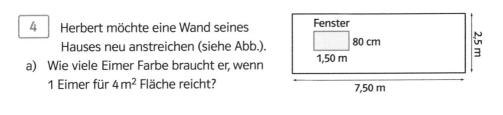

Tipp

Der Umfang eines beliebigen Vielecks ist immer die Summe aller
seiner Seitenlängen. Man kann sich das leicht merken, wenn man „in Gedanken"
einmal um die Figur herumläuft.

7.2 Dreiecke

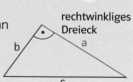

Regel

Der **Flächeninhalt A eines beliebigen Dreiecks** wird mit der Formel $A = \frac{1}{2} \cdot g \cdot h$ berechnet (mit der Grundseite g und der Höhe h) bzw. mithilfe einer Seite und der zugehörenden Höhe:
$A = \frac{1}{2} a \cdot h_a$ oder $A = \frac{1}{2} b \cdot h_b$ oder $A = \frac{1}{2} c \cdot h_c$
Den **Flächeninhalt eines rechtwinkligen Dreiecks** kann man auch mit der Formel $A = \frac{1}{2} \cdot a \cdot b$ berechnen (mit den rechtwinkligen Seiten a und b).
Für den **Umfang u jedes Dreiecks** gilt: $u = a + b + c$.

Um die **Höhe eines Dreiecks** zu zeichnen, muss man das Geodreieck rechtwinklig zur Grundseite anlegen. Gleichzeitig muss die Kante auf derjenigen Ecke des Dreiecks liegen, die der Grundseite gegen-überliegt. Bei stumpfwink-ligen Dreiecken muss man dazu die Grundseite verlängern.

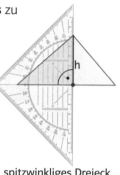

spitzwinkliges Dreieck

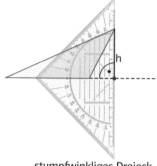

stumpfwinkliges Dreieck

5 Berechne den Flächeninhalt der Dreiecke. Entnimm die benötigten Längen der Zeichnung. Überprüfe dein Ergebnis, indem du die Kästchen zählst.
Fasse dabei geeignete Bruchteile zu ganzen Kästchen zusammen.
Beachte: Bei stumpfwinkligen Dreiecken kann eine Höhe auch außerhalb des Dreiecks liegen.

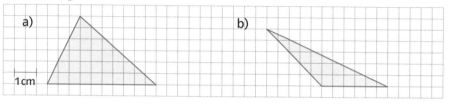

a) b)

1 cm

6 Berechne Flächeninhalt und Umfang der Dreiecke.

a)

b)

c)

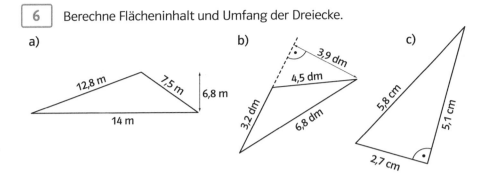

7 Berechne die Fläche des roten Dreiecks und des blauen Rechtecks.
a) Was fällt auf?
b) Begründe die Beobachtung mithilfe
der Grafik.

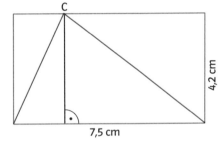

8 Das Dach eines Turms mit quadratischer
Grundfläche soll mit neuen Dachziegeln
gedeckt werden.
Wie hoch sind die Materialkosten, wenn ein
Quadratmeter 27,50 € kostet?

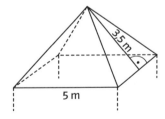

7.3 Parallelogramme

> **Regel**
>
> Der **Flächeninhalt A eines Parallelogramms** wird mit der Formel $A = a \cdot h$ berechnet (mit der Grundseite a und der Höhe h). Beachte, dass man jede der zwei Seiten als Grundseite betrachten kann. Die Höhe h steht immer senkrecht auf der entsprechenden Grundseite g. Für den **Umfang u eines Parallelogramms** gilt: $u = 2 \cdot a + 2 \cdot b$.

9 Berechne Flächeninhalt und Umfang der Parallelogramme.

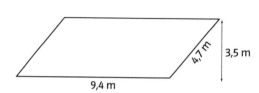
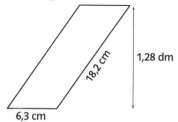

10 Berechne den Flächeninhalt des Parallelogramms und des Rechtecks. Was fällt auf? Begründe das Ergebnis mithilfe der Zeichnung.

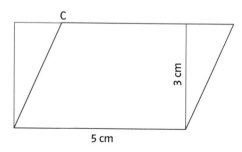

11 Durch einen rechteckigen Acker soll eine 10 m breite Straße gebaut werden. Erstelle eine Skizze mit dem Maßstab 10 m ≙ 1 cm, und miss die benötigten Strecken. Wie viele Quadratmeter gehen dem Landwirt verloren?

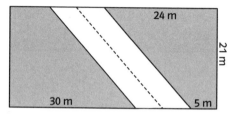

7.4 Trapeze

> **Regel**
> Der **Flächeninhalt A** eines **Trapezes** wird mit der Formel $A = \frac{1}{2} \cdot (a + c) \cdot h$ berechnet (mit der Grundseite a, der Oberseite c und der Höhe h).
> Für den **Umfang u** eines Trapezes gilt: $u = a + b + c + d$.

12 Berechne den Flächeninhalt der Trapeze. Entnimm die benötigten Längen der Zeichnung. Überprüfe dein Ergebnis, indem du die Kästchen zählst. Fasse dabei geeignete Bruchteile zu ganzen Kästchen zusammen.

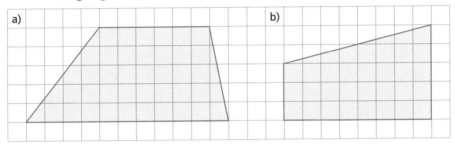

a)

b)

13 Berechne Flächeninhalt und Umfang der abgebildeten Trapeze im Heft.

a)
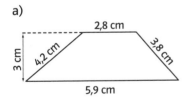
2,8 cm
3 cm
4,2 cm
3,8 cm
5,9 cm

b)
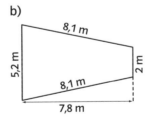
8,1 m
5,2 m
8,1 m
2 m
7,8 m

c)

21 cm
12,5 dm
10,2 dm
47 cm

14 Zum Schutz vor der Flut wurden an der Nordseeküste Deiche gebaut. Die Abbildung zeigt den Querschnitt eines solchen Deiches. Wie groß ist die Querschnittsfläche?

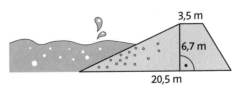
3,5 m
6,7 m
20,5 m

7.5 Drachen und Raute

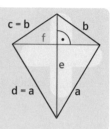

Regel

Der **Flächeninhalt A** eines Drachens wird mit der Formel $A = \frac{1}{2} \cdot e \cdot f$ berechnet (mit den Diagonalen e und f). Für den **Umfang eines Drachens** gilt: $u = 2 \cdot a + 2 \cdot b$. Eine **Raute** ist ein Drachen, in dem alle 4 Seiten gleich lang sind. Für den Umfang einer Raute gilt: $u = 4 \cdot a$.
Die **Diagonalen** e und f stehen immer senkrecht aufeinander.

15 Berechne die Fläche und den Umfang der Drachen im Heft.

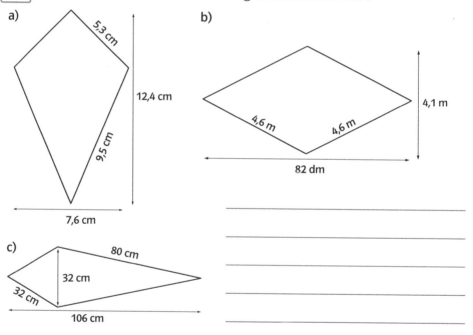

a)

5,3 cm

12,4 cm

9,5 cm

7,6 cm

b)

4,6 m   4,6 m

4,1 m

82 dm

_____
_____
_____
_____
_____
_____

c)

80 cm

32 cm

32 cm

106 cm

16 Paul und Martin möchten Drachen steigen lassen. Paul sagt: „Mein Drachen ist viel größer, weil er 70 cm hoch ist und deiner nur 62 cm."
Hat Paul recht, wenn sein Drachen 38 cm breit und Martins Drachen 45 cm breit ist? _____

_____

7.6 Vielecke

> **Regel**
>
> Ein **regelmäßiges Vieleck** besteht aus gleichschenkligen Teildreiecken, die denselben Flächeninhalt haben. Zur Berechnung des gesamten Flächeninhalts braucht man nur den Flächeninhalt eines dieser Teildreiecke mit der Zahl der Ecken multiplizieren.

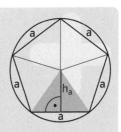

Den Flächeninhalt von **unregelmäßigen Vielecken** berechnet man, indem man das Vieleck unterteilt und anschließend alle Teilflächen addiert. Es gilt: $A_{gesamt} = A_1 + A_2 + A_3 + \ldots$

Man kann ein Vieleck in der Regel auf mehrere Arten unterteilen, z. B.:

1. Möglichkeit: Man zeichnet die längste Diagonale ein. Das ist die sogenannte Standlinie. Dann trägt man von den Ecken aus senkrechte Strecken auf die Standlinie ein. Auf diese Weise wird das Vieleck in rechtwinklige Dreiecke und Trapeze unterteilt.

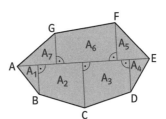

2. Möglichkeit: Man wählt eine Ecke aus und unterteilt von dort aus das Vieleck in Dreiecke, deren Höhen man dann aber noch einzeichnen und messen muss.

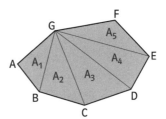

17 Unterteile das regelmäßige Sechseck in gleichschenklige Teildreiecke, miss die benötigten Strecken und bestimme den Flächeninhalt.

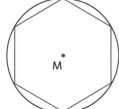

_____

_____

_____

_____

18 Zeichne das Vieleck A (1|4); B (3|1); C (7|0); D (9|4); E (6|6); F (3|6) im Heft in ein Achsenkreuz (x-Achse von 0 bis 10, y-Achse von 0 bis 6). Zerlege es in rechtwinklige Dreiecke und Trapeze und bestimme den Flächeninhalt.

7.7 Kreis

> **Regel**
>
> Der **Flächeninhalt** A eines Kreises wird mit der Formel $A = \pi \cdot r^2$ berechnet (mit der Zahl $\pi \approx 3{,}14$ – sprich „pi" – und dem Radius r).
> Für den **Kreisumfang** u gilt: $u = 2 \cdot \pi \cdot r$.
> Zur Erinnerung: Der Radius r ist die Strecke vom Mittelpunkt M zum Kreisbogen. Der doppelte Radius ist der Durchmesser: $d = 2 \cdot r$

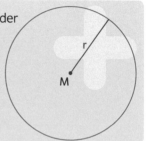

19 Zeichne einen Kreis mit Radius $r = 2\,cm$ und berechne den Flächeninhalt (mit $\pi \approx 3{,}14$). Überprüfe dein Ergebnis, indem du die Kästchen zählst.

20 Berechne den Flächeninhalt und den Umfang des Kreises (mit $\pi \approx 3{,}14$).
a) $r = 5\,cm$ b) $r = 8{,}5\,m$ c) $d = 16\,cm$ d) $d = 36\,mm$

21 Berechne im Heft den Flächeninhalt und den Umfang der abgebildeten Figuren. Zeichne zuerst den Radius ein.

a)

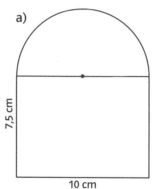

b)

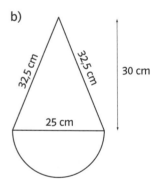

22 Susi legt sich beim Abendessen eine Scheibe Schweizer Käse aufs Brot. „Der Käse besteht ja zur Hälfte aus Löchern", protestiert sie. Hat Susi recht? Rechne im Heft. Die Zahlen in den Löchern geben jeweils den Durchmesser an.

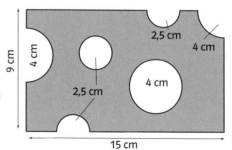

66 Mit welchen Formeln berechnet man den Flächeninhalt eines Quadrats bzw. eines Rechtecks?_____

67 Mit welcher Formel berechnet man den Flächeninhalt eines beliebigen Dreiecks?_____

68 Welche Besonderheit gibt es bei der Flächenberechnung rechtwinkliger Dreiecke?

_____

69 Was muss man beachten, wenn man die Höhe auf eine der kürzeren Seiten eines stumpfwinkligen Dreiecks zeichnen will?

_____

70 Nenne die Formel für den Flächeninhalt eines Parallelogramms._____

71 Nenne die Formel für den Flächeninhalt eines Trapezes._____

72 Mit welcher Formel berechnet man den Flächeninhalt eines Drachens?

_____

73 Wie sollte man ein regelmäßiges Vieleck unterteilen, um dessen Fläche geschickt berechnen zu können?

_____

74 Mit welchen zwei Möglichkeiten kann man ein unregelmäßiges Vieleck zur Flächenberechnung unterteilen?

_____

_____

75 Wie kann man den Umfang von jedem beliebigen Vieleck berechnen?

_____

76 Mit welchen Formeln berechnet man Flächeninhalt und Umfang eines Kreises? _____

___/8 **1** Die Zeichnung zeigt den Grundriss einer Wohnung.

a) Wie viel Miete kostet die Wohnung, wenn der Vermieter für 1 m² Fläche 7,25 €
verlangt?

b) Wie viel m² Teppich braucht man, wenn der alte Teppich erneuert werden soll?
In Küche und Bad sollen Fliesen gelegt werden.

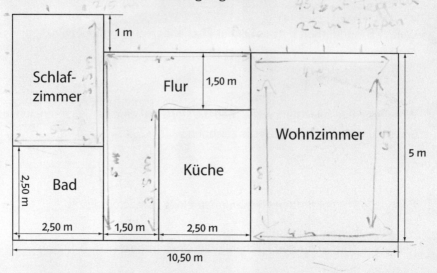

___/6 **2** Berechne den Flächeninhalt.

a)

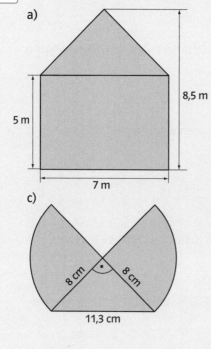

b)

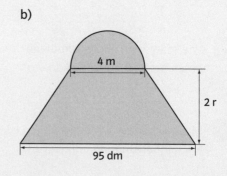

c)

3 Zeichne das Vieleck, zerlege es in Teilflächen und bestimme den Flächen-   ___/6
inhalt. Miss die benötigten Längen. A(−2|1); B(0|−1,5); C(2,5|−1,5); D(5|0);
E(5|2,5); F(2,5|4)

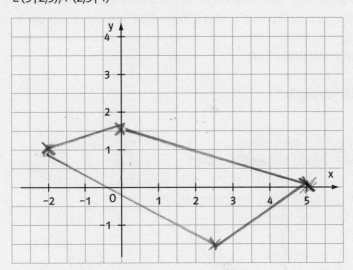

4 Unterteile das regelmäßige Vieleck in gleichschenklige   ___/2
Teildreiecke, miss die benötigten Strecken und
bestimme den Flächeninhalt.

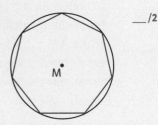

M

_____

_____

_____

_____

5 Berechne den Flächeninhalt und den Umfang der markierten Fläche im Heft.   ___/6

a)

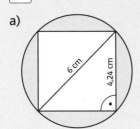

b)

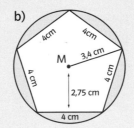

c)

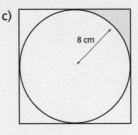

Gesamt-
punktzahl
_____/28

8 Abbildungen in der Ebene

In der Geometrie gibt es verschiedene Arten, wie ein Punkt oder eine Figur in der Ebene ihre Lage verändern können. Wenn die Vorschrift, mit der eine solche Lageänderung beschrieben wird, eindeutig und unmissverständlich ist, spricht man von einer **Abbildung**.

8.1 Verschiebungen

> **Regel**
> Bei einer **Verschiebung** wird jeder Urpunkt P in die gleiche Richtung und um die gleiche Strecke auf seinen Bildpunkt P′ verschoben. Eine Verschiebung kennzeichnet man durch einen **Verschiebungspfeil**, der vom Urpunkt P zum Bildpunkt P′ zeigt.

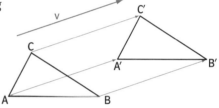

Beispiel 1: Um das Dreieck ABC in Richtung des Verschiebungspfeils zu verschieben, zeichnet man von jeder Ecke aus einen Verschiebungspfeil. Man erhält das Bilddreieck A′B′C′. Einen Bildpunkt kennzeichnet man, indem man an den Buchstaben des Urbildpunktes einen Strich anfügt.

Beachte: Alle Verschiebungspfeile sind parallel zueinander und gleich lang.

1   Bilde die Figuren mit einer Verschiebung ab. Verschiebe Figur b mehrmals.

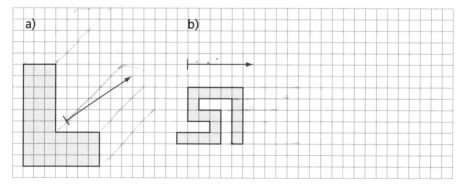

a)

b)

2   Gegeben sind die Punkte A (−2|1), B (2|0), C (−1|3) und A′(3|2). Trage die Punkte in ein Achsenkreuz ein und konstruiere mit einer Verschiebung die Bildpunkte B′, C′. Welche Koordinaten haben B′ und C′? Zeichne im Heft.

8.2 Drehungen

Regel

Bei einer **Drehung** wird jeder Urpunkt P um ein Drehzentrum Z mit einem vorgegebenen Winkel α entgegen dem Uhrzeigersinn gedreht. Es gilt: $\overline{ZP} = \overline{ZP'}$. Das Drehzentrum Z verändert bei einer Drehung seine Lage nicht und ist ein sogenannter **Fixpunkt**.

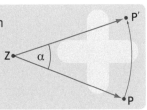

Beispiel 2: Der Punkt A soll um das Zentrum Z mit dem Winkel α = 50° gedreht werden.

① Verbinde den Punkt A mit Z.

② Zeichne an ZA von Z aus eine Halbgerade unter dem Winkel 50°.

③ Ziehe einen Kreis um Z mit dem Radius r = $\overline{ZA}$.

④ Dort, wo der Kreis die Halbgerade schneidet, liegt der Bildpunkt A′.

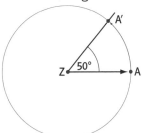

Tipp

Wenn von einer Drehung zwei Punktepaare (A; A′) und (B; B′) bekannt sind, erhält man das Drehzentrum Z, indem man die beiden **Mittelsenkrechten** zu den Strecken $\overline{AA'}$ und $\overline{BB'}$ miteinander schneidet.

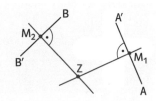

3 Drehe die Figuren jeweils mit dem angegebenen Winkel α um Z. Führe die Drehung bei Figur c) dreimal hintereinander durch.

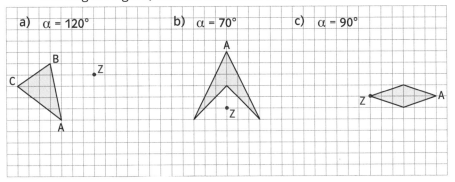

a) α = 120°   b) α = 70°   c) α = 90°

4 Gib das Drehzentrum und den Drehwinkel der Figuren an und konstruiere die fehlenden Bildpunkte.

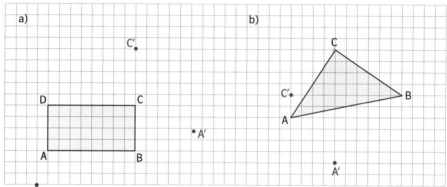

8.3 Punktspiegelungen

> **Regel**
>
> Bei einer **Punktspiegelung** an einem festen Zentrum Z erhält man den Bildpunkt P′ eines Urpunkts P, indem man eine Gerade durch die Punkte P und Z zeichnet und die Strecke $\overline{PZ}$ auf der anderen Seite von Z (mit Geodreieck oder Zirkel) abträgt.
>
> Das Zentrum Z liegt somit immer genau in der Mitte zwischen P und P′. Weil der Punkt Z bei einer Punktspiegelung seine Lage nicht verändert, ist er ein **Fixpunkt**.

Beispiel 3: Das Dreieck ABC wird am Zentrum Z gespiegelt.

① Zeichne eine Gerade durch Z und A.

② Trage $\overline{AZ}$ auf der gegenüberliegenden Seite ab. Du erhältst so den Bildpunkt A′.

③ Verfahre genauso mit den Punkten B und C.

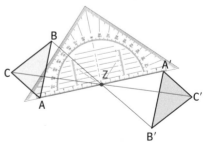

5 Konstruiere die Bildfigur bei einer Punktspiegelung an Z.

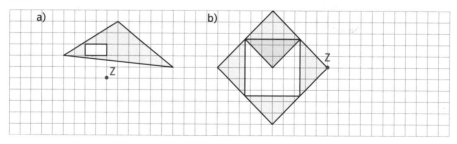

8.4 Achsenspiegelungen

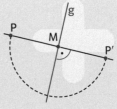

Regel Bei einer **Achsenspiegelung** an einer **Spiegelgeraden g** erhält man den Bildpunkt P′ eines Urpunkts P, indem man durch den Punkt P eine senkrechte Linie zur Geraden g zeichnet und den Abstand von P zu g z.B. mit dem Zirkel auf der anderen Seite von g abträgt. Die Spiegelgerade g halbiert die Strecke $\overline{PP'}$ und steht senkrecht dazu. Alle Punkte, die auf der Geraden g liegen, sind **Fixpunkte**, da sie bei einer Spiegelung ihre Lage nicht verändern.

Beispiel 4: Das Dreieck ABC wird an der Geraden g gespiegelt.

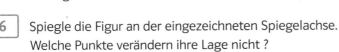

① Zeichne eine Senkrechte zu g durch den Punkt A.
② Miss den Abstand von A zu g und trage ihn auf der gegenüberliegenden Seite ab. Du erhältst den Bildpunkt A′.
③ Verfahre genauso mit den Punkten B und C.

6 Spiegle die Figur an der eingezeichneten Spiegelachse. Welche Punkte verändern ihre Lage nicht?

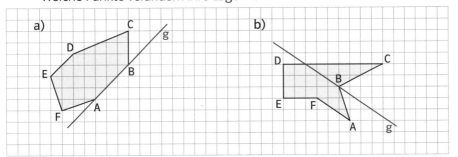

Tipp Wenn von einer Achsenspiegelung ein Punktepaar (A; A′) bekannt ist, erhält man die Spiegelgerade, indem man die **Mittelsenkrechten** zur Strecke $\overline{AA'}$ zeichnet.

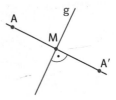

7 Konstruiere zuerst die Spiegelachse und dann die fehlenden Bildpunkte.

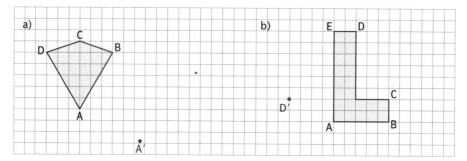

8.5 Verknüpfung von Abbildungen

Regel

Man kann auch mehrere Abbildungen A_1, A_2, A_3, … nacheinander durchführen. Man beschreibt dies mit $A_1 \circ A_2 \circ A_3$ (sprich: A_1 nach A_2 nach A_3). Man muss in dieser Schreibweise *(von rechts nach links)* zuerst die Abbildung A_3, dann A_2 und schließlich A_1 durchführen.

Beispiel 5: Gegeben ist die Achsenspiegelung A an der Geraden g und die Verschiebung V mit dem eingezeichneten Verschiebungspfeil v. Das Dreieck ABC soll mit der Abbildung $V \circ A$ abgebildet werden.
① Zunächst muss das Dreieck ABC an der Geraden g gespiegelt werden. Man erhält das Dreieck A'B'C'.
② Anschließend führt man die Verschiebung durch und erhält das Dreieck A"B"C".

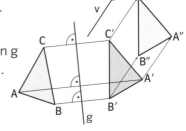

8 Gegeben ist die Drehung D um $Z(2|1)$ mit $\alpha = 125°$ und die Achsenspiegelung A an der y-Achse. Bilde das Dreieck $A(-2|4)$, $B(-1|2)$, $C(1|4)$ mit der Abbildung $A \circ D$ ab. Zeichne im Heft ein Koordinatensystem (x-Achse von -4 bis $+4$, y-Achse von -4 bis $+4$)

9 Gegeben sind die Achsenspiegelung A_x an der x-Achse und die Achsenspiegelung A_y an der y-Achse sowie die Punkte $A(-3|-2)$, $B(-4|-4)$ und $C(-1|-3)$. Zeichne im Heft ein Koordinatensystem (x-Achse von -4 bis $+4$ und y-Achse von -5 bis $+5$).
a) Bilde das Dreieck ABC mit der Abbildung $A_x \circ A_y$ ab.
b) Bilde das Dreieck ABC mit der Abbildung $A_y \circ A_x$ ab. Was fällt auf, wenn du mit Aufgabe a) vergleichst? Formuliere eine Regel im Heft.

c) Wie könnte man das Dreieck ABC direkt auf A"B"C" abbilden? Formuliere eine Regel im Heft.

8.6 Symmetrien in Figuren

> **Regel** Eine Figur ist symmetrisch, wenn sie durch eine Punktspiegelung, Achsenspiegelung oder Drehung auf sich selbst abgebildet werden kann. Je nach dem, welche Abbildung vorliegt, nennt man eine solche Figur **punktsymmetrisch**, **achsensymmetrisch** oder **drehsymmetrisch**.

Beispiel 6: Die Figur 1 ist achsensymmetrisch, da sie bei einer Spiegelung an der Geraden g auf sich selbst abgebildet wird.

10 Zeichne die Figuren ins Heft und trage alle Symmetrieelemente ein (Spiegelachse, Spiegelzentrum, Drehzentrum).

(1) gleichseitiges Dreieck (2) Rechteck (3) Parallelogramm
(4) gleichschenkliges Trapez (5) symmetrischer Drachen (6) Quadrat
(7) Raute (8) gleichschenkliges Dreieck (9) Kreis

11 Trage jeweils alle Symmetrieelemente in die Markenzeichen deutscher Automobilhersteller ein.

77 Wie kennzeichnet man den Bildpunkt eines Urpunktes A?_____

78 Welche Eigenschaften haben die Verschiebungspfeile einer Verschiebung?

_____

79 In welche Richtung wird bei einer Drehung immer gedreht?

_____

80 Wie konstruiert man das Drehzentrum einer Drehung, wenn man zwei
Punktepaare (A; A′) und (B; B′) kennt?

_____

81 Wie konstruiert man das Zentrum einer Punktspiegelung, wenn man ein
Punktepaar (A; A′) kennt?

_____

82 Wie konstruiert man die Spiegelachse einer Achsenspiegelung, wenn man
ein Punktepaar (A; A′) kennt?

_____

83 Welche der beiden Abbildungen A und B muss man bei der verknüpften
Abbildung A ∘ B zuerst durchführen?

_____

84 Wann ist eine Figur achsensymmetrisch?

_____

85 Wann ist eine Figur punktsymmetrisch?

_____

86 Wann ist eine Figur drehsymmetrisch?

_____

87 Wo liegen die Fixpunkte bei einer Achsenspiegelung?

_____

1 Der Zeiger eines Navigationsgeräts (Figur 1) zeigt nach Osten. In welche __/2
Himmelsrichtung zeigt er, wenn er sich um 135° um Z dreht? In Figur 2 sind
die Punkte A′ und B′ durch eine Drehung der Figur entstanden. Konstruiere die
Lage des Drehzentrums Z und dann die Bildfigur. Wie groß ist der Drehwinkel?

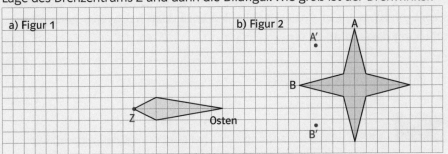

2 Bilde die Figur 1 mit einer Achsenspiegelung an der Geraden g ab. __/2
In Figur 2 ist der Punkt A′ durch eine Achsenspiegelung von A entstanden.
Konstruiere die Spiegelachse g und die Bildfigur.

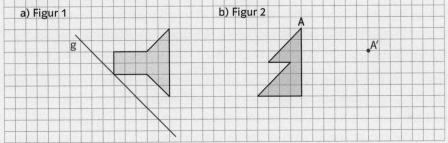

3 Gegeben sind die Drehung D um $Z(1|-1)$ mit $\alpha = 60°$ und die Punkt- __/2
spiegelung S am Zentrum $Z(1|-1)$. Bilde das Dreieck $A(1|2)$, $B(3|3)$,
$C(-1|4)$ mit der Abbildung D ∘ S ab. Konstruiere im Heft.

4 Gegeben sind die Verschiebung V von $P(0|0)$ nach $P′(4|2)$ und die Spiege- __/2
lung S am Punkt $Z(3,5|-1,5)$. Bilde das Viereck ABCD mit $A(-2|-3)$, $B(-1|0)$,
$C(-2|1)$ und $D(-3|0)$ mit der Abbildung S ∘ V ab. Konstruiere im Heft.

Gesamt-
punktzahl
___/8

9 Berechnung von Zufallsexperimenten

Wer beim „Mensch-Ärgere-Dich-Nicht"-Spiel loslegen will, muss zuerst eine „6" würfeln. Der Reiz des Spiels besteht nicht zuletzt darin, dass man natürlich nie vorhersagen kann, welche Augenzahl fallen wird. Man hat es hier ganz offensichtlich mit dem Zufall zu tun.

9.1 Zufallsexperimente

> **Regel**
>
> Wenn man den Ausgang eines beliebig oft wiederholbaren Experiments nicht vorhersagen kann, spricht man von einem **Zufallsexperiment**. Alle möglichen Ausgänge oder **Elementarereignisse** $e_1, e_2, e_3, \ldots$ eines Zufallsexperiments werden in einer **Ergebnismenge** $S = \{e_1, e_2, e_3, \ldots\}$ zusammengefasst.

Hinweis: Wenn man ein Zufallsexperiment zweimal nacheinander durchführt, kann man dies auch als ein einziges Zufallsexperiment betrachten. Es handelt sich dann um ein zweistufiges Zufallsexperiment. Die Elementarereignisse werden hier als geordnete Paare von Elementarereignissen beider Teilexperimente angegeben.

Beispiel 1: a) Das Werfen eines Würfels ist ein Zufallsexperiment, da man nie vorhersagen kann, welche Augenzahl fallen wird. Und selbstverständlich kann man denselben Würfel unter gleichbleibenden Bedingungen beliebig oft werfen. (Anm.: Mit einem Würfel aus Knetmasse wäre dies nicht möglich.) Die Ergebnismenge ist $S = \{1; 2; 3; 4; 5; 6\}$.
b) Wenn man einen Würfel zweimal hintereinander wirft und die Augenzahlen notiert, sind mögliche Elementarereignisse: (1; 1), (1; 2), (1; 3), (2; 1) …. Dabei bedeutet (1; 2), dass beim ersten Wurf die Augenzahl „1" und beim zweiten Wurf die Augenzahl „2" fällt.

| 1 | Gib die Ergebnismenge an.

a) Eine Münze wird einmal geworfen. $S = \{$ _____ $\}$

b) Eine Münze wird zweimal geworfen. $S = \{$ _____ $\}$

| 2 | Zwei Fußballmannschaften A und B spielen gegeneinander. Wie sieht die Ergebnismenge aus? (Die Zahl der Tore spiele keine Rolle.)

3 | Gib die Ergebnismenge an, wenn man einen Pfeil auf die abgebildete Scheibe wirft.

S = { _____ }

4 | Aus der abgebildeten Urne wird eine Kugel gezogen. Gib die Ergebnismenge an.

a) Für einmaliges Ziehen. S = { _____ }
b) Für zweimaliges Ziehen mit Zurücklegen der zuerst gezogenen Kugel vor dem zweiten Zug.

S = { _____ }

> **Regel**
>
> Jede Teilmenge A einer Ergebnismenge $S = \{e_1, e_2, e_3, \dots\}$ mit den Elementarereignissen $e_1, e_2, e_3, \dots$ nennt man **Ereignismenge**. Wenn bei der Durchführung des Zufallsexperiments ein Elementarereignis aus A eintritt, sagt man, das Ereignis A ist eingetreten.

Beispiel 2: Beim einmaligen Würfeln ist die Ergebnismenge $S = \{1; 2; 3; 4; 5; 6\}$. Wenn man das Ereignis A definiert: *„Die gefallene Augenzahl ist gerade"*, dann lautet die Ereignismenge $A = \{2; 4; 6\}$. Das Ereignis A tritt also dann ein, wenn eine „2", eine „4" oder eine „6" fällt.

5 | Eine Münze wird zweimal geworfen.

a) Wie lautet die Ereignismenge des Ereignisses A: *„Zweimal wird dieselbe Seite angezeigt".* A = { _____ }

b) Wie lautet die Ereignismenge für das Ereignis B: *„Wappen fällt mindestens einmal."* B = { _____ }

6 | Ein Würfel wird zweimal geworfen.
Gib jeweils die Ereignismenge zu folgenden Ereignissen an:

A: Zweimal fällt die gleiche Augenzahl. A = { _____ }

B: Beide Augenzahlen sind kleiner als 3. B = { _____ }

C: Die Summe beider Augenzahlen ist 4. C = { _____ }

7 Das abgebildete Glücksrad wird zweimal hintereinander gedreht. Gib die Ereignismenge an:

A: Zweimal dieselbe Farbe. A = { _____ }

B: Zweimal eine unterschiedliche Farbe. B = { _____ }

9.2 Absolute und relative Häufigkeiten

Regel
Ein Zufallsexperiment wird n-mal durchgeführt. Wenn das Ereignis
A dabei H-mal eingetreten ist, nennt man H die **absolute Häufigkeit**. Den Bruch $\frac{H}{n}$
bezeichnet man als die **relative Häufigkeit** $h = \frac{H}{n}$. Die Summe aller absoluten
Häufigkeiten ergibt immer n. Die Summe aller relativen Häufigkeiten ist immer 1.
Gibt man zu jedem Ereignis die absolute bzw. relative Häufigkeit an, erhält man
eine **Häufigkeitsverteilung**.

Beispiel: a) Ein Würfel wird 24-mal geworfen. Wie groß ist die relative Häufigkeit
des Ereignisses A: *„Die Augenzahl ist 1"*? Folgende Augenzahlen sind gefallen:

5 3 2 1 5 3 ; 6 4 2 3 4 5 ; 5 3 1 6 2 2 ; 3 5 1 3 6 1

Die absolute Häufigkeit des Ereignisses A ist $H_A = 4$, da die Augenzahl „1" viermal
gefallen ist. Somit ist die relative Häufigkeit $h_A = \frac{4}{24} = \frac{1}{6} = 16,7\%$

b) Die Häufigkeitsverteilung für dieses Würfelexperiment ist:

Augenzahl	1	2	3	4	5	6
absolute Häufigkeit	4	4	6	2	5	3
relative Häufigkeit	$\frac{4}{24} = \frac{1}{6}$	$\frac{4}{24} = \frac{1}{6}$	$\frac{6}{24} = \frac{1}{4}$	$\frac{2}{24} = \frac{1}{12}$	$\frac{5}{24}$	$\frac{3}{24} = \frac{1}{8}$
relative Häufigkeit in Prozent (vgl. Seite 198)	16,7%	16,7%	25%	8,3%	20,8%	12,5%

8 Das abgebildete Glücksrad wurde 20-mal gedreht.
Dabei wurden folgende Zahlen ermittelt:

2 4 2 3 1 ; 3 4 4 1 2 ; 3 1 3 2 4 ; 1 2 1 3 3

Gib die absoluten und relativen Häufigkeiten für folgende
Ereignisse an:

A: Die angezeigte Zahl ist gerade. H_A = _____ ; h_A = _____

B: Die angezeigte Zahl ist kleiner als 4. H_B = _____ ; h_B = _____

9 Bei einer Schülerumfrage nach dem Verkehrsmittel, mit dem die Schüler zur
Schule kommen, ergaben sich folgende Daten:

Bus	Auto	Mofa	Fahrrad	Zu Fuß
285	7	65	95	48

Ermittle im Heft für jedes Verkehrsmittel die relative Häufigkeit und veranschauliche die Häufigkeitsverteilung in einem Säulendiagramm (→ Seite 200)

9.3 Das Gesetz der großen Zahlen

> **Regel**
> Wird ein Zufallsexperiment sehr oft durchgeführt, so stabilisieren sich die beobachteten relativen Häufigkeiten der jeweiligen Ereignisse bei einem Zielwert, der Wahrscheinlichkeit.
> Man nennt diese Erfahrungstatsache das **Gesetz der großen Zahlen**.

Man kann dieses Gesetz ausnutzen, um den Idealwert einer relativen Häufigkeit, die sogenannte **Wahrscheinlichkeit** experimentell zu bestimmen. Insbesondere Meinungsumfragen werden erst dann verlässlich, wenn sehr viele Personen befragt wurden. Und auch bei Qualitätskontrollen von Produkten sollten möglichst viele Messungen durchgeführt werden.

Beispiel 3: Bei einem Würfelexperiment wurde notiert, wie oft die Augenzahl „6" gefallen ist. Die folgende Tabelle zeigt die Häufigkeiten in Abhängigkeit von der Zahl der Würfe. Das Schaubild veranschaulicht den Zusammenhang.

Zahl der Würfe	50	100	200	300	400	500	600
absolute Häufigkeit	6	20	29	45	70	81	101
relative Häufigkeit	0,120	0,200	0,145	0,150	0,175	0,162	0,168

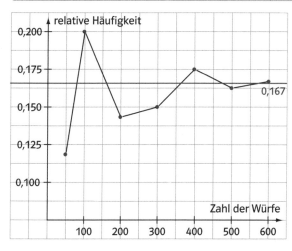

Wie man sieht, stabilisieren sich die Werte mit zunehmender Anzahl der Würfe und nähern sich dem Idealwert, d.h. der Wahrscheinlichkeit $\frac{1}{6}$ = 0,167 an. Somit handelt es sich bei dem benutzten Würfel um einen idealen Würfel.

10 Ein Kandidat einer Bürgermeisterwahl möchte vor der Wahl anhand einer Umfrage herausfinden, mit welchem Stimmenanteil er rechnen kann.

Zahl der Befragten	100	200	300	400	500	600	700
Stimmen für Kandidat	25	84	90	156	165	216	245
relative Häufigkeit							

a) Berechne für jede Zahl der Befragten die relative Häufigkeit und veranschauliche den Zusammenhang in einem Schaubild.

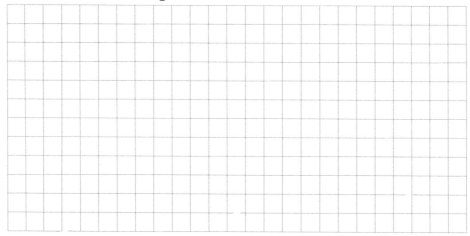

b) Mit wie viel Prozent der Stimmen kann der Kandidat bei der Wahl rechnen?

_____

11 Das nebenstehende Glücksrad wurde gedreht. Die Tabelle zeigt, wie oft die Farbe grün angezeigt wurde.

Zahl der Drehungen	50	100	150	200	250	300	350
absolute Häufigkeit	33	68	120	154	181	228	264
relative Häufigkeit							

a) Berechne für jede Zahl der Drehungen die relative Häufigkeit und veranschauliche den Zusammenhang im Heft in einem Schaubild.

b) Welchem Idealwert nähert sich die relative Häufigkeit?

_____

9.4 Gleichverteilungen – das Laplace-Experiment

> **Regel**
>
> Die **Laplace-Formel**: Haben alle Elementarereignisse eines Zufalls-
> experiments die gleiche Wahrscheinlichkeit, so gilt für die Wahrscheinlichkeit P_A
> eines Ereignisses A: $P_A = \dfrac{\text{Anzahl der Elementarereignisse, bei denen A eintritt}}{\text{Anzahl aller möglichen Elementarereignisse}}$

Beispiel 4: Wenn ein Spielwürfel sorgfältig gearbeitet ist, darf man annehmen,
dass jede Augenzahl mit der gleichen Wahrscheinlichkeit $p = \frac{1}{6}$ fallen wird. Das
Werfen eines solchen idealen Würfels ist also ein Laplace-Experiment.
Die Wahrscheinlichkeit für das Ereignis A: *„Augenzahl größer als 4"* ist:
$P_A = \frac{2}{6}$. Denn die Anzahl der Elementarereignisse, bei denen A eintritt, ist 2 (bei
den Augenzahlen „5" und „6"). Insgesamt gibt es 6 Elementarereignisse.

---

12   Eine Lostrommel enthält 200 Lose. 10 davon sind Gewinne, 50 Lose ergeben
      einen Trostpreis und der Rest sind Nieten.

a)   Warum handelt es sich um ein Laplace-Experiment?

---

b)   Berechne jeweils die Wahrscheinlichkeit, dass das erste gezogene Los ein
     Gewinn, ein Trostpreis bzw. eine Niete ist.

---

13   Aus der abgebildeten Urne wird eine Kugel gezogen.

a)   Warum handelt es sich um ein Laplace-Experiment?

b)   Gib die Wahrscheinlichkeiten für folgende Ereignisse
an:

A: Die gezogene Zahl ist größer als 2.
B: Die gezogene Kugel ist grün.
C: Die gezogene Zahl ist ungerade.

---

14 Die Abbildung zeigt eine Spielsituation beim „Mensch-Ärgere-Dich-Nicht". Der rote Spieler darf würfeln. Mit welcher Wahrscheinlichkeit kann er den gelben Spieler hinauswerfen?

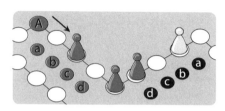

Info plus Der französische Mathematiker und Astronom P. S. Laplace (1749–1827) hat sich nicht nur um die Wahrscheinlichkeitsrechnung verdient gemacht. Unter Napoleon brachte er es auch zum Innenminister Frankreichs – allerdings nur für sechs Wochen.

9.5 Der Durchschnitt von Häufigkeitsverteilungen

Regel Aus allen relativen Häufigkeiten $h_1, h_2, h_3, \ldots h_n$ und allen Ereignissen $e_1, e_2, e_3, \ldots, e_n$ kann man den **Durchschnitt** $\varnothing$ (auch arithmetischer Mittelwert) einer Häufigkeitsverteilung berechnen.

Es gilt: $\varnothing = h_1 \cdot e_1 + h_2 \cdot e_2 + h_3 \cdot e_3 + \ldots + h_n \cdot e_n$

Beispiel 5: Peter hat seine Zeugnisnoten in einer Tabelle zusammengestellt und möchte seinen Notendurchschnitt berechnen. Seine schlechteste Note war 4. Insgesamt bekam er in 10 Fächern eine Note.

Note	1	2	3	4
absolute Häufigkeit	2	3	4	1
relative Häufigkeit	$\frac{2}{10} = 0{,}2$	$\frac{3}{10} = 0{,}3$	$\frac{4}{10} = 0{,}4$	$\frac{1}{10} = 0{,}1$

Mit $e_1 = 1$, $e_2 = 2$, $e_3 = 3$, $e_4 = 4$, $h_1 = 0{,}2$, $h_2 = 0{,}3$, $h_3 = 0{,}4$, $h_4 = 0{,}1$ folgt für den Notendurchschnitt: $\varnothing = 0{,}2 \cdot 1 + 0{,}3 \cdot 2 + 0{,}4 \cdot 3 + 0{,}1 \cdot 4 = \textbf{2{,}4}$

15 Ein Kneipenwirt hat die relativen Häufigkeiten berechnet, mit der seine Getränke bestellt werden.

Limonade: 0,25; Bier: 0,60; Apfelsaft: 0,10; Mineralwasser: 0,05.

Die Getränkepreise sind: Limonade: 2,50 €; Bier: 3,60 €; Apfelsaft: 2,80 €; Mineralwasser: 2,10 €.

a) Wie viel Euro nimmt der Wirt im Durchschnitt pro Getränk ein?

b) Wie viel Euro nimmt er an einem Abend ein, wenn er 350 Getränke verkauft?

88 Welche Merkmale muss ein Zufallsexperiment erfüllen? Gib ein Beispiel an.

89 Erläutere anhand eines Würfelexperiments den Unterschied zwischen Ergebnismenge und Ereignismenge.

90 Wie beschreibt man ein Elementarereignis bzw. den Ausgang eines Würfelexperiments, wenn man zweimal hintereinander würfelt?

91 Ein Zufallsexperiment wird n-mal durchgeführt. Wie bestimmt man dann die absolute Häufigkeit bzw. die relative Häufigkeit eines Ereignisses A?

92 Wie erstellt man eine Häufigkeitsverteilung zu einem Zufallsexperiment?

93 Wie bestimmt man die Wahrscheinlichkeit eines Ereignisses A experimentell?

94 Was versteht man unter dem Gesetz der großen Zahlen?

95 Gib ein Beispiel aus der Praxis an, bei dem das Gesetz der großen Zahlen eine wichtige Rolle spielt.

96 Wie lautet die Laplace-Formel und was wird damit berechnet?

97 Unter welcher Voraussetzung gilt die Laplace-Formel?

98 Wie berechnet man den Durchschnitt einer Häufigkeitsverteilung?

99 Wie kann man beim einmaligen Drehen eines Glücksrads anhand des Mittelpunktswinkels eines Feldes die Wahrscheinlichkeit berechnen, dass dieses Feld angezeigt wird?

___/2 **1** Aus der abgebildeten Urne wird zweimal hintereinander
eine Kugel gezogen. Die erste Kugel wird *nicht* wieder
in die Urne zurückgelegt.
Wie lautet die Ereignismenge für folgende Ereignisse?
A: „*Summe der Augenzahlen = 5*";
B: „*Die gezogenen Kugeln haben die gleiche Farbe.*"

_____

_____

___/4 **2** Ein Gastwirt hat für die an einem Wochenende bestellten Getränke folgende
Statistik erstellt:

Spezi	Bier	Apfelsaft	Orangensaft	Mineralwasser
214	354	181	155	96

a) Mit welcher Wahrscheinlichkeit bestellt ein neuer Gast ein Bier?

_____

_____

b) Stelle alle relativen Häufigkeiten in einem Säulendiagramm dar.

3 Aus einem Skatspiel (32 Karten, von jeder Spielfarbe – ♦ ♥ ♠ ♣ – acht
Karten, nämlich 7, 8, 9, 10, Bube, Dame, König, As) wird eine Karte gezogen. ___/3
Mit welcher Wahrscheinlichkeit erfüllt diese Karte folgende Eigenschaften:

A: ein Bube, p = _____

B: eine rote Dame, p = _____

C: eine Kreuz-Karte, p = _____

4 Die Tabelle zeigt die erzielten Noten einer Klassenarbeit. ___/3

a) Wie viele Schüler hat die Klasse?   b) Berechne den Klassendurchschnitt.

Note	1,0	1,5	2,0	2,5	3,0	3,5	4,0	4,5	5,0
Anzahl	1	2	4	7	8	5	3	2	1
relative Häufigkeit									

5 Herbert wirft mit einem Tennisball auf eine Blechdose. Dabei hat er folgende Trefferliste erstellt: (T = Treffer, V = vorbei) ___/4
T T V T V ; V T T V T ; T V T T T ; V T T T T ; V T T T V ; T V V T T

a) Bestimme die relativen Häufigkeiten für „Treffer" und für „Vorbei".

b) Seinem Freund Robin schlägt er folgende Spielregel vor: „Wenn ich die Dose
verfehle, bekommst du 50 Cent von mir. Wenn ich treffe, bekomme ich 30 Cent
von dir. Insgesamt habe ich 60 Würfe auf die Dose."
Wer gewinnt wie viel bei diesem Spiel?

**Gesamt-
punktzahl
___/16**

Allgemeine Hinweise zum Abschlusstest

Damit du deine Gesamtpunktzahl einfach errechnen kannst, gibt es für jede Teilaufgabe bei Lückenaufgaben in der Regel einen Punkt, bei schwierigeren Aufgaben zwei Punkte.
Leider ist es nicht möglich, einen allgemeingültigen Notenschlüssel vorzugeben. Er wechselt von Schule zu Schule, von Bundesland zu Bundesland. Damit du deine Leistung einschätzen kannst, gibt es folgende Orientierungspunkte:
- Wenn du mehr als 80 Prozent der Gesamtpunktzahl erreicht hast, ist dein Ergebnis gut oder besser.
- Wenn du mehr als 50 Prozent der Gesamtpunktzahl erreicht hast, ist dein Ergebnis ausreichend oder befriedigend.
- Wenn du weniger als 50 Prozent der Gesamtpunktzahl erreicht hast, ist dein Ergebnis nicht mehr ausreichend. Du solltest dann die Regeln und Aufgaben, bei denen du viele Fehler gemacht hast, noch einmal genau nachlesen und üben.

100 bis 80 Prozent	79 bis 50 Prozent	unter 50 Prozent
sehr gut bis gut	befriedigend bis ausreichend	nicht mehr ausreichend

Kapitel 1: Bruchrechnung

Aufgaben

Seite 148 1 a) $\frac{3}{7}$ b) $\frac{5}{8}$ c) $\frac{8}{24}$ d) $\frac{6}{16}$

Seite 149 2 Es gibt mehrere Lösungsmöglichkeiten.

3 Anteil der Mädchen = $\frac{20}{32}$; Anteil der Jungen = $\frac{12}{32}$.

4 a) $\frac{2}{5}$ von 150 Bäumen = 2·(150 Bäume : 5) = 2·30 Bäume = 60 Bäume

   b) $\frac{4}{7}$ von 56 Kindern = 4·(56 Kinder : 7) = 4·8 Kinder = 32 Kinder

   c) $\frac{3}{4}$ von 80 € = 3·(80 € : 4) = 3·20 € = 60 €

   d) $\frac{3}{8}$ von 64 Autos = 3·(64 Autos : 8) = 3·8 Autos = 24 Autos

5 a) $\frac{5}{8}$ t = $\frac{5}{8}$ von 1000 kg = 625 kg   b) $\frac{3}{5}$ kg = $\frac{3}{5}$ von 1000 g = 600 g

   c) $\frac{2}{3}$ h = $\frac{2}{3}$ von 60 min = 40 min   d) $\frac{1}{8}$ km = $\frac{1}{8}$ von 1000 m = 125 m

   e) $\frac{1}{4}$ min = $\frac{1}{4}$ von 60 s = 15 s   f) $\frac{1}{5}$ m = $\frac{1}{5}$ von 10 dm = 2 dm

   g) $\frac{2}{5}$ m² = $\frac{2}{5}$ von 100 dm² = 40 dm²   h) $\frac{3}{8}$ ℓ = $\frac{3}{8}$ von 1000 ml = 375 ml

   i) $\frac{3}{4}$ Jahr = $\frac{3}{4}$ von 12 Monaten = 9 Monate   j) $\frac{1}{2}$ cm³ = $\frac{1}{2}$ von 1000 mm³ = 500 mm³

Seite 151 6 a) $\frac{8}{3}$ = $2\frac{2}{3}$ b) $\frac{3}{2}$ = $1\frac{1}{2}$ c) $\frac{12}{5}$ = $2\frac{2}{5}$ d) $\frac{19}{8}$ = $2\frac{3}{8}$

7 a) $1\frac{1}{4}$ = $\frac{5}{4}$ b) $2\frac{1}{2}$ = $\frac{5}{2}$ c) $5\frac{3}{8}$ = $\frac{43}{8}$ d) $12\frac{2}{5}$ = $\frac{62}{5}$

8 a) $3\frac{1}{2}$ t = 3 t + $\frac{1}{2}$ t = 3500 kg   b) $5\frac{3}{4}$ ℓ = 5 ℓ + $\frac{3}{4}$ ℓ = 5750 ml

   c) $2\frac{3}{4}$ h = 2 h + $\frac{3}{4}$ h = 165 min   d) $4\frac{2}{5}$ km = 4 km + $\frac{2}{5}$ km = 4400 m

   e) $1\frac{1}{4}$ min = 1 min + $\frac{1}{4}$ min = 75 s   f) $7\frac{3}{8}$ kg = 7 kg + $\frac{3}{8}$ kg = 7375 g

9 a) $\frac{2}{3}$ mit 4; $\frac{2}{3} = \frac{2 \cdot 4}{3 \cdot 4} = \frac{8}{12}$ b) $\frac{3}{5}$ mit 7; $\frac{3}{5} = \frac{3 \cdot 7}{5 \cdot 7} = \frac{21}{35}$ Seite 142

   c) $\frac{6}{7}$ mit 2; $\frac{6}{7} = \frac{6 \cdot 2}{7 \cdot 2} = \frac{12}{14}$

10 a) Es wurde mit 5 erweitert: $\frac{3}{5} = \frac{15}{25}$ b) Es wurde mit 6 erweitert: $\frac{3}{4} = \frac{18}{24}$

   c) Es wurde mit 7 erweitert: $\frac{4}{7} = \frac{28}{49}$ d) Es wurde mit 5 erweitert: $\frac{7}{12} = \frac{35}{60}$

11 a) $\frac{3}{5} = \frac{6}{10}$ b) $\frac{3}{4} = \frac{21}{28}$ c) $\frac{2}{3} = \frac{8}{12}$

   d) $\frac{7}{5} = \frac{28}{20}$ e) $\frac{17}{25} = \frac{68}{100}$ f) $\frac{13}{15} = \frac{52}{60}$

12 a) $\frac{2}{4} = \frac{1}{2}$ b) $\frac{6}{9} = \frac{2}{3}$ c) $\frac{15}{18} = \frac{5}{6}$ d) $\frac{15}{10} = \frac{3}{2}$

   e) $\frac{24}{32} = \frac{3}{4}$ f) $\frac{16}{48} = \frac{1}{3}$ g) $\frac{32}{16} = \frac{2}{1} = 2$ h) $\frac{56}{63} = \frac{8}{9}$

   i) $\frac{105}{165} = \frac{7}{11}$

13 a) HN = 4   b) HN = 15   c) HN = 40   d) HN = 18   Seite 153
   e) HN = 60   f) HN = 72   g) HN = 120   h) HN = 100

14 a) Es ist: $\frac{3}{5} = \frac{9}{15}$ und $\frac{2}{3} = \frac{10}{15}$. Damit folgt: $\frac{3}{5} < \frac{2}{3}$ Seite 154

   b) Es ist: $\frac{5}{6} = \frac{15}{18}$ und $\frac{7}{9} = \frac{14}{18}$. Damit folgt: $\frac{5}{6} > \frac{7}{9}$

   c) Es ist: $\frac{1}{3} = \frac{16}{48}$ und $\frac{5}{16} = \frac{15}{48}$. Damit folgt: $\frac{1}{3} > \frac{5}{16}$

   d) Es ist: $\frac{11}{18} = \frac{22}{36}$ und $\frac{7}{12} = \frac{21}{36}$. Damit folgt: $\frac{11}{18} > \frac{7}{12}$

15 In die Klasse 5a gehen 24 Schüler. In die Klasse 6a gehen 30 Schüler. Somit sind die
   einzelnen Anteile:

	Fahrrad	Bus	zu Fuß
Klasse 5a	$\frac{10}{24} = \frac{5}{12}$	$\frac{8}{24} = \frac{1}{3}$	$\frac{6}{24} = \frac{1}{4}$
Klasse 6a	$\frac{12}{30} = \frac{2}{5}$	$\frac{10}{30} = \frac{1}{3}$	$\frac{8}{30} = \frac{4}{15}$

   a) Vergleich der Fahrradfahrer: $\frac{5}{12} = \frac{25}{60} > \frac{2}{5} = \frac{24}{60}$

   In der 5a gibt es anteilig mehr Fahrradfahrer.

   b) Vergleich der Busfahrer: $\frac{1}{3} = \frac{1}{3}$

   Es gibt gleich viele Schülerinnen und Schüler, die mit dem Bus fahren.

   c) Vergleich der Fußgänger: $\frac{1}{4} = \frac{15}{60} < \frac{4}{15} = \frac{16}{60}$

   In der 6a ist der Anteil derer, die zu Fuß gehen, größer.

16 a) $\frac{2}{7} + \frac{4}{7} = \frac{6}{7}$ b) $\frac{7}{9} + \frac{2}{9} = \frac{9}{9} = 1$ c) $\frac{5}{12} - \frac{1}{12} = \frac{4}{12} = \frac{1}{3}$ Seite 155

   d) $\frac{19}{8} - \frac{3}{8} = \frac{16}{8} = 2$ e) $1\frac{1}{5} + 2\frac{2}{5} = 3\frac{3}{5}$ f) $3\frac{3}{4} + 2\frac{1}{4} = 5\frac{4}{4} = 6$

17 a) $\frac{7}{8} + \frac{3}{4} = \frac{7}{8} + \frac{6}{8} = \frac{13}{8}$ b) $\frac{7}{15} + \frac{7}{10} = \frac{14}{30} + \frac{21}{30} = \frac{35}{30} = \frac{7}{6}$ c) $\frac{2}{9} - \frac{1}{6} = \frac{4}{18} - \frac{3}{18} = \frac{1}{18}$

   d) $\frac{5}{6} - \frac{3}{8} = \frac{20}{24} - \frac{9}{24} = \frac{11}{24}$ e) $\frac{3}{14} + \frac{12}{35} = \frac{15}{70} + \frac{24}{70} = \frac{39}{70}$ f) $\frac{5}{18} + \frac{7}{24} = \frac{20}{72} + \frac{21}{72} = \frac{41}{72}$

18 a) $\frac{1}{9} + \frac{1}{3} + \frac{2}{9} = \frac{1}{9} + \frac{3}{9} + \frac{2}{9} = \frac{6}{9} = \frac{2}{3}$ b) $\frac{2}{5} + \frac{3}{10} + \frac{7}{10} = \frac{4}{10} + \frac{3}{10} + \frac{7}{10} = \frac{14}{10} = \frac{7}{5}$

   c) $\frac{1}{4} + \frac{2}{5} + \frac{3}{8} = \frac{10}{40} + \frac{16}{40} + \frac{15}{40} = \frac{41}{40}$ d) $\frac{3}{7} + \frac{5}{14} + \frac{2}{21} = \frac{18}{42} + \frac{15}{42} + \frac{4}{42} = \frac{37}{42}$

19 Der Anteil der schadhaften Äpfel ist: $\frac{1}{8} + \frac{3}{16} + \frac{1}{18} = \frac{18}{144} + \frac{27}{144} + \frac{8}{144} = \frac{53}{144}$.

Die Hälfte wären $\frac{72}{144}$. Der Verkäufer jammert zu Unrecht: Er kann die Hälfte der Äpfel verkaufen.

20 Tinas Freundinnen essen $\frac{1}{5} + \frac{4}{15} + \frac{5}{20}$ von der Torte.

Das sind $\frac{1}{5} + \frac{4}{15} + \frac{5}{20} = \frac{12}{60} + \frac{16}{60} + \frac{15}{60} = \frac{43}{60}$.

Für Tina bleiben also $\frac{17}{60}$ $\left(= \frac{60}{60} - \frac{43}{60}\right)$ übrig. Wegen $\frac{1}{4} = \frac{15}{60}$ bekommt Tina noch etwas mehr als $\frac{1}{4}$ der Torte.

Seite 156

21 a) $\frac{3}{5} \cdot \frac{4}{7} = \frac{12}{35}$ b) $\frac{2}{9} \cdot \frac{5}{11} = \frac{10}{99}$ c) $\frac{4}{3} \cdot \frac{8}{5} = \frac{32}{15}$

d) $\frac{1}{2} \cdot \frac{4}{13} = \frac{4}{26} = \frac{2}{13}$ e) $\frac{7}{8} \cdot 5 = \frac{35}{8}$ g) $6\frac{3}{4} \cdot \frac{7}{10} = \frac{27}{4} \cdot \frac{7}{10} = \frac{189}{40}$

22 a) $\frac{4}{9} \cdot \frac{5}{8} = \frac{1}{9} \cdot \frac{5}{2} = \frac{5}{18}$ b) $\frac{18}{25} \cdot \frac{15}{9} = \frac{2}{5} \cdot \frac{3}{1} = \frac{6}{5}$ c) $3 \cdot \frac{5}{21} = 1 \cdot \frac{5}{7} = \frac{5}{7}$

d) $\frac{3}{16} \cdot 12 = \frac{3}{4} \cdot 3 = \frac{9}{4}$ e) $3\frac{1}{2} \cdot \frac{8}{9} = \frac{7}{2} \cdot \frac{8}{9} = \frac{7}{1} \cdot \frac{4}{9} = \frac{28}{9}$ f) $\frac{29}{18} \cdot \frac{81}{58} = \frac{1}{2} \cdot \frac{9}{2} = \frac{9}{4}$

23 a) $2560\,kt \cdot \frac{1}{5}\frac{g}{kt} = 512\,g$ b) $7250\,kt \cdot \frac{1}{5}\frac{g}{kt} = 1450\,g$

Seite 157

24 a) $\frac{2}{3} : \frac{5}{8} = \frac{2}{3} \cdot \frac{8}{5} = \frac{16}{15}$ b) $\frac{11}{12} : \frac{1}{2} = \frac{11}{12} \cdot \frac{2}{1} = \frac{11}{6} \cdot \frac{1}{1} = \frac{11}{6}$

c) $6 : \frac{7}{9} = 6 \cdot \frac{9}{7} = \frac{54}{7}$ d) $\frac{3}{4} : 8 = \frac{3}{32}$

e) $5\frac{1}{2} : \frac{2}{3} = \frac{11}{2} \cdot \frac{3}{2} = \frac{33}{4}$ f) $2\frac{2}{5} : 5\frac{1}{5} = \frac{12}{5} : \frac{26}{5} = \frac{12}{5} \cdot \frac{5}{26} = \frac{6}{1} \cdot \frac{1}{13} = \frac{6}{13}$

25 a) $\frac{3}{5} : 6 = \frac{3}{5} \cdot \frac{1}{6} = \frac{1}{10}$ b) $8 : \frac{4}{9} = 8 \cdot \frac{9}{4} = 18$

c) $\frac{2}{3} : \frac{8}{15} = \frac{2}{3} \cdot \frac{15}{8} = \frac{5}{4}$ d) $5\frac{1}{2} : 4\frac{3}{4} = \frac{11}{2} : \frac{19}{4} = \frac{11}{2} \cdot \frac{4}{19} = \frac{22}{19}$

Seite 158

26 a) $\frac{2}{5} \cdot \left(\frac{3}{8} + \frac{7}{8}\right) = \frac{2}{5} \cdot \frac{10}{8} = \frac{2}{5} \cdot \frac{5}{4} = \frac{1}{1} \cdot \frac{1}{2} = \frac{1}{2}$ b) $\left(\frac{2}{5} + \frac{4}{5}\right) \cdot \frac{3}{4} = \frac{6}{5} \cdot \frac{3}{4} = \frac{3}{5} \cdot \frac{3}{2} = \frac{9}{10}$

c) $\frac{7}{6} \cdot \left(\frac{5}{6} - \frac{4}{9}\right) = \frac{7}{6} \cdot \left(\frac{15}{18} - \frac{8}{18}\right) = \frac{7}{6} \cdot \frac{7}{18} = \frac{49}{108}$

27 a) $3\frac{1}{2} \cdot \left(\frac{3}{4} + \frac{7}{8}\right) = 3\frac{1}{2} \cdot \frac{3}{4} + 3\frac{1}{2} \cdot \frac{7}{8} = \frac{7}{2} \cdot \frac{3}{4} + \frac{7}{2} \cdot \frac{7}{8} = \frac{21}{8} + \frac{49}{16} = \frac{42}{16} + \frac{49}{16} = \frac{91}{16}$

b) $\left(\frac{12}{5} - \frac{3}{2}\right) : 1\frac{1}{2} = \frac{12}{5} : 1\frac{1}{2} - \frac{3}{2} : 1\frac{1}{2} = \frac{12}{5} : \frac{3}{2} - \frac{3}{2} : \frac{3}{2} = \frac{12}{5} \cdot \frac{2}{3} - \frac{3}{2} \cdot \frac{2}{3} = \frac{8}{5} - 1 = \frac{3}{5}$

c) $\left(\frac{2}{3} - \frac{1}{2}\right) \cdot \frac{3}{5} = \frac{2}{3} \cdot \frac{3}{5} - \frac{1}{2} \cdot \frac{3}{5} = \frac{2}{5} - \frac{3}{10} = \frac{4}{10} - \frac{3}{10} = \frac{1}{10}$

28 a) $\frac{3}{4} \cdot \frac{2}{5} + \frac{4}{5} = \frac{3}{2} \cdot \frac{1}{5} + \frac{4}{5} = \frac{3}{10} + \frac{4}{5} = \frac{3}{10} + \frac{8}{10} = \frac{11}{10}$

b) $\frac{11}{6} - \frac{4}{9} \cdot \frac{5}{6} = \frac{11}{6} - \frac{20}{54} = \frac{99}{54} - \frac{20}{54} = \frac{79}{54}$

c) $\frac{3}{5} \cdot \frac{15}{7} - \frac{2}{21} \cdot \frac{6}{5} = \frac{9}{7} - \frac{4}{35} = \frac{45}{35} - \frac{4}{35} = \frac{41}{35}$

d) $\frac{2}{3} - \frac{3}{8} : \frac{5}{6} + 1\frac{3}{4} = \frac{2}{3} - \frac{3}{8} \cdot \frac{6}{5} + \frac{7}{4} = \frac{2}{3} - \frac{9}{20} + \frac{7}{4} = \frac{40}{60} - \frac{27}{60} + \frac{105}{60} = \frac{118}{60} = \frac{59}{30}$

e) $\frac{9}{40} : \frac{21}{10} + \frac{3}{7} : \frac{15}{14} = \frac{9}{40} \cdot \frac{10}{21} + \frac{3}{7} \cdot \frac{14}{15} = \frac{3}{4} \cdot \frac{1}{7} + \frac{1}{1} \cdot \frac{2}{5} = \frac{3}{28} + \frac{2}{5} = \frac{15}{140} + \frac{56}{140} = \frac{71}{140}$

f) $\frac{7}{8} \cdot \frac{2}{5} + \frac{4}{3} - \frac{14}{5} \cdot \frac{2}{7} = \frac{7}{20} + \frac{4}{3} - \frac{4}{5} = \frac{21}{60} + \frac{80}{60} - \frac{48}{60} = \frac{53}{60}$

Seite 159   **Training plus**

1 Man muss Zähler und Nenner mit derselben natürlichen Zahl multiplizieren.

2 Indem man Zähler und Nenner durch dieselbe natürliche Zahl dividiert.

3 Derjenige Bruch, der den größeren Zähler hat.

4 Der Hauptnenner ist das kleinste gemeinsame Vielfache der Nenner.

5 Zwei gleichnamige Brüche addiert bzw. subtrahiert man, indem man die Zähler addiert bzw. subtrahiert und den Nenner beibehält.

6 Bei ungleichnamigen Brüchen muss man zuerst auf den Hauptnenner erweitern.

7 Indem man beide Zähler miteinander und beide Nenner miteinander multipliziert.

8 Man dividiert durch einen Bruch, indem man mit dessen Kehrbruch multipliziert.

9 Man fügt der Zahl den Nenner „1" an.

10 Man muss die gemischte Zahl zuerst in einen unechten Bruch umwandeln.

11 Indem man den Zähler mit dem Kehrbruch des Nenners multipliziert.

Abschlusstest Seite 160

1 a) $\frac{5}{7}$ von 287 Schülern sind $5 \cdot (287 \text{ Schüler} : 7) = 5 \cdot 41$ Schüler = 205 Schüler.

b) $\frac{4}{15}$ von 1755 ha sind $4 \cdot (1755 \text{ ha} : 15) = 4 \cdot 117 \text{ ha} = 468 \text{ ha} = 4\,680\,000 \text{ m}^2$.

2 a) $\frac{2}{3}$ von 63 kg sind $2 \cdot (63 \text{ kg} : 3) = 2 \cdot 21 \text{ kg} = 42 \text{ kg}$.

Der Körper des Jugendlichen enthält 42 Liter Wasser.

b) $1\,\ell$ sind 1000 ml. $\frac{3}{4}$ von 1000 ml sind $3 \cdot (1000 \text{ ml} : 4) = 3 \cdot 250 \text{ ml} = 750 \text{ ml}$.

Man muss also 750 ml mit dem Messbecher abmessen.

3 a) $\frac{3}{4} \text{ cm}^2 = 75 \text{ mm}^2$ b) $\frac{2}{5}\,\ell = 400 \text{ ml}$ c) $\frac{5}{6}\text{h} = 50 \text{ min}$ d) $\frac{5}{8} \text{ m}^3 = 625 \text{ dm}^3$

4 a) $\frac{11}{2} = 5\frac{1}{2}$ b) $\frac{17}{8} = 2\frac{1}{8}$ c) $\frac{18}{7} = 2\frac{4}{7}$ d) $\frac{35}{9} = 3\frac{8}{9}$

5 a) $3\frac{1}{4} = \frac{13}{4}$ b) $7\frac{3}{8} = \frac{59}{8}$ c) $5\frac{2}{7} = \frac{37}{7}$ d) $17\frac{2}{3} = \frac{53}{3}$

6 a) $\frac{1}{8}; \frac{2}{9}; \frac{2}{3}$, HN = 72 ; $\frac{1}{8} = \frac{9}{72}; \frac{2}{9} = \frac{16}{72}; \frac{2}{3} = \frac{48}{72}$. Damit ist $\frac{2}{3} > \frac{2}{9} > \frac{1}{8}$.

b) $\frac{2}{5}; \frac{3}{4}; \frac{5}{6}$, HN = 60 ; $\frac{2}{5} = \frac{24}{60}; \frac{3}{4} = \frac{45}{60}; \frac{5}{6} = \frac{50}{60}$. Damit ist $\frac{5}{6} > \frac{3}{4} > \frac{2}{5}$.

c) $\frac{5}{8}; \frac{13}{24}; \frac{7}{12}$, HN = 24 ; $\frac{5}{8} = \frac{15}{24}; \frac{7}{12} = \frac{14}{24}$. Damit ist $\frac{5}{8} > \frac{7}{12} > \frac{13}{24}$.

d) $\frac{11}{4}; \frac{19}{8}; \frac{12}{5}$, HN = 40 ; $\frac{11}{4} = \frac{110}{40}; \frac{19}{8} = \frac{95}{40}; \frac{12}{5} = \frac{96}{40}$. Damit ist $\frac{11}{4} > \frac{12}{5} > \frac{19}{8}$.

7 Klasse 6a: Insgesamt sind 30 Jugendliche in der Klasse 6a.

Anteil der Mädchen = $\frac{14}{30} = \frac{7}{15}$.

Klasse 6b: Insgesamt sind 27 Jugendliche in der Klasse 6b. Anteil der Mädchen = $\frac{12}{27} = \frac{4}{9}$.

Es ist: $\frac{7}{15} = \frac{21}{45}$ und $\frac{4}{9} = \frac{20}{45}$. Und damit: $\frac{7}{15} > \frac{4}{9}$

Somit ist der Anteil der Mädchen in der Klasse 6a größer als in der Klasse 6b.

8 a) $7\frac{5}{12} - \frac{11}{12} = \frac{89}{12} - \frac{11}{12} = \frac{78}{12} = \frac{13}{2}$ b) $6\frac{3}{4} - 1\frac{7}{8} = \frac{27}{4} - \frac{15}{8} = \frac{54}{8} - \frac{15}{8} = \frac{39}{8}$

c) $\frac{31}{25} - \frac{11}{20} = \frac{124}{100} - \frac{55}{100} = \frac{69}{100}$ d) $\frac{3}{8} + \frac{5}{16} + \frac{7}{24} = \frac{18}{48} + \frac{15}{48} + \frac{14}{48} = \frac{47}{48}$

9 a) $\frac{7}{8} \cdot \frac{2}{21} = \frac{1}{4} \cdot \frac{1}{3} = \frac{1}{12}$ b) $\frac{16}{35} \cdot \frac{21}{20} = \frac{4}{5} \cdot \frac{3}{5} = \frac{12}{25}$

c) $3\frac{1}{2} \cdot \frac{5}{14} = \frac{7}{2} \cdot \frac{5}{14} = \frac{1}{2} \cdot \frac{5}{2} = \frac{5}{4}$ d) $9\frac{1}{3} : \frac{16}{15} = \frac{28}{3} \cdot \frac{15}{16} = \frac{7}{1} \cdot \frac{5}{4} = \frac{35}{4}$

10 Herbert bekommt $\frac{1}{5}$ von 2850 €. Das sind 570 €. Davon gibt er $\frac{2}{5}$ seiner Frau.

Das sind $\frac{2}{5}$ von 570 € = 228 €. Der Rechenausdruck lautet: $\frac{2}{5} \cdot \frac{1}{5} \cdot 2850 \text{ €} = 228 \text{ €}$.

11 a) Es ist: $8\frac{3}{4} : \frac{1}{3} = \frac{35}{4} \cdot \frac{3}{1} = \frac{105}{4} = 26\frac{1}{4}$. Somit benötigt Karin 26 Gläser.

b) Aus a) weiß man, dass $\frac{1}{4}$ Glas übrig bleibt, d.h.: $\frac{1}{4} \cdot \frac{1}{3} \text{ kg} = \frac{1}{12} \text{ kg}$.

12 a) Zunächst trinkt Kai-Uwe $\frac{1}{4}$ von einem halben Liter; das sind $\frac{1}{8}\ell$. Dann sind noch $\frac{3}{8}\ell$ $\left(=\frac{1}{2}-\frac{1}{8}\right)$ in seinem Glas. Davon trinkt er $\frac{1}{3}$; also $\frac{1}{3}$ von $\frac{3}{8}\ell = \frac{1}{8}\ell$. Und schließlich trinkt er noch $\frac{1}{5}$ von $\frac{1}{2}\ell$ (= ursprüngliche Menge). Das sind $\frac{1}{10}\ell$.

Insgesamt hat Kai-Uwe also $\frac{1}{8}+\frac{1}{8}+\frac{1}{10} = \frac{5}{40}+\frac{5}{40}+\frac{4}{40} = \frac{14}{40} = \frac{7}{20}\ell$ getrunken.

b) Der Rest im Glas ist: $\left(\frac{1}{2}-\frac{7}{20}\right)\ell = \left(\frac{10}{20}-\frac{7}{20}\right)\ell = \frac{3}{20}\ell$.

13 Die restliche Menge an Limonade ist: $5\cdot\frac{1}{2}\ell + 2\ell = \frac{9}{2}\ell$.

Jeder der drei Freunde muss also $\frac{3}{2}\ell$ $\left(=\frac{9}{2}\ell : 3\right)$ bekommen.

Um dies zu erreichen, bekommt ein Freund 3 halb volle Flaschen $\left(3\cdot\frac{1}{2}\ell = \frac{3}{2}\ell\right)$.

Die beiden anderen erhalten jeweils eine ungeöffnete Flasche und eine halb volle Flasche. Denn es ist $1\ell + \frac{1}{2}\ell = \frac{3}{2}\ell$.

41 – 33 Punkte	32 – 20 Punkte	unter 20 Punkte
sehr gut bis gut	befriedigend bis ausreichend	nicht mehr ausreichend

Kapitel 2: Dezimalbrüche

Aufgaben

Seite 162

1 a) 4,23   b) 0,0457   c) 5,2081   d) 7,05019

2 a) 0,702 00 = 0,702   b) 3,000 10 = 3,0001

  c) 0,101 010 = 0,101 01   d) 100,000 009 = 100,000 009

Seite 163

3 a) $0,45 = \frac{45}{100} = \frac{9}{20}$ b) $2,125 = \frac{2125}{1000} = \frac{17}{8}$

  c) $1,005 = \frac{1005}{1000} = \frac{201}{200}$ d) $2,7500 = 2,75 = \frac{275}{100} = \frac{11}{4}$

4 a) $\frac{24}{10} = 2,4$ b) $\frac{2008}{1000} = 2,008$ c) $\frac{8}{100} = 0,08$ d) $\frac{75}{10\,000} = 0,0075$

5 Es gibt zum Teil zwei Lösungswege: $\frac{5}{4} = 5:4 = 1,25$ oder $\frac{5}{4} = \frac{125}{100} = 1,25$

  a) $\frac{5}{4} = 1,25$ c) $\frac{12}{5} = 2,4$ d) $\frac{13}{20} = 0,65$ e) $\frac{3}{8} = 0,375$

  f) $\frac{7}{50} = 0,14$ g) $\frac{2}{3} = 0,\overline{6}$ h) $\frac{2}{11} = 0,\overline{18}$ i) $\frac{20}{9} = 2,\overline{2}$

Seite 164

6 a) 3,47 < 3,49   b) 12,5071 > 12,5069   c) 0,075 < 0,57

7 a) 0,103 < 0,13 < 0,301 < 0,31 < 1,03 < 1,3   b) 0,83 < 3,08 < 3,8 < 8,3 < 80,3 < 83,0

8

9 A = 1,021; B = 1,027; C = 0,11; D = 0,33
  E = 0,992; F = 0,997; G = 2,954; H = 2,959

10 Runde	3,4278	0,042 59	12,0994	9,9999	Seite 165
auf eine Dezimale	3,4	0,0	12,1	10,0	
auf zwei Dezimale	3,43	0,04	12,10	10,00	
auf drei Dezimale	3,428	0,043	12,099	10,000	

11 a) 1,609 342 6 km ≈ 1,609 km   b) 158,987 249 928 ℓ ≈ 159 ℓ

c) Die gelaufenen Zeiten liegen oft so nah beieinander, dass man die Zeit auf Hundertstelsekunden genau messen muss. Sonst hätte ein Läufer mit beispielsweise 10,49 s die gleiche Zeit wie ein Läufer mit 9,69 s.

12 a)
```
    3, 7 5
  + 5, 9 6
    1 1
  --------
    9, 7 1
```
b)
```
  1 0, 9 1
  -    5, 8 4
     1    1
  ----------
     5, 0 7
```
c)
```
    7, 0 3 0
  + 8, 6 7 9
    1    1
  ----------
  1 5, 7 0 9
```
d)
```
  1 5, 0 8 2
  - 1 3, 4 0 0
          1
  ------------
     1, 6 8 2
```
e)
```
      7, 2 0
  + 1 2, 9 4
    1 1
  ----------
  2 0, 1 4
```
```
  2 4, 3 8
  - 2 0, 1 4
  ----------
     4, 2 4
```
f)
```
  0, 9 7 0
  + 1, 0 0 1
  ----------
  1, 9 7 1
```
```
  4, 0 0 0
  - 1, 9 7 1
    1 1 1
  ----------
  2, 0 2 9
```

Seite 166

13 a) 5,055 – (1,79 + 2,2) = 5,055 – 3,99 = **1,065**

b) 450 € – (367,06 € + 54,10 €) = 450 € – 421,16 € = **28,84 €**

14 Gesamtkosten: 15,45 € + 39,75 € + 85 € + 26,65 € = **166,85 €**

15 a) 2,7 · 9,25 = 24,975   b) 4,75 · 0,08 = 0,3800 = 0,38   c) 16 · 4,005 = 64,080 = 64,08   Seite 167

16 a) 0,5 · 2 = 1,0 = **1**   b) 34,56 · 100 = **3456**   c) 1,5 · 2,0 = 3,00 = **3**

d) 0,004 · 0,2 = **0,0008**   e) 3,25 · 5,8 = **18,85**   f) 28,24 · 0,022 = **0,621 28**

17 a) 14″ = 14 · 2,54 cm = **35,56 cm**   b) 17″ = 17 · 2,54 cm = **43,18 cm**

18 Fläche des Zimmers: A = 4,93 m · 6,75 m = 33,2775 m² ≈ **33,28 m²**

19 a) 1,8 : 6 = **0,3**   b) 0,16 : 4 = **0,04**   c) 2,8 : 7 = **0,4**   Seite 168

d) 345,67 : 100 = **3,4567**   e) 27,3 : 3,5 = 273 : 35 = **7,8**   f) 9,3 : 0,05 = 930 : 5 = **186**

g) 7,8 : 2,25 = 780 : 225 = **3,4$\overline{6}$**   h) 74,12 : 1,7 = 741,2 : 17 = **43,6**

20 Ein Blatt wiegt 2,55 kg : 500 = 0,0051 kg = **5,1 g**.   Seite 169

21 Von 108,5 cm muss zunächst 5-mal die Breite einer Zaunlatte abgezogen werden. Da es 4 Lattenabstände gibt, muss das Ergebnis durch 4 geteilt werden:

108,5 cm – 5 · 4,8 cm = 108,5 cm – 24 cm = 84,5 cm

Somit ist ein Lattenabstand 84,5 cm : 4 = **21,125 cm**.

22 85,5 m² : 18 m² = **4,75**. Somit braucht Karl **5 Eimer** Farbe.

23 441 € : 28 = 15,75 €. Die Klassenfahrt kostet 15,75 € pro Person.

24 a) 4,35 m = **435 cm**   b) 0,5 ℓ = **0,0005 m³**   c) 2500 kg = **2,5 t**   Seite 170

d) 234 mm = **2,34 dm**   e) 45 dm² = **0,45 m²**   f) 90 min = **1,5 h**

g) 5 m 75 cm = **575 cm**   h) 270 g = **0,270 kg**   i) 0,25 dm = **25 mm**

j) $\frac{3}{4}$ m = **0,75 dm**   k) $\frac{1}{2}$ t = **500 kg**   l) $\frac{3}{4}$ h = 45 min = **2700 s**

Seite 171 **Training plus**

12 Dezimalzahl oder Kommazahl

13 Dezimalstellen oder Dezimale oder Nachkommastellen

14 Die Ziffern des Zählers sind die Ziffern des Dezimalbruchs. Die Zahl der Nullen des Nenners gibt an, wie viele Dezimalstellen der Dezimalbruch hat.

15 Indem man den Quotient „Zähler : Nenner" berechnet.

16 Die Kommas müssen *genau untereinander* stehen.

17 Man berechnet zunächst das Produkt, ohne die Kommas zu berücksichtigen. Anschließend setzt man das Komma so, dass im Ergebnis so viele Dezimalstellen stehen wie in beiden Faktoren zusammen.

18 Man braucht das Komma nur um so viele Stellen nach rechts verschieben, wie die 10er-Zahl Nullen hat.

19 Man dividiert durch einen Dezimalbruch, indem man im Dividend (linke Zahl) und im Teiler (rechte Zahl) die Kommas gleichzeitig solange nach rechts verschiebt, bis im Teiler kein Komma mehr da steht. Wenn der Dividend weniger Dezimalen hat als der Teiler, sollte man die fehlenden Dezimalen durch „0" ergänzen. Bei der anschließenden Division muss man im Ergebnis dann ein Komma setzen, wenn man das Komma im Dividend überschreitet oder wenn ein Rest übrig bleibt.

20 Bei der Umrechnung von Zeiteinheiten muss man zur nächstkleineren bzw. nächstgrößeren Zeiteinheit jeweils mit 60 multiplizieren bzw. durch 60 dividieren.

21 Bei der Umrechnung von km in m muss man in der Maßzahl das Komma um 3 Stellen nach rechts verschieben. Bei der Umrechnung von m in km um 3 Stellen nach links.

Seite 172 **Abschlusstest**

1 a) $0,09 < \frac{2}{3} \approx 0,67 < 0,79 < \frac{4}{5} = 0,8 < 1,05 < 1\frac{1}{2} = 1,5$

   b) $2,9 < 3,09 < \frac{19}{6} \approx 3,17 < \frac{16}{5} = 3,2 < 3,4$

2 A = 0,61; B = 0,635

3 a) 10 Gallon = $10 \cdot 3,7854\,\ell = 37,854\,\ell \approx$ **37,9 ℓ**
   b) 0,5 Gallon = $0,5 \cdot 3,7854\,\ell = 1,8927\,\ell \approx$ **1,9 ℓ**
   c) 3,8 Gallon = $3,8 \cdot 3,7854\,\ell = 14,38452\,\ell \approx$ **14,4 ℓ**

4 40 € : 7 ≈ **5,71 €**. Klara kann pro Tag ca. **5,70 €** ausgeben.

5 Beachte, dass alle Gramm-Angaben zuerst in kg umgerechnet werden müssen.
   $0,250 \cdot 5,60\,€ + 0,450 \cdot 17,80\,€ + 0,750 \cdot 12,48\,€ = 1,40\,€ + 8,01\,€ + 9,36\,€ =$ **18,77 €**
   50 € – 18,77 € = **31,23 €**. Fabians Mutter erhält **31,23 €** Wechselgeld zurück.

6 Der Jahresbedarf eines Einwohners ist $365 \cdot 0,285\,\text{kg} = 104,025\,\text{kg}$.
   Somit verbraucht eine vierköpfige Familie $4 \cdot 104,025\,\text{kg} =$ **416,1 kg Mehl**.

7 a)

Auf dem oberen Weg kann er die Gebühr des letzten Abschnitts nicht bezahlen. Auf dem mittleren Weg reichen seine 20 Taler gerade noch. Nur auf dem unteren (linken) Weg hat Prinz Baldrian noch **3,88 Taler** übrig, um Rosen zu kaufen.

b) Es ist: 3,88 Taler : 0,85 ≈ 4,56 Rosen. Prinz Baldrian kann der Prinzessin also noch **4 Rosen** mitbringen.

24 – 19 Punkte	18 – 12 Punkte	unter 12 Punkte
sehr gut bis gut	befriedigend bis ausreichend	nicht mehr ausreichend

Kapitel 3: Rationale Zahlen

Aufgaben

1
Seite 174

$$-4,5 \qquad -2,5 \qquad\qquad 1,5$$

Es gilt: $1,5 > -2,5 > -4,5$.
Die Beträge der drei Zahlen sind: $|1,5| = 1,5$; $|-2,5| = 2,5$; $|-4,5| = 4,5$.
Die Gegenzahlen sind: $-1,5$; $+2,5$; $+4,5$.

2   $A = 3,5$; $B = -0,5$; $C = -3,75$

3
Seite 175

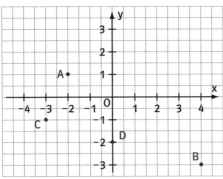

4   a) $\mathbb{N}$: 0; 5; $7 \left(= \frac{7}{1}\right)$; $1,0 (= 1)$ b) $\mathbb{N}$: $+\frac{3}{1} (= 3)$
Seite 176

   $\mathbb{Z}$: 0; $1,0 (= 1)$; 5; $\frac{7}{1} (= 7)$; $-\frac{16}{2} (= -8)$ $\mathbb{Z}$: $-\frac{10}{5} (= -2)$; $+\frac{3}{1} (= 3)$

   $\mathbb{Q}$: alle Zahlen $\mathbb{Q}$: alle Zahlen

5   a) Falsch, denn die Zahl $2\frac{1}{4}$ ist zwar eine rationale Zahl, aber keine ganze Zahl.
   b) Richtig, wegen $-5,0 = -5$ gehört $-5,0$ zur Menge $\mathbb{Z}$, und zu $\mathbb{Q}$ sowieso. -5 gehört aber nicht zur Menge $\mathbb{N}$, da -5 negativ ist.
   c) Richtig. Jede Gegenzahl einer natürlichen Zahl ist eine ganze, negative Zahl.

6   a) $-3 + 7 = +4$ b) $5 - 8 = -3$
Seite 177

c) $-1 - 5 = -6$

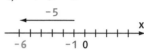

d) $-7,5 + 4 = -3,5$

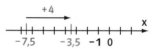

7   $5 - 12 = -7$. Am nächsten Tag beträgt die Temperatur $-7°C$.

8   $15 - 21 = -6$. Maria hat dann **6 € Schulden** (Minus) auf dem Konto.

Seite 178

9   a) $-2 + 9 = +7$
   d) $52 - 75 = -23$
   b) $-3 - 8 = -11$
   e) $-83 - 71 = -154$
   c) $-28 + 13 = -15$
   f) $-39 + 0,5 = -38,5$

10 a) $-2,5 + 3,9 = +1,4$
    b) $-5,75 - 1,25 = -7$

   c) $\frac{4}{7} - \frac{18}{7} = -\frac{14}{7} = -2$
    d) $-\frac{31}{5} + 3,4 = -6,2 + 3,4 = -2,8$

   e) $-\frac{18}{5} - \frac{21}{10} = -3,6 - 2,1 = -5,7$
    f) $3\frac{3}{4} - 7,5 = 3,75 - 7,5 = -3,75$

11 a) $(+4) + (-8) = +4 - 8 = -4$
    b) $(-5) - (-7) = -5 + 7 = +2 = 2$
   c) $(+15) - (+9) = +15 - 9 = +6 = 6$
    d) $(-12) + (+7) = -12 + 7 = -5$

   e) $(-7,2) + (+9,5) = -7,2 + 9,5 = +2,3$
    f) $\left(-\frac{2}{3}\right) - \left(+\frac{2}{3}\right) = -\frac{2}{3} - \frac{2}{3} = -\frac{4}{3}$

Seite 179

12 a) $(3 + 5) - 7 = 3 + 5 - 7 = 8 - 7 = 1$
    b) $-4 - (5 - 7 + 1) = -4 - 5 + 7 - 1 = -3$
   c) $2 + (-8 + 7) = 2 - 8 + 7 = 1$
    d) $-(+4,5) - (-6,1 - 0,5) = -4,5 + 6,1 + 0,5 = 2,1$

   e) $(-0,9 - 7,1) - \left(+\frac{1}{2} - \frac{3}{4}\right) = -0,9 - 7,1 - \frac{1}{2} + \frac{3}{4} = -8 - 0,5 + 0,75 = -7,75$

13 a) $(3 + 5) - 7 = 8 - 7 = 1$
    b) $-4 - (5 - 7 + 1) = -4 - (-1) = -3$
   c) $2 + (-8 + 7) = 2 + (-1) = 1$
    d) $-(+4,5) - (-6,1 - 0,5) = -4,5 - (-6,6) = 2,1$

   e) $(-0,9 - 7,1) - \left(+\frac{1}{2} - \frac{3}{4}\right) = -8 - (-0,25) = -7,75$

Seite 180

14

1. Faktor	2. Faktor	Vorzeichen des Produkts	Betrag des Produkts
$+8$	-4	$-$	32
-12	-7	$+$	84
$+15$	-3	$-$	45
$-\frac{5}{9}$	$\frac{3}{10}$	$-$	$\frac{15}{90} = \frac{1}{6}$

15 a) $(-7) \cdot (+4) = -28$
    b) $(-9) \cdot (-8) = +72$
    c) $(-6) \cdot (+6) = -36$

   d) $-3 \cdot (-1,5) = +4,5$
    e) $-\frac{1}{2} \cdot (+5) = -2,5$
    f) $(-2,5) \cdot \left(-\frac{3}{4}\right) = +\frac{15}{8} = +1,875$

   g) $-4,8 \cdot 5 = -24$
    h) $-\frac{2}{3} \cdot \left(-\frac{9}{8}\right) = +\frac{3}{4}$

Seite 181

16 a) $9 \cdot (+5)(-2) = -90$
    b) $6 \cdot (-7) \cdot 3 \cdot (-2) = +252$
    c) $(-3) \cdot (-4) \cdot (-5) \cdot (+1) = -60$

   d) $-11 \cdot \left(-\frac{3}{22}\right) \cdot \frac{4}{3} = +2$
    e) $2 \cdot (-1,5) \cdot \left(-\frac{5}{6}\right) \cdot 12 = +30$
    f) $(-25) \cdot 13 \cdot (-9) \cdot 0 \cdot (-21) = 0$

17 a) $(-28) : (+4) = -7$
    b) $(-63) : (-9) = +7$
    c) $(-54) : (+6) = -9$

   d) $-3 : \left(-\frac{3}{4}\right) = +4$
    e) $-\frac{1}{2} : \left(+\frac{5}{4}\right) = -\frac{2}{5}$
    f) $-\frac{3}{4} : 8 = -\frac{3}{32}$

Seite 182

18

:	4	-2	+3	-1
$+15$	$3,75$ R	$-7,5$ E	5 H	-15 T
-12	-3 H	$+6$ E	-4 N	12 S
$-\frac{1}{2}$	$-0,125$ E	$0,25$ U	$-0,1\overline{6}$ R	$0,5$ G
$0,48$	$0,12$ G	$-0,24$ E	$0,16$ T	$-0,48$ C

SEHR GUT GERECHNET

19 a) $\frac{7}{5} + \frac{-2}{-5} = \frac{7}{5} + \frac{2}{5} = \frac{9}{5}$ b) $\frac{3}{7} - \frac{9}{-7} = \frac{3}{7} - \left(-\frac{9}{7}\right) = \frac{3}{7} + \frac{9}{7} = \frac{12}{7}$

   c) $\frac{5}{22} + \frac{-2}{11} = \frac{5}{22} + \left(-\frac{2}{11}\right) = \frac{5}{22} - \frac{2}{11} = \frac{5}{22} - \frac{4}{22} = \frac{1}{22}$

   d) $\frac{5}{6} - \frac{-9}{8} = \frac{5}{6} + \frac{9}{8} = \frac{20}{24} + \frac{27}{24} = \frac{47}{24}$

20 a) $25 - 24 + 8 \cdot (-5) - 21 = 25 - 24 - 40 - 21 = -60$ Seite 183

   b) $(-12) + 9 : \left(-\frac{3}{4}\right) \cdot (-7) + 8,5 = -12 + (-12) \cdot (-7) + 8,5 = -12 + 84 + 8,5 = 80,5$

   c) $-\frac{7}{5} - \frac{12}{5} \cdot 4 - (-6,5) \cdot 2 = -\frac{7}{5} - \frac{48}{5} + 13 = -\frac{55}{5} + 13 = -11 + 13 = 2$

   d) $(-5) \cdot \left(-3\frac{1}{2}\right) + 3,5 - 5 \cdot 7,2 = 17,5 + 3,5 - 36 = 21 - 36 = -15$

21 a) $-2 \cdot (8 - 12) = -16 + 24$

   b) $(-3 - 7) \cdot 5 = -15 - 35$

   c) $3 + (-2) \cdot (5 - 9) = 3 + (-10 + 18) = 3 - 10 + 18$

   d) $1 - (9 - 2) \cdot (-4) = 1 - (-36 + 8) = 1 + 36 - 8$

22 a) $1 - 6 \cdot (3 - 5) = 1 - 18 + 30 = 13$

   b) $2 - (-5 + 9) \cdot 7 = 2 - (-35 + 63) = 2 + 35 - 63 = -26$

   c) $9 - (3 - 4) \cdot (-6) = 9 - (-18 + 24) = 9 + 18 - 24 = 3$

   d) $2,5 - \frac{3}{4} \cdot \left(-8 + \frac{4}{3}\right) = 2,5 + 6 - 1 = 7,5$

23 a) $-86 \cdot 7 + 36 \cdot 7 = (-86 + 36) \cdot 7 = -50 \cdot 7 = -350$

   b) $-20 \cdot 67 + (-20) \cdot 33 = -20 \cdot (67 + 33) = -20 \cdot 100 = -2000$

   c) $\frac{4}{5} \cdot 2,45 - 0,95 \cdot \frac{4}{5} = \frac{4}{5} \cdot (2,45 - 0,95) = \frac{4}{5} \cdot 1,5 = \frac{4}{5} \cdot \frac{3}{2} = \frac{6}{5} = 1,2$

   d) $0,5 \cdot 2\frac{1}{6} - 0,5 \cdot \left(-3\frac{5}{6}\right) = 0,5 \cdot \left(2\frac{1}{6} + 3\frac{5}{6}\right) = 0,5 \cdot 6 = 3$

24 a) $3 + (-35 - 20) : 5 = 3 + (-7 - 4) = 3 - 7 - 4$ Seite 184

   b) $(+22 - 14) : (-2) = (-11 + 7) = -11 + 7$

   c) $7 - (-30 + 18) : (-6) = 7 - (+5 - 3) = 7 - 5 + 3$

   d) $9 + (24 - 32) : (+4) = 9 + (+6 - 8) = 9 + 6 - 8$

25 a) $7 - (14 - 35) : 7 = 7 - (2 - 5) = 7 - 2 + 5 = 10$

   b) $5 + (-27 + 18) : (-9) = 5 + (3 - 2) = 5 + 3 - 2 = 6$

   c) $1 - (12 + 30) : (-6) = 1 - (-2 - 5) = 1 + 2 + 5 = 8$

   d) $3 + (-4 + 8) : \left(-\frac{4}{7}\right) = 3 + (7 - 14) = 3 + 7 - 14 = -4$

   e) $4,5 - (2,0 - 7,5) : (-5) = 4,5 - (-0,4 + 1,5) = 4,5 + 0,4 - 1,5 = 3,4$

   f) $-\frac{2}{3} - \left(-\frac{1}{2} + \frac{5}{6}\right) : \left(-\frac{1}{6}\right) = -\frac{2}{3} - (3 - 5) = -\frac{2}{3} - 3 + 5 = 1\frac{1}{3}$

Training plus   Seite 185

22 Beispielhafte Lösungen: Die Änderung der Temperatur im Winter; wenn man sein Konto überzieht; Tiefenangabe beim Tauchen …

23 Die negativen Zahlen liegen auf der Zahlengeraden links von der Null.

24 Indem man sie an der Null spiegelt, d.h. ihr Vorzeichen ändert.

25 $\mathbb{N}$ = natürliche Zahlen; $\mathbb{Z}$ = ganze Zahlen; $\mathbb{Q}$ = rationale Zahlen. $\mathbb{N}$ ist sowohl in $\mathbb{Z}$ als auch in $\mathbb{Q}$ enthalten. $\mathbb{Z}$ ist eine Teilmenge von $\mathbb{Q}$.

26 Bei gleichen Vor- bzw. Rechenzeichen erhält man Plus; bei verschiedenen Vor- bzw. Rechenzeichen erhält man Minus. $+(+a) = +a$; $+(-a) = -a$; $-(+a) = -a$; $-(-a) = +a$

27 Man lässt einfach das vorausstehende Pluszeichen und die Klammer weg.
   Sonderfall: Wenn der erste Summand in der Klammer ein Vorzeichen trägt, gilt:
   $+(- \ldots) = - \ldots$ und $+(+ \ldots) = + \ldots$.

28 Man dreht alle Rechenzeichen in der Klammer um und streicht dann das vorausgehende Minuszeichen und die Klammer. **Sonderfall:** Wenn der erste Summand in der Klammer ein Vorzeichen trägt, gilt: -(+ ...) = - ... und -(- ...) = + ...

29 Haben beide rationale Zahlen das gleiche Vorzeichen, ist das Ergebnis positiv. Haben sie unterschiedliche Vorzeichen, ist das Ergebnis negativ.

30 Ist die Anzahl der negativen Vorzeichen gerade, ist das Ergebnis positiv. Ist sie ungerade, ist das Ergebnis negativ. Den Betrag des Ergebnisses erhält man, indem man die Beträge der rationalen Zahlen miteinander multipliziert.

31 Weil dann das Ergebnis immer 0 ist und man nicht rechnen muss.

32 Indem man mit dem negativen Kehrbruch multipliziert.

Abschlusstest

zu 8:

1

2 Die ganzen Zahlen sind: 2; 9; -1; +5; 7; 12; -5; |-5|; -3; -8; -101. ZAHLENMENGE

3 a) $3{,}5 + (-2{,}4) - 21 - (-17) = 3{,}5 - 2{,}4 - 21 + 17 = -2{,}9$

   b) $9 - [-6 + (-4)] - 8 = 9 - [-6 - 4] - 8 = 9 - [-10] - 8 = 9 + 10 - 8 = 11$

   c) $-[12{,}4 - (-8{,}2)] - \left[-3{,}25 + \left(-\frac{1}{2}\right)\right] - (4{,}6 - 2{,}5) = -[12{,}4 + 8{,}2] - \left[-3{,}25 - \frac{1}{2}\right] - 2{,}1$

     $= -20{,}6 - (-3{,}75) - 2{,}1 = -20{,}6 + 3{,}75 - 2{,}1 = -18{,}95$

4 $U = -70$; $H = +8$; $S = +36$; $L = 0$; $A = -4{,}5$; $C = +22{,}5$; SCHLAU

5 a) $15 + (-8) : \frac{3}{4} \cdot (-6) - (-59) = 15 + \left(-\frac{32}{3}\right) \cdot (-6) + 59 = 15 + 64 + 59 = 138$

   b) $-36 \cdot \left(-\frac{7}{9}\right) + 2{,}5 \cdot (-8) + 8 : \left(-\frac{16}{7}\right) = 28 - 20 - \frac{7}{2} = 4{,}5$

6 a) $0{,}5 \cdot (-10) - 8 \cdot \left(-\frac{3}{4} + 2\right) = -5 + 6 - 16 = -15$

   b) $1{,}2 - \left(1{,}5 + \frac{4}{3}\right) \cdot (-6) = 1{,}2 - (-9 - 8) = 1{,}2 + 9 + 8 = 18{,}2$

7 a) $3 \cdot (-2{,}75) + 3 \cdot 1{,}25 = 3 \cdot (-2{,}75 + 1{,}25) = 3 \cdot (-1{,}5) = -4{,}5$

   b) $-82{,}5 \cdot 19 + 19 \cdot 12{,}5 = 19 \cdot (-82{,}5 + 12{,}5) = 19 \cdot (-70) = -1330$

8 GUT GEMACHT (siehe Grafik rechts oben)

38 – 30 Punkte	29 – 19 Punkte	unter 19 Punkte
sehr gut bis gut	befriedigend bis ausreichend	nicht mehr ausreichend

Kapitel 4: Dreisatzrechnung

Aufgaben

1 a)

Seite 189

	7 Äpfel	3,50 €
:7	1 Apfel	0,50 €
·12	12 Äpfel	6,0 €

(:7 und :7, ·12 und ·12)

b)

	14 Flaschen	21 kg
:14	1 Flasche	1,5 kg
·8	8 Flaschen	12 kg

(:14 und :14, ·8 und ·8)

c)

	5 Lose	250 Cent
:5	1 Los	50 Cent
·60	60 Lose	3000 Cent

(:5 und :5, ·60 und ·60)

d)

	27 Liter	450 km
:27	1 Liter	$16,\overline{6}$ km
·60	60 Liter	1000 km

(:27 und :27, ·60 und ·60)

2

	15 s	18 Schläge
:15	1 s	1,2 Schläge
·3600	3600 s	4320 Schläge

(:15 und :15, ·3600 und ·3600)

Hinweis: Eine Stunde sind 3600 s.

3

	5 min	32 ml
:5	1 min	6,4 ml
·1440	1440 min	9216 ml = 9,216 ℓ

(:5 und :5, ·1440 und ·1440)

Jährlich sind das
365 · 9,216 ℓ = 3363,84 ℓ ≈ 3,36 m³.
Das sind dann 3,36 · 4,95 € ≈ **16,63 €**.
Hinweis: 1 Tag sind 24 · 60 min = 1440 min.

4

	0,016 g	1 Flug
:0,016	1 g	62,5 Flüge
·500	500 g	31 250 Flüge

(:0,016 und :0,016, ·500 und ·500)

Es sind 16 mg = 0,016 g. Für 1 g (= 1000 mg) sind 62,5 Flüge (= 1 g : 0,016 g) nötig.
Um 500 g zu sammeln, muss die Biene dann
500 · 62,5 = 31 250-mal ausfliegen.

5 a)

Seite 190

	120 km	8 ℓ
:120	1 km	$0,0\overline{6}$ ℓ
·540	540 km	36 ℓ

(:120 und :120, ·540 und ·540)

b)

	1 ℓ	2,4 kg
·36	36 ℓ	86,4 kg

(·36 und ·36)

6 a)

Seite 191

	3 Arbeiter	16 Tage
:3	1 Arbeiter	48 Tage
·8	8 Arbeiter	6 Tage

(:3 und ·3, ·8 und :8)

b)

	80 $\frac{km}{h}$	4,5 h
:80	1 $\frac{km}{h}$	360 h
·90	90 $\frac{km}{h}$	4 h

(:80 und ·80, ·90 und :90)

c)

	12 Teile	30 g
:12	1 Ganzes	360 g
·15	15 Teile	24 g

(:12 und ·12, ·15 und :15)

d)

	6 Gläser	0,2 ℓ
:6	1 Glas	1,2 ℓ
·8	8 Gläser	0,15 ℓ

(:6 und ·6, ·8 und :8)

7

	bei 32 Schülern	6,30 € pro Schüler
:32	bei 1 Schüler	201,6 € pro Schüler
·28	bei 28 Schülern	7,20 € pro Schüler

(:32 und ·32, ·28 und :28)

Je weniger Personen mitfahren, desto höher ist der Preis pro Person.

Seite 192 8

$$:5\left(\begin{array}{c|c} 5\,\text{Zuflüsse} & 1,5\,\text{h} \\ \hline 1\,\text{Zufluss} & 7,5\,\text{h} \end{array}\right)\cdot 5$$
$$\cdot 4\left(\begin{array}{c|c} 1\,\text{Zufluss} & 7,5\,\text{h} \\ \hline 4\,\text{Zuflüsse} & 1,875\,\text{h} = \\ & 112,5\,\text{min} \end{array}\right):4$$

Seite 193 9 a)

Birnen x	1	2	3	5	8	9
Gewicht y in g	150	300	450	750	1200	1350

b)

Maler x	1	2	3	4	8	12
Arbeitszeit y in h	12	6	4	3	1,5	1

Tipp: In a) ist der Quotient y : x immer 150. In b) ist das Produkt x · y immer 12.

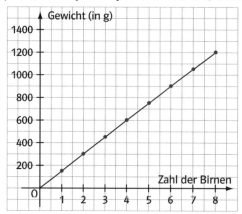
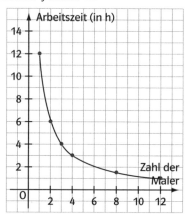

Seite 194 **Training plus**

33 Mit x → y. Der Größe x wird eine Größe y zugeordnet.

34 Je mehr ..., desto mehr ...

35 Je mehr ..., desto weniger ...

36 In die obere Zeile trägt man alle x-Werte ein. In der unteren Zeile stehen die y-Werte, die zu den jeweiligen x-Werten gehören.

37 Bei einer proportionalen Zuordnung ist der Quotient zwischen dem y- und dem x-Wert immer konstant.

38 Bei einer umgekehrt proportionalen Zuordnung ist das Produkt zwischen dem y- und dem x-Wert immer konstant.

39 Immer durch sich selbst. Es gilt: a : a = 1 (für a ≠ 0)

40 Bei einer proportionalen Zuordnung muss man auf beiden Seiten des Dreisatzschemas die gleiche Rechenoperation durchführen (multiplizieren oder dividieren).

Bei einer umgekehrt proportionalen Zuordnung muss man auf beiden Seiten des Dreisatzschemas entgegengesetzte Rechenoperationen durchführen.

41 Indem man die einzelnen Wertepaare in ein Achsenkreuz einträgt und durch eine Gerade bzw. Hyperbel miteinander verbindet.

42 Bei einer proportionalen Zuordnung ist das entsprechende Schaubild eine Ursprungsgerade.

43 Bei einer umgekehrt proportionalen Zuordnung ist das entsprechende Schaubild eine Hyperbel.

Abschlusstest Seite 195

1   a) Je **mehr** Kartoffeln man kauft, desto **schwerer** ist der Einkaufskorb. (proportional)
    b) Je **höher** die Reisegeschwindigkeit, desto **kürzer** ist die Fahrtdauer.
       (umgekehrt proportional)
    c) Je **mehr** Geld man hat, desto **mehr** Hemden kann man kaufen. (proportional)
    d) Je **größer** der Benzinvorrat, desto **länger** ist die Reisestrecke, die man zurücklegen kann.
       (proportional)

2   a) **10 Birnen**   b) **81 €**

3   a) **5,6 h**   b) **5,1 h**

4
Seite 196

Strecke in km	25	80	120	300	350	500
Benzinverbrauch in ℓ	1,5	4,8	7,2	18	21	30

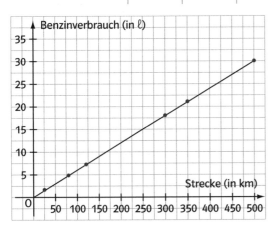

5

Breite eines Rechtecks in m	2	6	6,4	8	24	48
Länge eines Rechtecks in m	48	16	15	12	4	2

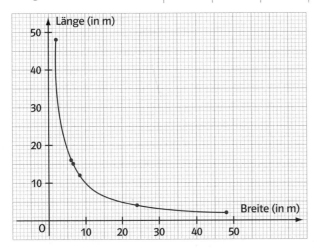

6   a) Die Zuordnung ist proportional. Für 1 € bekommt Herr Müller 1,52 $ (= 2280 $: 1500). Seite 197
       Somit bekommt er für 2000 € den Dollarbetrag 3040 $ (= 2000 · 1,52 $).

b) Die Zuordnung ist umgekehrt proportional. Bei einer täglichen Ausgabe von 1$ könnte Familie Müller 3040 Tage in den USA bleiben. Somit kann sie bei einer täglichen Ausgabe von 200$ nur 15,2 Tage (= 3040 Tage : 200), also 15 Tage bleiben.

7 a) Die Zuordnung ist umgekehrt proportional. Hätte eine Flasche 1 ℓ Inhalt, wären 135 Flaschen (= 180 Fl. · 0,75) nötig. Bei 0,5-Liter-Flaschen braucht der Winzer somit 270 Flaschen (= 135 Fl. : 0,5).

b) Die Einnahmen bei 0,75 Literflaschen sind: 180 · 3,95 € = 711 €.
Die Einnahmen bei 0,5 Literflaschen sind: 270 · 2,95 € = 796,50 €.
Die Einnahmen wären um 85,50 € höher.

8 a) Die Zuordnung ist proportional. Täglich bindet der Baum $2400\,m^2 \cdot 1{,}5\frac{g}{m^2} = 3600\,g$.
In 6 Monaten (= 180 Tage) sind das 180 · 3600 g = 648 000 g = 648 kg.

b) Die Zuordnung ist proportional. Es wären 5 Bäume (= 3240 : 648) nötig.

32 – 26 Punkte	25 – 16 Punkte	unter 16 Punkte
sehr gut bis gut	befriedigend bis ausreichend	nicht mehr ausreichend

Kapitel 5

Aufgaben

Seite 199

1 a) 5 blaue Teile von insgesamt 8 Teilen sind $\frac{5}{8} = 0{,}625 = 62{,}5\,\%$

b) 15 rote Teile von insgesamt 25 Teilen sind $\frac{15}{25} = 0{,}60 = 60\,\%$

2 a) $\frac{1}{2} = 50\,\%$ b) $\frac{3}{4} = 75\,\%$ c) $\frac{2}{5} = 40\,\%$

d) $\frac{17}{25} = 68\,\%$ e) $\frac{9}{20} = 45\,\%$ f) $\frac{39}{50} = 78\,\%$

g) $\frac{1}{3} \approx 33{,}33\,\%$ h) $\frac{5}{6} \approx 83{,}33\,\%$ i) $\frac{7}{12} \approx 58{,}33\,\%$

3 a) $5\,\% = \frac{5}{100} = \frac{1}{20}$ b) $20\,\% = \frac{20}{100} = \frac{1}{5}$ c) $75\,\% = \frac{75}{100} = \frac{3}{4}$

d) $40\,\% = \frac{40}{100} = \frac{2}{5}$ e) $50\,\% = \frac{50}{100} = \frac{1}{2}$ f) $90\,\% = \frac{90}{100} = \frac{9}{10}$

g) $12{,}5\,\% = \frac{12{,}5}{100} = \frac{125}{1000} = \frac{1}{8}$ h) $7{,}25\,\% = \frac{7{,}25}{100} = \frac{725}{10000} = \frac{29}{400}$

i) $66{,}\overline{6}\,\% = 66\,\% + \frac{2}{3}\,\% = \frac{66}{100} + \frac{2}{300} = \frac{2}{3}$ j) $33{,}\overline{3}\,\% = 33\,\% + \frac{1}{3}\,\% = \frac{33}{100} + \frac{1}{300} = \frac{1}{3}$

Seite 200

4 a) 20 %   b) 33,33 %   c) 90 %   d) 7,5 %

Seite 201

5 a) 87 Schüler   b) 27 Lehrer   c) 3 Computer   d) 25,2 Mio. Wähler

6 a) 350 Autos   b) 40 Schüler   c) 9454,55 €   d) 1000 Fische

7 20 % von 270 ml sind **54 ml**. Eine neue Flasche enthält somit **324 ml**.

8 180 € von 2400 € sind **7,5 %**.

9 Es gibt insgesamt **85 Gymnasien** (= Grundwert) in diesem Landkreis.

Seite 203

10 In einem Säulendiagramm mit den Maßstab 1 % ≙ 1 mm sind die Säulenhöhen:
Essen, Getränke: 23 % ≙ 2,3 cm; Miete: 35 % ≙ 3,5 cm; Auto + Verkehrsmittel:
17 % ≙ 1,7 cm; Kleidung: 9 % ≙ 0,9 cm; Sonstiges: 16 % ≙ 1,6 cm.

Seite 203

In einem Kreisdiagramm sind die Winkel der Kreisausschnitte: Essen, Getränke (E): 23 % ≙ 82,8°; Miete (M): 35 % ≙ 126°; Auto + Verkehr (A): 17 % ≙ 61,2°; Kleidung (K): 9 % ≙ 32,4°; Sonstiges (S): 16 % ≙ 57,6°. (Grafiken verkleinert)

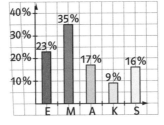
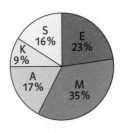

11 a) Mit $\frac{3}{8}$ ≙ 37,5 % und $\frac{1}{10}$ ≙ 10 % ergibt die Summe der angegebenen Anteile 25 % + 37,5 % + 12,5 % + 10 % = 85 %. Somit muss der fehlende Anteil **15 %** betragen (= 100 % − 85 %).

b) 15 % entspricht im Kreisdiagramm einem Winkel von **54°** (≙ 15 · 3,6°).

c) Streifendiagramm (1 % ≙ 1 mm):

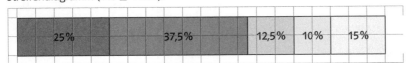

12 a) Mit $\frac{1}{8}$ ≙ 12,5 % und $\frac{2}{5}$ ≙ 40 % ist die Summe der angegebenen Anteile: 40 % + 14,5 % + 12,5 % = 67 %. Somit muss der fehlende Anteil 33 % betragen (= 100 % − 67 %).

Seite 204

b) Wenn 33 % den 1221 Stimmen entsprechen, ist der Grundwert (= alle abgegebenen Stimmen) **3700 Stimmen.**

c) Kreisdiagramm siehe rechts. 40 % ≙ 144° (A); 33 % ≙ 118,8° (B); 14,5 % ≙ 52,2° (C); 12,5 % ≙ 45°

13 a) Mit $\frac{3}{8}$ = 37,5 % ist die Summe der angegeben Prozentsätze: 7,5 % + 35 % + 37,5 % = 80 %. Somit müssen die 45 Schüler einem Prozentsatz von **20 %** entsprechen.

b) Aus 20 % ≙ 45 Schüler folgt: 100 % ≙ **225 Schüler.**

c) Kreisdiagramm:
Den Prozentsätzen entsprechen folgende Winkel:
7,5 % ≙ 27° (Mathematik);   35 % ≙ 126° (Deutsch);
37,5 % ≙ 135° (Englisch);   20 % ≙ 72° (Französisch).

Training plus

Seite 205

44 Die ganze Pizza entspricht dem Grundwert. Ein Stück davon entspricht dem Prozentwert.

45 Die Prozentzahl p ist der Zähler, im Nenner steht 100. Danach versucht man, den Bruch $\frac{p}{100}$ soweit wie möglich zu kürzen.

46 Man rechnet den Bruch in einen Dezimalbruch um und multipliziert anschließend mit 100. Das Ergebnis ist die Prozentzahl p.

47 Man multipliziert den Quotient „Prozentwert durch Grundwert" mit 100 %.

48 Man kann die Größe der Anteile leichter miteinander vergleichen.

49 100 %

50 immer auf die rechte Seite

51 für den entsprechenden Prozentsatz

52 1 mm sollte 1 % entsprechen. Dann wird das Erstellen der Diagramme besonders einfach.

53 Indem man die Prozentzahl p mit 3,6° multipliziert.

54 Man berechnet die Summe aller anderen Prozentsätze. Der fehlende Prozentsatz ist dann der Rest, der zu 100 % noch fehlt.

Seite 206   **Abschlusstest**

1 a) $\frac{1}{4}$ = **25 %**   b) $\frac{7}{40}$ = **17,5 %**   c) $\frac{13}{20}$ = **65 %**   d) $\frac{1}{6}$ = **16,$\overline{6}$ %**

2 24 % von 45,50 € sind **10,92 €**.
   Damit kostet die Jeanshose nach der Ermäßigung nur noch **34,58 €**.

3 1,5 Liter Cola wiegen ca. 1500 g. 10 % Zucker davon sind **150 g**.

4 450 € von 6250 € sind **7,2 %**.

5 In einem Säulendiagramm mit den Maßstab 1 % ≙ 1 mm sind die Säulenhöhen:
   Kandidat A: 1,7 cm;
   Kandidat B: 3,8 cm;
   Kandidat C: 1,5 cm;
   Kandidat D: 3,0 cm.
   Im Kreisdiagramm sind die
   entsprechenden Winkel:
   Kandidat A: 17 % ≙ **61,2°**;
   Kandidat B: 38 % ≙ **136,8°**;
   Kandidat C: 15 % ≙ **54°**;
   Kandidat D: 30 % ≙ **108°**.

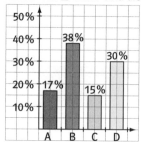
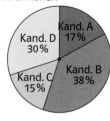

(Grafiken verkleinert)

Seite 207 6 a) Das gesamte Müllaufkommen eines Bürgers beträgt **190,5 kg** im Jahr.
   Dies ist der Grundwert. Für die einzelnen Prozentsätze
   ergibt sich somit:
   Papier: 67,5 kg von 190,5 kg ≙ **35,4 %**;
   Glas: 53,7 kg von 190,5 kg ≙ **28,2 %**;
   Holz: 26,0 kg von 190,5 kg ≙ **13,6 %**;
   Kunststoff: 20,7 kg von 190,5 kg ≙ **10,9 %**;
   Metall: 15,6 kg von 190,5 kg ≙ **8,2 %**;
   Verbund: 7 kg von 190,5 kg ≙ **3,7 %**.

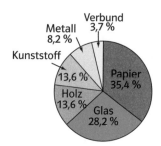

   b) Im Kreisdiagramm sind die entsprechenden Winkel:
   Papier: 35,4 % ≙ **127,4°**; Glas: 28,2 % ≙ **101,5°**;
   Holz: 13,6 % ≙ **49°**; Kunststoff: 10,9 % ≙ **39,2°**;
   Metall: 8,2 % ≙ **29,5°**; Verbund: 3,7 % ≙ **13,3°**.

7 a) Wenn 31 % 139,5 Mrd. kWh entsprechen, dann entsprechen 1 % 4,5 Mrd. kWh.
   Somit erhält man für die anderen Energieträger:
   Steinkohle: 26 % ≙ **117 Mrd. kWh**; erneuerbare Energien: 18 % ≙ **81 Mrd. kWh**;
   Kernkraft: 25 % ≙ **112,5 Mrd. kWh**.
   b) Durch Steinkohle und Braunkohle wurden zusammen 256,5 Mrd. kWh (= 139,5 + 117)
   Strom erzeugt.
   Das entspricht einer Menge Kohlendioxid von
   256,5 Mrd. · 0,614 kg = 157,5 Mrd. kg = **157 500 000 000 kg**.

20 – 16 Punkte	15 – 10 Punkte	unter 10 Punkte
sehr gut bis gut	befriedigend bis ausreichend	nicht mehr ausreichend

Kapitel 6: Winkel messen und zeichnen

Aufgaben

Seite 208 1 1 Stunde entspricht 30°. Dann hat sich der kleine Zeiger bei 2 Uhr **um 60°** gedreht.
   bei 6 Uhr: **180°** ; bei 10 Uhr: **300°**

2

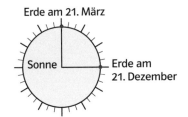

Erde am 21. März

Am 21. März hat sich die Erde gegenüber der Position am 21. Dezember um **90°** weitergedreht.

3 a) $\alpha = \sphericalangle BAC$; $\beta = \sphericalangle CBA$; $\gamma = \sphericalangle ACB$ b) $\alpha = \sphericalangle RQT$; $\beta = \sphericalangle SRQ$; $\gamma = \sphericalangle TSR$; $\delta = \sphericalangle QTS$ **Seite 210**

4

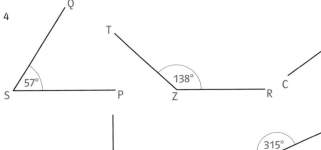

5 $\alpha = 21°$; $\beta = 200°$

6 a) spitz; 62°   b) überstumpf; 249°   c) stumpf; 106°   **Seite 211**
    d) rechter Winkel; 90°   e) überstumpf; 270°   f) stumpf; 155°

7 a) $\delta = 53°$; $\gamma = \varepsilon = 180° - 53° = 127°$; Scheitelwinkel sind: ($\gamma$ und ε); (δ und 53°).   **Seite 212**
    b) $\gamma = 14°$; $\alpha = 63°$; $\delta = \beta = 180° - (14° + 63°) = 103°$.
       Scheitelwinkel sind: (γ und 14°); (α und 63°); (δ und β).
    c) $\alpha = = 180° - 120° = 60°$; $\varepsilon = \alpha = 60°$; $\delta = \varepsilon = 60°$;
       $\beta = 180° - 60° = 120°$; $\gamma = \beta = 120°$.
       Scheitelwinkel sind: (γ und β); (ε und δ).
       Stufenwinkel sind (α und ε); (β und 120°).
       Wechselwinkel sind (α und δ); (γ und 120°).

8 a) $38° + 60° + 82° = 180°$ b) $27° + 96° + 57° = 180°$ **Seite 213**
      $142° + 120° + 98° = 360°$ $153° + 84° + 123° = 360°$

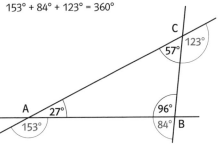

9 a) $\gamma = 180° - (23° + 85°) = 72°$ b) $\alpha = 180° - 147° = 33°$
                                        $\beta = 180° - 165° = 15°$
                                        $\gamma = 180° - (33° + 15°) = 132°$
                                        $\gamma' = \gamma = 132°$

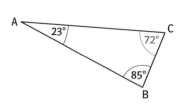

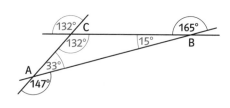

c) $\alpha = 180° - (25° + 72°) = 83°$
$\alpha' = 180° - 83° = 97°$
$\beta' = 180° - 25° = 155°$
$\gamma' = 180° - 72° = 108°$

d) $\alpha' = 180° - 43° = 137°$
$\beta = 37°;\ \beta' = 180° - 37° = 143°$
$\gamma = 180° - (43° + 37°) = 100°$
$\gamma' = 180° - 100° = 80°$

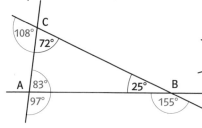

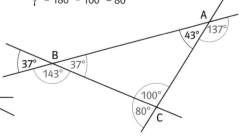

Seite 214   **Training plus**

55 In 360 gleich lange Abschnitte. Die Maßeinheit ist Grad (1°).

56 Ja. Diese werden in der Mathematik bevorzugt.

57 Weil die Skala des Geodreiecks bei 180° aufhört. Bei einem Winkel α, der größer als 180° ist, muss man zuerst den Winkel (360° – α) zeichnen.

58 alpha: α; beta: β; gamma: γ; delta: δ; epsilon: ε

59 Mit dem Symbol „∢" und drei Großbuchstaben. Zum Beispiel ∢ABC. Darin ist der Punkt B der Scheitel des Winkels, die Punkte A und C liegen auf den beiden Schenkeln.

60 Ein *rechter Winkel* ist immer 90°. Man beschreibt ihn, indem man in einen Viertelkreisbogen einen Punkt setzt.

61 An der Kreuzung zweier Geraden.

62 An den Kreuzungen zweier Geraden mit zwei weiteren, parallelen Geraden.

63 Die Summe der Innenwinkel eines Dreiecks ergibt immer 180°.

64 Die Summe der Außenwinkel eines Dreiecks ergibt immer 360°.

65 Ein Innenwinkel und sein anliegender Außenwinkel sind Nebenwinkel. Somit ist ihre Summe 180°.

Seite 215   **Abschlusstest**

1 a) 328°   b) 117°   c) 233°   d) 10°

2

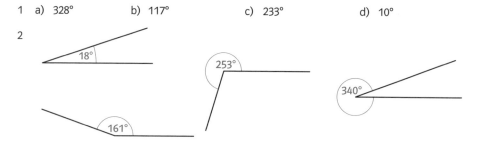

3 Voll- bzw. Nullwinkel: **360°** bzw. **0°**,
spitzer Winkel: **0° < α < 90°**,
rechter Winkel: **90°**,
gestreckter Winkel: **180°**,
stumpfer Winkel: **90° < α < 180°**,
überstumpfer Winkel: **180° < α < 360°**

Seite 215

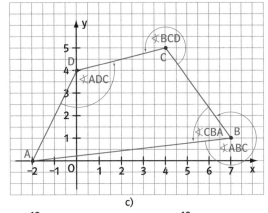

4 ∢ CBA = **60°**; ∢ BCD = **247°**;
∢ ADC = **129°**; ∢ ABC = **300°**
∢ CBA: **spitz**
∢ BCD: **überstumpf**
∢ ADC: **stumpf**
∢ ABC: **überstumpf**

Seite 216

5 a)

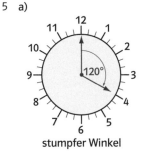

stumpfer Winkel

b)

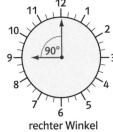

rechter Winkel

c)

gestreckter Winkel

6 a) 210°: **7 Uhr**; 45°: **13.30 Uhr**
b) Ulis Schultag dauert **6,5 Stunden**.

7 a) α = 90° – 29° = **61°**
b) γ = 58°; α = β = 180° – 58° = **122°**;
c) γ = 19°; β = 180° – (33° + 19°) = **128°**
d) γ = 72°; β = 180° – 127° = **53°**;
α = 180° – (72° + 53°) = **55°**; δ = 180° – 55° = **125°**
e) β = 38°; α = 27°; γ = 180° – (38° + 27°) = **115°**;
f) α = 23° + 51° = **74°** (siehe Grafik rechts)

Seite 217

8 a) α′ ist Wechselwinkel zu α.
β′ ist Wechselwinkel zu β.
Es gilt also α′ = α und β′ = β
b) Beim Punkt C bilden die Winkel α′, β′
und γ einen gestreckten Winkel.
Es gilt also:
α′ + β′ + γ = 180° und mit α′ = α und
β′ = β erhält man: **α + β + γ = 180°**.

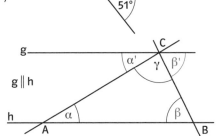

34 – 25 Punkte	24 – 15 Punkte	unter 15 Punkte
sehr gut bis gut	befriedigend bis ausreichend	nicht mehr ausreichend

Kapitel 7: Flächen und Umfang

Aufgaben

Seite 218 1 a) $A = 5\,cm \cdot 2\,cm = \mathbf{10\,cm^2}$ (40 Kästchen); $u = 2 \cdot 5\,cm + 2 \cdot 2\,cm = \mathbf{14\,cm}$
       b) $A = 2,5\,cm \cdot 2,5\,cm = \mathbf{6,25\,cm^2}$ (25 Kästchen); $u = 4 \cdot 2,5\,cm = \mathbf{10\,cm}$

Seite 219 2 a) $A = \mathbf{56,95\,cm^2}$; $u = \mathbf{30,4\,cm}$ b) $A = \mathbf{72,96\,m^2}$; $u = \mathbf{40\,m}$
       c) $A = \mathbf{88,36\,dm^2}$; $u = \mathbf{37,6\,dm}$.

       3 a) Zaunlänge: 156,4 m. Damit kostet der Zaun $156,4 \cdot 12,50\,€ = \mathbf{1955\,€}$.
       b) Flächeninhalt: 1485,25 m²; Zahl der Kühe = 1485,25 : 200 = 7,4 ≈ **7 Kühe**

       4 a) Wandfläche: $18,75\,m^2 - 1,2\,m^2 = \mathbf{17,55\,m^2}$
          Dazu braucht Herbert 17,55 : 4 = 4,39 Eimer Farbe, also **5 Eimer**.
       b) Der Preis dafür ist 5 · 15,60 € = **78 €**

Seite 220 5 a) $A = \frac{1}{2} \cdot 5\,cm \cdot 3\,cm = \mathbf{7,5\,cm^2}$ (30 Kästchen);

       b) $A = \frac{1}{2} \cdot 3\,cm \cdot 2,5\,cm = \mathbf{3,75\,cm^2}$ (15 Kästchen);

Seite 221 6 a) $A = \frac{1}{2} \cdot 14\,m \cdot 6,8\,m = \mathbf{47,6\,m^2}$; $u = \mathbf{34,3\,m}$

       b) $A = \frac{1}{2} \cdot 3,2\,dm \cdot 3,9\,dm = \mathbf{6,24\,dm^2}$; $u = \mathbf{14,5\,dm}$

       c) $A = \frac{1}{2} \cdot 2,7\,cm \cdot 5,1\,cm = \mathbf{6,885\,cm^2}$; $u = \mathbf{13,6\,cm}$

       7 a) Flächeninhalt des Rechtecks:
           7,5 cm · 4,2 cm = **31,5 cm²**.
           Flächeninhalt des Dreiecks:
           $\frac{1}{2} \cdot 7,5\,cm \cdot 4,2\,cm = \mathbf{15,75\,cm^2}$. Das ist
           halb so groß wie die Rechteckfläche.
       b) Die Rechteckfläche ist
           $2 \cdot A_1 + 2 \cdot A_2 = 2 \cdot (A_1 + A_2)$,
           die Dreieckfläche ist $A_1 + A_2$. Somit ist
           die Dreieckfläche nur halb so groß wie
           die Rechteckfläche.

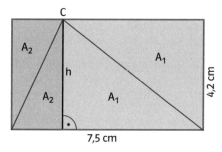

       8 Die Dachfläche besteht aus vier identischen Dreiecken mit jeweils der Fläche 8,75 m²
          ($= \frac{1}{2} \cdot 5\,m \cdot 3,5\,m$). Somit ist die Gesamtfläche = 4 · 8,75 m² = **35 m²**. Die Materialkosten dafür
          betragen 35 · 27,50 € = **962,50 €**.

Seite 222 9 a) $A = 9,4\,m \cdot 3,5\,m = \mathbf{32,9\,m^2}$; $u = \mathbf{28,2\,m}$
       b) $A = 6,3\,cm \cdot 12,8\,cm = \mathbf{80,64\,cm^2}$; $u = \mathbf{49\,cm}$
       (Beachte: 1,28 dm = 12,8 cm)

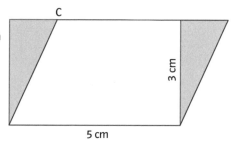

       10 Rechteckfläche: 15 cm²;
           Parallelogrammfläche: 15 cm². Beide
           Flächen sind gleich groß.
           Wenn man vom Rechteck das grüne Drei-
           eck abschneidet und an der anderen Seite
           anfügt, erhält man das Parallelogramm.

       11 Die Strecke d erhält man, indem man eine
           Parallele zu b mit Abstand 1 cm zeichnet.
           In der Skizze sind: 24 m ≙ 2,4 cm;
           30 m ≙ 3,0 cm; 5 m ≙ 0,5 cm; 21 m ≙ 2,1 cm
           und 10 m ≙ 1 cm.

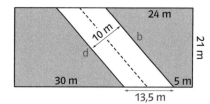

Der Zeichnung entnimmt man, dass die Grundseite des Parallelogramms **1,35 cm** lang ist. Das entspricht 13,5 m. Somit ist der Flächeninhalt der Straße (= Parallelogramm): 13,5 m · 21 m = **283,5 m²**.

12 a) $A = \frac{1}{2} \cdot (5,5\,cm + 3\,cm) \cdot 2,5\,cm = \mathbf{10{,}625\,cm^2}$ (42,5 Kästchen);   Seite 223

    b) Beachte, dass das Trapez um 90° gedreht ist und seitlich liegt.
$A = \frac{1}{2} \cdot (2,5\,cm + 1,5\,cm) \cdot 4\,cm = \mathbf{8\,cm^2}$ (32 Kästchen);

13 a) $A = \frac{1}{2} \cdot (5,9\,cm + 2,8\,cm) \cdot 3\,cm = \mathbf{13{,}05\,cm^2}$; u = **16,7 cm**

    b) Trapez liegt seitlich! $A = \frac{1}{2} \cdot (5,2\,m + 2\,m) \cdot 7,8\,m = \mathbf{28{,}08\,m^2}$; u = **23,4 m**

    c) $A = \frac{1}{2} \cdot (47\,cm + 21\,cm) \cdot 102\,cm = \mathbf{3468\,cm^2} = \mathbf{34{,}68\,dm^2}$; u = **295 cm = 29,5 dm**

14 Inhalt der Querschnittsfläche $= \frac{1}{2} \cdot (20,5\,m + 3,5\,m) \cdot 6,7\,m = \mathbf{80{,}4\,m^2}$

15 a) $A = \frac{1}{2} \cdot 7,6\,cm \cdot 12,4\,cm = \mathbf{47{,}12\,cm^2}$; u = **29,6 cm**   Seite 224

    b) $A = \frac{1}{2} \cdot 8,2\,m \cdot 4,1\,m = \mathbf{16{,}81\,m^2}$; u = **18,4 m**

    c) $A = \frac{1}{2} \cdot 32\,cm \cdot 106\,cm = \mathbf{1696\,cm^2}$; u = **224 cm**

16 Pauls Drachen hat den Flächeninhalt: $\frac{1}{2} \cdot 38\,cm \cdot 70\,cm = \mathbf{1330\,cm^2}$.
Martins Drachen hat den Flächeninhalt: $\frac{1}{2} \cdot 45\,cm \cdot 62\,cm = \mathbf{1395\,cm^2}$.
Martins Drachen ist somit größer. Paul hat nicht recht!

17 $A = 6 \cdot \frac{1}{2} \cdot 1,5\,cm \cdot 1,3\,cm = \mathbf{5{,}85\,cm^2}$ Seite 225

18 a) $A_1 = 2\,cm^2$;
      $A_2 = 6\,cm^2$;
      $A_3 = 3\,cm^2$;
      $A_4 = 3\,cm^2$;
      $A_5 = 14\,cm^2$;
      $A_6 = 4\,cm^2$;
      Gesamtfläche
      = 32 cm²

19 Kreisfläche: Seite 226
$\pi \cdot (2\,cm)^2$
$\approx 12{,}56\,cm^2$.
Das sind etwas mehr als 50 Kästchen.

20 a) A = 78,5 cm²   b) A = 227 m²   c) A = 201 cm²   d) A = 1017,4 mm²
     u = 31,4 cm   u = 53,4 m   u = 50,2 cm   u = 113 mm

21 a) Die Figur besteht aus einem Halbkreis und einem Rechteck. Der Radius des Halbkreises ist r = 5 cm. Somit folgt:
Flächeninhalt: $A = \pi \cdot (5\,cm)^2 : 2 + 7,5\,cm \cdot 10\,cm = 39,25\,cm^2 + 75\,cm^2 = \mathbf{114{,}25\,cm^2}$
Umfang: $u = 2 \cdot \pi \cdot 5\,cm : 2 + 2 \cdot 7,5\,cm + 10\,cm = 15,7\,cm + 25\,cm = \mathbf{40{,}7\,cm}$

b) Die Figur besteht aus einem Halbkreis und einem Dreieck. Der Radius des Halbkreises ist
r = 12,5 cm. Somit folgt:
Flächeninhalt A = $\pi \cdot (12,5\,cm)^2 : 2 + \frac{1}{2} \cdot 25\,cm \cdot 30\,cm$ = 245,3 cm² + 375 cm² = **620,3 cm²**;
Umfang u = $2\pi \cdot 12,5\,cm : 2 + 2 \cdot 32,5\,cm$ = 39,25 cm + 65 cm = **104,25 cm**.

22 Kreise mit 4 cm Durchmesser: $\left[\frac{1}{2} + \frac{1}{4} + 1\right] \cdot ((2\,cm)^2 \cdot \pi)$ = 1,75 · 12,56 cm² = 21,98 cm²

Kreise mit 2,5 cm Durchmesser: $\left[\frac{1}{2} + \frac{1}{2} + 1\right] \cdot ((1,25\,cm)^2 \cdot \pi)$ = 2 · 4,91 cm² = 9,82 cm²
Die Fläche aller Löcher ist 31,80 cm².
Die Rechteckfläche ist 9 cm · 15 cm = 135 cm² (100 %).
Damit ist der prozentuale Anteil der Löcher **23,6 %**. Susi hat also übertrieben.

Seite 227 Training plus

66 Flächeninhalt eines Rechtecks: A = Länge · Breite = a · b

Flächeninhalt eines Quadrats: A = Seitenlänge · Seitenlänge = a · a = a²

67 Flächeninhalt eines beliebigen Dreiecks: A = $\frac{1}{2}$ · Grundseite · Höhe = $\frac{1}{2}$ · g · h

68 Bei der Flächenberechnung rechtwinkliger Dreiecke kann man die beiden kurzen Seiten als
Grundseite bzw. Höhe betrachten.

69 Man muss die Grundseite verlängern, weil die Höhe außerhalb des Dreiecks liegt.

70 Flächeninhalt eines Parallelogramms: A = Grundseite · Höhe = g · h

71 Flächeninhalte eines Trapezes: A = $\frac{1}{2}$ · (a + c) · h

72 Flächeninhalt eines Drachens: A = $\frac{1}{2}$ · e · f

73 Man zerlegt es in gleichschenklige, identische Dreiecke, deren Spitze jeweils der Mittelpunkt
des Umkreises des Vielecks ist. Anschließend berechnet man die Fläche eines dieser Dreiecke und multipliziert das Ergebnis mit der Zahl der Ecken.

74 Erste Möglichkeit: Man zeichnet eine Standlinie und zerlegt von dort aus das Vieleck in
rechtwinklige Dreiecke.

Zweite Möglichkeit: Man unterteilt das Vieleck in allgemeine Dreiecke, indem man eine Ecke
des Vielecks mit allen anderen Ecken verbindet.

75 Der Umfang eines beliebigen Vielecks ist immer die Summe seiner Seitenlängen.

76 Flächeninhalt eines Kreises: A = $\pi \cdot r^2$; Umfang eines Kreises: u = $2 \cdot \pi \cdot r$

Abschlusstest

Seite 228 1 a) Schlafzimmer = 8,75 m²
Bad = 6,25 m²
Flur = 7,5 m² + 3,75 m² = 11,25 m²
Küche = 8,75 m²
Wohnzimmer = 20 m²
Gesamtfläche = 55 m²
Miete = 398,75 €
oder:
A = 10,5 cm · 5 m + 2,5 m · 1 m
= 52,5 m² + 2,5 m² = 55 m²

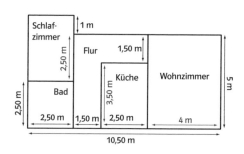

b) Teppichfläche: 55 m² – (6,25 m² + 8,75 m²) = **40 m²**

2 a) A = $A_1 + A_2$ = 12,25 m² + 35 m² = **47,25 m²**
b) A = $A_1 + A_2$ = 6,28 m² + 27 m² = **33,28 m²**

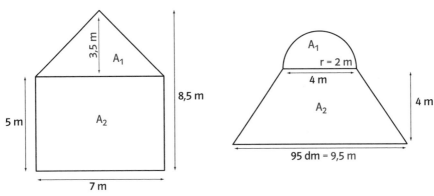

c) Die Figur besteht aus zwei Viertelkreisen und einem rechtwinkligen Dreieck. Der Radius der Viertelkreise ist $r = 8\,cm$. Somit folgt:

Flächeninhalt: $A = 2 \cdot [\pi \cdot (8\,cm)^2 : 4] + \frac{1}{2} \cdot 8\,cm \cdot 8\,cm = 100{,}48\,cm^2 + 32\,cm^2 = \mathbf{132{,}48\,cm^2}$

3　$A_1 = 5\,cm^2$
$A_2 = 2{,}1\,cm^2$
$A_3 = 7{,}44\,cm^2$
$A_4 = 7{,}83\,cm^2$
$A_5 = 0{,}72\,cm^2$
$A_6 = 2{,}1\,cm^2$
Gesamtfläche = 25,19 cm²

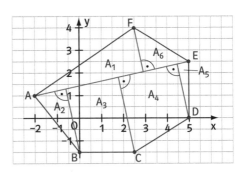

Seite 229

4　$A = 7 \cdot \frac{1}{2} \cdot 1{,}2\,cm \cdot 1{,}2\,cm = 5{,}04\,cm^2$

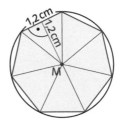

5　a) Die markierte Fläche ist die Kreisfläche minus der Quadratfläche:
$A = \pi \cdot (3\,cm)^2 - (4{,}24\,cm)^2 = \mathbf{10{,}28\,cm^2}$.
Umfang = Kreisumfang + Quadratumfang: $u = 2\pi \cdot 3\,cm + 4 \cdot 4{,}24\,cm = \mathbf{35{,}8\,cm}$

b) Die markierte Fläche ist die Kreisfläche minus der Fläche des regelmäßigen Fünfecks:
$A = \pi \cdot (3{,}4\,cm)^2 - 5 \cdot \left(\frac{1}{2} \cdot 4 \cdot 2{,}75\,cm\right) = \mathbf{8{,}8\,cm^2}$.
Umfang = Kreisumfang + Fünfeckumfang: $u = 2\pi \cdot 3{,}4\,cm + 5 \cdot 4\,cm = 41{,}35\,cm$

c) Die markierte Fläche ist die Fläche eines Viertelquadrats minus der Fläche des Viertelkreises: $A = (8\,cm)^2 - \pi \cdot (8\,cm)^2 : 4 = \mathbf{13{,}76\,cm^2}$.
Der Umfang besteht aus einem Viertelkreisbogen plus 2 halben Quadratseiten:
$u = 2 \cdot \pi \cdot 8\,cm : 4 + 16\,cm = \mathbf{28{,}56\,cm}$.

28 – 22 Punkte	21 – 14 Punkte	unter 14 Punkte
sehr gut bis gut	befriedigend bis ausreichend	nicht mehr ausreichend

Kapitel 8: Abbildungen in der Ebene

Aufgaben

Seite 230 1

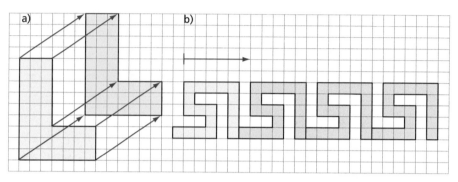

2 Die Koordinaten von
B′ und C′ sind:
B′ (7 | 1); C′ (4 | 4)

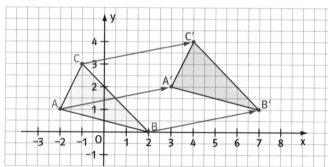

Seite 231 3

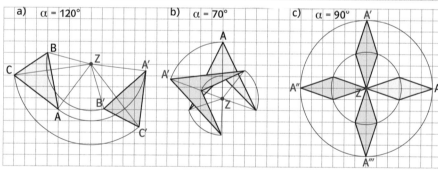

a) α = 120°   b) α = 70°   c) α = 90°

Seite 232 4

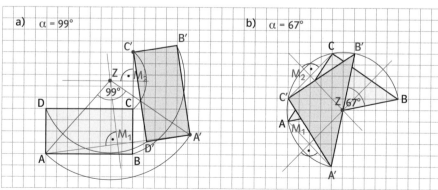

a) α = 99°   b) α = 67°

5

a)

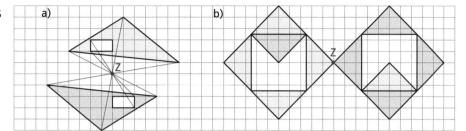

b)

6

a)

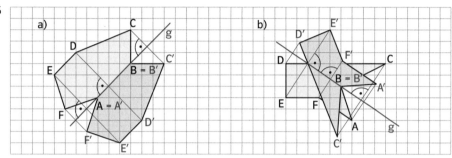

b)

Seite 233

7

a)

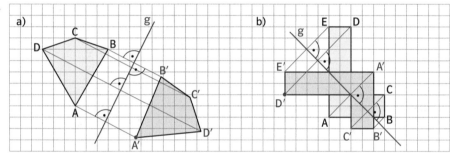

b)

Seite 234

8   Zuerst muss die Drehung D ausge-
    führt werden. Man erhält das Dreieck
    A'B'C'. Anschließend spiegelt man
    A'B'C' an der y-Achse und erhält das
    Dreieck A"B"C".

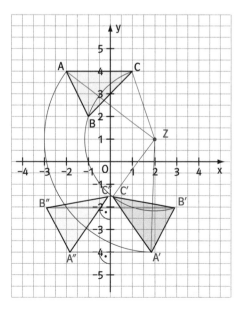

9 a) Zuerst muss das Dreieck ABC an der y-Achse gespiegelt werden. Man erhält das blaue Dreieck A′B′C′; die anschließende Spiegelung an der x-Achse ergibt das gelbe Dreieck A″B″C″.

b) Jetzt muss das Dreieck ABC zuerst an der x-Achse gespiegelt werden. Man erhält das rote Dreieck A′B′C′. Durch die anschließende Spiegelung an der y-Achse erhält man dasselbe Dreieck A″B″C″ wie in a).
Es gilt allgemein: Spiegelt man eine Figur nacheinander an zwei zueinander senkrechten Achsen, so ist es egal, an welcher Achse man zuerst spiegelt.

c) Die zweifache Spiegelung an zwei zueinander senkrechten Achsen ist identisch mit einer Punktspiegelung am Schnittpunkt beider Achsen.

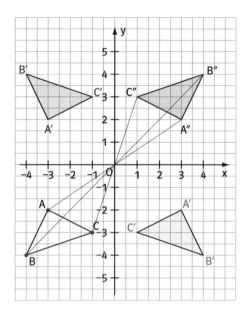

Seite 235   10

gleichseitiges Dreieck:

3 Spiegelachsen; 1 Drehzentrum mit α = 120°

Rechteck:

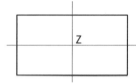

2 Spiegelachsen; 1 Drehzentrum mit α = 180°; 1 Spiegelzentrum

Parallelogramm:

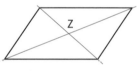

1 Drehzentrum mit α = 180°; 1 Spiegelzentrum

gleichschenkliges Trapez:

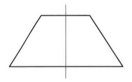

1 Spiegelachse

Drachen:

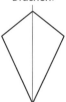

1 Spiegelachse

Quadrat:

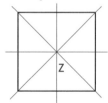

4 Spiegelachsen; 1 Drehzentrum mit α = 90°; 1 Spiegelzentrum;

Raute:

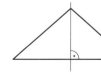

2 Spiegelachsen; 1 Drehzentrum mit α = 180°; 1 Spiegelzentrum

gleichschenkliges Dreieck:

1 Spiegelachse

Kreis:

beliebig viele Spiegelachsen; 1 Drehzentrum mit beliebigem Drehwinkel; 1 Spiegelzentrum = Mittelpunkt

11

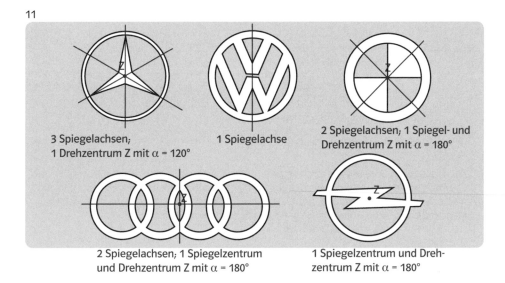

3 Spiegelachsen;
1 Drehzentrum Z mit α = 120°

1 Spiegelachse

2 Spiegelachsen; 1 Spiegel- und
Drehzentrum Z mit α = 180°

2 Spiegelachsen; 1 Spiegelzentrum
und Drehzentrum Z mit α = 180°

1 Spiegelzentrum und Drehzentrum Z mit α = 180°

Training plus
Seite 236

77 Indem man an den Großbuchstaben „A" einen Strich setzt: A'.

78 Alle Verschiebungspfeile sind parallel zueinander und gleich lang.

79 gegen den Uhrzeigersinn

80 Man zeichnet die Mittelsenkrechten der Strecken AA' und BB'. Der Schnittpunkt beider Mittelsenkrechten ist das Drehzentrum.

81 Das Zentrum einer Punktspiegelung ist die Mitte der Strecke AA'.

82 Die Spiegelachse einer Achsenspiegelung ist die Mittelsenkrechte der Strecke AA'.

83 „A ∘ B" heißt: „A nach B". Zuerst muss also die Abbildung B durchgeführt werden.

84 Wenn die Figur durch eine Spiegelung an einer (geeigneten) Achse auf sich selbst abgebildet werden kann.

85 Wenn die Figur durch eine Spiegelung an einem (geeigneten) Punkt auf sich selbst abgebildet werden kann.

86 Wenn die Figur durch eine Drehung mit einem entsprechenden Winkel α um ein Zentrum auf sich selbst abgebildet werden kann.

87 Alle Punkte, die auf der Achse liegen, sind Fixpunkte; sie ändern bei einer Achsenspiegelung ihre Lage nicht.

Abschlusstest
Seite 237

1

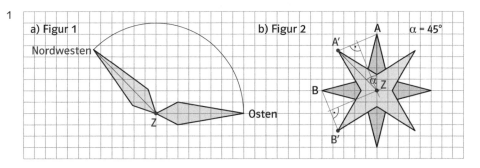

a) Figur 1
Nordwesten
Z
Osten

b) Figur 2
A' A α = 45°
B Z
B'

2

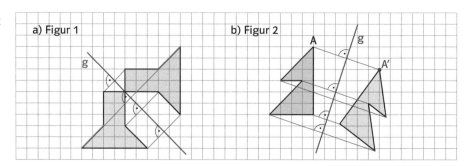

a) Figur 1   b) Figur 2

3   Zuerst muss das Dreieck ABC am Zentrum Z gespiegelt werden. Anschließend dreht man das Dreieck A'B'C' mit 60° um Z. Man erhält das blaue Dreieck A''B''C''.

4   Zuerst muss das Dreieck ABC verschoben werden. Anschließend spiegelt man das Dreieck A'B'C' am Zentrum Z und erhält das blaue Dreieck A''B''C''.

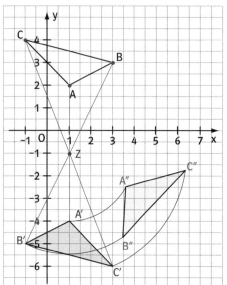

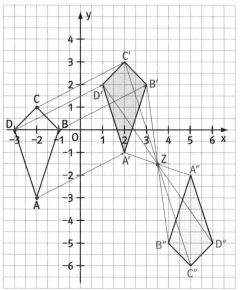

8 - 6 Punkte	5 - 3 Punkte	unter 3 Punkte
sehr gut bis gut	befriedigend bis ausreichend	nicht mehr ausreichend

Kapitel 9: Berechnung von Zufallsexperimenten

Aufgaben

Seite 238

1   a)   W = Wappen; Z = Zahl. Ergebnismenge: $S = \{W; Z\}$
     b)   W = Wappen; Z = Zahl. Ergebnismenge: $S = \{(W; W); (W; Z); (Z; W); (Z; Z)\}$

2   A ≙ Mannschaft A gewinnt; B ≙ Mannschaft B gewinnt; U ≙ unentschieden.
     Ergebnismenge: $S = \{A; B; U\}$

Seite 239

3   $S = \{1; 2; 3; 4; 5; 6; 7; 8; 9; v\}$; v ≙ vorbei

4 a) $S = \{A; B; C\}$
b) $S = \{(A; A); (A; B); (A; C); (B; B); (B; A); (B; C); (C; C); (C; A); (C; B)\}$

5 a) $S = \{(W; W); (Z; Z)\}$ b) $B = \{(W; W); (W; Z); (Z; W)\}$

6 $A = \{(1; 1); (2; 2); (3; 3); (4; 4); (5; 5); (6; 6)\}$
$B = \{(1; 1); (1; 2); (2; 1); (2; 2)\}$
$C = \{(1; 3); (3; 1); (2; 2)\}$

7 $r \triangleq$ rot; $g \triangleq$ grün; $b \triangleq$ blau   Seite 240
$A = \{(r; r); (g; g); (b; b)\}$
$B = \{(r; g); (r; b); (g; r); (g; b); (b; r); (b; g)\}$

8 2 4 2 3 1; 3 4 4 1 2; 3 1 3 2 4; 1 2 1 3 3
A: Die angezeigte Zahl ist gerade. $H_A = 9$; $h_A = \frac{9}{20}$
B: Die angezeigt Zahl ist kleiner als 4: $H_B = 16$; $h_B = \frac{16}{20} = \frac{4}{5}$

9 Zahl der Schüler = 500

Bus	Auto	Mofa	Fahrrad	Zu Fuß
285	7	65	95	48
$h_B = 0{,}57 = 57\,\%$	$h_A = 0{,}014 = 1{,}4\,\%$	$h_M = 0{,}13 = 13\,\%$	$h_F = 0{,}19 = 19\,\%$	$h_{Fuß} = 0{,}096 = 9{,}6\,\%$

Säulendiagramm:

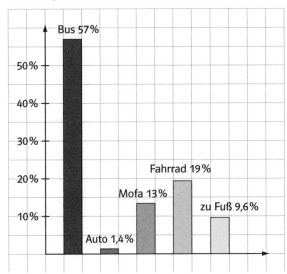

10 a)

Zahl der Befragten	100	200	300	400	500	600	700
Stimmen für Kandidat	25	84	90	156	165	216	245
Relative Häufigkeit	0,25	0,42	0,30	0,39	0,33	0,36	0,35

Seite 242

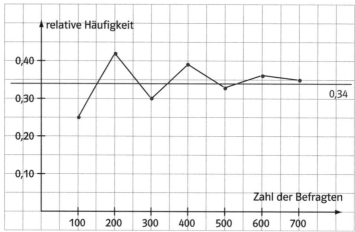

b) Der Stimmenanteil pendelt sich bei **34 % bis 35 %** ein.

11 a)

Zahl der Drehungen	50	100	150	200	250	300	350
Absolute Häufigkeit	33	68	120	154	181	228	264
relative Häufigkeit	**0,660**	**0,680**	**0,80**	**0,770**	**0,724**	**0,760**	**0,754**

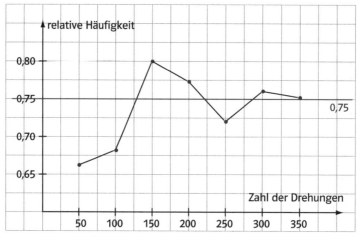

b) Der Idealwert ist $\frac{3}{4}$ = **0,75**, da $\frac{3}{4}$ des Rades grün markiert sind.

Seite 243 12 a) Jedes Los wird mit der gleichen Wahrscheinlichkeit gezogen.

b) erstes Los ein Gewinn: $p = \frac{10}{200} = 0,05 = 5\%$

erstes Los ein Trostpreis: $p = \frac{50}{200} = 0,25 = 25\%$

erstes Los eine Niete: $p = \frac{140}{200} = 0,70 = 70\%$

13 a) Jede Kugel wird mit der gleichen Wahrscheinlichkeit gezogen.

b) A: Die gezogene Zahl ist größer als 2: $p = \frac{6}{8} = 0,75 = 75\%$.

B: Die gezogene Kugel ist grün: $p = \frac{3}{8} = 0,375 = 37,5\%$.

C: Die gezogene Zahl ist ungerade: $p = \frac{4}{8} = 0,50 = 50\%$.

14 Der rote Spieler muss eine „2", eine „3" oder eine „5" werfen, um den gelben Spieler heraus-
werfen zu können.
Damit ist die Wahrscheinlichkeit: $p = \frac{3}{6} = 0,50 = 50\%$.

Seite 244

15 a) Durchschnittliche Einnahmen pro Getränk:
= $0,25 \cdot 2,50 € + 0,60 \cdot 3,60 € + 0,10 \cdot 2,80 € + 0,05 \cdot 2,10 € = 3,17 €$
b) Einnahmen an einem Abend = $3,17 € \cdot 350 = 1109,50 €$

Training plus

Seite 245

88 Der Ausgang eines Zufallsexperiments muss ungewiss sein. Außerdem muss das Zufallsexperiment beliebig oft unter den gleichen Bedingungen wiederholt werden können. Zufalls-
experimente sind: Das Werfen eines Würfels oder einer Münze, das Drehen eines Glücksrads
oder das Ziehen aus einer Lostrommel (mit Zurücklegen).

89 Eine Ereignismenge ist immer Teilmenge der Ergebnismenge. Die Elemente der Ergebnis-
menge sind durch das Zufallsexperiment festgelegt. Bei einem Würfelexperiment ist die
Ergebnismenge = {1; 2; 3; 4; 5; 6}. Dagegen muss man ein Ereignis A erst definieren. Zum
Beispiel das Ereignis A: „Es fällt eine gerade Zahl". Dann ist die Ereignismenge A = {2; 4; 6}.

90 Man beschreibt einen Ausgang eines zweistufigen Zufallsexperimentes mit einem geord-
neten Paar. Beim zweimaligen Würfeln zum Beispiel mit (1; 4), wenn beim ersten Wurf die
„1" und beim zweiten Wurf die „4" gefallen ist.

91 Die absolute Häufigkeit ist die Anzahl, mit der das Ereignis A eingetreten ist. Die relative
Häufigkeit des Ereignisses A erhält man, indem man die absolute Häufigkeit durch n teilt.

92 Indem man jedem Ereignis seine absolute oder relative Häufigkeit zuordnet.

93 Indem man das Zufallsexperiment sehr oft durchführt und sich die absolute Häufigkeit des
Ereignisses A notiert. Indem man dann durch die Zahl der durchgeführten Zufallsexperi-
mente teilt, erhält man die relative Häufigkeit.

94 Wenn man ein Zufallsexperiment sehr oft durchführt, stabilisieren sich die beobachteten
relativen Häufigkeiten bei einem Idealwert, der Wahrscheinlichkeit.

95 bei Meinungsumfragen oder bei Qualitätskontrollen von Produkten

96 Mit der Laplace-Formel kann man die Wahrscheinlichkeit P_A eines Ereignisses A berechnen:
$$P_A = \frac{\text{Anzahl der Elementarereignisse, bei denen A eintritt}}{\text{Anzahl aller möglichen Elementarereignisse}}$$

97 Alle Elementarereignisse des Zufallsexperiments müssen die gleiche Wahrscheinlichkeit
haben.

98 Man berechnet jedes Produkt zwischen einem Elementarereignis und seiner jeweiligen
relativen Häufigkeit. Der Durchschnitt ist dann die Summe aller dieser Produkte.

99 Die Wahrscheinlichkeit für das Erscheinen eines Feldes mit dem Mittelpunktwinkel α ist
$P = \frac{\alpha}{360°}$. (Beachte, dass das ganze Glücksrad 360° umfasst.)

Abschlusstest

1 A = {(1; 4); (4; 1); (2; 3); (3; 2)}
B = { }. Die Ereignismenge ist leer. Weil man die erste Kugel nicht zurücklegt, kann man
nicht zweimal eine Kugel derselben Farbe ziehen.

Seite 246

2 a) Insgesamt wurden 1000 Getränke bestellt. Die Wahrscheinlichkeit, dass ein Gast ein Bier
bestellt, ist: $p = \frac{354}{1000} = 0,354 = 35,4\%$.

b) Relative Häufigkeiten:

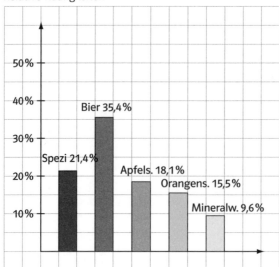

Seite 247 3 A: Es gibt 4 Buben, $P = \frac{4}{32} = \frac{1}{8} = 12{,}5\,\%$.

B: Es gibt 2 rote Damen, $P = \frac{2}{32} = 6{,}25\,\%$.

C: Es gibt 8 Kreuz-Karten, $P = \frac{8}{32} = \frac{1}{4} = 25\,\%$.

4 a) 33 Schüler

b) relative Häufigkeiten:

Note	1,0	1,5	2,0	2,5	3,0	3,5	4,0	4,5	5,0
Anzahl	1	2	4	7	8	5	3	2	1
relative H.	$\frac{1}{33}$	$\frac{2}{33}$	$\frac{4}{33}$	$\frac{7}{33}$	$\frac{8}{33}$	$\frac{5}{33}$	$\frac{3}{33}$	$\frac{2}{33}$	$\frac{1}{33}$

Notendurchschnitt

$= \frac{1}{33} \cdot 1{,}0 + \frac{2}{33} \cdot 1{,}5 + \frac{4}{33} \cdot 2{,}0 + \frac{7}{33} \cdot 2{,}5 + \frac{8}{33} \cdot 3{,}0 + \frac{5}{33} \cdot 3{,}5 + \frac{3}{33} \cdot 4{,}0 + \frac{2}{33} \cdot 4{,}5 + \frac{1}{33} \cdot 5{,}0$

$= \frac{97}{33} = 2{,}94$

5 a) relative Häufigkeit für „Treffer" $= \frac{20}{30} = \frac{2}{3} = 66{,}67\,\%$

relative Häufigkeit für „Vorbei" $= \frac{10}{30} = \frac{1}{3} = 33{,}33\,\%$

b) Man berechnet zunächst Herberts durchschnittlichen Gewinn pro Wurf. Dabei muss man bei „Vorbei" mit „– 50 Cent" rechnen und bei Treffer mit „+ 30 Cent".

Herberts Gewinn $= \frac{2}{3} \cdot 30\,\text{ct} + \frac{1}{3} \cdot (-50\,\text{ct}) = \frac{10}{3}\,\text{ct}$ pro Wurf. Bei 60 Würfen ist das ein

Gewinn von **2 €** $\left(= 60 \cdot \frac{10}{3}\,\text{ct} \right)$. Robin sollte die Wette nicht eingehen.

16 – 13 Punkte	12 – 8 Punkte	unter 8 Punkte
sehr gut bis gut	befriedigend bis ausreichend	nicht mehr ausreichend

Formelsammlung

Kapitel 1: Bruchrechnung

Bruch	$\frac{a}{b}$ heißt Bruch (mit $a, b \in \mathbb{Z}$ und $b \neq 0$). a ist der Zähler, b ist der Nenner des Bruchs.
Kehrwert	$\frac{b}{a}$ ist der Kehrwert von $\frac{a}{b}$. Es gilt: $\frac{b}{a} \cdot \frac{a}{b} = 1$.
Erweitern	Zähler und Nenner werden mit der gleichen Zahl multipliziert. Es gilt: $\frac{a}{b} = \frac{a \cdot c}{b \cdot c}$, mit $c \neq 0$.
Kürzen	Zähler und Nenner werden durch die gleiche Zahl dividiert. Es gilt: $\frac{a}{b} = \frac{a : c}{b : c}$, wobei a und b teilbar sind durch c (mit $c \neq 0$).
Addition und Subtraktion gleichnamiger Brüche	Zwei Brüche heißen gleichnamig, wenn sie den gleichen Nenner haben. Es gilt: $\frac{a}{b} + \frac{c}{b} = \frac{a + c}{b}$ bzw. $\frac{a}{b} - \frac{c}{b} = \frac{a - c}{b}$. Ungleichnamige Brüche müssen vor der Addition bzw. Subtraktion auf den kleinsten gemeinsamen Nenner (= Hauptnenner) erweitert werden.
Multiplikation und Division	$\frac{a}{b} \cdot \frac{c}{d} = \frac{a \cdot c}{b \cdot d}$ und $\frac{a}{b} : \frac{c}{d} = \frac{a}{b} \cdot \frac{d}{c} = \frac{a \cdot d}{b \cdot c}$

Kapitel 2: Dezimalbrüche

Dezimalschreibweise	Die Stellen rechts vom Komma geben die Zehntel, Hundertstel, Tausendstel, ... an, z.B. $1{,}375 = 1 + \frac{3}{10} + \frac{7}{100} + \frac{5}{1000}$.
Größenvergleich	Von zwei Dezimalbrüchen ist derjenige größer, der von links nach rechts gelesen an der gleichen Stelle zuerst die größere Ziffer hat, z.B. $2{,}345 > 2{,}315$.

Kapitel 3: Rationale Zahlen

Zahlenmengen	natürliche Zahlen $\mathbb{N} = \{0; 1; 2; 3; \ldots\}$ ganze Zahlen $\mathbb{Z} = \{\ldots; -3; -2; -1; 0; 1; 2; 3; \ldots\}$ rationale Zahlen $\mathbb{Q} = \left\{\frac{p}{q}, \text{mit } p, q \in \mathbb{Z} \text{ und } q \neq 0\right\}$ $\mathbb{Q}$ enthält alle natürlichen, alle ganzen Zahlen und alle positiven und negativen Brüche und Dezimalbrüche.
Vorzeichenregeln	$a + (+b) = a + b; \quad a - (-b) = a + b$ $a + (-b) = a - b; \quad a - (+b) = a - b$ Multiplikation und Division: Bei gleichen Vorzeichen erhält man Plus, bei unterschiedlichen Vorzeichen Minus. $(+a) \cdot (+b) = +a \cdot b; \quad (+a) \cdot (-b) = -a \cdot b$ $(-a) \cdot (-b) = +a \cdot b; \quad (-a) \cdot (+b) = -a \cdot b$
Distributivgesetze	$a \cdot (b + c) = a \cdot b + a \cdot c$ bzw. $(b + c) \cdot a = b \cdot a + c \cdot a = a \cdot b + a \cdot c$ $(b + c) : a = b : a + c : a$

Kapitel 4: Dreisatzrechnung

proportionale Zuordnung	3 Brötchen kosten 0,75 €, wie viel kosten 5 Brötchen? Auf beiden Seiten des Dreisatzschemas muss die **gleiche Rechenoperation** durchgeführt werden. $:3\left(\begin{array}{l}\text{3 Brötchen} \rightarrow 0,75\,€ \\ \text{1 Brötchen} \rightarrow 0,25\,€\end{array}\right):3$ $\cdot5\left(\begin{array}{l}\text{1 Brötchen} \rightarrow 0,25\,€ \\ \text{5 Brötchen} \rightarrow 1,25\,€\end{array}\right)\cdot5$
umgekehrt proportionale Zuordnung	4 Freunde teilen sich eine Tüte aus 36 Bonbons. Wie viele Bonbons würde jeder bekommen, wenn es 6 Freunde wären? Auf beiden Seiten des Dreisatzschemas muss die **entgegengesetzte Rechenoperation** durchgeführt werden. $:4\left(\begin{array}{l}\text{4 Freunde} \rightarrow \text{36 Bonbons} \\ \text{1 Freund} \rightarrow \text{144 Bonbons}\end{array}\right)\cdot4$ $\cdot6\left(\begin{array}{l}\text{1 Freund} \rightarrow \text{144 Bonbons} \\ \text{6 Freunde} \rightarrow \text{24 Bonbons}\end{array}\right):6$

Kapitel 5: Prozentrechnung

Grundbegriffe	Grundwert G: das Ganze Prozentwert W: ein Teil vom Ganzen Prozentzahl p: $p = (W : G) \cdot 100$ Prozentsatz p %: $p\% = \frac{p}{100}$
Berechnungen	Die fehlende der drei Größen G, W und p kann mit der Dreisatz-rechnung berechnet werden. Dabei gilt: $G \triangleq 100\%$ bzw. $100\% \triangleq G$ und $p\% \triangleq W$

Kapitel 6: Winkel

Winkelarten	Nullwinkel: $\alpha = 0°$, Vollwinkel: $\alpha = 360°$, spitzer Winkel: $0° < \alpha < 90°$; rechter Winkel: $\alpha = 90°$, stumpfer Winkel: $90° < \alpha < 180°$, gestreckter Winkel: $\alpha = 180°$, überstumpfer Winkel: $180° < \alpha < 360°$
Winkel im Dreieck	Die Summe aller Innenwinkel beträgt 180°. Die Summe aller Außenwinkel beträgt 360°.

Kapitel 7: Flächen und Umfang

Quadrat	$A = a \cdot a = a^2$	$u = 4a$
Rechteck	$A = a \cdot b;$	$u = 2a + 2b$
Dreieck	$A = \frac{1}{2} a \cdot h_a$ oder $A = \frac{1}{2} b \cdot h_b$ oder $A = \frac{1}{2} c \cdot h_c$; bzw. $A = \frac{1}{2} g \cdot h$; mit g $\triangleq$ Grundseite und h $\triangleq$ Höhe über der Grundseite	$u = a + b + c$
Parallelogramm	$A = a \cdot h_a$	$u = 2a + 2b$
Trapez	$A = \frac{1}{2}(a + c) \cdot h$; mit a $\parallel$ c, h $\triangleq$ Abstand zwischen a und c	$u = a + b + c + d$
Drachen	$A = \frac{1}{2} e \cdot f$; mit den Diagonalen e und f	$u = 2a + 2b$
Raute	$A = \frac{1}{2} e \cdot f$; mit den Diagonalen e und f	$u = 4a$
Kreis	$A = \pi \cdot r^2$	$u = 2\pi r$; mit $\pi \approx 3{,}14$

Kapitel 8: Abbildungen in der Ebene

Verschiebung	Der Punkt P wird durch einen Verschiebungspfeil auf den Bildpunkt P' abgebildet.
Drehung	Der Punkt P wird durch eine Drehung um das Drehzentrum Z mit dem Winkel α entgegen dem Uhrzeigersinn gedreht. Der Radius der Drehung ist $\overline{PZ}$. Es gilt: $\overline{PZ} = \overline{P'Z}$.
Punktspiegelung	Der Punkt P wird am Spiegelzentrum Z gespiegelt. Z ist die Mitte zwischen P und P'. Es gilt: $\overline{PZ} = \overline{P'Z}$.
Achsenspiegelung	Der Punkt P wird an der Spiegelachse g gespiegelt. g ist die Mittelsenkrechte zwischen P und P'.
Verknüpfung A ∘ B	Man liest: „A nach B". Die Abbildung B muss zuerst ausgeführt werden. Anschließend bildet man den ersten Bildpunkt P' mit der Abbildung A auf den zweiten Bildpunkt P" ab.

Kapitel 9: Berechnung von Zufallsexperimenten

absolute Häufigkeit H	Wenn das Ereignis A bei einem Zufallsexperiment H-mal eintritt, ist H die absolute Häufigkeit des Ereignisses A.
relative Häufigkeit h	Wird ein Zufallsexperiment n-mal durchgeführt, ist die relative Häufigkeit h des Ereignisses A: $h = \frac{H}{n}$
Laplace-Formel	Haben alle Elementarereignisse eines Zufallsexperiments die gleiche Wahrscheinlichkeit, so gilt für die Wahrscheinlichkeit P_A eines Ereignisses A: $$P_A = \frac{\text{Anzahl der Elementarereignisse, bei denen A eintritt}}{\text{Anzahl aller möglichen Elementarereignisse}}$$
Durchschnitt einer Häufigkeitsverteilung	Aus allen relativen Häufigkeiten $h_1, h_2, h_3, \dots h_n$, und allen Ereignissen $e_1, e_2, e_3, \dots, e_n$ kann der Durchschnitt $\emptyset$ einer Häufigkeitsverteilung berechnet werden. Es gilt: $\emptyset = h_1 \cdot e_1 + h_2 \cdot e_2 + h_3 \cdot e_3 + \dots + h_n \cdot e_n$

LERNPLUS XXL

Trainingsbuch
Gymnasium **6**

Englisch

Schroedel

1	**Verben**	**290**
1.1	Wiederholung der Verben: *Revision*	290
1.2	*Past progressive:* Die Verlaufsform der Vergangenheit	295
1.3	*Present perfect*	298
1.4	*Present perfect* oder *simple past?*	303
	→ Training plus	304
	→ Abschlusstest	305

2	**Modale Hilfsverben: *Modal auxiliaries***	**308**
2.1	Modale Hilfsverben im Präsens: *Revision*	308
2.2	Modale Hilfsverben und ihre Ersatzformen	310
	→ Training plus	313
	→ Abschlusstest	314

3	**Rund ums Nomen**	**316**
3.1	Einfache Formen des Gerundiums (*the gerund*)	316
3.2	Die Stützwörter *one* und *ones*	318
3.3	*Every, no, some, any* und deren Zusammensetzungen	320
3.4	Besonderheiten beim Gebrauch des Artikels	324
	→ Training plus	328
	→ Abschlusstest	329

4	**Satzbausteine**	**332**
4.1	Relativsätze und Relativpronomen	332
4.2	Einfache Bedingungssätze (Typ 1)	336
4.3	*to*-Infinitive: Grundformen mit *to*	338
4.4	*Question tags:* Bestätigungsfragen	339
	→ Training plus	341
	→ Abschlusstest	342

5	***Reported Speech:* Die einfache indirekte Rede im Präsens**	**344**
	→ Training plus	348
	→ Abschlusstest	349

6	Das Passiv: *The Passive voice*	352
6.1	Aktiv und Passiv	352
6.2	Der *by-agent* in Passivsätzen	355
	→ Training plus	356
	→ **Abschlusstest**	357

7	**Adjektive und Adverbien**	360
7.1	Wiederholung der Adjektive: *Revision*	360
7.2	Adjektive steigern: *Comparing adjectives*	361
7.3	Mit Adjektiven vergleichen	362
7.4	Wiederholung der Adverbien: *Revision*	365
7.5	Adverbien der Art und Weise: *Adverbs of manner*	366
7.6	Die Stellung der Adverbien der Art und Weise	368
	→ Training plus	370
	→ **Abschlusstest**	371

8	**Konjunktionen und Präpositionen**	374
8.1	Konjunktionen	374
8.2	Präpositionen	377
	→ Training plus	380
	→ **Abschlusstest**	381

9	**Arbeitstechniken und Sprachfertigkeiten**	384
9.1	Gelesenes verstehen: *Reading comprehension*	384
9.2	Kurze Texte schreiben: *Writing short texts*	388
9.3	*Mediation*	392
	→ Training plus	397
	→ **Abschlusstest**	398

Lösungen	401
Verbtabelle	421
Glossar	423
Stichwortverzeichnis	429
Quellenverzeichnis	430

1. Verben

Wie man auf Englisch ausdrücken kann, ob sich etwas in der Gegenwart, der
Vergangenheit oder der Zukunft abspielte, war bereits im 5. Schuljahr Thema.
Bevor es jetzt um die verschiedenen Formen der Vergangenheit geht, steht
eine kurze Wiederholung an.

1.1   Wiederholung der Verben: *Revision*

Regel

Wiederholung der Präsensformen

✚ In der **einfachen Gegenwart (*simple present*)** hat das Verb die gleiche Form
  wie seine Grundform (Infinitiv). In der **dritten Person Singular** wird ein *-s* an
  das Verb angehängt. Man verwendet die einfache Form, wenn etwas **immer
  wieder** so geschieht oder wenn ein **Zustand** andauert.
  Every Sunday he goes to church. He lives in London.

✚ Verneint wird ein Satz im *simple present* mit einer Form von **do** (*do not / don't*
  oder *does* not / *doesn't*). Auch Fragen müssen fast immer mit einer Form von
  do gebildet werden. Bei Kurzantworten werden diese Formen dann wiederholt, z. B. *Yes, he does. No, we don't.*

✚ Die **Verlaufsform der Gegenwart** (*present progressive*) wird mit einer Form
  des Hilfsverbs *be* und der **-ing-Form** des Verbs gebildet. Man verwendet das
  present progressive für Handlungen, die **im Augenblick** des Sprechens, also
  gerade ablaufen.

✚ Bei der Verneinung steht ein *not* zwischen der Form von *be* und dem Verb.
  He is cleaning the garage. He is not cleaning his car. He isn't cleaning his car.

---

1   *Simple present* oder *present progressive*? Setze die richtige Form ein.

The Martins _____ (live) in a semi-detached house[1] near Cardiff.

Mr Martin _____ (work) in a clothes shop and Mrs Martin

_____ (teach) at the local primary school. Normally Mr Martin

_____ (walk) to the shop, but today he _____ (go)

[1] semi detached house = Reihenhaus

by car because it _____ (rain) cats and dogs.

Mrs Martin _____ (stay) at home because she has got a

headache. Mr Martin usually _____ (come) home at 6 o'clock,

but today he _____ (work) longer. Usually his wife

_____ (prepare) dinner, but today he _____ (do)

that.

Regel

Satzstellung

Die Satzstellung im Englischen lautet **S – P – O** (Subjekt, Prädikat, Objekt).
In Fragen, die mit „Ja" oder „Nein" beantwortet werden (Ja-/Nein-Fragen), stellt
man eine Form von *do* oder ein Hilfsverb voran.
The girl likes tea. (S – P – O) → Does the girl like tea? (Do/Does – S – P – O)

2 Übersetze und schreibe in dein Heft.

a) Sandy und Mike gehen jeden Abend in den Sportclub, aber heute bleibt Mike daheim.
b) Er schaut sich gerade ein Fußballspiel an, als das Telefon klingelt.
c) „Wo bist du? Ich warte auf dich.", sagt Sandy.
d) „Manchester spielt gegen Chelsea. Warum kommst du nicht und schaust das Spiel mit mir an?", fragt Mike.
e) „Findest du das Spiel interessant?"
f) „Normalerweise gewinnt meine Mannschaft, aber im Augenblick verliert sie."
g) „Ich schaue mir nie ein Spiel von Chelsea an, weil ich Ballack nicht mag."
h) „Aber heute spielt er gut (= *well*)!", sagt Mike.

Football ist nicht immer Fußball

Football ist in Großbritannien wie in Deutschland eine sehr beliebte Sportart.
Wer in Nordamerika ein *football match* besucht, muss jedoch feststellen, dass
American Football ganz anders gespielt wird. Im *American Football* ist der Ball
eiförmig und wird mit der Hand oder mit dem Fuß bewegt. Die europäische Art
des Fußballs heißt im amerikanischen Englisch *soccer*.

Regel

Die einfache Vergangenheitsform (*simple past*)

✚ **Regelmäßige Verben** bilden die einfache Form der Vergangenheit (*simple past*) durch das Anhängen der Endung **-ed an den Infinitiv** (z.B. *walked, listened*). Die *Past-tense*-Formen der **unregelmäßigen Verben** muss man einfach lernen. Eine Verbtabelle dazu gibt es auf Seite 421/422.

✚ Die **Verneinung des *simple past*** erfolgt wie beim *simple present* mit einer Form von *do + not*. Im *simple past* lautet diese immer ***did + not*** (Kurzform: *didn't*), z.B. *You did not (didn't) do your homework yesterday.*

✚ Auch **Fragen** werden mit ***did, did not*** (*didn't*) gebildet, z.B. *Did you post the letter? Where did she go?*

✚ Verwendet wird das *simple past*:
  - für Handlungen und Abläufe, die **abgeschlossen in der Vergangenheit** liegen.
  - wenn der **genaue Zeitpunkt** in der Vergangenheit angegeben ist, z.B. *yesterday, last week, two months ago, in 1999*.
  - bei **Fragen mit *When***, z.B. *When did you call me yesterday?*
  - wenn **Handlungen nacheinander** in der Vergangenheit abliefen. Oft findet man dann auch **Signalwörter** wie z.B. *first, then, later, suddenly, after that* usw.

---

3 | *An exciting day.* Setze die Verben in ihren Vergangenheitsformen ein.

Yesterday Tina and Anne _____ (have) an exciting day. When they

_____ (meet) in the morning, they _____ (not know)

what to do, so Anne _____ (propose), "Let's go to the London Eye!"

First they _____ (go) to the ticket office, then Tina and Anne

_____ (have) a wonderful view of London, the River Thames and

the Houses of Parliament. When they _____ (reach) the exit, they

_____ (notice) a woman. She _____ (look) very

excited, so Tina _____ (ask), "What's the matter? Have you got any

problems? Can we help you?" But the woman only _____ (shake)

her head and _____ (walk) away. This _____ (be)

really strange! At the café in York Road they _____ (see) the

woman again. She _____ (not look) so excited any more. There

_____ (be) a man with her and he _____ (wear) a

long overcoat – in the middle of July! After a few minutes he _____

(give) the woman a small white box. She _____ (turn) around

and _____ (put) it into her handbag. Then she _____

(pass) the man a thick envelope. He _____ (not look) at it,

_____ (put) it into his pocket and _____ (stand)

up. Suddenly there _____ (be) a lot of policemen and one of them

_____ (go) up to the two girls. "_____ (you, watch)

the two persons? What _____ (do, they)?" Then the policeman

_____ (tell) the girls that the man _____ (be) a

drug dealer and that they _____ (be) important eye-witnesses

(= *Augenzeugen*) and that they _____ (have to) make a statement.

Info plus

The London Eye

Das *London Eye* am Ufer der Themse (engl.: *River Thames*) ist mit einer Höhe von ca. 135 m derzeit das höchste Riesenrad Europas und eine der Attraktionen der britischen Hauptstadt. Es sollte Glanzpunkt der Millenniumsfeiern zu Beginn des Jahres 2000 sein, konnte dann wegen technischer Probleme aber erst im März 2000 eröffnet werden.
Die 32 gläsernen Gondeln bieten je 25 Personen Platz und ermöglichen eine wunderbare Aussicht auf die Innenstadt von London und die Themse. Bei gutem Wetter sieht man sogar das 25 km entfernte *Windsor Castle*. Das Riesenrad braucht für eine Umdrehung 40 Minuten und stoppt nie, sodass die Passagiere während der Fahrt aus- und einsteigen.

Regel

Die Zukunft: *going to-future* und *will-future*

✚ Das *going to-future* wird mit *be + going to + Grundform des Verbs* gebildet:
He is going to go to London.
Es wird verwendet, wenn etwas **geplant** wurde oder **triftige Gründe** bzw.
Anzeichen dafür sprechen, dass etwas eintritt.

✚ Das *will-future* wird mit *will + Grundform des Verbs* gebildet:
Grandpa will be eighty this year.
Es wird verwendet, wenn man **Vorhersagen oder Vermutungen** über die
Zukunft äußert, die **nicht beeinflussbar** sind, sowie z.B. nach *I think, I'm sure,*
I hope, maybe.

4   Setze die richtige Form der Zukunft ein.

Mike's sister Jane _____ (be) fourteen next Saturday. So he wants

to prepare a big party for her. It is a big secret and so he hopes that nobody

_____ (talk) to her about it. "I think someone _____

(tell) her our secret," Mike says to his mum. "Who _____?"

(you, invite), his mum asks him. "That's easy. I _____ (ask) her friend

Tina and she _____ (tell) me who to invite. And we _____

(bake) a big cheesecake for her. I _____ (tell) Tom, too. But I'm not

so sure that he _____ (come). All the girls _____

(talk) and giggle all the time and he doesn't like that. "I hope the weather

_____ (be) fine!", his mum says when Jane comes in. "Hi everybody,"

she says, "Guess what Tina told me at school! You know I _____

(be) fourteen on Saturday and my friends _____ (invite) me

to a big party. All my friends _____ (be) there. I hope Tina _____

_____ (invite) Grandpa! There _____ (be) too much

noise for him. By the way, what _____ (you, give) me for a birthday

present? I know, you can ask Tom …" Poor Mike! Now he has to find a new present.

1.2 *Past progressive*: Die Verlaufsform der Vergangenheit

> **Regel**
>
> ### *Past progressive*
>
> ✚ Auch in der Vergangenheit gibt es eine Verlaufsform, das *past progressive*. Es wird ähnlich wie das *present progressive* gebildet:
> mit der **Vergangenheitsform von** *be* + **-ing-Form des Verbs**.
> *We were sitting in the cinema. My wife was holding my hand.*
> ✚ Für Fragen, Kurzantworten und verneinte Sätze gilt das Gleiche wie für das *present progressive*.
> ✚ Das *past progressive* wird verwendet, wenn sich eine **Handlung** zu einem bestimmten Zeitpunkt **in der Vergangenheit im Verlauf** befunden hat, also wenn etwas **gerade** passierte/geschah/getan wurde.
> ✚ Wenn eine Handlung gerade im Verlauf war und durch ein Ereignis unterbrochen wurde, verwendet man für die **Hintergrundhandlung** das *past progressive* und für die **dazwischenkommende Handlung** *simple past*:
> *She <u>was preparing</u> dinner when the door bell rang.* –
> Sie <u>bereitete</u> <u>gerade</u> das Abendessen <u>vor</u>, als die Türglocke klingelte.

---

5 | Setze die Sätze in die richtige Vergangenheitsform.

Mr Jones is sitting in the bathtub when suddenly the phone rings. He can't reach it because it is too far away. So he stands up and grabs a towel. While he is stepping out of the tub the phone is still ringing. He is rushing to the phone when he steps on his soap that is lying on the floor. He slips but he doesn't fall. When he reaches the phone the ringing stops. Why do things like that always happen to him?

_____

_____

_____

_____

_____

_____

6 Unterstreiche in den deutschen Sätzen die Verben, die eine gerade verlaufende Handlung beschreiben.

a) Mike saß im Englischunterricht, als er ein Geräusch hörte.
b) Er drehte sich um und bemerkte einen Riss (= crack) in der Wand.
c) Dieser dehnte sich langsam (= slowly) aus.
d) Er meldete sich, aber seine Lehrerin sah ihn nicht.
e) Sie hörte gerade Mia zu, die ihre Hausaufgaben vorlas.
f) Mike stand schnell auf und rannte zur Tür.
g) Als er am Lehrerpult vorbeikam, stolperte er und fiel hin.
h) Er schrie, als seine Lehrerin zu ihm sagte: „Aufwachen Mike!"

7 Schau bei den Lösungen nach, ob du bei Aufgabe 6 recht hattest und verbessere die Markierungen gegebenenfalls. Übersetze nun das Subjekt und Verb zu jedem Satz.

a) sit, hear: _____

b) turn around, notice: _____

c) expand: _____

d) put up his hand, see: _____

e) listen, read: _____

f) stand up, run: _____

g) pass, stumble, fall: _____

_____

h) scream, say: _____

Tipp Signalwort *while*

Ein Signalwort für das *past progressive* ist oft *while*:
While he was having breakfast, the door bell rang. – Während er gerade frühstückte, klingelte die Türglocke.

8 | *Simple past* oder *past progressive*? Setze die richtige Vergangenheitsform ein.

On the day after the summer holidays the teacher _____ (ask) the

pupils to write the following essay: "What _____ (do, you) in your

holidays?" Tom _____ (write): My sister and I _____ (take

part) in a scout summer camp in England. On the first day we _____

(go) to St Albans and _____ (visit) the Roman theatre. The next

day we _____ (cross) a river on a raft near Shrewsbury. While we

_____ (paddle) along on the river, Anne _____

(fall) in. We _____ (be) first. The next day we _____ (camp)

by a lake and _____ (have) a fire. But I _____ (like)

the last day best. We _____ (climb) up the Snowdon, the

highest mountain in Wales. Anne and I _____ (walk) along the

trail. Although we _____ (carry) our heavy rucksacks, we

_____ (sing) all the way. Suddenly I _____ (hear)

a noise. When we _____ (look) down the other side of the trail

we _____ (see) another boy of the group. He _____

(sit) in a tree and _____ (scream) for help. A barking dog

_____ (stand) under the tree. First it _____

(pull) open the boy's rucksack and then it _____ (eat) his lunch.

9 Übersetze und schreibe den Text ins Heft.

Eines Nachts wachte ich auf. Ein starker Wind schüttelte mein Fenster. Zwei grüne Flecken erschienen an meiner Wand. Sie wurden größer und größer, als plötzlich das Fenster aufging und eine grinsende Katze hereinkam. Während sie über mein Bett kletterte, öffnete sich die Tür und meine Mutter sagte. „Im Juli fiel kalter Schnee vom Baum!" Dann wachte ich auf. Das war ein Traum!

1.3 *Present perfect*

 Regel

Bildung des *present perfect*

✚ Im Deutschen unterscheidet sich die Verwendung des Perfekt und der einfachen Vergangenheit nicht. Die Sätze *Ich habe meinen Hamburger gegessen* und *Ich aß meinen Hamburger* bedeuten das Gleiche. Nicht so im Englischen!

✚ Neben dem *simple past* (einfache Vergangenheit) gibt es das *present perfect*. Letzteres wird mit einer **Form von *have* und der *past participle*-Form des Verbs** (dem Partizip der Vergangenheit) gebildet:
I have eaten … She has talked … You have hated … They have gone …

✚ Im gesprochenen Englisch werden meist die Kurzformen von *have/has* verwendet: *I've lost my money. He's gone to England. They've walked into town.*

✚ Das *past participle* bei **regelmäßigen Verben** entspricht der Grundform des Verbs mit der **Endung -ed.** Sie ist also identisch mit der *simple-past*-Form des Verbs.

Infinitiv	*simple-past*-Form	*past-participle*-Form
walk	walked	walked
stay	stayed	stayed

✚ **Unregelmäßige Verben** haben eine **eigene Form**, die extra gelernt werden muss.

Infinitiv	*simple-past*-Form	*past-participle*-Form
go	went	gone
bring	brought	brought

10 Übertrage diese Formen in das *present perfect*.

a) She goes …	
b) We talk …	

c) He buys …	
d) I scream …	
e) The cat sleeps …	
f) They remember …	
g) You dance …	
h) The book tells …	
i) His grandma writes …	

Tipp

Vorsicht, bei den **Kurzformen** besteht Verwechslungsgefahr.
She's sleeping. = *She <u>is</u> sleeping.* → *present progressive*
She's slept. = *She <u>has</u> slept.* → *present perfect*

Regel

Verneinung und Fragen im *present perfect*

✚ Sätze im *present perfect* werden durch die Verneinung der **Form von *have***
verneint: *I have not seen her.* (Kurzform: *I haven't seen her.*)
He has not told me the truth. (Kurzform: *He hasn't told me the truth.*)

✚ In **Fragen** mit dem *present perfect* folgt man auch dem schon bekannten Muster:

a) **Hilfsverb** (hier: have/has) – **Subjekt** – *past-participle* – **Objekt**
   Has her brother written this letter?

b) **Fragewort** – **Hilfsverb** (hier: have/has) – **Subjekt** – *past-participle* – **Objekt**
   Why has her brother written this letter?

---

11   Bilde Fragen mit Fragewörtern. Frage nach den unterstrichenen Teilen.

a) I've been <u>to the west of the United States</u> a lot of times.

_____

b) She has seen many cowboys <u>on a ranch in Oregon</u>.

_____

c) <u>Jim's horse</u> has been in the wild west show.

_____

d) He has lost the horse race <u>because he has given his horse anabolica</u>.

_____

e) She <u>has watched the lasso competition at the rodeo</u>.

_____

Verwendung des *present perfect*

✚ Das *present perfect* ist immer eine **in die Gegenwart verlängerte Vergangenheit.**
Man verwendet es, wenn eine Handlung oder ein Vorgang in der Vergangenheit begonnen hat und bis zum Zeitpunkt des Sprechens andauert.
*I have listened to you <u>for three hours</u>. (Bis zum Zeitpunkt des Sprechens sind
drei Stunden vergangen.)*

✚ In solchen Sätzen treten oft **Signalwörter** auf. Dazu zählen *not … yet* (noch
nicht), *since* (seit einem Zeitpunkt: *since 1988*), *for* (seit/für eine/r Zeitspanne:
for two weeks), *already* (schon), *so far, up to now, up to the present* (bis jetzt),
never (noch nie) und *ever* (jemals), z. B. *Have you ever been to Scotland?*

✚ Man verwendet das *present perfect*, wenn eine Handlung **eine Auswirkung
auf den Zeitpunkt des Sprechens** hat. Hierbei ist es egal, wann die Handlung
stattfand, wichtig ist nur der Bezug zur Gegenwart.
*Oh look, the streets are wet. It has rained. = Die Auswirkung (nasse Straßen)
sind noch sichtbar.*

✚ *Auch wenn eine* **Handlung oder ein Ereignis unmittelbar zuvor** stattgefunden
hat, verwendet man meist das *present perfect* und das Signalwort *just.*

12 *Tom Robinson's unlucky day.* Füge die Verben im *present perfect* ein.

Usually, Mr Robinson takes his son Tom to school, but when Tom came down from

his room his mum said, "You're still here? Dad _____ (drive) to

the office." Tom hurried to the bus stop, but there an old woman said, "The bus

_____ (leave)!" Tom ran to school, but when he entered the

classroom, the teacher remarked, "The lesson _____ (begin) and

look who's here, Tom Robinson!" During lunch-break the lady in the cafeteria said,

"I _____ (sell) the last piece of lasagna." Back home

his little brother said, "Susan _____ (call)." He quickly went

to the phone but Susan's mum answered, "Susan _____ (go) to

the cinema with Mike." Then he heard

his dad and his brother in the living

room. He rushed to them and they said,

"You're late! The match England vs. Brazil

_____ (start). Rooney

_____

(score) the first goal for England. And

you _____ (miss)

the replay!" – Poor Tom!

13 Übersetze und schreibe in dein Heft.

a) Warst du jemals in New York?
b) Ich bin gerade zurückgekommen.
c) Aber ich habe noch nie den Grand Canyon gesehen.
d) Unser Lehrer hat uns (schon) viele Filme über die Nationalparks gezeigt.
e) Ich habe noch keinen Bären in den USA gesehen.

Tipp

Simple past oder present perfect?

✚ Sobald ein Satz eine genauere Zeitbestimmung enthält oder nach dieser gefragt wird, kann nie das *present perfect* stehen, sondern nur das *simple past*.
Did you meet the American President in 1999?

✚ Haben die Häufigkeitsadverbien *oft, manchmal* und *immer* die zusätzliche
Bedeutung von *schon, also schon oft, schon manchmal, schon immer, schon
jemals,* so ist dies immer ein Hinweis darauf, dass das *present perfect*
Verwendung findet. Das *schon* muss nicht übersetzt werden.
She has often been to Edinburgh. – Sie war (schon) oft in Edinburgh.

---

14 | Setze die Verben in das *present perfect*. Füge *since* (Zeitpunkt) oder *for*
(Zeitraum) ein.

Tom _____ (try) to phone Susan _____ two hours. Finally

she answers and he says, "Where _____ (you, be)? I _____

_____ (phone) you _____ four o'clock!"

Susan: "I _____ (meet), Janice and I _____ (not see) her

_____ two months. Why are you so excited?"

Tom: "You _____ (plan) to go to a Coldplay concert _____

2006 and now they are coming to our town!"

Susan: "Wow! Why _____ (not tell, you) me?"

Tom: "Barney _____ (just, tell) me this afternoon. But we _____

_____ (already, get) two tickets. That is why I _____

(phone) your number a hundred times _____ I spoke to him."

Susan: "You're right, there _____ (not, be) a good concert

_____ ages."

1.4 *Present perfect* oder *simple past?*

> **Regel**
>
> **Present perfect und simple past im Vergleich**
>
> | simple past | present perfect |
> | --- | --- |
> | - für **abgeschlossene Handlungen** in der Vergangenheit (oft mit Zeitbezug)
- Signalwörter sind z.B. *yesterday, two weeks ago, in 1988, in the year 1776 etc.*
- für Fragen mit **When … ?** → *When did you meet her for the first time?* | - für **beendete Handlungen**, die noch **Auswirkungen auf die Gegenwart** (auf den Zeitpunkt des Sprechens) haben
- für Handlungen, die **unmittelbar zuvor** stattgefunden haben (Signalwort *just*)
- für Handlungen und Vorgänge, die in der **Vergangenheit** begonnen haben, aber **bis in die Gegenwart** andauern |

15 *Simple past* oder *present perfect*? Setze die Verben in die richtige Zeitform.

<u>Peter:</u> "I _____ (not/see) Janice for some time. _____

(you/hear) from her?"

<u>Anne:</u> "Yes, I _____ (receive) an e-mail yesterday and I _____

(phone) her last night. She _____ (move) to Los Angeles."

<u>Peter:</u> "When _____ (she, go) there?"

<u>Anne:</u> "She _____ (fly) two weeks ago. She _____

(want) to spend some time at Venice Beach. Then she _____

(meet) a guy from a surf shop and he _____ (offer) her a job right

away. And now she _____ (have got) a dream job: selling

beachwear at Venice.

1 Wann verwendet man das *present progressive*? _____

_____

2 Wann verwendet man das *simple present*? _____

_____

3 Wie lautet die komplette Satzstellung bei Ja-/Nein-Fragen im *simple present*?

_____

4 Was wird bei den regelmäßigen Verben im *simple past* angehängt?

_____

5 Was verändert sich im *past progressive* im Vergleich zum *present progressive*?

_____

6 Wann wird das *simple past* verwendet? _____

_____

7 Wann wird das *present perfect* verwendet? _____

_____

8 Was genau bedeutet *since*, was *for*? _____

_____

9 Welche Zeitform kündigt das Signalwort *so far* an? _____

10 Welche Zukunftsformen gibt es im Englischen? _____

_____

11 Wann wird die eine, wann die andere verwendet? _____

_____

1 *Simple present* oder *present progressive*? ___/12

Tanja _____ (not like) the food in the school cafeteria. So she

_____ (go) to the snack bar very often. She usually _____

(have) a hamburger, but today she _____ (take) fish and chips.

While she _____ (drink) her Coke, Sandra _____

(come) in. Then Sandra _____ (sit) down at her table. When the

waitress _____ (come) she _____ (order) a

sandwich and a cup of tea. Then she says, "Hey, Mike _____ (sit)

over there." "But he cannot see us because he _____ (read) a

book," Sandra _____ (say).

2 *Simple past* oder *past progressive*? Übersetze. ___/8

a) Bevor die Römer einfielen (= *invade*), regierten (= *rule over*) die Kelten
(= *the Celts*) Britannien.

_____

_____

b) Als Julius Caesar versuchte, Großbritannien zu erobern (= *conquer*), hatte er
kein Glück.

_____

_____

c) Als die Römer ankamen, veränderten sie alles.

_____

_____

d) Sie gründeten (= *to found*) viele Städte, während sie Britannien besetzten
(= *occupy*).

_____

_____

__/6 **3** Füge die richtige Vergangenheitsform ein.

a) Announcer: "The plane from Munich _____ (*just/arrive*)."

b) A young man: "Mrs Dell, where _____ (*you/learn*) your English?"

c) A businessman: "They _____ (*not/finish*) building the factory

yet. In fact, they _____ (*just/complete*) the planning."

d) A middle-aged woman: "I _____ (*buy*) a new car last week, but

I _____ (*not/sell*) my old one yet."

__/22 **4** Setze die Verben in das *simple past, past progressive, simple present,
present progressive, present perfect, will-future* oder *going-to-future*.

a) Mike ___Wrote___ (write) the following letter to his friend John in

Edinburgh last week, but he _____ (not receive) an answer yet.

Dear John,

As you know, I _____ (not be able to) find a job since I

_____ (leave) university. I _____ (apply) for nearly

thirty jobs, but I _____ (be) lucky so far. I even _____

(answer) an advertisement for a typing job a few weeks ago, but without success –

they _____ (tell) me that I _____ (have) too

many qualifications! However, I _____ (not give up) hope.

But, the good news: I _____ (have) an interview with Barclay's

Bank in Edinburgh next Tuesday.

Love, Mike

b) Here is what John wrote:

Dear Mike,

It _____ (be) so sad that you _____ (find) a job yet.

But that _____ (is) a problem for many young people. My cousin

says, "If I _____ (not get) the job, I _____ (look) for

one in Sweden or Germany." He _____ (visit) Sweden last year

and a man _____ (offer) him a job as a manager of a restaurant.

You _____ (can) stay at my place, but I _____ (not

be) home next Tuesday. So my cousin Oliver _____ (give) you the

key to my apartment. I hope you _____ (get) the job.

John

---

5 | *Since* oder *for*? Setze ein.   ___/9

a) A lot of things have changed _____ I was a boy.

b) I've been trying to explain what I mean _____ half an hour.

c) My father has been a member of the chess club _____ several years.

d) The workers have been on strike _____ last Monday.

e) The country has developed enormously _____ the end of the war.

f) I have not seen them _____ years.

g) I haven't been here _____ ages.

h) It has been a long time _____ I saw you last.

i) He has been unemployed _____ five months now.

**Gesamt-
punktzahl
___/57**

2. Modale Hilfsverben: *Modal auxiliaries*

Modale Hilfsverben bestimmen ein Vollverb näher. Sie drücken zum Beispiel aus, ob man etwas tun kann, darf, muss, soll oder nicht. Einige modale Hilfsverben können nur im Präsens verwendet werden. Für andere Zeiten benötigt man Ersatzformen.

2.1 Modale Hilfsverben im Präsens: *Revision*

 Regel

Modale Hilfsverben im Präsens

✚ Modale Hilfsverben (*modal auxiliaries*) geben an, **was man tun kann, darf, muss, soll oder nicht**. Modale Hilfsverben müssen immer **von einem Vollverb** begleitet werden, welches sie näher beschreiben.
Achtung:
dt. umgangssprachlich: *Ich kann Englisch.* → engl.: *I can speak English.*
✚ Modale Hilfsverben verändern ihre Form im Präsens nicht.

englisches Hilfsverb	Verwendung	deutsch
++ can – cannot/can't	**Fähigkeit**, etwas zu tun bzw. etwas nicht zu tun	*Er kann (nicht) schwimmen. –* *He can (can't) swim.*
++ can – cannot/can't	**Erlaubnis** (oft in einer Frage)	*Kann/darf ich das Fenster aufmachen? – Can I open the window?* *Yes, you can. No, you can't.*
++ must – doesn't/ don't have to	Notwendigkeit	*Er muss sein Kaninchen (nicht) füttern. – He must (doesn't have to) feed his rabbit.*
++ have to – doesn't/ don't have to	Ersatzform von **must**	*Er muss seine Hausaufgaben (nicht) machen. – He has to (doesn't have to) do his homework.*
– must not/ mustn't	Achtung: immer **Verbot!**	*Du darfst nicht mit Fremden reden. –* *You mustn't talk to strangers.*
– need not/ needn't	fehlende Notwendigkeit	*Du brauchst/musst dich nicht über deinen kleinen Bruder beklagen. –* *You needn't complain about your little brother.*

1 Übersetze und schreibe in dein Heft.

a) Mein Bruder kann nicht schwimmen.
b) Wir dürfen nicht zum See gehen.
c) Darf ich heute ins Schwimmbad gehen?
d) Du brauchst keine Angst haben.
e) Er muss heute zu Hause bleiben und für den Test lernen.
f) Du kannst Englisch.
g) Du musst nicht in der Sonne liegen.

2 Übersetze.

a) Du musst dieses Buch kaufen, du darfst heute die ersten zehn Seiten lesen, du brauchst den Titel nicht auswendig lernen (= *learn by heart*) und du kannst es am Abend in das Regal stellen.

_____

_____

_____

_____

3 Wandle bejahte Aussagesätze in verneinte Sätze und verneinte in bejahte Sätze um.

a) Teacher: "You must tick the correct answer."

_____

b) She doesn't have to cut her fingernails today.

_____

c) He needn't do this job right now.

_____

d) You can give me a hand, if you've got time.

_____

2.2 Modale Hilfsverben und ihre Ersatzformen

 Regel

Modale Hilfsverben und ihre Ersatzformen

Die meisten modalen Hilfsverben gibt es **nur im Präsens** (Ausnahme *can* →
Vergangenheitsform *could*). Sätze mit modalen Hilfsverben folgen im Präsens
grundsätzlich dem Muster **modales Hilfsverb + Infinitiv des Vollverbs. In anderen
Zeiten** muss eine **Ersatzform** für das jeweilige modale Hilfsverb benutzt werden:

modal auxiliary	Verwendung	Ersatzform *(substitute)*
can	**Fähigkeit:** können	*be able to do something*
can/may	**Erlaubnis:** dürfen	*be allowed to do something*
must	**Notwendigkeit:** müssen	*have to do something*
mustn't	**Verbot:** nicht dürfen	*not be allowed to do something*
needn't	**fehlende Notwendigkeit:** nicht müssen / nicht brauchen	*not have to do something*

Modal auxiliaries im Überblick			
Present	**Simple past**	**Present perfect**	**Will-future**
can (Fähigkeit)	– was/were able to do something – could do something	– have/has been able to do something	– will be able to do something
cannot (Fähigkeit)	– was not/were not/ wasn't/weren't able to do something – could not/couldn't do something	– have not/has not/ haven't/hasn't been able to do something	– will not/won't be able to do something
can (Erlaubnis)	– was/were allowed to do something	– have/has/been allowed to do something	– will be allowed to do something
cannot (Erlaubnis)	– wasn't/weren't allowed to do something	– have not/has not/haven't/hasn't been allowed to do something	– will not/won't be allowed to do something

Present	Simple past	Present perfect	Will-future
must	– had to do something	– have had to do something	– will have to do something
may	– was/were allowed to do something	– have/has been allowed to do something	– will be allowed to do something
must not, mustn't; may not	– was not/were not/ wasn't/weren't allowed to do something	– have not/has not/ haven't/hasn't been allowed to do something	– will not/won't be allowed to do something
need not; needn't	– didn't have to do something	– have not/has not/ haven't/hasn't had to do something	– will not/won't have to do something

---

4 Setze die Sätze in die jeweils angegebene Zeitform.

Example: We can go to the cinema. *(present perfect)*
→ We have been allowed to go to the cinema.

a) Tom and Sally must look after their little brother very often. (will-future)

_____

b) We needn't fight. (simple past)

_____

c) We needn't stay here together. (simple past)

_____

d) We can't go to the cinema. (will-future)

_____

e) You can go. I can stay at home. (present perfect)

_____

f) Next time you must stay home. (simple past)

_____

5 Schreibe die Sätze im *simple present*.

Example: I was able to follow her to the garden wall.

→ I can follow her to the garden wall.

a) We haven't been allowed to go to the lake on Earth Day.

_____

b) You didn't have to tell him about environmental diseases (= *Umweltbelastungen*).

_____

c) Sally will have to tell us about her Earth Day project.

_____

d) Your brother has not been able to join the environmental movement.

_____

 Earth Day

Seit 1970 findet am 22. April in den USA *Earth Day*, der Tag der Erde, statt. Er soll die Menschen dazu anregen, darüber nachzudenken, wie wir mit natürlichen Ressourcen umgehen. Viele Schulen, Universitäten und auch Privatleute sammeln dann etwa Müll (*they collect garbage*) oder pflanzen Bäume (*they plant trees*). Heute findet der Earth Day weltweit in mehr als 150 Ländern statt, auch in Deutschland. Prominente wie Leonardo di Caprio oder Politiker wie Al Gore unterstützen die Aktionen, zum Beispiel zum Klimaschutz.

6 Hier sind die modalen Hilfsverben nicht korrekt verwendet worden. Streiche die Fehler an und schreibe jeden verbesserten Satz ins Heft.

a) He can't see the dimension of that problem in 1999.

b) She doesn't can ride the horse because it's too wild.

c) Have you been able to answer the question in the last show last month?

d) My father isn't able to explain to me why I haven't been allowed to go to the party next Monday.

e) Why won't you be allowed to call her four hours ago?

f) Don't I may to drive your car, Mum?

12 Wozu werden modale Hilfsverben gebraucht? _____

_____

13 Modale Hilfsverben stehen nie allein. Was benötigen sie immer?

_____.

14 *Must* bedeutet _____, aber *mustn't* _____.

15 Bilde die Verneinung von *He must do the job.*

_____

16 *Can* hat zwei Bedeutungen: _____

_____

17 Wer ausdrücken will, dass etwas getan werden muss, verwendet im

Präsens das modale Hilfsverb _____, in allen anderen Zeiten

die Ersatzform _____.

18 Will man ausdrücken, dass etwas unnötig ist, verwendet man im Präsens

das modale Hilfsverb _____, in allen anderen Zeiten wird

die Ersatzform _____ gebraucht.

19 Will man ausdrücken, dass etwas verboten ist, verwendet man im Präsens

das modale Hilfsverb _____, in allen anderen Zeiten die

Ersatzform _____.

20 *Be allowed to* steht als Ersatzform für _____.

21 *Have to* steht als Ersatzform für _____.

22 *Be able to* steht als Ersatzform für _____.

___/8 | **1** | *The Highway Code.* Schreibe auf, was du tun kannst, tun musst oder nicht tun darfst. Verwende *can – must – mustn't – be (not) allowed to – be able to.*

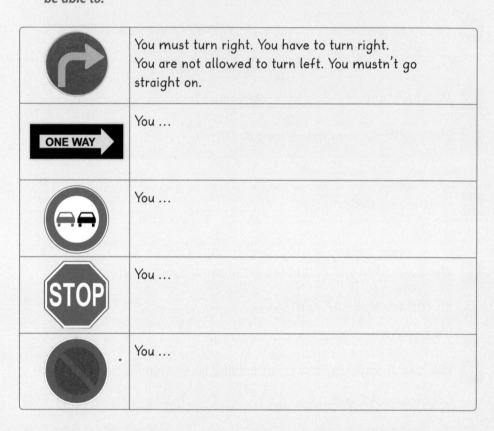

	You must turn right. You have to turn right. You are not allowed to turn left. You mustn't go straight on.
ONE WAY	You …
	You …
STOP	You …
	You …

___/12 | **2** | Übersetze.

Gestern konnte ich nicht in die Schule gehen. Ich musste im Bett bleiben. Ich durfte nicht aufstehen. Ich musste gesunden Tee trinken und durfte nicht fernsehen. Werde ich am Wochenende noch vorsichtig sein müssen? Werde ich dann meinen Geburtstag feiern können?

_____

_____

_____

3 *The building site.* Setze die passenden modalen Hilfsverben ein.   __/6

crane

digger

roller

lorry

excavator

a) The excavator _____ dig a big hole for the new pipes.

b) The digger _____ move the soil, because the lorry is in the way.

c) The lorry _____ stop there but the driver

_____ see the digger, because he is reading the newspaper.

d) The crane _____ lift the concrete because it is broken.

e) The workers are working really hard. They _____

finish by 1 o'clock.

4 Mike erzählt von der Baustelle. Setze den Text in das *simple past* und   __/9
verwende modale Hilfsverben oder deren Ersatzformen.

a) The excavator _____ dig a big hole for the new pipes.

b) The digger _____ move the soil because the lorry

_____ in the way.

c) The lorry _____ stop there, but the driver _____

see the digger because he _____ reading.

d) He _____ read the newspaper during work!

e) The crane _____ lift the concrete because it

_____ broken.

Gesamt-
punktzahl
__/35

3. Rund ums Nomen

Das Gerundium (*the gerund*) wird im Englischen sehr häufig verwendet, denn die Bildung ist einfach und komplizierte Nebensätze lassen sich so vermeiden. Der Artikel, die Stützwörter *one* und *ones* oder Zusammensetzungen mit *any* oder *every* gehören ebenfalls zur „Grundausrüstung" der englischen Sprache.

3.1 Einfache Formen des Gerundiums (*the gerund*)

 Regel

Wesen und Bildung des einfachen Gerundiums (*gerund*)

✚ Das Gerundium (*gerund*) ist ein **substantiviertes Verb**, das in einem Satz die Funktion eines Substantivs übernimmt.

✚ Das *gerund* wird gebildet, indem man **an die Grundform des Verbs** die Endung **-ing anhängt**. Das einfache *gerund* entspricht also der Form des *present progressive* des Verbs, hat im Satz aber eine ganz andere Funktion.
Beispiel 1: Das *Gerundium (gerund)* als Objekt
Das Objekt kann durch ein substantiviertes Verb, ein *gerund*, ersetzt werden.
He loves <u>swimming</u>. → *Er liebt das Schwimmen. Er schwimmt (sehr) gerne.*
Beispiel 2: Das *Gerundium (gerund)* als Subjekt
Das Subjekt kann durch ein substantiviertes Verb, ein *gerund*, ersetzt werden.
<u>Playing tennis</u> is wonderful.

✚ Formen des Gerundiums können im Satz also als Objekt oder Subjekt erscheinen. Ganz allgemein gesagt, kann ein *gerund* sogar **jedes Nomen ersetzen**, z. B.
After <u>work</u>, he joined his friends in the club house. → *After <u>finishing</u> his work, he joined his friends in the club house.*

---

1 Vervollständige die Sätze mithilfe des Gerundiums.

a) My dear friend John likes <u>playing basketball</u> so much. (to play basketball)

b) Paul is afraid of _____ in the sea. (to swim)

c) You must wash your hands before _____. (to eat)

d) _____ has been my favourite activity for years. (to play chess)

e) Lisa dreams of _____ in Australia. (to travel)

f) _____ with friends is fun. (to cook)

g) Anne is interested in _____ friends. (to make)

h) _____ is good for your health. (to cycle)

Tipp Übersetzung einfacher Konstruktionen mit Gerundium (*gerund*)

Englische Konstruktionen mit Gerundium (*gerund*) lassen sich mithilfe des Wörtchens *zu* oft leichter ins Deutsche übersetzen.

Telling their parents bad marks isn't always great fun for children.

→ *Ihren Eltern schlechte Noten mitzuteilen bereitet Kindern nicht immer sehr viel Spaß.*

2 Übersetze und verwende Konstruktionen mit dem Gerundium.

a) Am Strand zu liegen macht Spaß.

_____

b) Ich hasse es, am Morgen früh aufzustehen.

_____

c) Ich erinnere mich daran, dieses Buch gelesen zu haben.

_____

d) Dieses alte Fahrrad zu kaufen war eine dumme Idee.

_____

e) George ist am Tanzen interessiert.

_____

f) Ich spiele gerne Karten.

_____

3 Ergänze die Tabelle.

English	German
Playing golf …	
	… in der Sonne zu liegen.
… collecting stamps.	
	Sonntags nicht vor zehn Uhr zu frühstücken …

3.2 Die Stützwörter *one* und *ones*

one/ones zur Vermeidung von Wiederholungen

✚ Will man ein **zählbares Nomen oder zählbare Nomen** in einem Satz nicht wiederholen, lässt es sich im Singular durch das Stützwort (*prop-word*) *one* bzw. im Plural durch *ones* ersetzen.
*In the zoo, I took photos of three crocodiles, a big **one** and two small **ones**.*
*I also saw a lot of mammals (= Säugetiere). The **ones** having black and white stripes are called zebras, and the **one** in the ape house was a gorilla, I think.*

✚ *One/ones* steht vor allem nach Adjektiven, im Positiv und im Komparativ, weil diese Formen in der Regel nicht isoliert stehen können. Nach Superlativen kann man *one/ones* verwenden, dies ist aber nicht zwingend nötig.

4 Streiche die Wiederholungen durch und ersetze sie durch *one* oder *ones*. Trage sie über den durchgestrichenen Satzteilen ein.

a) Shop assistant: "Which mobile phone would you like to buy?"

Customer: "The mobile phone in the first shelf on the left."

b) She likes these tiny little cups on the table. The cups she saw yesterday in the

shop weren't as nice.

c) "I've got hundreds of audio CDs in my room." – "Which audio CD do you like best?" – "The audio CD featuring the song 'All my love'".

d) "Have you ever met one of my friends from Chicago?" – "Yes, I have. The friends that I played soccer with last Tuesday are real athletes."

e) "Look at those little dogs. The little dog with the hanging ears is called 'Bud'."

f) Jimmy's father doesn't want his son to watch films on TV all day long, but he allows him to watch the films that are documentaries (= *Dokumentarfilme*).

g) "Where are my socks?" – "Are you looking for the green socks?"

---

5 | Ergänze *one* oder *ones*. Setze *one/ones* in Klammern, wo die Verwendung möglich ist.

a) the older (Plural)	b) the most beautiful (Singular)
c) the blue (Singular)	d) the little (Singular)
e) the strongest (Plural)	f) the faster (Plural)
g) the wild (Singular)	h) the most fantastic (Plural)

Regel

one/ones nach *which* und *this/that/these/those*

One/ones kann auch zur Vermeidung von Wiederholungen nach *which, this, that, these* und *those* stehen.

Shop assistant: "We've got various kinds of cake. Which one would you like?"
Customer: "I don't know, but I think I'm going to take this one. Or, shall I take that one?"
Shop assistant: "It's your decision, but if you ask me, take this one. And try the sweets."
Customer: "These ones or those ones over there?"

6 | Lies den Text langsam und laut vor. Ersetze die Wiederholungen gleich beim Vorlesen durch *one* oder *ones*.

I don't like grammar lessons. Those grammar lessons with Mrs Johnson are so boring! She always says: "Grammar is so important for you all. The grammar you learn today, will be the grammar you'll never forget!" And we always answer: "Mrs Johnson, you made us do seven grammar exercises just from last Monday to today. Which exercise shall we correct first? The first exercise or the last exercise?" And Mrs Johnson always says: "Let's do the most difficult exercises first!"

3.3 *Every, no, some, any* und deren Zusammensetzungen

Regel

every, no, some und **any**

	Beispielsätze	Verwendung/Bedeutung
every	At the moment he wakes up with a headache **every** morning.	jeder, jede, jedes (allgemeine Bedeutung)
no	Oh, my God. There are **no** cinemas in this little town.	kein, keine
some	I need **some** help. I need **some** friends.	etwas einige
any	Have you got **any** time? She doesn't know **any** famous Hollywood actors.	−/etwas (in Fragen) kein/keine (in verneinten Aussagesätzen)

7 | Setze *every, no, some* und *any* ein.

a) He goes fishing _____ Sunday, but today he's got _____ time.

b) Teacher: "Are there _____ unknown words in the text?"

c) He hasn't got _____ problems with his mother, but he's got _____ big ones with his father, because he's got _____ answer to the question why he comes home so late _____ evening.

d) There will be _____ solution to the problem. We simply can't help her.

e) "Can you see her?" – No, I can't see _____ people because of the fog."

f) I can't stand him. He asks me about life _____ second day.

g) "_____ idea, Pete?" – "No, I'm sorry, _____ clue."

h) Not _____ example is good. Some don't have _____ meaning.

> **Regel**
>
> **any in bejahten Aussagesätzen**
> Wird **any in bejahten Aussagesätzen** verwendet, bedeutet dieses immer
> *jeder/jede/jedes beliebige …*
> Beispiel: *Which bike would you like? – It doesn't matter. <u>Any</u> bike will be better*
> *than the one I have at the moment.*
> *<u>Jedes beliebige</u> Fahrrad wird besser sein als jenes, das ich gerade besitze.*

8 | Kreuze die jeweilige Bedeutung an.

	any = kein/keine/ keines/–/ irgendein(e)	any = jeder/jede/ jedes beliebige
Any language teacher can tell you what to do to improve your marks in French.		✓
There was an explosion in Elm Street. Is there any doctor available? We need any help we can get.	✓	✓
How do you know that there isn't any mistake in his dictation? Are you cheating?	✓	
You can use this fantastic electric shaver at any place you want. It's got batteries.		✓
I do not understand any word. Aren't there any dictionaries in the classroom?	✓	
Do you still have any questions?		

Regel

Zusammensetzungen mit *every, no, any* und *some*

Die folgende Tabelle zeigt mögliche Zusammensetzungen.

everyone everybody	jeder, jede; auch: alle	Almost everybody in Britain likes fish 'n chips. – Fast jeder mag … / Fast alle … mögen
every- where	überall	He saw daffodils everywhere. – Er sah überall Osterglocken.
everything	alles	Everything's o.k. – Alles ist in Ordnung.
no one nobody	niemand, keiner	Nobody was in the room. – Niemand/Keiner war im Zimmer.
nowhere	nirgends, nirgendwo	Nowhere in this country … – Nirgends/Nirgend- wo in diesem Land …
nothing	nichts	… nothing particular. – … nichts Besonderes.
anyone anybody	(irgend)jemand/ niemand (Frage und verneinte Aussage)	Has anybody seen my glasses? – Hat jemand meine Brille gesehen? There isn't anybody. – Da ist niemand.
anywhere	irgendwo, nirgendwo	Anywhere out there … – Irgendwo da draußen … I can't see her anywhere. – Ich kann sie nirgends …
anything	nichts, (irgend) etwas in Fragen und verneinten Aussagen	Is anything wrong? – Stimmt (irgend)etwas nicht? She didn't say anything. – Sie hat nichts gesagt.
someone somebody	jemand	Someone should close the door. – Jemand sollte die Tür schließen.
some- where	irgendwo	Somewhere in the forest … – Irgendwo im Wald …
something	etwas	Something has happened. – Etwas ist passiert.

9 Übersetze

a) Sue: „Brauchst du etwas?" _____

b) Tom: „Ja, bringe mir etwas zu _____

       trinken mit." _____

c) Sue: „Irgendetwas Besonderes?" _____

d) Tom: „Nein, irgendetwas." _____

e) Sue: „Willst du (auch) etwas Brot?" _____

f) Tom: „Nein, ich möchte jetzt kein _____

   Brot. Vielleicht etwas Käse." _____

10 Setze die richtigen Formen ein.

I'm a poor frog! _____ loves me, almost _____

hates me! I've got _____ girl-friend, and _____ in my life

is sad and boring. _____ knows that I'm a prince, because

_____ kisses me. Is there _____ who can help me?

My brothers and sisters left me years ago. They live _____ in the

pond. I haven't got _____ home. My home is _____

and _____ . I'd like to have _____ friends, but there

isn't _____ chance for me to find _____ who wants to talk

to me and play with me. There isn't _____ interesting in my life.

But I must keep on waiting for _____ beautiful, a princess! She

must kiss me, and then _____ will be okay!

any, some,
no, nothing, anything,
something, nowhere,
someone … ???

11 Ergänze die fehlenden Entsprechungen.

deutsch	englisch
a) Ich sehe ihn nirgendwo in der Garage.	
b)	Is there anything on the desk?
c) Überall in den Bergen ist Schnee.	
d)	Any questions?
e) Jeder in diesem Raum ist jetzt still!	
f)	No idea!
g) Alle denken, dass ich doof bin.	
h)	That's something very special.

3.4 Besonderheiten beim Gebrauch des Artikels

Regel

Unbestimmter und bestimmter Artikel

✚ Der **unbestimmte Artikel** *a* bzw. *an*, wenn das nachfolgende Wort mit einem Vokal beginnt, steht vor einem Nomen im Singular.

✚ Der **bestimmte Artikel** *the* wird vor einem Nomen (Singular und Plural) verwendet, wenn man genauer weiß, von welcher Sache, welchem Sachverhalt oder welcher Person man spricht.

12 Setze ein: *a, an, the* oder keinen Artikel (–).

My grandfather was born in _____ state of Florida in _____ year 1945 to

his father Paul Higgins, _____ judge at _____ local court[1] and his mother

Sarah Higgins, _____ overwhelmingly[2] nice lady working in _____ oil

business. Grandpa was _____ second of four children. When he was four, his

family moved to _____ port town on the Mississippi River. _____ town

was called _____ River Banks. When Grandpa was 14, his father died.

_____ following year, he became _____ apprentice[3] in _____

publishing house[4]. At _____ age of 18, he started _____ work as

_____ journalist in New York City. From then on he wrote _____ short

stories. His most famous one, _____ *Crying World of John B.*, was published

in 1969, shortly after _____ American landing on _____ moon.

[1] *local court = örtliches Gericht*   [2] *overwhelmingly = überwältigend*
[3] *apprentice = Auszubildender*   [4] *publishing house = Verlag*

! Regel

Wann der bestimmte Artikel Pflicht ist

Beim Gebrauch des bestimmten Artikels im Englischen ergeben sich manche Unterschiede zum Deutschen, sodass besondere Achtsamkeit gefordert ist. Der bestimmte Artikel *the* steht im Englischen u.a. **immer** …

a) … bei **geographischen Bezeichnungen im Plural**:
   the West Indies (die westindischen Inseln); *the Alps* (die Alpen); *the Baltic States* (die baltischen Staaten).

b) … bei **Flussnamen**:
   the River Thames, the Missouri, the River Danube.

c) … bei **Meeresbezeichnungen**:
   the Atlantic Ocean, the Mediterranean Sea.

d) … bei **Musikinstrumenten**:
   He plays the trumpet/the piano/the violin.

---

13 Setze *the* oder *a/an* ein.

a) _____ Danube is _____ river in _____ south of Germany.

b) Have you ever been to _____ Azores, _____ group of islands in the

   midst of _____ Atlantic Ocean?

c) _____ coast along _____ Italian part of _____ Mediterranean Sea

   is _____ wonderful place to spend your holidays.

Regel

Wann der bestimmte Artikel in der Regel nie gesetzt wird

✚ Der bestimmte Artikel *the* steht im Englischen u. a. nie …
a) … im allgemeinen Gebrauch **bei Wochentagen, Feiertagen** und **Monatsnamen**: *on Monday, at Christmas, in March, last February.*
b) … bei den meisten **Straßennamen**: *in Oxford Street; to Abbey Road.*
c) … bei Namen von **Seen** und **Berggipfeln** mit *Mount: near Mount Everest; behind Mount Kulu;* holidays at *Lake Constance* (Bodensee); *near Lake Ontario.*
d) … in festen Wendungen bei **Mahlzeiten**: *We had dinner / breakfast / lunch …*
e) … in allgemeinen Wendungen bei **Institutionen**: *to go to school / university / church / hospital; at school / university; to go to bed.*
f) … in festen Wendungen bei **Medien**: *to watch TV; on TV; aber: on the radio.*
g) … in allgemeinen Wendungen bei **Verkehrsmitteln**: *to go by train / car / bike:*
h) … beim allgemeinen Gebrauch **abstrakter, nicht konkreter Nomen**: *Love is life. Violence is a big problem in many cities. He's a friend of success.*
✚ Aber **Achtung**: Wenn diese **Nomen näher bestimmt** werden, ist der Artikel *the* Pflicht (… *the Monday when my son was born* …).

---

14 Im folgenden Text wurde an einigen Stellen der bestimmte Artikel fälschlicherweise gesetzt. Streiche ihn dort, wo er nicht sein darf, durch.

Mary was the love of my life! But that was 20 years ago. In the December, on the Christmas Day, when, after the dinner, I was walking in the city along the Main Street and looking at one of the posters that offer trips to the Alps and the Mont Blanc in particular, I saw her again. She was 38 now and she looked older, of course. I addressed her and said: "Hi Mary, how are you doing?" First, she didn't recognize me, but the seconds later, she happily answered: "Oh, Tom, so nice to see you! Are you really the Tom I last saw when we left the school to go to the university?" "Yes," I replied."

Regel

Bestimmter Artikel – ja oder nein?

Allgemeiner Gebrauch (generic use): kein bestimmter Artikel ~~the~~	*Spezieller Gebrauch (specific use):* bestimmter Artikel *the*
He loves literature.	I love the literature of the 19th century.
She knows much about money.	I can't pay the bill with the money you gave me yesterday.
Face life!	We don't like the life he lives.

Regel

Wann der unbestimmte Artikel immer verwendet wird

Im Englischen wird der unbestimmte Artikel *a/an* u.a. immer verwendet …

a) … nach Verben des Werdens und des Seins **bei Berufsangaben:**
   He became an English teacher twenty years ago. She's a vet.

b) … **bei Mengen- oder Maßangaben,** wenn im Deutschen *pro* oder *je* oder *per* verwendet werden kann:
   The car goes 110 miles an hour. We meet once a year. The price is 30 euros a litre.

c) … **nach as** (als): *As a present for Christmas, she gave him a wristwatch.*

d) … **nach what, such, quite, half,** wenn ein Nomen im Singular folgt: *What a wonderful warm May evening! He's such a lucky boy. She's quite a good tennis player. Can I please have half a pint of beer?*

---

15 Entscheide, ob der unbestimmte Artikel gesetzt werden muss.

a) First, he wanted to be _____ mechanic, but later he decided to become

   _____ cook.

b) He applied for (*sich bewerben um*) the job as _____ cook in the new re-

   staurant.

c) We waited half _____ hour, when suddenly the owner of the restaurant

   came in.

d) He got the job. What _____ great chance!

e) As _____ old man, he finally founded his own restaurant.

Info plus

Redewendungen zum Thema *cooking*

Im Englischen gibt es wie im Deutschen viele Redewendungen zum Thema Kochen. Die Sprachbilder sind jedoch nicht immer gleich:

Too many cooks spoil the broth. – *Viele Köche verderben den Brei.*
to cook someone's goose (Gans) – *jemandem die Suppe versalzen*
What's cooking? – *Was gibt's Neues?*
There is something cooking. – *Da ist etwas im Busch.*
My goose is cooked! – *Ich bin erledigt!*
to find the fly in the ointment (Salbe) – *ein Haar in der Suppe finden*
to cook up a story – *eine Geschichte erfinden*

23 Welche Satzteilfunktionen kann das *gerund* in seiner einfachen Form übernehmen?

_____

24 Das *gerund* ist ein substantiviertes _____.

25 Wie wird das einfache *gerund* gebildet? _____

26 Wem entspricht das *gerund* der Form nach? _____.

27 Wann werden die Stützwörter (*prop-words*) one und ones verwendet?

_____

28 Streiche das Falsche durch:
Nach Adjektiven im Superlativ muss / kann, nach Adjektiven im Komparativ muss / kann das Stützwort one (Plural: ones) stehen.

29 Wie lauten die Zusammensetzungen mit *every*?

_____

30 Wie lauten die Zusammensetzungen zu *no*?_____

31 Wie lauten die Zusammensetzungen zu *some* und *any*?_____

_____

32 Was steht vor geographischen Bezeichnungen im Plural immer?

_____

33 Wann wird bei Tagen oder Monatsnamen der bestimmte Artikel verwendet (obwohl er dort im Allgemeinen nicht auftaucht)?

_____

_____

1 | Übersetze und verwende Konstruktionen mit Gerundium (*gerund*). ____/20

a) Viel Zeit in den Läden der City zu verbringen kann sehr teuer sein.

Many tim... in the (läden) of the city must be expencive

b) Vor dem Öffnen der Tür muss der Zug stillstehen.

befor open the door the Train must be still

c) Ich liebe es, nach einem kalten Regentag zu duschen (= *take a shower*).

d) Müll auf die Straße zu kippen ist streng verboten.

e) Er hasst Schwimmen.

f) Lesen macht Spaß. _____

g) Sie mag es nicht, bei Regen spazieren zu gehen.

h) Schauspielen ist cool, aber tanzen ist (noch) cooler.

i) Sie verließ uns, ohne ein Wort zu sagen.

j) Ich hasse es, Briefe zu schreiben.

___/34 **2** **Setze ein:** *a/an, the. –,* **außerdem:** *nothing, against, move, what, when, through, any, every, when, never, anything, nobody, angry, again, really, frequently, voice, something, just.*

You will _____ believe this strange story which happened to me _____

last week on _____ Saturday. I _____ see my old Aunt

Maggie _____ second Saturday morning, but that Saturday,

_____ I arrived at her house and rang the doorbell,

_____ answered and _____ happened. _____ door was

locked, and there wasn't _____ noise inside. After _____ while I walked

round _____ house to have _____ look inside _____ the window. First,

I wasn't able to see _____, but then I saw Aunt Maggie sitting and

sleeping in her armchair.

I knocked _____ the window and shouted "Aunt Maggie, wake up,

it's me, Sarah." And I tell you, I can shout in _____ very loud _____

because I play _____ trumpet. But Aunt Maggie didn't _____. I was

_____ worried, now. What _____ strange situation!" _____

must be wrong," I thought. But _____ could I do? I decided to act. I

found _____ big stone in front of _____ garage and threw it through one

of _____ windows into _____ dining-room where Aunt Mag-

gie was sitting in her armchair. What _____ terrible noise there was _____

the stone broke the window. And – Aunt Maggie was awake _____!

Fortunately, she was not _____ when she heard _____ story I

told her. We _____ laughed.

3 | Übersetze. Verwende die Bezeichnungen der Abbildungen. ___/14

ruler   fountain pen   ballpen   pencil-case

a) Wo habe ich (denn) meinen Füller gelassen (= *leave*)? Ich kann ihn nirgends finden.

_____

_____

b) Das weiß ich nicht. Jemand hat ihn (wohl) weggenommen.

_____

c) Ich finde nichts mehr! Ist irgendwo mein Lineal?

_____

d) Keine Ahnung. (Ich habe keine Ahnung.)

_____

e) Ich finde meinen Kugelschreiber nicht. Ist irgendwo mein Kugelschreiber?

_____

f) Hast Du schon einmal in deiner Federmappe nachgeschaut?

_____

g) Ich weiß normalerweise, wo alles ist, aber ich kann nichts finden!

_____

Gesamt-
punktzahl
___/68

4. Satzbausteine

Dieses Kapitel zeigt weitere, wichtige Bausteine, mit deren Hilfe sich Sätze zusammenbauen lassen.

4.1 Relativsätze und Relativpronomen

 Regel

Notwendige Relativsätze und Relativpronomen

+ Notwendige Relativsätze enthalten **Relativpronomen**. Diese **bestimmen das Nomen im Hauptsatz, auf welches sie sich beziehen**, näher. Die Aussage des Hauptsatzes wird also erst mit dem Relativpronomen verständlich:
The man who lives here is 70 years old. → *Der Mann, der hier wohnt, ist 70.*

+ In notwendigen Relativsätzen lauten die Relativpronomen wie folgt:
who für den Bezug auf Personen, *which* für den Bezug auf Dinge bzw. Nomen, die keine Personen wiederspiegeln. Das Relativpronomen *that* lässt sich in beiden Fällen verwenden:
The lady who (oder: *that*) *helped me was very nice.*
This is the comic which (oder: *that*) *I wanted to swop.*

+ Die deutsche Übersetzung dieser Relativpronomen lautet abhängig vom Geschlecht im Subjektbezug *der, die, das; welcher, welche, welches.* Im Objektbezug heißt es *den, die, das; welchen, welche, welches.* Statt *who* kann beim Objektbezug auf Personen auch *whom* verwendet werden:
The tall girl who (*whom*) *you can see in the picture is Mary.*

+ Notwendige Relativsätze stehen im Englischen im Gegensatz zum Deutschen **nie zwischen Kommas.** *Who, that* und *which* werden im Singular und im Plural verwendet.

---

1   Bilde aus den beiden Teilsätzen Relativsätze. Setze alternative Relativpronomen in Klammern.

a) I don´t like the girl. The girl is nasty.   <u>I don't like the girl who (that) is nasty.</u>

b) She knows the man. The man was fifty last year.

---

c) Robert found a book. The book tells him about computers.

_____

d) There are a lot of CDs. I want to listen to these CDs.

_____

> **Regel**
>
> **Das Relativpronomen *whose***
>
> ✚ Das Relativpronomen *whose* wird im **Genitiv** verwendet und verdeutlicht Zuge-
> hörigkeit oder Besitz.
> *This book is for students whose foreign language is Italian.* → *Dieses Buch ist
> für Studenten (gedacht), deren Fremdsprache Italienisch ist.*
> ✚ *Whose* wird sowohl für **Personen** als auch für **Dinge** verwendet. Die deutsche
> Übersetzung lautet *dessen, deren*.

> **Tipp**
>
> *whose* und *who's*
>
> Beide Wörter werden gleich ausgesprochen, haben aber unterschiedliche Bedeu-
> tungen.
> *whose* = Relativpronomen im Genitiv = *dessen, deren*
> *Who's …?* = Wer ist? *Who's the lady over there?*
> Aber auch: *The girl who's over there is pretty.* → Das Mädchen, das da drüben ist, …

---

2 Fülle die Lücken aus.

a) The mother _____ child I saw on the beach is a coastal lifeguard.

b) _____ there? – It's me. I'm the girl _____ phoned you this morning.

c) _____ racket is this? – I think, it belongs to the boy _____ is sitting in

the club restaurant over there.

d) The shop assistant has shown me about 25 different laptops, but I don't

know _____ to buy. Can you give me some advice _____ will help me?

e) Here are some DVDs _____ tell you about our wonderful coast _____ is

one of the best-known in the world.

3 | Übersetze und schreibe in dein Heft.

Wer ist Robin Hood? Er ist eine Figur in der englischen Folklore (= *folklore*), dessen Geschichte im Mittelalter (= *in medieval times*) begann. Robin Hood war ein Mann, der reiche Leute bestahl (= *to steal from s.b.*) und der armen Leuten half. Er lebte in einem Wald, der Sherwood Forest hieß. Seine Bande (*band*) bestand aus (= to *consist of*) acht Geächteten (= *outlaws*), die er die *Merry Men* nannte.

> **Regel**
>
> **Präpositionen im Relativsatz**
> + Präpositionen stehen im notwendigen Relativsatz meist am Ende des Nebensatzes. Man spricht hier auch von **nachgestellten Präpositionen**.
>   *This is the house that I live in.* → ... *das Haus, in dem ich* ...
> + Handelt es sich um einen Relativsatz, der das Relativpronomen *which* enthält, kann die Präposition am Ende des Nebensatzes stehen, muss aber nicht.
>   *This is the house in which I live.* Oder: *This is the house which I live in.*
> + Im **geschriebenen Englisch** kann die Präposition bei *which* und *whom* auch **vor dem Relativpronomen** stehen: *with whom* (mit dem/der), *in which* (in welcher/welchem), *about which* (über welchen/welches/welche) etc.

4 | Übersetze die Teilsätze. Verwende alle möglichen Relativpronomen.

a) ... die Gruppe, mit der ich reiste ...	... the group which (that; −) I travelled with ...
b) ... der Mann, mit dem ich sprach ...	
c) ... die Gesellschaft (= *company*), in der ich arbeitete ...	
d) ... die Person, über die ich las ...	

e) ... die Stelle, an der ich ankam ...	
f) ... die Frau, der ich zuhörte ...	

 Regel

Contact clauses

✚ *Contact clauses* sind Relativsätze, bei denen man das Relativpronomen weglassen kann. Das darf man aber nur tun, wenn das **Relativpronomen Objekt im notwendigen Relativsatz** ist.
*This man is the gangster **who (that)** the policeman has looked for for 10 years.*
→ *This man is the gangster the policeman has looked for for 10 years.*
✚ Präpositionen stehen im *contact clause* am Ende des Nebensatzes.
*Most people Robert works **with** are English.*

5 Entscheide, in welchen Sätzen das Relativpronomen weggelassen werden kann. Setze dieses dann in Klammern.

a) Monsieur X is the magician whose assistant is a chimpanzee.

b) Mr Nemo is a man that many people are afraid of.

c) I can't remember the name of the teacher who we asked this question from.

d) The car which we rented in Ireland was just too old.

e) The car which was painted in green was just too old.

f) A lot of people that like Italian food aren't very fond of German meals.

g) Some of those people who I give Italian food to don't like German meals.

4.2 Einfache Bedingungssätze (Typ 1)

> **Regel**
>
> **Einfache Bedingungssätze:** *simple conditional sentences*
> + Bedingungssätze bestehen aus einem **Hauptsatz** (*main clause*) und einem **Nebensatz** (*if-clause*). Meistens erscheint der *if-clause* als erstes, dann erst der Hauptsatz. Im einfachen Bedingungssatz des Typs 1 steht im *if-clause* die **Bedingung**, die eintreten kann. Im **Hauptsatz** steht, was passiert, wenn diese **Bedingung erfüllt** wird: *If she comes, I will be happy.* → *Wenn sie kommt, werde ich glücklich sein.*
> + Im Bedingungssatz vom Typ 1 ist die **Zeitenfolge** festgelegt:
> *if-clause* (Nebensatz) → *main clause* (Hauptsatz)
> *simple present* → *will-future*
> +Typ 1 des Bedingungssatzes verdeutlicht, dass eine **Bedingung grundsätzlich erfüllbar** (real) sein kann.
> + Bedingungssätze können entweder mit dem Hauptsatz oder dem Nebensatz beginnen. Wenn sie mit dem Hauptsatz beginnen, brauchst du kein Komma: *We will stay at home if it rains tomorrow.*
> **Aber:** *If it rains tomorrow, we will stay at home.*

6 | Schau dir die Bilder an und schreibe Sätze über Jill.

a)

b)

c)

d)

a) do her homework / pass the exam

_____

b) travel to Paris / visit the Eiffel Tower.

_____

c) eat the chocolate cake / not be hungry during dinner

_____

d) do not get up at 7 o´clock / miss the school trip

_____

7   Übersetze diese Bedingungssätze.

a) Ich bleibe den ganzen Tag im Bett, wenn es regnet.

_____

b) Wenn du mir die Geschichte nicht erzählst, werde ich mich beschweren
   (= *to complain*).

_____

c) Wenn er nicht lauter spricht, wird Peter ihn nicht hören.

_____

d) Wenn er lügt, werden wir ihn anzeigen (= *to press a charge against s.b.*).

_____

e) Wenn sie jetzt nicht geht, wird sie den Bus verpassen.

_____

4.3 *to*-Infinitive: Grundformen mit *to*

Regel

to-Infinitive

✚ Der *to*-Infinitiv stellt eine Möglichkeit dar, Sätze im Englischen zu vereinfachen. Er kann z. B. stehen ...

a) nach **Fragewörtern**:

He doesn't know <u>what</u> to do. → Er weiß nicht, was er tun soll.
She knows <u>how</u> to play the piano. → Sie weiß, wie man Klavier spielt.
We asked <u>where</u> to go. → Wir fragten, wohin wir gehen sollten.
She didn't know <u>what</u> to answer. → Sie wusste nicht, was sie antworten sollte.

b) nach **Adjektiven**:

This book is <u>easy</u> to read. → Dieses Buch ist einfach zu lesen.
This question is <u>difficult</u> to answer. → Diese Frage ist schwer zu beantworten.
It's <u>boring</u> to sit in front of the TV all day long. → Es ist langweilig, den ganzen Tag vor dem Fernseher zu sitzen.

c) nach **Nomen**, die eine bestimmte Wertung verdeutlichen:

It's a <u>great idea</u> to have breakfast in bed this morning. → Es ist eine großartige Idee, heute morgen im Bett zu frühstücken.
It was absolutely <u>terrible</u> to see the ship sink. → Es war absolut schrecklich, das Schiff sinken zu sehen.

d) nach **want, would like, would love, would prefer**:

He wants to leave school, but his mum would like to talk to the headmaster first.

---

8 | Übersetze.

a) Es war eine große Überraschung, meinen jüngeren Bruder wiederzusehen.

_____

b) Ich weiß nicht, wie ich dieses Problem lösen soll.

_____

c) Hast du ihn gefragt, wann wir arbeiten sollen?

_____

d) Sie bleibt lieber nicht zuhause. (oder: Sie zieht es vor, nicht zuhause zu bleiben.)

_____

e) Es ist eine große Freude (= *joy*), dich hier zu treffen.

_____

f) Schön, Sie kennen zu lernen.

_____

g) Wissen Sie, wann Sie hier sein sollen?

_____

4.4 *Question tags:* Bestätigungsfragen

Regel

Question tags in Sätzen mit Hilfsverben

✚ Bestätigungsfragen werden allgemein verwendet, wenn man erwartet, dass der Gesprächspartner zustimmt oder wenn man sich unsicher ist. Im Deutschen werden die *question tags* oft mit „..., oder?", „... doch ..." beziehungsweise „..., *nicht wahr?*" übersetzt.

✚ In **Sätzen mit Hilfsverb** wird ein *question tag* aus der Wiederholung des Hilfsverbs und des entsprechenden Personalpronomens gebildet – allerdings mit umgekehrten „Vorzeichen":

He can speak Spanish, can't he? → *Er kann doch spanisch sprechen. / Er kann spanisch sprechen, nicht wahr (oder)?*

We have read the letter, haven't we? → *Wir haben den Brief doch gelesen, oder?*

She isn't doing her job well, is she? → *Sie macht ihren Job nicht gut, oder?*

✚ **Achtung:** Die Verneinung von *must* ist *need not* (*needn't*), also muss auch das *question tag* diese Regel berücksichtigen:

*We must leave now, **needn't we?** Aber andererseits: We mustn't go out, **must we?** → Wir dürfen nicht weggehen, oder?*

✚ Das *question tag* von *will not* lautet *won't*, wie in der Verneinung:

You will call me tomorrow, won't you? → *Du wirst mich morgen doch anrufen, oder?*

9 | Schreibe das passende *question tag* in jede Lücke.

a) We can have a nice dinner at the Horse Shoe Restaurant, _____?

b) You aren't going to meet that poor lad tomorrow night, _____?

c) Oh my God, you haven't got the tickets, _____?

d) She mustn't stay out so long, _____?

e) My friend must work ten hours a day, _____?

f) This question will not be discussed at the meeting next week, _____?

> **⚠ Regel**
>
> *Question tags* in Sätzen ohne Hilfsverben
> - Hier wird für den *question tag* die entsprechende Form von *do* plus Personalpronomen verwendet:
>   *He works in Munich, **doesn't he**? She worked in Stuttgart, **didn't she**?*
> - In Sätzen ohne Hilfsverb, aber mit einer Form von *be* als Hauptverb, wird die Form von *be* mit umgekehrten Vorzeichen wiederholt:
>   *They're really mad, **aren't they**?*
> - In **verneinten Sätzen ohne Hilfsverb** wird die entsprechende Form von *do* plus Personalpronomen wiederholt:
>   *She doesn't like pets very much, **does she**? He didn't tell her the truth, **did he**?*

10 | Bilde die richtigen *question tags*.

a) Her parents didn't go to Australia last year, _____?

b) He was very fond of my new way of playing tennis, _____?

c) This isn't the best idea, _____? – Sorry, I don't know, _____?

d) The young boy showed you the way to your hotel, _____?

e) My English teacher loves American short stories, _____?

f) They don't like swimming in the ocean, _____?

34 Welche Relativpronomen dürfen nur bei Personenbezug, welche nur bei Sachbezug verwendet werden?

Personenbezug: _____ Sachbezug: _____

35 *Whose* bedeutet _____, *who's* aber _____.

36 Wo stehen Präpositionen in Relativsätzen, wenn das Relativpronomen *who* oder *that* lautet?

_____

37 Was passiert in *contact clauses* mit dem Relativpronomen?

_____

38 Wann kann nur ein *contact clause* gebildet werden? _____

_____

39 Aus welchen beiden Teilsätzen bestehen Bedingungssätze?

_____

40 Welche Zeitformen verwendet man in Bedingungssätzen vom Typ 1?

_____

41 Mit welchem deutschen Begriff lässt sich *question tag* übersetzen?

_____

42 Wie unterscheiden sich *question tags* in Sätzen mit Hilfsverben von denen ohne Hilfsverben? _____

_____

43 Was bewirken *to*-Infinitive grundsätzlich?

_____

__/7 | **1** | Streiche in diesem Text alle falschen Relativpronomen durch.
(Ein Strich bedeutet, dass du vielleicht auch auf ein Relativpronomen verzichten kannst.)
Setze dort, wo Lücken sind, alle infrage kommenden Relativpronomen ein.

The peninsula _____ reaches into New York harbour is called

Manhattan Island. It is one of the five boroughs *which/who/that/–* form the

City of New York. Manhattan, *who/whose/which* is an important financial center,

is also famous for its cultural life. Manhattan has many famous landmarks,

museums and tourist attractions _____ are known

all over the world. The name *Manhattan* comes from an old Indian word

who/that/which was pronounced *Manna-hata*. This name, *that/who/which/–*

means island of many hills, goes back to the Lenape language, because the area

_____ is now Manhattan was long inhabited by the

Lenape people.

__/4 | **2** | Übersetze.

a) Wenn ich dich noch einmal hier sehe, wirst du ein Problem haben.

_____

_____

b) Ich fange an zu schreien, wenn du mich kitzelst (= *tickle*).

_____

_____

3 Vereinfache die folgenden Sätze, indem du to-Infinitive verwendest. ___/8

a) The Maths teacher told me that I should look for my schoolbag in the gym.

_____

b) She asked me where she could go to.

_____

c) I didn't know what I should answer.

_____

d) It was a great surprise when I saw Aunt Meggie with her new poodle.

_____

4 Setze *question tags* ein. ___/12

You're a famous man, _____? – No, I'm not. – But you've got many

friends, _____? – Yes, I have. – And your sister works at the local

TV station, _____? – Yes, she does. – But you don't work there,

_____? – Yes, I do. – But you aren't one of the actors in the new soap

opera, _____? – Yes, I am. – But wait, you told me you weren't famous,

_____? – Yes, I did. I just started working there, _____? –

But in a few months you will be famous, _____? – I don't know and

you don't know, _____? – You're right. I can't say you will be a

Hollywood actor, _____? I can just say thank you for the interview. –

Oh, you're welcome. You are going to the airport by car, _____?

So you can give me a lift, _____?

5. *Reported Speech:* Die einfache indirekte Rede im Präsens

Wer wiedergeben will, was jemand anderes sagt oder gesagt hat, verwendet die indirekte Rede (*reported speech*).

 Regel

Die einfache indirekte Rede

✚ Ein Satz in der indirekten Rede besteht gewöhnlich aus einem **Begleitsatz** *(reporting clause)* und der eigentlichen **Aussage** *(reported clause)*.
Im Begleitsatz wird deutlich gemacht, dass das Gesagte berichtet wird. Dieser Satz wird mit reporting verbs (berichtenden Verben) wie z.B. *to say*, *to state* (feststellen), *to tell s.b.* (jemandem etwas erzählen, sagen) oder *to explain* (erklären) eingeleitet: *Susan tells me (that) Billy is tired.*
Die eigentliche Aussage kann mit *that* angehängt werden, muss aber nicht.

direkte Rede	indirekte Rede	
Billy: *"I'm tired."*	*Susan says*	*(that) Billy / he is tired.*
	reporting clause	reported clause

✚ Der Beispielsatz zeigt, dass in der indirekten Rede die Worte **angepasst** werden müssen, die die indirekte Aussage verfälschen würden. Das betrifft vor allem die **Pronomen** sowie die **Orts- und Zeitangaben**.

	direkte Rede	indirekte Rede
personal pronouns	*I, you* *we, you*	*he, she* *they*
possessive pronouns	*my, your* *our, your*	*his, her* *their*
demonstrative pronouns	*this* *these*	*that* *those*

✚ Die indirekte Rede wird oft beim Dolmetschen verwendet, da man hier etwas weitergibt, was eine andere Person gesagt hat.

---

1   Erzähle deinem Freund, was Bob sagt. Verwende Präsensformen.

a) Bob: *"I feel sick."* You: *"Bob says* _____

b) Bob: *"I must clean my room."* You: *"Bob tells me* _____

c) Bob: "My sister is twelve." You: "Bob says _____

d) Bob: "How old is your brother?" You: "Bob asks me _____

e) Bob: "You're silly." You: "Bob says _____

Tipp

➕ Anders als vor dem deutschen dass wird vor *that* praktisch nie ein Komma
   gesetzt: Er sagt, dass Pat nett ist. → *He says that Pat is nice.*
➕ Das Verb *tell* muss immer mit einem direkten Objekt verwendet werden:
   → *He tells her that the band is too loud.*

2   Verwende die einfache indirekte Rede. Benutze möglichst unterschied-
       liche *reporting verbs* für den Begleitsatz.

Du bist mit deinem amerikanischen Cousin Ray auf dem Oktoberfest in München.
Im Festzelt sitzt ihr inmitten einer amerikanischen Reisegruppe. Die Trachtenka-
pelle spielt sehr laut und viele Menschen singen mit. Dein Nachbar hat mitbekom-
men, dass dein Cousin auch aus Amerika ist, und möchte ihm die Erlebnisse seiner
Europareise mitteilen. Doch dein Cousin kann ihn nicht hören. Also musst du als
„Lautsprecher" dienen.

Tourist: *"We have just arrived from Cologne."*

Cousin: *"What does he say?"*

You: *"He says they _____."*

Tourist: *"I like the Umpah Umpah music!"*

Cousin: *"What does he say?"*

You: _____

Tourist: *"I like this beer!"*

Cousin: *"What does he say?"*

You: _____

Tourist: *"Our guide is from Belgium."*

Cousin: *"What does he say?"*

You: _____

Tourist: *"My wife is sitting over there."*

Cousin: *"What does he say?"*

You: _____

Tourist: *"I have to go now because our bus leaves in ten minutes."*

Cousin: *"What does he say?"*

You: _____

 Info plus **Oktoberfeste in den USA**

Das weltberühmte, in München stattfindende Oktoberfest zieht jedes Jahr Zigtausende amerikanischer Touristen an. Oktoberfeste gibt es aber auch in den USA. Von deutschen Einwanderern ins Leben gerufen, finden in vielen amerikanischen Bundesstaaten *Oktoberfests* statt. Besonders berühmt ist das *Columbus German Village Oktoberfest* in Ohio. Nun ja, auch Amerikaner mögen Bier, Würstchen, Brezeln, Sauerkraut und bayerische Musik.

3 | Als die Reisegruppe aus Amerika das Bierzelt verlassen hat, kommt eine Gruppe italienischer Touristen. Diese wollen sich gerne mit dir und Ray unterhalten. Leider sprechen sie nur ein bisschen Deutsch und gar kein Englisch. Nun muss gedolmetscht werden.

Gino: *„Mein Name ist Gino."*

You: *"He says _____."*

Ray: *"Tell him my name. Where do they come from?"*

You: _____

Gino: *„Wir sind von Roma, la bella Italia."*

You: _____

Ray: "I've never been to Italy."

You: _____

Gino: „Meine Frau und ich waren letztes Jahr in New York. Wir haben unseren
         Onkel besucht. Unser Onkel hat ein großes Geschäft. Diese Jungen dort
         drüben sind seine Kinder."

You: _____

         _____

         _____

Ray: "We've got to go. Good bye!"

4   Translate.

a) Er sagt, er habe zu Hause drei Pferde und zwei Hunde.

    _____

b) Er teilt ihr mit, dass er am Sonntag ins Kino gehen wird.

    _____

c) Sie erklärt, sie könne kein Englisch.

    _____

d) Sie stellt fest, dass sie noch nie in den USA war.

    _____

e) Sie sagen, dass es hier sehr laut sei.

    _____

f) Er erklärt, dass er aus Japan sei.

    _____

44   Erkläre, was man unter der indirekten Rede versteht.

_____

_____

45   Wie nennt man den Begleitsatz im Englischen? _____

46   Wie nennt man den eigentlichen Aussagesatz innerhalb der indirekten
Rede im Englischen?

_____

47   Wie heißen die _berichtenden Verben_ auf Englisch? _____

48   Wie verändert sich das Wort _this_ in der indirekten Rede?

_____

49   Wie verändert sich das Wort _these_ in der indirekten Rede?

_____

50   Warum muss man die indirekte Rede beim Dolmetschen oft verwenden?

_____

_____

51   Was steht vor _that_ mit der Bedeutung _dass_ nie? _____

52   Was muss dem _reporting verb tell_ immer folgen? _____

53   Nenne vier weitere _reporting verbs_ (nicht _tell_ und _say_).

_____   _____

_____   _____

54   Muss _that_ (dass) in der indirekten Rede grundsätzlich stehen?

_____

1 Berichte in der indirekten Rede über Sarah. Schreibe einzelne Sätze und   ___/18
verwende unterschiedliche *reporting verbs*. Hier eine Auswahl:

tell s.b. (erzählen)   *say* (sagen)
explain (erklären/erläutern)   *point out* (ausführen, erläutern)
claim (behaupten)   *argue* (argumentieren)
mention (erwähnen)   *report* (berichten)

Sarah: *"I'm a twelve year old girl. I'm from Edinburgh in Scotland. Edinburgh is a
wonderful old Scottish city. My grandparents don't live in Scotland. They're from
Wales. They always come to Scotland in summer to spend a week together with
my family. My brother Peter's got two cats. Their names are Bill and Bull. I don't like
cats, I like horses. Every Saturday in the morning I go riding on my horse Black Jack.
He's over 15 years old, but he's still very fast. I know much about horses, because
I've got hundreds, no thousands of horse books."*

_____

_____

_____

_____

_____

_____

_____

_____

_____

_____

_____

_____

_____

_____

_____

_____

__/4 | 2 | Wandle die indirekte Rede in die direkte Rede um.

a) Mr Baker tells his son that he won't give him more pocket money.

Mr Baker, "_____!"

b) Mike says he is going to move to his grandparents.

Mike, "_____"

c) His mother remarks to her son that she is very sad and that that isn't a nice thing to say.

Mrs Baker, "_____"

d) Mike's father points out that he cannot have his cake and eat it.

Mr Baker, "_____!"

__/8 | 3 | Übersetze und vervollständige die Sätze nach deinen eigenen Vorstellungen. Verwende Präsensformen.

Er sagt, er habe …	
Sie erzählt mir, sie arbeite …	
Sie erklären, sie wollen …	
Er führt aus, er könne …	
Das Mädchen behauptet, sie sei …	
Mein Vater sagt, er möchte …	
Sie argumentieren, er müsse …	
Sie erwähnt, sie könne …	

4   Finde mithilfe eines Wörterbuchs oder einer geeigneten Internetseite   ___/6
    (z. B. http://dict.leo.org) sechs weitere *reporting verbs* und übersetze sie.

reporting verb	deutsche Übersetzung

5   Übersetze.   ___/8

a) Mike sagt, er sei sehr müde.

    _____

b) Er erklärt, dass er seine Hausaufgabe vor drei Stunden begonnen habe.

    _____

c) Susan stellt fest, dass ihr Englischlehrer sehr nett sei.

    _____

d) Sie erzählt Mike, dass sie Hausarrest bekommt, wenn sie schlecht in der
    Prüfung ist.

    _____

**Gesamt-
punktzahl
___/44**

6. Das Passiv: *The Passive voice*

Die meisten Sprachen unterscheiden Aktiv- und Passivsätze. Mit dem Aktiv
stellt man eine Handlung in den Vordergrund. Man betont also, was eine
Person oder Sache tut. Das Passiv dagegen hebt hervor, was mit einer Person
oder Sache geschieht. Es wird oft verwendet, wenn man nicht weiß, wer etwas
getan hat, oder wenn dies nicht erwähnt werden soll.

6.1 Aktiv und Passiv

Regel

Aktiv- und Passivsätze

+ **Aktivsätze** betonen, **wer oder was handelt** bzw. wer oder was etwas tut.
  Somebody cleaned the car last week. → *Jemand hat letzte Woche das Auto
  sauber gemacht.*
+ **Passivsätze** betonen, **was mit jemandem oder einer Sache getan wird** oder
  getan wurde usw.
  The car was cleaned last week. → *Das Auto wurde letzte Woche sauber gemacht.*

1 Kreuze an, ob es sich um einen Satz im Aktiv oder im Passiv handelt.

Beispielsätze	Aktiv	Passiv
a) Christmas carols aren't sung at Easter.		
b) They opened the theatre on the second Sunday in March.		
c) The photos will tell us a lot about the new adventure park.		
d) Pete has been given many chances in Maths this year.		
e) This computer game can be played by up to six players.		
f) We weren't given back the money by the shop assistant.		
g) The weather forecast told us about the tornado two days before it arrived at our town.		
h) The first manned balloon was built by the Brothers Mongolfier.		
i) He doesn't know the day the museum will be opened.		

2 Übersetze die englischen Aktivsätze als deutsche Passivsätze.

a) Senator Obama won the presidential election in 2008.

_____

b) Somebody stole the famous painting last week.

_____

c) Thousands of people have visited the Sherlock Holmes Museum in Oxford Street.

_____

d) We will discuss this problem as soon as all club members are in.

_____

Bildung von Passivsätzen

✚ Sätze im Passiv können selbstverständlich in verschiedenen Zeitformen gebildet werden. Sie folgen dem Muster: **Form von *be* + *past-participle*-Form.**

✚ Die *past-participle-Form* entspricht bei den regelmäßigen Verben der *past-tense-Form* (z. B. *searched*).
Bei den unregelmäßigen Verben entspricht sie der dritten Form (z. B. *see – saw – seen*).

	Aktiv (*active voice*)	**Passiv (*passive voice*)**
simple present	*People write letters.*	*Letters **are** written.*
simple past	*Somebody saw a lion.*	*A lion **was** seen.*
present perfect	*She has sent the mail.*	*The mail **has been** sent.*
will-future	*He will call me.*	*I **will be** called.*

✚ Die **Verneinung** eines Passivsatzes erfolgt an der Form **von *be*.**

	Passiv, verneint
simple present	*Letters **are not** (aren't) written.*
simple past	*A lion **was not** (wasn't) seen.*
present perfect	*The mail **has not been** (hasn't been) sent.*
will-future	*I **will not be** (won't be) called.*

3 Setze die Sätze, wo dies möglich ist, ins Passiv.

a) We have bought a lot of nice souvenirs in Scotland.

_____

b) Sometimes people don't do their jobs well.

_____

c) Will you post this letter this afternoon?

_____

d) She doesn't work in the supermarket on Saturdays.

_____

e) I found a purse in Oxford Street.

_____

Tipp

Übersetzung des Passivs

Oft kann man einen Passivsatz mithilfe des deutschen Wortes man übersetzen.
My iPod has been stolen. → *Man hat meinen iPod gestohlen.*
Will the new museum be opened by March? → *Wird man das neue Museum bis März eröffnen?*

4 Übersetze. Verwende dabei das Passiv.

a) Man kennt diesen Mann. _____

b) Wird man diese Geschichte erzählen? _____

c) Sah man dieses Mädchen? _____

d) Man hat dieses Haus verkauft. _____

e) Man hat das Gemälde im Museum gestohlen.

_____

6.2 Der *by-agent* in Passivsätzen

Regel

Der *by-agent*

✚ Meistens sagt man in Passivsätzen nicht, wer die Handlung ausführt. Ist diese Information aber wichtig, wird die **handelnde Person** als *by-agent* erwähnt. Das Wörtchen *by* entspricht im Passivsatz dem deutschen *von/durch*.
Christopher Columbus discovered America. → *America was discovered by Christopher Columbus.* → *Amerika wurde von Christoph Kolumbus entdeckt.*
Tom will sell his sister's old computer next Friday. → *His sister's old computer will be sold next Friday by Tom.* → *Der Computer seiner Schwester wird von Tom nächsten Freitag verkauft werden.*

✚ Der by-agent im Passivsatz entspricht dem Subjekt im Aktivsatz.

5 Übersetze und schreibe die Sätze im Passiv mit *by-agent* in dein Heft.

a) „Romeo und Juliet" wurde von William Shakespeare geschrieben.
b) Die elektrische Glühbirne (= *electric bulb*) wurde von Thomas Alva Edison erfunden (= *invent*).
c) Wurde die erste Landung auf dem Mond (= *landing on the moon*) von den Amerikanern durchgeführt (= *carry out*)?
d) Heute werden viele Kinder nur von den Müttern erzogen (= *bring up*).
e) Der Nobelpreisträger (= *Nobel Prize winner*) wird seit drei Stunden von den Journalisten interviewt.
f) Wurde der Tuberkulose-Bazillus (= *tuberculosis bug*) nicht von Robert Koch entdeckt?

Info plus Thomas Alva Edison

Thomas Alva Edison (1847–1931) gilt als der wohl bekannteste US-amerikanische Erfinder. Er erfand und entwickelte viele technische Geräte und Einrichtungen, die wir in unserem heutigen Leben als selbstverständlich empfinden. Dazu gehören unter anderem die **elektrische Glühbirne**, ein erster Geräuschrekorder (Phonograph), die elektrische Stromversorgung und die ersten Mikrofone. Edison war es auch, der im New Yorker Stadtteil Manhattan das erste Kraftwerk zur Erzeugung elektrischen Stroms bauen ließ. Am Ende seiner Karriere besaß er über 1000 Patente.

55   In Passivsätzen betont man, _____

56   In Aktivsätzen betont man, _____

57   Übersetze: *Sie wurde angerufen.* _____

58   Welche Form des Verbs wird in einem Passivsatz verwendet?

_____

59   Übersetze ins Englische: *Das Buch wird gelesen werden.*

_____

60   Mit welcher Konstruktion können im Deutschen Passivsätze wiedergegeben werden?

_____

61   Setze folgenden Satz ins Passiv: *Somebody saw him.*

_____

62   Was entspricht dem *by-agent* eines Passivsatzes in einem Aktivsatz?

_____

63   Wann sollte der *by-agent* immer im Passivsatz eingebaut werden?

_____

64   An welcher Stelle wird im Passivsatz verneint? _____

_____

65   Wie lautet dieser Satz im *will-future passive*? *He told the story soon after
the meeting.*

_____

66   Wie lauten die *past-participle-Formen* der Verben *catch, sing, beat* und *put*?

_____

1 Sage, was passiert ist. Verwende englische Sätze im Passiv. ___/12
Achtung: Bei manchen Sätzen ist es sinnvoll, den *by-agent* anzugeben.

__/10 | 2 | Übersetze die Anweisungen, indem du Passivsätze verwendest.

a) Man stellt die Stühle am Unterrichtsende auf die Tische.
b) Die Tafel wird jede Stunde gereinigt.
c) Die Fenster werden in den Pausen geöffnet.
d) Der Lehrer wird von den Schülern jeden Morgen gegrüßt.
e) Der Englischtest wird nächsten Monat geschrieben werden.

_____

_____

_____

_____

_____

_____

_____

_____

__/6 | 3 | Bringe die folgenden Redeabsichten sinngemäß ins Englische. Verwende Passivkonstruktionen.

a) Teile Susan mit, dass die Wand in der Küche gestern gestrichen wurde.

_____

b) Frage deinen Vater, ob man dir morgen den Harry-Potter-Band geben wird.

_____

c) Du siehst, dass dein Fahrrad geputzt wurde. Freue dich darüber!

Oh, my _____

4 Nach einem Zoobesuch. Schreibe den Text in das Passiv um. Verwende das Passiv (und auch die *by-agents*) aber nur dort, wo es sinnvoll erscheint. ___/18

Yesterday my aunt and I spent a wonderful day at the zoo. I first saw the monkey house. The gorillas were chasing their kids through the house. I liked that because they were funny. Then my aunt fed the ducks in the large pond behind the elephant area. We also saw the big alligator. They had named him Hanibal. Next spring they will make him acquainted (= *bekannt machen*) with a female crocodile. He will be looking forward to that. At lunchtime, my aunt asked me, "Do you want a sandwich right now or later?" I didn't give her an answer because at that moment we were sitting on a bench and I was fast asleep!

_____

_____

_____

_____

_____

_____

_____

_____

_____

_____

_____

_____

_____

_____

_____

Gesamt-
punktzahl
___/46

7. Adjektive und Adverbien

Während die Form von Adjektiv und Adverb im Deutschen fast immer identisch ist, gibt es im Englischen unterschiedliche Formen. Wer die richtige
verwenden will, muss also die Funktion von Adjektiv und Adverb verstehen.

7.1 Wiederholung der Adjektive: *Revision*

Regel

Adjektive

✚ Wie die deutsche Bezeichnung Eigenschaftswörter schon sagt, beschreiben
   Adjektive **Eigenschaften von Lebewesen und Dingen**. Adjektive geben Antwort
   auf die Frage: Wie ist etwas?
   the <u>brown</u> hat, a <u>difficult</u> question, my <u>wild</u> sister
✚ Adjektive stehen **vor einem Substantiv**, aber auch **nach dem Verb** *to be*.
   Her hat is <u>brown</u>. This question is <u>difficult</u>. My sister is <u>wild</u>.

---

1   Unterstreiche die Adjektive in diesem deutschen Text.

Gestern musste Herr Niedermeier in die große Stadt fahren. Er setzte sich auf
sein grünes Fahrrad und sagte zu seinem braunen Hund: „Braver Hund. Bleib fein
zu Hause und stell nichts an!" Dann radelte er über den engen Fußweg, der sich
neben dem reißenden Gebirgsbach entlangschlängelte. Die ganze Zeit musste
er an seine jüngste Tochter denken, die er gestern zum alten Bahnhof gebracht
hatte. Plötzlich wurde er von quietschenden Bremsen unsanft aus seinen vielen
Gedanken gerissen. „Kannst du nicht aufpassen, du dummer Kerl!", schrie der
aufgeregte Fahrer eines großen Lkw.

2   Markiere die richtige Stelle der Adjektive mit einem roten Strich.

The CD "Viva la Vida" by Chris Martin and his band has	new
been their album up to now. It starts and ends with syn-	best, lyrical
thesizer melodies and continues through a number of	fine
songs before reaching its peak in the title-track	following

and the song "Violet Hill". The album confirms (= *bestätigt*)
their role among rock bands.

| rocky
| leading

7.2 Adjektive steigern: *Comparing adjectives*

 Regel

Adjektive steigern

Es gibt zwei Formen der Steigerung bei Adjektiven. Die Steigerung hängt von der Anzahl der Silben und der Endung des Adjektivs ab.

✚ **Einsilbige Adjektive** (z. B. *old*) und **zweisilbige Adjektive**, die **auf -y, -le, -er, -ow** (z. B. *funny, simple, clever, narrow*) enden, werden gesteigert, indem man für den Komparativ (1. Steigerungsstufe) die Endung *-er* und für den Superlativ (2. Steigerungsstufe) die Endung *-est* an das Adjektiv anhängt.
  old, older, oldest; funny, funnier, funniest; clever, cleverer, cleverest.
  – Das Beispiel *funny* zeigt, dass aus dem **-y** nach Konsonant in Komparativ und Superlativ ein **-ie** wird, nicht aber bei **-y** nach vokalischem Laut.
    grey – greyer – greyest; grau – grauer(e) – graueste
  – Achte auf die **Endkonsonantenverdoppelung** nach kurzem Vokal:
    big – bigger – biggest; fat – fatter – fattest.

✚ **Alle anderen Adjektive** werden durch vorausgehendes *more* bzw. *most* gesteigert, also z. B.: *nervous – more nervous – most nervous.*

✚ **Achtung:** Dazu kommen noch einige **Sonderformen:**
  good → better → best (gut - besser - beste);
  bad → worse → worst (schlecht - schlechter - schlechteste);
  little → less → least (wenig - weniger - wenigste);
  much / a lot of / many → more → most (viel - mehr - meiste).

3 | Ergänze die fehlenden Formen (siehe auch Seite 362).

Grundform (Positiv)	Komparativ	Superlativ
	narrower	
		biggest
	funnier	

beautiful		
	worse	
		most
	nicer	
small		
famous		

7.3 Mit Adjektiven vergleichen

> **Regel**
>
> **Ungleichheit und Gleichheit**
>
> ✚ **Ungleichheit:** Um auszudrücken, dass etwas z.B. schneller/größer/farbiger/ älter als etwas anderes ist, verwendet man im Englischen den **Komparativ** und das Vergleichswort *than*.
> *My car is older than your bike. This story is more interesting than that film.*
>
> ✚ **Gleichheit:** Drückt man aus, dass zwei Dinge/Personen/Begriffe z.B. gleich schnell/groß/farbig/alt sind, verwendet man die zwei Vergleichswörter ... *as* ... *as* ...
> *My car is as old as your bike. Your room is as big as my sister's room.*

4   Finde die richtigen Vergleichsformen.

a) A typical Amish farm is _____ (nicht so groß wie)

other farms. The plantations in the South are often much _____ (größer).

But the irrigated (= *bewässert*) farms in the West are very often _____

_____ (die größten) farms.

b) For a few years now Amish people have been allowed to ride scooters

(= *Roller*). They can't have bikes because these are _____

(schneller als) the horse-drawn buggies. Buggies are _____

(die schnellsten) vehicles for them, all other vehicles have to be

_____ (langsamer).

c) Although their horses are _____ (nicht so stark wie)

tractors, their farms are very often _____ (*produktiv =*

productive) as other farms. In fact, they are the_____

(produktivsten) farms without irrigation (= *Bewässerung*).

Amish people

Die *Amish people* bilden eine **strenggläubige christliche Gemeinschaft** und führen auf der Grundlage landwirtschaftlicher Arbeit und unter Einsatz möglichst weniger moderner Hilfsmittel ein sehr konservatives Leben in den USA, hauptsächlich in Pennsylvania. Viele von ihnen leben nach strengsten Regeln, die aus dem 18. Jahrhundert stammen. Sie haben **keine Autos** oder Traktoren, sondern benutzen Pferde und Fuhrwerke. Kinder müssen im Sommer barfuß laufen. Es gibt **keine elektrische Stromversorgung,** keine Telefone und nicht einmal Reißverschlüsse (*zippers*) sind erlaubt. Wer 18 Jahre alt wird, muss sich entscheiden, ob er bzw. sie *Amish* bleiben oder die Gemeinschaft verlassen will. Wer sich für die Gemeinschaft entscheidet, wird als Erwachsener getauft (*taufen = to baptise*). Trotz der geringen Mechanisierung stehen die Farmen der *Amish* an erster Stelle der Produktivität in der nicht bewässerten Landwirtschaft der USA.

5 | Vergleiche die Dinge und Personen.

a) The skyscraper is _____ the church

tower. The mountain is _____ the

skyscraper. The church tower is not _____

the mountain.

b) The car is _____ the truck.

The truck is _____ the ship.

The truck is not _____ the car, and

the ship is not _____ the truck.

The car is _____ vehicle of all.

c) Tom is _____ and _____ Bob.

Bob is _____ Tom.

Tom is not _____ Bob.

Bob is not _____ Tom.

6 | Übersetze.

mein bester Freund _____

deine schlechteste Idee _____

das schlechtere Auto _____

die besseren Pferde _____

viel Zeit _____

die nettesten Märchen _____

der lustigste Lehrer _____

mein sonnigster Urlaub _____

mehr Geld _____

7.4 Wiederholung der Adverbien: *Revision*

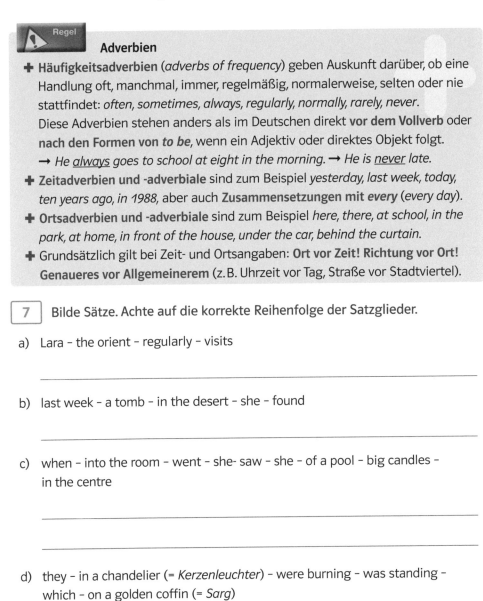

Regel

Adverbien

✦ **Häufigkeitsadverbien** (*adverbs of frequency*) geben Auskunft darüber, ob eine Handlung oft, manchmal, immer, regelmäßig, normalerweise, selten oder nie stattfindet: *often, sometimes, always, regularly, normally, rarely, never*. Diese Adverbien stehen anders als im Deutschen direkt **vor dem Vollverb** oder **nach den Formen von *to be***, wenn ein Adjektiv oder direktes Objekt folgt. → He <u>always</u> goes to school at eight in the morning. → He is <u>never</u> late.

✦ **Zeitadverbien und -adverbiale** sind zum Beispiel *yesterday, last week, today, ten years ago, in 1988*, aber auch **Zusammensetzungen mit *every*** (*every day*).

✦ **Ortsadverbien und -adverbiale** sind zum Beispiel *here, there, at school, in the park, at home, in front of the house, under the car, behind the curtain*.

✦ Grundsätzlich gilt bei Zeit- und Ortsangaben: **Ort vor Zeit! Richtung vor Ort! Genaueres vor Allgemeinerem** (z.B. Uhrzeit vor Tag, Straße vor Stadtviertel).

7 Bilde Sätze. Achte auf die korrekte Reihenfolge der Satzglieder.

a) Lara – the orient – regularly – visits

_____

b) last week – a tomb – in the desert – she – found

_____

c) when – into the room – went – she- saw – she – of a pool – big candles – in the centre

_____

_____

d) they – in a chandelier (= *Kerzenleuchter*) – were burning – was standing – which – on a golden coffin (= *Sarg*)

_____

_____

e) suddenly – through the door – a man – came

_____

7.5 Adverbien der Art und Weise: *Adverbs of manner*

Adverbs of manner

Adverbien der Art und Weise zeigen an, wie eine Handlung durchgeführt wird.
Sie bestimmen also das Verb eines Satzes näher.
Der Mann versank schnell im Sumpf. → Wie versank der Mann im Sumpf? →
Antwort: Schnell.

---

8 Unterstreiche die Adverbien der Art und Weise.

Ein Mann rannte schnell die Straße hinunter. Er war etwas dick und schon ganz
außer Atem. Am Hafen angelangt, setzte er sich ziemlich verzweifelt auf einen
Stuhl, der einsam an der Mauer stand, und fing bitterlich an zu weinen. „Was ist
denn los?", fragte eine Frau mitleidig. „Vor zwei Stunden habe ich mein Auto ganz
vorsichtig auf die Fähre zur Isle of Wight gefahren. Dann bin ich gemütlich in die
Stadt gegangen. Und jetzt ist die Fähre weg!"

Bildung der Adverbien der Art und Weise

➕ Die Adverbien der Art und Weise werden häufig gebildet, indem man die
   Endsilbe -*ly* an die Adjektivform anhängt:
   Adjektiv *clever* → Adverb *cleverly*; Adjektiv *stupid* → Adverb: *stupidly*;
   Adjektiv *enormous* → Adverb *enormously*.
➕ Bei **Adjektiven**, die bereits auf -*ly* enden, wird als Ersatzform *in a ... way* /
   in a ... manner verwendet. Das Adjektiv wird dann eingeschoben.
   Adjektiv: *lovely* → adverbiale Form: *in a lovely way / in a lovely manner*
➕ Das Adverb zu **good** lautet **well**, das Adverb zu **fast** lautet **fast**.
➕ Achte auf die Schreibung:
   - Endung -y nach Konsonant wird zu -ily: *angry* → *angrily*
   - stummes -e fällt weg: *simple* → *simply*
   - -ic wird zu -ically: *basic* → *basically*

9 | Bilde die Adverbien zu den angegebenen Adjektivformen.

Adjektiv	horrible	fanatic	happy	quick	true
Adverb					

Adjektiv	full	mad	easy	friendly
Adverb				

Adjektiv	lonely	terrific	tired	extreme
Adverb				

Adjektiv	funny	silly	sad	pretty
Adverb				

10 | Adjektiv oder Adverb? Setze ein.

Robin had an English test three days ago. When he went into the room he was

_____ (calm) before the test. But when he saw it he started to

laugh _____ (nervous). Then his teacher said: "You must be

_____ (quiet). All the other pupils are working _____ (quiet).

They cannot concentrate _____ (proper)." Robin couldn't stop

laughing, so he left the room _____ (quick).

Later in the staff room, his teacher said to a colleague _____ (sad):

"Robin is usually very _____ (clever), but today he behaved

_____ (stupid)."

7.6 Die Stellung der Adverbien der Art und Weise

> **Regel**
>
> **Stellung der Adverbien der Art und Weise**
> ✚ Adverbien der Art und Weise können **zwei Positionen** im Satz einnehmen:
> 1. **vor dem Vollverb** → He *quickly* stood up. He can *easily* do it.
> 2. **nach dem Objekt**, aber **vor dem Adverb / der adverbialen Bestimmung des Ortes oder der Zeit** → He played his guitar *loudly* in his room until midnight.
> ✚ Adverbien der Art und Weise stehen anders als im Deutschen **nie zwischen Verb und Objekt!** → He brushed his hair quickly. - Er bürstete schnell sein Haar.

11 Markiere die Adverbien der Art und Weise blau, die Ortsadverbialen grün und die Zeitadverbialen rot.

a) madly - after the test - in the language room
b) nicely - after the lesson
c) before dinner - under the table - quickly
d) last Tuesday - silently - in the school cafeteria
e) easily - after school - in her room

12 Bilde nun Sätze aus den Adverbien und Adverbialen der Übung 11. Nutze dabei die vorgegebenen Satzanfänge.

a) The teacher screamed _____

_____

b) Tom behaved _____

c) The dog ate _____

_____

d) Susan spoke to Mike _____

_____

e) Jill does her homework _____

_____

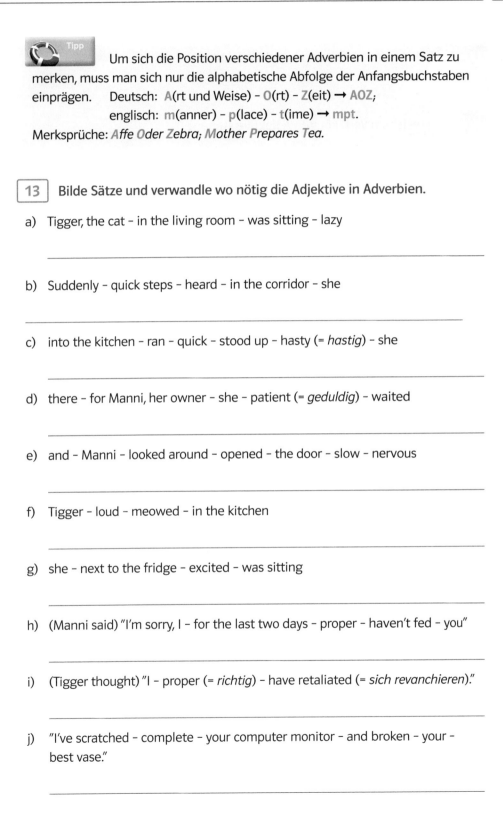

Tipp Um sich die Position verschiedener Adverbien in einem Satz zu merken, muss man sich nur die alphabetische Abfolge der Anfangsbuchstaben einprägen. Deutsch: A(rt und Weise) - O(rt) - Z(eit) → AOZ; englisch: m(anner) - p(lace) - t(ime) → mpt.
Merksprüche: *Affe Oder Zebra; Mother Prepares Tea.*

---

13 | Bilde Sätze und verwandle wo nötig die Adjektive in Adverbien.

a) Tigger, the cat – in the living room – was sitting – lazy

b) Suddenly – quick steps – heard – in the corridor – she

c) into the kitchen – ran – quick – stood up – hasty (= *hastig*) – she

d) there – for Manni, her owner – she – patient (= *geduldig*) – waited

e) and – Manni – looked around – opened – the door – slow – nervous

f) Tigger – loud – meowed – in the kitchen

g) she – next to the fridge – excited – was sitting

h) (Manni said) "I'm sorry, I – for the last two days – proper – haven't fed – you"

i) (Tigger thought) "I – proper (= *richtig*) – have retaliated (= *sich revanchieren*)."

j) "I've scratched – complete – your computer monitor – and broken – your – best vase."

67 Auf welche Wortart beziehen sich Adjektive?

_____

68 Nach welchem Verb können Adjektive stehen?

_____

69 Mit welchen grammatikalischen Begriffen werden die beiden
Steigerungsformen bezeichnet?

_____

70 Welche Adjektive werden mit *-er* und *-est* gesteigert?

_____

71 Welche Adjektive werden mit *more* und *most* gesteigert?

_____

72 Welche Vergleichswörter gebraucht man bei Gleichheit? _____

73 Welche Vergleichswörter gebraucht man bei Ungleichheit?

_____

74 Häufigkeitsadverbien heißen im Englischen _____

75 Was sind *adverbs of manner*? _____

76 Mit welchen Buchstabenkombinationen kann man sich die Reihenfolge
von Adverbien und adverbialen Bestimmungen merken?

_____ oder _____

77 Wo im Satz darf ein *adverb of manner* nie stehen?

_____

78 Wie lautet das Adverb zum Adjektiv *logic*? _____

1 Adjektiv oder Adverb? Setze die Wörter in Klammern in die richtige Form.   __/26
   Verwende Steigerungsformen wo nötig.

The plane was flying _____ (silent) through the _____ (dark)

night. A man was kneeling (= *knien*) _____ (uncomfortable) behind

an _____ (open) door next to the cockpit. He looked _____

(nervous) at the red and blue wires (= *Drähte*) in front of him. He _____

(slow) lifted the a pair of _____ (old) scissors in his hand but stopped

when he heard a _____ (dark) voice in his _____ (dusty

= *staubig*) earphones. "How _____ (far) have you got?", the voice asked

_____ (croaking = *krächzend*). "I haven't finished yet", he answered

_____ (angry). "If I make the _____ (slight = *klein*)

mistake, everything will be lost!" He looked _____ (careful) at the

wires again and then cut the red one _____ (quick). Suddenly

a _____ (loud) noise filled the air and all the passengers turned

_____ (pale = *bleich*). The man stood up _____ (slow)

than any of the passengers thought would be _____ (possible)

and turned around even _____ (slowly). All the time the noise

continued _____ (incessant = *unaufhörlich*). Then he said

_____ (friendly), "Ladies and Gentlemen,

"I'm _____ (happy) to tell you our _____ (serious)

complication has been solved! I've _____ (final) managed to repair

the coffee-maker." And all the people on the plane started to clap (= *klatschen*)

_____ (wild).

___/10 2 Adverb oder Adjektiv? Streiche die falschen Formen durch und verbessere sie rechts neben den Sätzen.

The elephant can lift the clown easily.

Mike: Look, the ballerina is beautiful.

Tom: Yes, she dances beautiful.

Mike: The clown is heavily.

Tom: But the elephant can lift him easy.

Can you see the rope? It's so highest.

But the artist is real walking very quick.

Mike: I don't want to do that. It must be dangerous.

Tom: Not if you walk careful.

But look at the lions. They are walking through the cage wild.

Mike: Yes, can you see the big one over there?

It isn't looking at the trainer very friendliest.

Tom: I don't want to see that. Hey, the clowns are nice.

They move funny.

3 Bilde aus den vorgegebenen Teilen korrekte Sätze. Übersetze, wenn nötig, ins Englische. ___/12

a) sonntags – in der Clark Street – Tommy Eliot – immer – in einer Snackbar – trifft – seinen Freund Oliver

_____

_____

b) gives him a ride – today – into town – his father

_____

_____

c) will – im Pub – Mr Cook – er – treffen

_____

d) always – Mr Cook – at Mr. Eliot's shop – his clothes – buys – in Low Street

_____

_____

e) in Paris – mein Neffe – oder – jedes Jahr – in Schottland – die Sommerferien – verbringt

_____

_____

f) drove home – slowly – Mr Cook – at 8 o'clock – from the snackbar

_____

_____

**Gesamt-
punktzahl
___/48**

8. Konjunktionen und Präpositionen

Was sind eigentlich Konjunktionen, was Präpositionen? Um diese Wortarten zu unterscheiden, muss man sich ansehen, was sie in einem Satz bewirken. Konjunktionen sind Bindewörter und dienen dazu, Wörter, Satzteile oder Sätze miteinander zu verbinden. Präpositionen heißen im Deutschen auch Verhältniswörter. Sie drücken z. B. räumliche oder zeitliche Beziehungen aus.

8.1 Konjunktionen

 Regel

Konjunktionen

✚ Konjunktionen (*conjunctions*) verknüpfen z. B. Wörter (1), Hauptsätze (2) oder Hauptsatz und Nebensatz (3).
   (1) He __and__ his brother left the room.
   (2) He left the room __and__ the music started to play.
   (3) He left the room __when__ the music started to play.
✚ An den Beispielen lässt sich erkennen, dass es zwei Gruppen von Konjunktionen gibt: beiordnende Konjunktionen und unterordnende Konjunktionen.
   a) **Konjunktionen, die beiordnen,** verbinden zwei Sätze, in denen die Information gleich wichtig ist, also zwei Hauptsätze. Die wichtigsten beiordnenden Konjunktionen sind *and*, *or* und *but*.
   b) **Konjunktionen, die unterordnen,** verbinden zwei Sätze, bei denen einer die Hauptaussage enthält (Hauptsatz) und der andere nähere Umstände weiter erläutert (Nebensatz). Unterordnende Konjunktionen verbinden also immer Haupt- und Nebensatz. Es gibt verschiedene Gruppen.

Konjunktionen der Zeit:	*when, before, after, until, while*
Konjunktionen des Ortes:	*where*
Konjunktionen der Bedingung:	*if (wenn)*
Konjunktionen des Grundes:	*as, because (da, weil)*
Konjunktionen der Einräumung:	*although, though (obwohl)*
Konjunktionen der Absicht:	*so that (sodass), in order to* + Infinitiv (*um zu*)
Konjunktionen der Folge:	*so ... that, that (dass)*

1   Lies den Text auf Seite 375 und unterstreiche die Konjunktionen. Ordne sie danach in die Liste ein.

Susan and Julia were walking along High Street. Tomorrow was their class-trip to Brighton and Susan wanted to get a new haircut and Julia wanted to buy a new T-shirt. Before they went to the hairdresser's, they had to go to the bank in order to get some money. When they got to the bank, they saw that their classmates, Tom and Lukas were standing right in front of it.

"If we go to the bank now, they will ask us where we are going," Susan said, "and I will have to tell them about the haircut!" "Yes, they will make jokes about it or laugh about us, because they always do!", added Julia. "Let's wait until they have gone away!"

They went into a snackbar at the corner of the street and sat down by the window before they ordered a coke. When they saw that the two boys went away, they quickly finished their drinks, fetched the money and rushed to the hairdresser's. When Susan went inside, Julia promised to pick her up in an hour. Although she tried on a lot of T-shirts, Julia didn't find a nice one. When she looked at her watch she found out that she was late, so she hurried back to the hairdresser's as fast as possible. She opened the door and when she looked inside she had to laugh because Lukas was getting a new haircut, too. Susan's hair was super and she was sitting next to Tom. He had had a new haircut, too. Green spikes! Urgh!

Konjunktionen der Zeit	
Konjunktionen des Ortes	
Konjunktionen der Bedingung	
Konjunktionen des Grundes	
Konjunktionen der Einräumung	
Konjunktionen der Absicht	
Konjunktionen der Folge	
Beiordnende Konjunktionen	

2   Verknüpfe die Sätze sinnvoll.

a) You are always so nasty. I won't talk to you.

_____

b) I don't have much time. I can help you.

_____

c) He doesn't know. He met her brother.

_____

d) Can you speak up, please? I can't hear you.

_____

e) He was watching a movie. The doorbell rang.

_____

f) He likes Hollywood movies. He doesn't like Bollywood productions.

_____

 Info plus   *Movies* **und Hollywood**

Die ersten Filme, die über die Leinwand flackerten, dauerten keine Minute. Sie wurden in den USA in Filmtheatern, den *nickelodeons*, für einen Nickel (fünf Cent) gezeigt. Erst als Filme eine echte Geschichte erzählten (z.B. *The Great Train Robbery*, 1903) entstand die Filmindustrie. Entscheidend für die Entwicklung Hollywoods zum **Zentrum der amerikanischen Filmindustrie** war einerseits das günstige Klima (*better weather, bright sunshine*). Da die Scheinwerfer früher noch nicht so hell waren, wurde entweder unter freiem Himmel oder in Gebäuden mit Glasdächern gedreht. Auf der anderen Seite war die Gründung der *Universal Studios* (1912) und der Filmstadt *Universal City* in Los Angeles durch den Schwaben Carl Laemmle sehr wichtig. Seitdem entstehen die meisten amerikanischen Film- und Fernsehproduktionen in Hollywood.

8.2 Präpositionen

Regel

Präpositionen

✚ Mit Präpositionen (*prepositions*) werden **zeitliche, räumliche und abstrakte Verhältnisse** ausgedrückt. Sie stehen normalerweise **vor Substantiven, Pronomen und Verben in der -ing-Form** (*gerund*). Pronomen folgen ihnen im Objektfall.

Präpositionen des Ortes	*above* (oberhalb), *at* (an, bei, in), *among* (unter → auf eine Gruppe bezogen), *by* (am), *behind* (hinter), *below* (unter, unterhalb), *between* (zwischen), *on* (auf), *in front of* (vor), *near* (nahe bei), *next to* (neben), *opposite* (gegenüber), *over* (über, via), *under* (unter) ...
Präpositionen der Richtung	*across* (über ... hinweg), *down* (hinunter), *from* (aus, von ... weg), *into* (in, hinein), *over* (über, darüber), *to* (zu, in, nach), *up* (hinauf) ...
Präpositionen der Zeit	*after* (nach), *ago* (vor), *between* (zwischen), *before* (vor), *during* (während), *in* (am, in, im → Monat), *on* (am), *to* (vor → Uhrzeit), *until* (bis), *by* (bis spätestens) ...
andere Präpositionen	*about* (über, ungefähr), *against* (gegen), *by* (durch), *for* (für), *like* (wie), *instead of* (anstatt), *with* (mit), *without* (ohne) ...

✚ Die englischen Präpositionen müssen auswendig gelernt werden, da sie sich nicht einfach so vom Deutschen ins Englische übertragen lassen. So gibt es z. B. für die deutsche Präposition *am* verschiedene Übersetzungsmöglichkeiten:
am Dienstag → *on Tuesday*
am Abend → *in the evening*
am Wochenende → *at the weekend*

---

3 Ergänze die fehlenden Präpositionen.

One day Mike went _____ the river. He sat down _____ the

river and watched the birds _____ the trees. Suddenly his leg hurt. He

looked _____ his leg and noticed a large stone. "I wonder if I can throw

it _____ the river?" he thought. He got up and threw. But the stone fell

_____ the river.

4 | *In a classroom.* Setze die richtigen Präpositionen ein.

a) There are four pupils _____ the classroom.

b) There is only one girl _____ them.

c) The teacher is standing _____ (neben) the pupils.

d) The board is _____ (hinter) him.

e) A lamp hangs _____ the ceiling (= *Zimmerdecke*).

f) A clock is _____ the wall.

g) The lesson lasts _____ 9.30.

h) Two boys are standing _____ (gegenüber) each other.

i) _____ (anstatt) Geography, the pupils are having an English lesson

today.

j) The teacher is singing an English song _____ them.

k) You can see a tree _____ the window.

l) The lamp is hanging _____ the teacher.

Regel

Das Sprachmuster Verb + Präposition = *phrasal verbs*

✚ *Phrasal verbs* bestehen aus einem Verb und einer nachgestellten Präposition, manchmal auch einem Adverb. Durch die Präposition kann die **Bedeutung des Verbs verändert** werden.

Beispiel *look*: *to look* = schauen; *to look at* → etwas anschauen;
   to look after → sich um etwas kümmern;
   to look for → etwas suchen;
   to look forward to doing something → sich auf etwas freuen

Beispiel *give*: *to give* → geben; *to give in* → nachgeben;
   to give up → mit etwas aufhören

Beispiel *bring*: *to bring* → bringen; *to bring about* → etwas verursachen;
   to bring up → erziehen

Beispiel *blow*: *to blow* → blasen; *to blow up* → etwas in die Luft sprengen

Beispiel *turn*: *to turn* → drehen; *to turn up* → plötzlich erscheinen, auftauchen;
   to turn out → als Ergebnis haben, sich entwickeln

✚ Im Deutschen wird so eine Bedeutungsveränderung meist mit einer Vorsilbe erzielt, z. B. <u>nach</u>geben, <u>auf</u>geben, <u>weg</u>geben; <u>ver</u>laufen, <u>zu</u>laufen, <u>unter</u>laufen ...

✚ Verwendet werden *phrasal verbs* vor allem in der **Umgangssprache**; je formeller ein Text ist, desto weniger wird man sie dort finden. Da es keine Regeln zur Bildung von *phrasal verbs* gibt, muss man sie **nachschlagen und lernen**.

---

5 Bilde kurze Sätze mit den *phrasal verbs*. In den Klammern findest du deren Bedeutungen und zusätzliche Tipps. Schreibe die Sätze in dein Heft.

a) *look up* (etwas nachschlagen)
b) *break down* (kaputt gehen)
c) *give up* (aufgeben)
d) *call off* (etw. absagen)
e) *come across* (stoßen auf)
f) *come up with* (eine Idee haben)
g) *turn up* (erscheinen)
h) *fall apart* (zerfallen)
i) *get in* (ankommen)
j) *go for* (etwas abholen)
k) *keep off* (etwas nicht betreten/berühren)
l) *make out* (erkennen)
m) *put down* (etwas aufschreiben, z. B. Idee)
n) *set off* (aufbrechen, losfahren)

Tipp

Manche **Präpositionen** sind fest mit Nomen, Verben oder Adjektiven verbunden. Vergiss nie, diese mitzulernen.

Beispiele: *to be interested in, to be proud of, to be tired of, to have difficulties in.*

79 Was leisten Konjunktionen?

_____

80 Welche zwei Gruppen von Konjunktionen gibt es?

_____

81 Konjunktionen der Einräumung sind zum Beispiel

_____

82 Was drücken Präpositionen aus?

_____

_____

83 Wo verwendet man _phrasal verbs_ vor allem?

_____

84 Wird ein Verb mit einer Präposition kombiniert, erhält es oft eine andere

_____

85 Etwas in die _Luft sprengen_ heißt im Englischen _____

86 _To look after something/somebody_ bedeutet im Deutschen _____

_____

87 Nenne drei Präpositionen des Ortes.

_____

88 Übersetze: Der Stein fiel ins Wasser.

_____

1 | Finde möglichst viele *phrasal verbs* zu diesen Verben und schreibe deren deutsche Übersetzung dazu. Nutze ein Wörterbuch, wenn nötig.   ___/12

phrasal verb	Übersetzung
to look	
to look	
to look	
to look	
to look	
to look	

to turn	
to turn	

to bring	
to bring	

to give	
to give	

___/11   **2**   Finde geeignete Präpositionen und setze sie in den Text ein.

a) The city is directly _____ the castle.

b) The lesson goes on _____ 9.30 a.m.

c) He leaned his bike _____ the wall.

d) Where is Grandma? She's _____ the supermarket.

e) The supermarket is _____ the bank.

f) They went to the bank _____ Market Street.

g) Where are my glasses? There, right _____ you.

h) Senior meals are only for people _____ 60.

i) The opposite of h) is _____.

j) We had tea _____ tennis. - Where did you have tea? –

_____ the living room.

3   Verbinde die Sätze mithilfe des *conjunction blues*.

I don't want to be in your shoes, so I sing the conjunction blues!

when (2x), because (4x), until, if, and, but (2x), then, although ___/13

a) I was 16 years old. I had my first band.

_____

b) We were looking for a place to rehearse (= *üben*) for a long time. We found an empty garage.

_____

c) We didn't know our instruments very well. We tried very hard.

_____

d) We kicked out our drummer. He was too bad.

_____

e) (We told him,) "You work harder. We will take you back!"

_____

f) He left the garage. He threw down my guitar. He didn't like it.

_____

g) He started to rehearse. He played in a heavy metal band later.

_____

h) Today he can't hear any more. They played so loudly.

_____

i) The band never was successful. All the musicians played so badly.

_____

Gesamt-
punktzahl
___/36

9. Arbeitstechniken und Sprachfertigkeiten

Eine Sprache zu lernen, sie aber nicht anzuwenden, ist so, als ob man die tollsten Tricks gelernt hat, diese aber im Alltag nicht einsetzen darf. In diesem Kapitel geht es deshalb darum, Arbeitstechniken kennenzulernen, mit deren Hilfe sich das zuvor Gelernte richtig anwenden lässt.

9.1 Gelesenes verstehen: *Reading comprehension*

Methoden zur Erschließung von gelesenen Texten

Der Inhalt eines Textes lässt sich mit einigen Tricks besser erschließen:

✚ **Zusatzinformationen** werden durch die Überschrift und Illustrationen geliefert.

✚ **Schlüsselwörter** geben Aufschluss über das grundsätzliche Thema eines Textes und seine Inhalte.

✚ Ein **neuer Abschnitt** in einem Text bedeutet meist, dass ein neuer Gedanke eingeführt wird.

✚ Die wesentlichen Informationen eines Textes lassen sich zum Beispiel mit *Wh-* und *How*-Fragen erschließen.

Who/What is the text/story about? *What* is the topic of the story/text?

Where does the text/story take place?

When does the text/story happen?

What happens in the story and *why* does this happen?

How does the author speak to the reader?

Gelesenes verstehen

Ein Text sollte immer mehrmals gelesen werden. Dabei ist es wichtig, nicht in Panik zu verfallen, falls mehrere unbekannte Wörter auftauchen. Meistens erschließen sich diese aus dem Kontext. Hat man ein Wörterbuch zur Hand, dann sollte man nicht jedes der unbekannten Wörter nachschlagen, sondern nur solche, die zum Gesamtverständnis beitragen.

Man sollte einen Text nie nur deshalb lesen, weil man ihn lesen muss. Ein Text ist wie eine kleine Welt, man kann in ihn hineinkriechen, ihn hinterfragen, in ihm Neues entdecken, mit den Sätzen spielen usw. Je aufgeschlossener und interessierter du an einen Text herangehst, desto schneller wird er sich dir erschließen.

1 a) Lies diesen Text mehrmals aufmerksam durch.
Versuche, möglichst viel zu verstehen.

Colonial Life in America

In the early 1600s the first English settlers began to arrive in America. They came for many reasons, and many of them hoped to become richer than they were in Europe. The Pilgrims, who came on board the Mayflower in 1620 and settled in Plymouth, were Puritans. They left England because the law in England did not allow them to worship God the way they wanted. So they sailed for 67 days to America (3 000 miles at an average of 2 miles per hour) because here they were able to practise their religion freely. In the Mayflower Compact the Pilgrim Fathers agreed that all the settlers were free and equal. Today freedom and equality are still basic American values.

In the past many people from all over Europe fled to America. There was a lot of hunger, there were wars and the rulers were unjust and did not want their people to be free and equal citizens. Along the Atlantic coast, colonies began as small settlements and after some time, they were organized into large areas like the US-American states we know today. In the northeastern colonies (New England) people were small farmers, built ships and lived from trade with their old home England.

In the central colonies from New York to Philadelphia, people like the Quakers, a religious community, had larger farms and grew a lot of wheat.

In the South (Virginia, North and South Carolina, Georgia and Florida) plants like rice, tobacco and indigo, a plant colour making jeans blue, grew very well because of the climate and sold well in Europe. The large farms in the South were called plantations. The planters, among them the presidents George Washington and Thomas Jefferson, bought slaves from Africa to have cheap workhands on the farms.

b) Markiere die unterschiedlichen Wörter in der Wörterschlange und versuche, sie im Text zu finden. Falls dir die Wörter unbekannt sind, kannst du die Bedeutungen in den Lösungen finden.

REASONHOPEPILGRIMMAYFLOWERPLYMOUTHPURITANWORSHIPMAYFLOWERCOM-
PACTSAILAVERAGEVALUERULERCITIZENSETTLEMENTORGANIZEQUAKERCOMMUNI-
TYWHEATPLANTATIONSLAVEWORKHAND

2 | Kreuze an. Lies gegebenenfalls noch einmal im Text nach.

	statements	true	wrong	no information in the text
a)	The first settlers were farmers.			
b)	They settled in Jamestown.			
c)	They fought against the Indians.			
d)	They met Pocahontas.			
e)	Their settlement was a success.			
f)	Their ship was the Pinta.			
g)	They had slaves.			
h)	They wanted to be free and equal.			
i)	There were wars in Europe.			
j)	The New Englanders built ships.			
k)	They also had big farms.			
l)	The farms in the middle grew wheat.			
m)	A red colour is made from indigo.			

3 | Beantworte die Fragen zum Text im Heft.

a) Who were the first settlers?
b) Where did they settle?
c) When did the Pilgrim Fathers arrive in America?
d) How long did they travel to get to America?
e) What did people in the northeastern colonies do to earn money for their living?
f) Why did the planters in the South grow tobacco, rice and indigo?

4 | Finde drei weitere *wh*-Fragen zum Text.

_____

_____

_____

Tipp **Unbekannte Wörter erschließen**

➕ Die Bedeutung vieler englischer Wörter kann man sich erschließen, weil sie
ähnlich bzw. gleich geschrieben werden oder ähnlich klingen wie Wörter im
Deutschen: *brochure* → *Broschüre; problem* → *Problem; situation* → *Situation.*

➕ Vorsicht: Einige englische Wörter werden ähnlich wie im Deutschen
geschrieben, haben aber eine andere Bedeutung. Diese Wörter nennt man
false friends:
z.B. *actual* → *tatsächlich* (nicht: *aktuell*); *become* → *werden* (nicht: *bekommen*).

➕ Oft lassen sich auch Wörter des gleichen Wortstamms gut ableiten,
z.B. *happiness* → Stamm: *happy*.

➕ An Nachsilben lassen sich bestimmte Wortarten erkennen:
   a) -ness, -ion, -tion, -ity, -ment bilden Nomen, z.B. *loneliness, creation,
      community, settlement.*
   b) -ize, -fy, -ate, -en bilden Verben, z.B. *minimize, notify, animate, strengthen.*
   c) -ic, -ous, -ious, -uous -less, -ful, -an, -ian bilden Adjektive, z.B. *logic, nervous,
      useless, doubtful, Christian, Puritan.*

➕ Vorsilben verändern oft den Wortsinn. Die Vorsilben un-, dis- und in- erzeugen
oft das Gegenteil, z.B. *unhappy, disappear, intolerant.*

---

5 Versuche, diese Wörter ohne Wörterbuch zu übersetzen.

a) sadness: _____   b) champion: _____

c) quality: _____   d) payment: _____

e) maximize: _____   f) identify: _____

g) widen: _____   h) Australian: _____

i) egoistic: _____   j) fearless: _____

k) unconscious: _____   l) uncover: _____

m) unable: _____   n) ineffective: _____

o) disrespectful: _____   p) disqualify: _____

9.2 Kurze Texte schreiben: *Writing short texts*

 Regel

Stoffsammlung

✦ Bereits jetzt kannst du kurze Texte wie Märchen (*fairy-tales*) oder Sachtexte (*factual texts*) verfassen.

✦ Grundsätzlich muss man sich vor dem Verfassen eines Textes Gedanken machen über dessen **Inhalt**. Auch der **Aufbau**, also die Struktur und die Verknüpfung der einzelnen Inhaltspunkte, ist wichtig.

✦ Was den Inhalt betrifft, kann eine Stoffsammlung erst einmal sehr hilfreich sein. Hierfür gibt es verschiedene Möglichkeiten.

a) Die Ideen und Inhalte für eine Stoffsammlung können in einer *mindmap* gesammelt werden. Ausgehend von einem zentralen Begriff werden so „Abzweigungen" mit inhaltlichen Teilbereichen gefunden, z. B.:

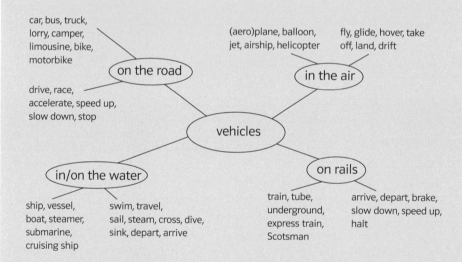

b) Beim *brainwriting* sammelt man Begriffe auf einzelnen Zetteln. Diese werden nach Oberbegriffen und Überschriften sortiert. Sind diese gut gewählt, liefern sie schon einzelne Gliederungspunkte für die Erstellung eines Textes.

c) In *wordwebs* werden Wörter auf ein großes Blatt Papier oder an die Tafel geschrieben und danach sinnvoll, wiederum unter Überschriften oder Überbegriffen, in Form eines „Gedankennetzes" verbunden. Eine Art *mindmap* wird im Nachhinein sozusagen durch verschiedenfarbige Verbindungslinien übergestülpt.

6 a) Suche in der Wortliste zuerst nach dem Oberbegriff, anschließend nach vier Unterbegriffen für alle Wörter.

b) Ordne die restlichen Wörter den vier Unterbegriffen zu.

Geography, schoolbag, board, desk, teacher, Maths, pupil, chair, rubber, pencil, classroom, headmaster, subject, radiator, people, window, English, pencil-case, caretaker, History, pen, school

7 Fertige zum Thema *school* eine *mindmap* mit vier Hauptabzweigungen an.

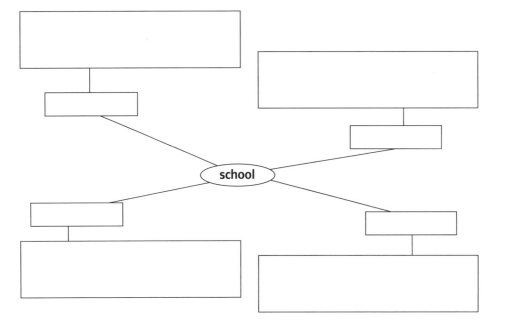

Regel

Introduction (Einleitung)

✚ Wer genügend Material für einen Text gesammelt hat, muss diesem Material eine **Struktur** geben. Die übliche **Gliederung** lautet:
Einleitung (*introduction*) → **Hauptteil** (*main part*) → **Schluss** (*ending*).

✚ Die **Einleitung** stellt die wichtigsten Elemente einer Geschichte oder eines Sachtextes vor, also das Problem, den Konflikt, die Personen, eventuell auch die Zeit und den Ort. Die Einleitung führt stets zum Thema hin.
Übliche **Einleitungssätze** sind z.B.:
a) in einem **Märchen**: *Once upon a time there was/were ... - Es waren einmal ... Once there was/were ... - Einst gab es ...*
b) in einem **Sachtext**: *This text deals with ... - Dieser Text handelt von ... The topic of this text is ... - Das Thema dieses Textes lautet ...*

---

8 a) Schreibe den Beginn eines Märchens über drei Schüler in dein Heft.
b) Schreibe den Beginn eines Sachtextes oder Artikels für eine Schülerzeitung über die drei Schüler in dein Heft.

Nirav, Paul and Eileen are pupils. They want to start a band. Nirav plays the bass, Paul the guitar and Eileen is a singer. But they have a lot of problems. They have no instruments, no amplifiers (= Verstärker) and no drummer (= Schlagzeuger).

Regel

Main part (Hauptteil)

✚ Auch im Hauptteil muss der Text eine logische Struktur aufweisen. Handlung bzw. Argumentation müssen logisch miteinander verknüpft werden.
a) In Märchen bietet sich als Ordnungsprinzip der zeitliche Ablauf (*time order*). *When he finally arrived at the top of the mountain, he had a wonderful view of the valley. After he had rested for a while, he decided to climb down.*
b) Für Sachtexte eignet sich oft das Ordnungsprinzip **Ursache** → **Wirkung** (*cause* → *effect*) oder die **Aufzählung der Fakten** (*enumeration*), z.B.: *School uniforms are often criticized because they restrict the pupils' individuality. Others, however, say that school uniforms prevent pupils from thinking in classes.*
c) Linking words (verbindende Wörter), die man immer wieder gut verwenden kann, sind z.B.: **and** für Gleichrangiges; **but** für eine Einschränkung/Ausnahme. **Suddenly** ... führt eine plötzliche Veränderung einer Situation ein. **because** für Ursachen; **so** für ein Ergebnis oder eine Folge; **when** → für zeitliche Abfolgen/Ereignisse; **while** → für etwas Andauerndes bzw. Gleichzeitigkeit

d) **Aufzählu ngen** können mit *First* …, *Second* …, *Third* …, oder *Then* …, *After that* … usw. angeschlossen werden. *Suddenly* … führt eine plötzliche Veränderung einer Situation ein.

9   Ordne die Sätze in ihrer logischen Reihenfolge.

a) It hit the bird.

b) A little girl was sitting next to a tree in a park.

c) I saw a beautiful bird.

d) He had a bow and an arrow in his hand.

e) "Why are you crying?"

f) It fell into the lake.

g) She was crying loudly.

h) He didn't listen.

i) She answered.

j) It flew into the air.

k) A boy came.

l) I screamed.

m) It was flying across the lake.

n) Stop, don't do that.

o) It was so sad.

p) He shot the arrow.

q) I asked,

r) He was aiming at the bird.

Reihenfolge der Sätze: b, _____

10   Verwende *linking words* und verbinde die obenstehenden Sätze zu einem zusammenhängenden Text. Schreibe den Text in dein Heft.

Regel

Ending (Schluss)

✚ Das Ende eines Textes bildet oft eine **Zusammenfassung** (*summary*) des Gesagten oder stellt das **Ergebnis** (*result*), seine **Auswirkung** (*effect*) oder seine **Schlussfolgerung** (*conclusion*) heraus.

✚ Geschichten enden oft mit einem **überraschenden Ende** (*surprise ending*), einer **Auflösung** (*resolution*) oder **offen** (*open ending*).

Typische Formulierungen sind:

a) in Märchen (*fairy tales*): *And they lived happily ever after. And he was happy for his whole life. Then they dwelt together in much happiness until their death.*

b) in Geschichten (*stories*): *In the end …; Finally, they …; It may come as a surprise, but they …;*

c) in Sachtexten (*factual texts*): *So you can see that …; Finally, we have to say that …; In conclusion I can say …; All in all, I can say that …;*

11   Schreibe ein Ende für den Text, den du in Aufgabe 8 a) begonnen hast.

9.3 *Mediation*

> **Regel**
>
> ***Mediation* als sinngemäßes Übertragen**
> ✚ In der klassischen Übersetzung, der *Translation*, kommt es darauf an, grammatikalische Strukturen, Wörter und Stilmittel möglichst genau ins Englische zu übertragen. *Mediation* hingegen bedeutet, eine Vorlage aus der Originalsprache in die jeweils andere Sprache **sinngemäß zu übertragen**. *Mediation* kann schriftlich oder mündlich erfolgen.
> ✚ **Sinngemäßes Übersetzen** bedeutet, dass nicht jedes Wort verstanden oder übersetzt werden muss. Meist genügt es, wenn man die wichtigsten Ideen mit eigenen Worten wiedergibt. Kennt man die Bedeutung eines Wortes nicht, kann man es umschreiben (*to paraphrase*). So kann man z. B. das Wort „Metzgerei" (*butcher's shop*), mit einem Relativsatz (*the place where you can buy meat*) umschreiben.

12 Umschreibe jedes Wort auf Englisch.

a) Süßwarengeschäft _____

_____

b) Kinderwagen _____

_____

c) Spielplatz _____

_____

d) Sparkasse _____

_____

e) Schwiegersohn _____

f) bunt _____

g) Abschleppwagen _____

_____

Tipp   Umschreibungen mithilfe des Gegenteils

Umschreibungen können auch durch Gegenteile (*opposites*) erfolgen:
Fällt einem z.B. *intelligent* nicht ein, so kann man *not stupid* verwenden.
Will man *hässlich* (*ugly*) ausdrücken, kann man (*absolutely*) *not beautiful* sagen.

13 | Umschreibe die Wörter im Heft durch Verwendung von Gegenteilen.

a) aged   b) boring   c) weak
d) to ask   e) simple   f) peace
g) to be awake h) monologue   i) against
j) fascinating k) dead   l) pupil
m) slow   n) happiness   o) horrible
p) upwards   q) careless   r) to destroy
s) sunny   t) difficult   u) sour

14 | Übernimm Jonas' Rolle und versuche, für ihn zu dolmetschen.

Jan, Jonas' Nachbar, hat eine Karte mit seiner Adresse per Luftballon auf die Reise geschickt. Wenn sein Ballon möglichst weit fliegt, kann er etwas gewinnen. Eines Tages kommt eine Karte aus Polen, aber in englischer Sprache. Da Jan erst 7 Jahre alt ist, braucht er Jonas' Hilfe.

> Hello Jan,
> I'm Miroslav from Poland. I'm 12 years old. I was surprised to
> find your balloon in our garden. It was in a big old apple tree. First
> I wanted to throw it away, but then I saw the card. My grandmother
> knows a little German and she told me it was a competition! I have
> to write in English to you because mein deutsch is nix so gut. I live in
> Czenstochowa so your balloon flew about 750 km. I'd love to hear
> from you.
> Yours, Miro

Jan: Ich verstehe gar nichts bis auf *postcard* und *balloon* und *Miro*.
       Woher schreibt der Miro?

Jonas: _____

Jan: Aha. Wie weit ist das denn weg von hier?

Jonas: _____

Jan: Wie konnte er denn wissen, dass der Luftballon so wichtig ist?
Ich hätte den weggeschmissen.

Jonas: _____

_____

Jan: Und wo hat er den Luftballon gefunden?

Jonas: _____

Jan: Warum schreibt der Miro denn auf Englisch?

Jonas: _____

Jan: Was möchte der Miro denn jetzt von mir?

Jonas: _____

Regel

Mediation – Wichtiges zuerst!

✚ **Woher weiß ich denn, was wichtig an einem Text ist?** Diese Frage stellt
oft ein zentrales Problem beim Verfassen einer *Mediation* dar.
✚ Wichtige Ideen und Aussagen lassen sich z. B. so herausfinden:
a) Lies den Text zunächst genau durch.
b) Klammere alle Beispiele ein.
c) Klammere Adjektive vor Nomen ein. Diese beschreiben oft nur. Damit sind
sie für Kernaussagen meist unwichtig.
d) Zahlen, Beispiele, Sprichwörter, wörtliche Rede, Namen und Details, die für die
Texterfassung unwichtig sind, können meist ebenfalls eingeklammert werden.
e) Alles, was jetzt nicht eingeklammert ist, gehört mit großer Wahrscheinlichkeit zur Kernaussage und sollte auf jeden Fall in der Mediation erscheinen.
f) Überprüfe, ob der Text noch Sinn macht oder ob doch noch einige der ein-
geklammerten Wörter integriert werden müssen.
g) Schreibe nun deinen Mediationstext.
h) Überprüfe deinen Text auf Grammatik-, Vokabular- und Rechtschreibfehler.

15 Wende die acht wichtigen Punkte zum Erstellen eines Mediationstextes (siehe Seite 394) auf diesen Text an.

Bullying is a problem that can be found everywhere: in schools, at the job, even among politicians. It can mean a lot of things. People pick on others or make fun of them. They call them names or take things and throw them away. Sometimes they even hit or push them or try other things to hurt them. But all people who are bullied say that it hurts them and makes them scared and worried. Some pupils even don't want to go to school anymore, or miss classes because there are bullies there.

When you are bullied, you think that you are no good. You feel that you don't belong to the group or that something is wrong with you. There was one especially tragic case, when a 13-year-old girl was bullied by some classmates. They wrote nasty letters to her. They played tricks on her which made the other pupils laugh about her. Finally she couldn't cope with the situation any longer and tried to commit suicide. She went into the home economics room of her school and turned on the gas in all the ovens. Luckily they found her before she was dead or there was an explosion.

Why do bullies do this? They often have a lot of problems themselves. Sometimes they are or were bullied in their families themselves. Very often they are just as scared as the people they bully.

But bullying is wrong! Wrong! Wrong! If you or one of your friends are subject to bullying, tell others. Ask the bully why he does it. But practise before what you want to say and keep notes about what is happening. Then tell a person of confidence, a teacher, your parents or your friends, what has happened. And, above all, do not think that bullying is o.k. because "everybody does it". DON'T JOIN IN!

16   Mache dir zunächst Notizen zu wichtigen Gliederungspunkten und schreibe dann eine *Mediation* in englischer Sprache in dein Heft.

Die Familie deiner englischen Brieffreundin Susan will in den Ferien nach Berlin und anschließend an die Ostseeküste fahren. Sie hat sich im Internet bereits über Übernachtungsmöglichkeiten in Jugendherbergen informiert. Da deine Brieffreundin erst ein Jahr lang Deutsch lernt, kann sie noch nicht alles verstehen, und ihre Eltern sprechen gar kein Deutsch. Susan bittet dich, ihr die wichtigsten Inhalte mitzuteilen.

Ankunft
- Angemeldete Gäste können individuelle Ankunftszeiten mit der Herbergsleitung vereinbaren. Ansonsten werden zugesagte Plätze bis 18 Uhr freigehalten. Danach können sie an andere Interessenten vergeben werden.

Aufenthalt
- Die jugendlichen Gäste werden grundsätzlich nach Geschlechtern getrennt untergebracht.
- Auf die Mithilfe der Gäste kann nicht verzichtet werden. Dazu gehört z.B., dass sie die von ihnen benutzten Einrichtungen, Räume und Gegenstände in Ordnung halten und beim Tischdienst helfen.
- Die Gäste werden gebeten, Abfall zu vermeiden, Energie und Wasser zu sparen. In Schlafräumen dürfen Speisen weder zubereitet noch gegessen werden. Teilbereiche der Häuser können zu Reinigungszwecken vormittags geschlossen sein. Die Nachtruhe beginnt um 22 Uhr und endet um 7 Uhr. Jugendherbergen sind in der Regel bis 22 Uhr geöffnet.
- Rauchen ist in der Jugendherberge nur in speziell ausgewiesenen Bereichen gestattet. Der Konsum von mitgebrachten alkoholischen Getränken ist in den Räumen und auf dem Gelände grundsätzlich nicht erlaubt. Besonders bei der Benutzung von elektronischen Medien ist Rücksicht auf andere Gäste zu nehmen.

89 Was sagen dir Schlüsselwörter beim Lesen eines Textes?

_____

90 Wie lauten die *wh-Fragen*, mit deren Hilfe man einen Text erschließen kann?

_____

91 Warum soll man nicht jedes unbekannte Wort eines Textes nachschlagen?

_____

92 Welche Auskunft geben dir die englischen Vorsilben *dis-* und *un-* meistens?

_____

93 Worauf weisen *-less, -ous* oder *-ful* hin? _____

94 Was versteht man unter einer *Mindmap*?

_____

95 Welches Wort leitet eine plötzliche Veränderung ein? _____

96 In welche drei Teile wird ein Text untergliedert (deutsche und englische
Begriffe)?

_____

_____

97 Was ist bei der Mediation grundsätzlich wichtig?

_____

98 Wozu eignen sich *opposites* bei der Mediation?

_____

99 Umschreibe das Wort „Jugendherberge" auf Englisch.

_____

___/18 | 1 | Bestimme die Wortklasse und trage jedes Wort in die richtige Spalte ein.

loneliness – thoughtless – intensity – intensify – terrific – socialize – society – battlement – serendipity – qualify - defenseless – hideous – inflation – horrific – excitement - emptiness – conscious - hypnotize

noun	verb	adjective

___/22 | 2 | Nach dem Besuch des London Eye sind deine Großeltern hungrig. Ihr geht in ein italienisches Restaurant. Nun musst du helfen!

Starters: Minestrone, Mixed Salad, Tomato and Mozzarella
Pizza: Margherita, Salami, Frutti di Mare
Pasta: Spaghetti Carbonara, Lasagna
Main course: Steak, Chicken
Dessert: Ice Cream, Tartufo

Waiter: Good evening. Are you ready to order?

You: _Seid ihr bereit zu bestellen?_

Oma: Wir hätten gerne einen gemischten Salat und zwei Pizza Salami.
Und du möchtest bestimmt gerne eine Lasagne, oder?

You: _yes Plea. 1 mixed slat and 2 pizzas_
and 1 lasagna

Waiter: And would you like something to drink?

You: _wollt ihr irgendwas trinken_

Opa: Für mich ein Glas Rotwein und du möchtest bestimmt ein Wasser,
nicht wahr, Traudel?

Oma: Nein, heute möchte ich einmal ein Bier.

You: _Please 1 ~~wither~~ Heineken and 1 beer_

Waiter: We've got German and English beer, and also Heineken from Amsterdam.

You: _Siet haben Deutsches und Englisches_
Bier und wein von amsterdam

Oma: Natürlich ein englisches.

You: _An english beer plense_

Waiter: Will that be all? Or would you like a dessert?

You: _Ist das alles oder noch_
nachtisch

Oma: Das entscheiden wir später, thank you!

You: _This will be later thanks_

Waiter: Two lasagne, one pizza salami! Here you are.

Opa: Ich wollte doch auch eine Pizza. Und noch ein Glas Wein.

You: _but we had 2 Pizzas and 1 wien_

_____

Waiter: Sorry, I made a mistake. Your pizza will be here right away.

You: _er hat ein fehler gemacht_

Some time later.

Waiter: Is everything all right with your meal? Sorry again for the delay.

You: _Ist alles in Ordnung_

Oma: Das kann ja einmal passieren. Sag ihm, dass das Essen richtig gut schmeckt.
        Ich hätte jetzt auch noch gerne ein Wasser. Magst du noch eine Cola?

You: Ja gerne. _____

_____

Waiter: I'll be back in a minute.

Kapitel 1: Verben

1 The Martins **live** in a semi-detached house near Cardiff. Mr Martin **works** in a clothes shop and Mrs Martin **teaches** at the local primary school. Normally Mr Martin **walks** to the shop but today he **is going** by car because it **is raining** cats and dogs. Mrs Martin **is staying** at home because she has got a headache. Mr Martin usually **comes** home at 6 o'clock, but today he **is working** longer. Usually his wife **prepares** dinner, but today he **is doing** that.

Seite 290/291

2 a) Sandy and Mike go to the sports club every evening, but today Mike is staying (at) home
   b) He is watching a football match when the phone rings.
   c) "Where are you? I'm waiting for you!", Sandy says.
   d) "Manchester is playing against Chelsea. Why don't you come and watch the match with me?", Mike asks.
   e) "Do you think the match is interesting?"
   f) "Normally my team wins, but they are losing at the moment."
   g) "I never watch Chelsea matches, because I don't like Ballack."
   h) "But today he is playing well!", Mike says.

Seite 291

3 Yesterday Tina and Anne **had** an exciting day. When they **met** in the morning, they **didn't know** what to do, so Anne **proposed**, "Let's go to the London Eye!" First they **went** to the ticket office, then Tina and Anne **had** a wonderful view of London, the River Thames and the Houses of Parliament. When they **reached** the exit, they **noticed** a woman. She **looked** very excited, so Tina **asked**, "What's the matter? …" But the woman only **shook** her head and **walked** away. This **was** really strange! At the café in York Road they **saw** the woman again. She **did not look** so excited any more. There **was** a man with her and he **was wearing** a long overcoat … After a few minutes he **gave** the woman a small white box. She **turned** around and **put** it into her handbag. Then she **passed** the man a thick envelope. He **did not look** at it, **put** it into his pocket and **stood** up. Suddenly there **were** a lot of policemen and one of them **went** up to the two girls. "**Did you watch** the two persons? What **did they do?**" Then the policeman **told** the girls that the man **was** a drug dealer and that they **were** important eye-witnesses and that they **had to** make a statement.

Seite 292/293

4 Mike's sister Jane **will be** fourteen next Saturday. So he wants to prepare a big party for her. It is a big secret and so he hopes that nobody **will talk** to her. "I think someone **will tell** her our secret," Mike says to his mum. "Who **are you going to invite?**", his mum asks him. "That's easy. **I'm going to ask/will ask** her friend Tina and she **will tell** me who to invite. And **we are going to bake** a big cheesecake for her. **I'm going to tell** Tom, too. But I'm not so sure that he **will come**. All the girls **will talk** and giggle all the time and he doesn't like that. "I hope the weather **will be** fine!", his mum says when Jane comes in. "Hi everybody," she says, "Guess what Tina told me at school! You know I **will be** fourteen on Saturday and my friends **are going to invite** me to a big party. All my friends **will be** there. I hope Tina will not invite Grandpa! There **will be** too much noise for him. By the way, what **are you going to give** me for a birthday present? I know, you can ask Tom …" Poor Mike! Now he has to find a new present.

Seite 294

5 Mr Jones was sitting in the bathtub when suddenly the phone rang. He couldn't reach it because it was too far away. So he stood up and grabbed a towel. While he was stepping out of the tub the phone was still ringing. He was rushing to the phone when he stepped on his soap that was lying on the floor. He slipped but he didn't fall. When he reached the phone the ringing stopped. Why did things like that always happen to him?

Seite 295

6 Verben, die eine gerade verlaufende Handlung beschreiben: saß; dehnte; hörte; vorlas; vorbeikam; schrie.

Seite 296

7 a) Mike was sitting in the English lesson when he heard a noise.
   b) He turned around and noticed a crack in the wall.

c) It was expanding slowly.
d) He put up his hand but his teacher didn't see him.
e) She was listening to Mia, who was reading her homework.
f) Mike stood up quickly and ran to the door.
g) When he was passing the teacher's desk he stumbled and fell.
h) He was screaming when his teacher said, "Wake up, Mike!"

Seite 297 8 On the day after the summer holidays the teacher **asked** the pupils to write the following essay: "What **did you do** in your holidays?" Tom **wrote**: My sister and I **took part** in a scout summer camp in England. On the first day we **went** to St Albans and **visited** the Roman theatre. The next day we **crossed** a river on a raft near Shrewsbury. While we **were paddling** along on the river, Anne **fell** in. We **were** first. The next day we **camped** by a lake and **had** a fire. But I **liked** the last day best. We **climbed** up the Snowdon, the highest mountain in Wales. Anne and I **were walking** along the trail. Although we **were carrying** our heavy rucksacks, we **were singing** all the way. Suddenly I **heard** a noise. When we **looked** down the other side of the trail we **saw** another boy of the group. He **was sitting** in a tree and **(was) screaming** for help. A barking dog **was standing** under the tree. First it **pulled** open the boy's rucksack and then it **ate** his lunch.

Seite 298 9 One night I woke up. A strong wind was shaking my window. Two green spots appeared on my wall. They were becoming bigger and bigger when suddenly the window opened and a smiling/grinning cat came in. While it was climbing across my bed the door opened and my mother said, "Cold snow fell from a tree in July." Then I woke up. It was/had been a dream.

Seite 298/299 10

a) She has gone
b) We have talked
c) He has bought
d) I have screamed
e) The cat has slept
f) They have remembered
g) You have danced
h) The book has told
i) His grandma has written

Seite 299/300 11 a) Where have you been a lot of times?
b) Where has she seen a lot of cowboys?
c) Whose horse has been in the wild west show?
d) Why has he lost the horse race?
e) What has she done?

Seite 301 12 … Dad **has driven** to the office." … The bus **has left**! … The lesson **has begun** … I **have sold** the last piece of lasagna." … Susan **has called** … Susan **has gone** to the cinema … The match England vs. Brasil **has started**. Rooney **has scored** the first goal for England. And you **have missed** the replay! …

13 a) Have you ever been to New York?
b) I have/I've just come back/returned.
c) But I have never seen the Grand Canyon.
d) Our teacher has already shown us a lot of films about national parks.
e) I haven't seen a bear in the USA yet.

Seite 302 14 Tom **has tried/has been trying** to phone Susan **for** two hours. Finally she answers and he says, "Where **have you been**? I've **phoned/been phoning** you **since** four o'clock!"

Susan: "I've met Janice and I haven't seen her for two months. Why are you so excited?"

Tom: "You have planned to go to a Coldplay concert since 2006 and now they are coming to our town!"

Susan: "Wow! Why haven't you told me?"

Tom: "Barney has told me this afternoon. But we have already got two tickets. That is why I have phoned your number a hundred times since I spoke to him."

Susan: "You're right, there hasn't been a good concert for ages."

15 Peter: "I haven't seen Janice for some time. Have you heard from her?"   Seite 303

Anne: "Yes, I received an e-mail yesterday and I phoned her last night. She has moved to Los Angeles."

Peter: "When did she go there?"

Anne: "She flew two weeks ago. She wanted to spend some time at Venice Beach. Then she met a guy from a surf shop and he offered her a job right away. And now she has got a dream job: selling beachwear at Venice."

Training plus   Seite 304

1   *Present progressive:* für Handlungen, die im Augenblick ablaufen.
2   *Simple present*: für Handlungen, die immer wieder so stattfinden, oder für Zustände.
3   Satzstellung bei Ja-/Nein-Fragen im *simple present*: Do/does + Subjekt + Verb + Objekt.
4   Die Endung *-ed* wird angehängt.
5   Die Formen *am/is/are* werden im *past progressive* zu was/were.
6   *Simple past*: Verwendung bei abgeschlossenen Handlungen in der Vergangenheit und Fragen mit *when*.
7   *Present perfect*: Verwendung bei beendeten Handlungen, die noch Auswirkungen auf die Gegenwart haben; bei Handlungen, die unmittelbar vor dem Zeitpunkt des Sprechens stattgefunden haben (*just*); bei Handlungen, die in der Vergangenheit angefangen haben und bis jetzt andauern.
8   since = seit (Bezug auf Zeitpunkt); for = seit (Bezug auf Zeitraum)
9   *so far = present perfect*
10 *will-future* und *going-to-future*
11 *will-future*: bei Vorhersagen und Vermutungen, die nicht beeinflussbar sind, sowie nach: *I hope, she thinks, he's sure; maybe.*
    going-to-future: wenn etwas geplant wurde oder triftige Gründe oder Anzeichen dafür sprechen, dass etwas eintritt.

Abschlusstest   Seite 305

Allgemeine Hinweise zum Abschlusstest

Damit du deine Gesamtpunktzahl einfach errechnen kannst, gibt es für jede Teilaufgabe bei Lückenaufgaben in der Regel einen Punkt, bei Aufgaben mit selbstständigen Ergänzungen oder Übersetzungen zwei Punkte.

Leider ist es nicht möglich, einen allgemeingültigen Notenschlüssel vorzugeben. Er wechselt von Schule zu Schule, von Bundesland zu Bundesland. Damit du deine Leistung einschätzen kannst, gibt es folgende Orientierungspunkte:

- Wenn du mehr als 80 Prozent der Gesamtpunktzahl erreicht hast, ist dein Ergebnis gut oder besser.
- Wenn du mehr als 50 Prozent der Gesamtpunktzahl erreicht hast, ist dein Ergebnis ausreichend oder befriedigend.
- Wenn du weniger als 50 Prozent der Gesamtpunktzahl erreicht hast, ist dein Ergebnis nicht mehr ausreichend. Du solltest dann die Regeln und Aufgaben, bei denen du viele Fehler gemacht hast, noch einmal genau nachlesen und üben.

100 bis 80 Prozent	79 bis 50 Prozent	unter 50 Prozent
sehr gut bis gut	befriedigend bis ausreichend	nicht mehr ausreichend

Seite 305

1   Tanja **doesn't like** the food in the school cafeteria. So she **goes** to the snack bar very often. She usually **has** a hamburger, but today she **is taking** fish and chips. While she **is drinking** her Coke, Sandra **comes** in. Then Sandra **sits** down at her table. When the waitress **comes** she **orders** a sandwich and a cup of tea. Then she says, "Hey, Mike **is sitting** over there." "But he cannot see us because he **is reading** a book," Sandra **says**.

___/12

Seite 305/306

2   a) Before the Romans invaded the Celts were ruling Britain.
    b) When Julius Cesar tried to conquer Britain he wasn't lucky.
    c) When the Romans arrived they changed everything.
    d) They founded many cities while they were occupying Britain.

___/8

Seite 306

3   a) has just arrived, b) did you learn, c) have not finished – have just completed,
    d) bought – have not sold

___/6

4   a) Mike **wrote** the following letter to his friend John in Edinburgh last week, but he **has not received** an answer yet.

Dear John,
As you know, I **have not be able to** find a job since I **left** university. I **have applied** for nearly thirty jobs, but I **have not been** lucky so far. I even **answered** an advertisement for a typing job a few weeks ago, but without success - they **told** me that I **have/had** too many qualifications! However, I **haven't given up** hope. But, the good news: I **will have** an interview with Barclay's Bank in Edinburgh next Tuesday.
Love, Mike

Seite 307

4   b) is – haven't found – is – don't get – will look – visited – offered – can –
       will not be/won't be – will give – will get

___/22

5   *since* in den Sätzen a) d) e) h);
    for in den Sätzen   b) c) f) g) i).

___/9

57 bis 46 Punkte	45 bis 28 Punkte	unter 28 Punkte
sehr gut bis gut	befriedigend bis ausreichend	nicht mehr ausreichend

___/57

Kapitel 2: Modale Hilfsverben: *Modal auxiliaries*

Seite 309

1   a) My brother can't (cannot) swim.
    b) We mustn't/must not go to the lake.
    c) May I go to the swimming pool today?
    d) You needn't (need not) be afraid.
    e) He must stay at home today and study for the test (prepare the test).
    f) You can speak English.
    g) You needn't (need not) lie in the sun.

2   You must buy this book, you may read the first ten pages today, you needn't learn its title by heart and you can put it on the shelf this evening.

3   a) You needn't tick the correct answer.
    b) She must cut her fingernails today.
    c) He must do this job right now.
    d) You can't give me a hand, if you haven't got time.

Seite 311

4   a) Tom and Sally will have to look after their little brother very often.
    b) We didn't have to fight.
    c) We didn't have to stay here together.
    d) We won't be able to go to the cinema.
    e) You have been allowed to go. I have been allowed to stay at home.
    f) You had to stay home the following time.

5 a) We are allowed to / We can / We may go to the lake on Earth Day. Seite 312
   b) You don't have to / You needn't tell him about environmental diseases.
   c) Sally must / Sally has to tell us about her Earth Day project.
   d) Your brother isn't able to / Your brother can't join the environmental movement.

6 a) He couldn't / He wasn't able to see the dimension of that problem in 1999.
   b) She can't ride the horse because it's too wild.
   c) Could you / Were you able to answer the question in the last show last month?
   d) My father isn't able to explain to me why I won't be allowed to/may not/mustn't go
      to the party next Monday.
   e) Why weren't you allowed to call her four hours ago?
   f) Can't I drive your car, Mum?

Training plus Seite 313
12 Man verwendet modale Hilfsverben um auszudrücken, ob jemand etwas tun kann/darf/
    muss/soll …
13 Modale Hilfsverben benötigen immer ein Vollverb.
14 *Must* bedeutet *müssen*, aber *mustn't* bedeutet *nicht dürfen*.
15 *He needn't do the job. / He doesn't have to do the job.*
16 *Can* bedeutet: Fähigkeit, etwas zu tun, und Erlaubnis, etwas zu tun.
17 Wer ausdrücken will, dass etwas getan warden muss, verwendet im Präsens das
    modale Hilfsverb **must** *(do something)*, in allen anderen Zeiten die Ersatzform **have to**
    (do something).
18 Will man ausdrücken, dass etwas unnötig ist, verwendet man im Präsens das modale
    Hilfsverb **need not/needn't** *(do something)*. In allen anderen Zeiten wird die Ersatzform **not
    have to** *(do something)* gebraucht.
19 Will man ausdrücken, dass etwas verboten ist, verwendet man im Präsens das modale
    Hilfsverb **must not/mustn't** *(do something)*, in allen anderen Zeiten die Ersatzform **be not
    allowed to** *(do something)*.
20 *Be allowed* steht als Ersatzform für **can** und **may**.
21 *Have to* steht als Ersatzform für **must**.
22 *Be able to* steht als Ersatzform für **can**.

Abschlusstest Seite 314
1

ONE WAY	You may drive in one direction only. You are allowed to drive in one direction only. You must drive in one direction. You have to drive in one direction. You can't drive in both directions. You aren't allowed to drive in both directions.
(Kein Überholen)	You must not overtake. You are not allowed to overtake here.
STOP	You must stop here. You have to stop here. You can't go on without stopping here.
(Parkverbot)	You can't park here. You are not allowed to park here. You mustn't park here.

              ___/8

2 Yesterday, I wasn't able to (I couldn't) go to school. I had to stay in bed. I wasn't allowed to
    get up. I had to drink healthy tea and I wasn't allowed to watch TV. Will I have to be careful
    at the weekend? Will I be able to celebrate my birthday?   ___/12

3 a) The excavator **can (is able to)** dig a big hole for the new pipes. Seite 315
   b) The digger **can't (isn't able to)** move the soil, because the lorry is in the way.

c) The lorry **mustn't (can't)** stop there but the driver **can't** see the digger, because he is reading the newspaper.

d) The crane **can't (isn't able to)** lift the concrete because it is broken.

___/6

e) The workers are working really hard. They **must (have to)** finish by 1 o'clock.

4 a) The excavator **was able to** dig a big hole for the new pipes.

b) The digger **wasn't able to** move the soil because the lorry **was** in the way.

c) The lorry **wasn't allowed to** stop there, but the driver **couldn't (wasn't able to)** see the digger because he **was** reading.

d) He **wasn't (auch: isn't) allowed to** read the newspaper during work!

___/9

e) The crane **couldn't (wasn't able to)** lift the concrete because it was broken.

35 bis 28 Punkte	27 bis 17 Punkte	unter 17 Punkte
sehr gut bis gut	befriedigend bis ausreichend	nicht mehr ausreichend

___/35

Anmerkungen:

Aufgabe 1: Pro Feld werden mindestens zwei Beispiele erwartet.

Kapitel 3: Rund ums Nomen

Seite 316/317

1 a) My dear friend John likes **playing basketball** so much.

b) Paul is afraid of **swimming** in the sea.

c) You must wash your hands before **eating**.

d) **Playing chess** has been my favourite activity for years.

e) Lisa dreams of **travelling** to Australia. (American English: traveling)

f) **Cooking** with friends is fun.

g) Anne is interested in **making** friends.

h) **Cycling** is good for your health.

Seite 317

2 a) Lying on the beach is fun.

b) I hate getting up early in the morning.

c) I remember reading this book.

d) Buying this old bike was a silly idea.

e) George is interested in dancing.

f) I like playing cards.

Seite 318

3 Golf (zu) spielen/Das Golfspiel; … lying in the sun; …

Briefmarken sammeln/das Briefmarkensammeln/das Sammeln von Briefmarken;

Not having breakfast on Sundays before ten …

Seite 318/319

4 a) Which mobile phone would you like to buy? – The **one** in the first shelf on the left.

b) She likes these tiny little cups on the table. The **ones** she saw yesterday in the shop weren't as nice.

c) "I've got hundreds of audio CDs in my room." – "Which **one** do you like best?" – "The one featuring the song 'All my love'."

d) "Have you ever met any of my friends from Chicago?" – "Yes, I have. The **ones** I played soccer with last Tuesday are real athletes."

e) "Look at those little dogs. The **one** with the hanging ears is called 'Bud'."

f) Jimmy's father doesn't want his son to watch films on TV all day long, but he allows him to watch the **ones** that are documentaries.

g) "Where are my socks?" – "Are you looking for the green **ones**?"

Seite 319

5 a) ones, b) (one), c) one, d) one, e) (ones), f) ones, g) one, h) (ones)

Seite 320

6 I don't like grammar lessons. Those (The **ones**) with Mrs Johnson are so boring! She always says: "Grammar is so important for you all. The **one** you learn today, will be the **one** you'll never forget!" And we always answer: "Mrs Johnson, you made us do seven grammar

exercises just from last Monday to today. Which **one** shall we correct first? The first **one** or the last **one**?" And Mrs Johnson always says: "Let's do the most difficult **ones** first!"

Seite 320/321

7 a) He goes fishing every Sunday, but today he's got no time.
   b) Teacher: "Are there any unknown words in the text?"
   c) He hasn't got any problems with his mother, but he's got some big ones with his father, because he's got no answer to the question why he comes home so late every evening.
   d) There will be no solution to the problem. We simply can't help her.
   e) "Can you see her?" – "No, I can't see any people because of the fog."
   f) I can't stand him. He asks me about life every second day.
   g) "Any idea, Pete?" – "No, I'm sorry, no clue."
   h) Not every example is good. Some don't have any meaning.

Seite 321

8

	any = kein/ keine/keines/-/ irgendeine(e)	any = jeder/jede/ jedes beliebige
Any language teacher can tell you what to do to improve your marks in French.		X
There was an explosion in Elm Street. Is there any doctor available? We need any help we can get.	X (Satz 2)	X (Satz 3)
How do you know that there isn't any mistake in his dictation? Are you cheating?	X	
You can use this fantastic electric shaver at any place you want. It's got batteries.		X
I do not understand any word. Aren't there any dictionaries in the classroom?	X	
Do you still have any questions?	X	

Seite 322/323

9 a) Do you need anything? b) Yes, get something to drink for me. c) Anything special?
   d) No, just anything. e) Do you want some bread? f) No, I don't want any bread now. Maybe some cheese.

Seite 323

10 I'm a poor frog! **Nobody** loves me, almost **everybody** hates me! I've got **no** girl-friend, and **everything** in my life is sad and boring. **Nobody** knows that I'm a prince, because **no one** kisses me. Is there **anybody** who can help me? My brothers and sisters left me years ago. They live **somewhere** in the pond. I haven't got **any** home. My home is **nowhere** and **everywhere**. I'd like to have **some** friends, but there isn't **any** chance for me to find **somebody** who wants to talk to me and play with me. There isn't **anything** interesting in my life. But I must keep on waiting for **someone** beautiful, a princess! She must kiss me, and then **everything** will be okay!

Seite 324

11 a) I see him nowhere in the garage. (I can't see him anywhere in the garage.)
   b) Ist irgendetwas auf dem Schreibtisch?
   c) There's snow everywhere in the mountains.
   d) Noch Fragen?
   e) Everybody in the room please be quiet now!
   f) Keine Ahnung.
   g) Everybody thinks I'm stupid.
   h) Das ist etwas ganz Besonderes.

Seite 324/325

12 in the state of Florida; in the year 1945; a judge at the local court; an overwhelmingly nice lady working in the oil business; the second of four children; moved to a port town; the town was called River Banks; the following year, he became an apprentice in a publishing house; at the age of; he started work as a journalist; he wrote short stories; the Crying World of John B.; after the American landing on the moon

Seite 325   13 a) **The** Danube is **a** river in **the** south of Germany.
   b) Have you ever been to **the** Azores, **a** group of islands in the midst of **the** Atlantic Ocean?
   c) **The** coast along **the** Italian part of **the** Mediterranean Sea is **a** wonderful place to spend your holidays.

Seite 326   14 Mary was the love of my life! But that was 20 years ago. In ~~the~~ December, on ~~the~~ Christmas Day, when, after ~~the~~ dinner, I was walking in the city along ~~the~~ Main Street and looking at one of the posters that offer trips to the Alps and ~~the~~ Mont Blanc in particular, I saw her again. She was 38 now and she looked older, of course. I addressed her and said: "Hi, Mary, how are you doing?" First, she didn't recognize me, but ~~the~~ seconds later, she happily answered: "Oh, Tom, so nice to see you! Are you really the Tom I last saw when we left ~~the~~ school to go to ~~the~~ university?" "Yes, I replied."

Seite 327   15 a) First, he wanted to be **a** mechanic, but later he decided to become **a** cook.
   b) He applied for the job as **a** cook in the new restaurant.
   c) We waited half **an** hour, when suddenly the owner of the restaurant came in.
   d) He got the job. What **a** great chance!
   e) As **an** old man, he finally founded his own restaurant.

Seite 328   **Training Plus**
   23 Subjekt oder Objekt
   24 Verb
   25 Verbstamm plus -ing
   26 der Form des Verbs im *Present progressive*
   27 wenn man ein zählbares Nomen (zählbare Nomen) nicht wiederholen will
   28 richtige Lösung: Nach Adjektiven im Superlativ kann, nach Adjektiven im Komparativ muss das Stützwort stehen.
   29 *everyone, everybody, everywhere, everything*
   30 *no one, nobody, nothing, nowhere*
   31 *someone, somebody, something, somewhere; anyone, anybody, anything, anywhere*
   32 der bestimmte Artikel *the*
   33 wenn man einen ganz bestimmten Tag/Monat meint

Seite 329   **Abschlusstest**
   1 a) Spending much time in the city shops can be very expensive.
   b) Before opening the door the train has to stand still (has to be at a halt).
   c) I like having a shower after a cold rainy day.
   d) Littering is prohibited.
   e) He hates swimming.
   f) Reading is fun.
   g) She doesn't like walking in the rain.
   h) Acting is cool, but dancing is even cooler.
   i) She left us without saying a word.
   ___/20   j) I hate writing letters.

Seite 330   2 You will **never** believe this strange story which happened to me (**kein Artikel**) last week on (**kein Artikel**) Saturday. I **frequently** see my old Aunt Maggie **every** second Saturday morning, but that Saturday, **when** I arrived at her house and rang the doorbell, **nobody** answered and **nothing** happened. **The** door was locked, and there wasn't **any** noise inside. After **a** while I walked round **the** house to have **a** look inside **through** the window. First, I wasn't able to see **anything**, but then I saw Aunt Maggie sitting and sleeping in her armchair.
   I knocked **against** the window and shouted "Aunt Maggie, wake up, it's me, Sarah." And I tell you, I can shout in **a** very loud **voice** because I play **the** trumpet. But Aunt Maggie didn't **move**. I was **really** worried, now. What **a** strange situation! "**Something** must be wrong," I thought. But **what** could I do? I decided to act. I found **a** big stone in front of **the** garage and threw it through one of **the** windows into **the** dining-room where Aunt Maggie was sitting in her armchair. What **a** terrible noise there was **when** the stone broke the window. And –

Aunt Maggie was awake **again**! Fortunately, she was not **angry** when she heard **the** story I told her. We **just** laughed.

___/34

Seite 331

3 a) Where have I left my fountain pen? I can't find it anywhere.
   b) I don't know. Somebody has taken it away.
   c) I can't find anything. Is my ruler anywhere?
   d) No idea. (I haven't got any idea.)
   e) I can't find my ballpen. Is my ballpen anywhere?
   f) Have you had a look into your pencil-case?
   g) I usually know where everything is, but I can't find anything.

___/14

68 bis 54 Punkte	53 bis 33 Punkte	unter 33 Punkte
sehr gut bis gut	befriedigend bis ausreichend	nicht mehr ausreichend

___/68

Kapitel 4: Satzbausteine

1 a) I don't like the girl **who (that)** is nasty.
   b) She knows the man **who (that)** was fifty last year.
   c) Robert found a book **which (that)** tells him about computers.
   d) There are a lot of CDs **which (that)** I want to listen to.

Seite 332/333

2 a) The mother **whose** child I saw on the beach is a coastal lifeguard.
   b) **Who's** there? – It's me. I'm the girl **who (that)** phoned you this morning.
   c) **Whose** racket is this? – I think, it belongs to the boy **who's** sitting in the club restaurant over there.
   d) The shop assistant has shown me about 25 different laptops, but I don't know **which** to buy. Can you give me some advice **which (that)** will help me?
   e) Here are some DVDs **which (that)** tell you about our wonderful coast **which (that)** is one of the best-known in the world.

Seite 333

3 Who's Robin Hood? He's a character in English folklore, whose story started in medieval times. Robin Hood was a man who stole from the rich and helped the poor. He lived in a forest called Sherwood Forest. His band consisted of eight outlaws who (that) he named the Merry Men.

Seite 334

4 a) … the group which (that; –) I travelled with …; b) … the man who (that; –) I talked to …;
   c) … the company which (that; –) I worked with …; d) … the person who (that; –) I read about …;
   e) … the place which (that; –) I arrived at …; f) … the woman who (that; –) I was listening to …

5 Das Relativpronomen kann weggelassen werden in den Sätzen b), c), d) und g).

Seite 335

6 a) If she does her homework, she will pass the exam.
   b) If she travels to Paris, she will visit the Eiffel Tower.
   c) If she eats the chocolate cake, she won't be hungry during dinner.
   d) If she does not get up at 7 o' clock, she will miss the school trip.

Seite 336/337

7 a) If it rains, I will stay in bed all day long.
   b) If you don't tell me the story, I will complain.
   c) If he doesn't speak up (speak louder), Peter won't be able to hear him.
   d) If he lies, we will press a charge against him.
   e) If she doesn't leave now, she will miss the bus.

Seite 337

8 a) It was a big surprise to see my younger brother again.
   b) I don't know how to solve this problem.
   c) Did you ask him when to work?
   d) She prefers not to stay at home.
   e) It's a great joy to meet you here.
   f) Nice to meet you.
   g) Do you know when to be here?

Seite 338/339

Seite 340   9   a) can't we, b) are you, c) have you, d) must she, e) needn't he, f) will it

   10   a) did they, b) wasn't he, c) is it; do I, d) didn't he, e) doesn't he, f) do they

Seite 341   **Training plus**
   34   Personenbezug: who, whom   Sachbezug: which
   35   *Whose* bedeutet **wessen/dessen/deren ...**, *who's* aber **wer ist**.
   36   Präpositionen stehen dann am Ende des Nebensatzes.
   37   Es fällt weg.
   38   Ein *contact clause* kann nur gebildet werden, wenn das Relativpronomen Objekt im notwendigen Relativsatz ist.
   39   Bedingungssätze: if-clause und Hauptsatz.
   40   Bedingungssatz Typ 1: *simple present* im *if-clause*, *will-future* im Hauptsatz
   41   *Question tags* sind Bestätigungsfragen.
   42   *Question tags* in Sätzen mit Hilfsverben: Das Hilfsverb wird wiederholt.
         Question tags in Sätzen ohne Hilfsverben: Die entsprechende Form von *do* wird wiederholt; bei dem Vollverb *be* wird die entsprechende Form von *be* wiederholt.
   43   *to*-Infinitive: Sie vereinfachen ansonsten umständliche Satzkonstruktionen.

Seite 342   **Abschlusstest**
   1   The peninsula **which (that)** reaches into New York harbour is called Manhattan Island. It is one of the five boroughs **which (that)** form the City of New York. Manhattan, **which** is an important financial center, is also famous for its cultural life. Manhattan has many famous landmarks, museums and tourist attractions **which (that)** are known all over the world. The name Manhattan comes from an old Indian word **which (that)** was pronounced Mannahata. This name, **which (that)** means island of many hills, goes back to the Lenape language, because the area **which (that)** is now Manhattan was long inhabited by the Lenape people.

   ___/7

   2   a) If I see you here one more time, you will have a problem.
       b) If you tickle me, I will start to scream.

   ___/4

Seite 343   3   a) The Maths teacher told me to look for my schoolbag in the gym.
       b) She asked me where to go.
       c) I didn't know what to answer.
       d) It was a great surprise to see Aunt Meggie with her new poodle.

   ___/8

   4   You're a famous man, **aren't you**? – No, I'm not. – But you've got many friends, **haven't you**? – Yes, I have. – And your sister works at the local TV station, **doesn't she**? – Yes, she does. – But you don't work there, **do you**? – Yes, I do. – But you aren't one of the actors in the new soap opera, **are you**? – Yes, I am. – But wait, you told me you weren't famous, **didn't you**? – Yes, I did. I just started working there, **didn't I**? – But in a few months you will be famous, **won't you**? – I don't know and you don't know, **do you**? – You're right. I can't say you will be a Hollywood actor, **can I**? I can just say thank you for the interview. – Oh, you're welcome. You are going to the airport by car, **aren't you**? So you can give me a lift, **can't you**?

   ___/12

31 bis 25 Punkte	24 bis 16 Punkte	unter 16 Punkte
sehr gut bis gut	befriedigend bis ausreichend	nicht mehr ausreichend

   ___/31

Kapitel 5: *Reported speech*: Die einfache indirekte Rede im Präsens

Seite 344/345   1   a) Bob says (that) he feels sick.
       b) Bob tells me (that) he must clean his room.
       c) Bob says (that) his sister is twelve.

d) Bob asks me how old my/our brother is.
e) Bob says (that) I am/we are silly.

2 "He says (that) they have just arrived from Cologne."
"He tells you (that) he likes the Umpah Umpah music!"
"He says (that) he likes this beer!"
"He explains (that) their guide is from Belgium."
"He tells you (that) his wife is sitting over there."
"He says (that) he has to go now because their bus leaves in ten minutes."

Seite
345/346

3 "He says (that) his name is Gino."
„Er heißt Ray. Woher kommt ihr?"
"He's from Rome, la bella Italia."
„Ray war noch nie in Italien."
"He says (that) he and his wife were in New York last year (the year before). They visited
their uncle. Their uncle runs a big shop. He says those kids over there are his children."

Seite
346/347

4 a) He says (that) he has got three horses and two dogs at home.
b) He tells her (that) he will go to the cinema on Sunday.
c) She explains (that) she can't speak any English.
d) She states (that) she has never been to the USA.
e) They say (that) it is very loud here.
f) He explains (that) he is from Japan.

Seite 348

Training plus

Seite 348

44 Die indirekte Rede gibt wieder, was jemand anderes gesagt hat oder sagt.
45 *reporting clause*
46 *reported clause*
47 *reporting verbs*
48 Es verändert sich zu *that*.
49 Es verändert sich zu *those*.
50 Man muss sie verwenden, weil man berichtet, was jemand anderes sagt oder gesagt hat.
51 Vor *that* steht nie ein Komma.
52 Nach dem *reporting verb* folgt immer ein direktes Objekt.
53 *to state, to claim* (behaupten), *to explain, to scream* (schreien)
54 Nein, es kann weggelassen werden.

Abschlusstest

Seite 349

1 Sarah tells us that she is a twelve year old girl from Edinburgh in Scotland. She points out
(that) Edinburgh is a wonderful old Scottish city. She explains (that) her grandparents don't
live in Scotland and (that) they're from Wales. She mentions (that) they always come to
Scotland in summer to spend a week together with her family. She tells us (that) her brother
Peter's got two cats and (that) their names are Bill and Bull. She says (that) she doesn't like
cats and (that) she likes horses. She reports (that) she goes riding on her horse Black Jack
every Saturday in the morning. She points out (that) he's over 15 years old, but that he's still
very fast. She claims (that) she knows much about horses, because she has got hundreds, no
thousands of horse books.

___/18

2 a) Mr Baker, "I won't give you more pocket money!"
b) Mike, "I'm going to move to my grandparents."
c) Mrs Baker, "I'm very sad. That isn't a nice thing to say."
d) Mr Baker, "You can't have my cake and eat it!"

Seite 350

___/4

Seite 350 3

Er sagt, er habe …	He says (that) he has …
Sie erzählt mir, sie arbeite …	She tells me (that) she works …
Sie erklären, sie wollen …	They explain (that) they want …
Er führt aus, er könne …	He points out (that) he can ….
Das Mädchen behauptet, sie sei …	The girl claims (that) she is …
Mein Vater sagt, er möchte …	My father says (that) he would like …
Sie argumentieren, er müsse …	They argue (that) he must …
Sie erwähnt, sie könne …	She mentions (that) she could …

___/8

Seite 351 4 Weitere *reporting verbs* sind zum Beispiel

to be of the opinion	der Meinung sein
to shout	rufen
to admit	zugeben
to promise	versprechen
to remark	bemerken
to propose	vorschlagen

___/6

5 a) Mike says that he is very tired.
b) He explains (that) he started his homework three hours ago.
c) Susan states (that) her English teacher is very nice.
___/8 d) She tells Mike that she will be grounded if she is bad at the test.

44 bis 36 Punkte	35 bis 22 Punkte	unter 22 Punkte
sehr gut bis gut	befriedigend bis ausreichend	nicht mehr ausreichend

___/44

Anmerkungen:
Aufgabe 1: Für jeden in die indirekte Rede übertragenen Satzteil (Hauptsatz oder Nebensatz) gibt es einen Punkt.

Kapitel 6: Das Passiv: *The Passive voice*

Seite 352 1 aktiv: b), c), g), i) Teil 1 des Satzes; passiv: a), d), e), f), h), i) Teil 2 des Satzes

Seite 353 2 a) Die Präsidentschaftswahl von 2008 wurde von Senator Obama gewonnen.
b) Das berühmte Gemälde wurde letzte Woche (von jemandem) gestohlen.
c) Das Sherlock Holmes Museum in der Oxford Street wurde (bereits) von Tausenden von Menschen besucht.
d) Dieses Problem wird diskutiert werden, sobald alle Vereinsmitglieder anwesend sind.

Seite 354 3 a) A lot of nice souvenirs have been bought in Scotland.
b) Sometimes jobs aren't done well.
c) Will this letter be posted this afternoon?
d) –
e) A purse was found in Oxford Street.

4 a) This man is (well) known.
b) Will this story be told?
c) Was this girl seen? Oder: Has this girl been seen?
d) This house was/has been sold.
e) The painting was/has been stolen from the museum.

5 a) Romeo and Juliet was written by William Shakespeare.
   b) The electric bulb was invented by Thomas Alva Edison.
   c) Was the first landing on the moon carried out by (the) Americans?
   d) Today many children are brought up by (their) mothers only.
   e) The Nobel Prize winner has been interviewed by journalists for three hours.
   f) Wasn't the tuberculosis bug discovered by Robert Koch?

Seite 355

Training plus

Seite 356

55 In Passivsätzen betont man, was mit jemandem oder einer Sache getan wird.
56 In Aktivsätzen betont man, wer oder was handelt bzw. wer oder was etwas tut.
57 *She was called.*
58 *past-participle*-Form
59 *The book will be read.*
60 Passivsätze können im Deutschen durch Konstruktionen mit *man* wiedergegeben werden.
61 *He was seen by somebody.*
62 Dem *by-agent* entspricht im Aktiv-Satz das Subjekt.
63 Wenn es wichtig ist, wer etwas getan hat.
64 Der Passivsatz wird verneint an der Form von *be*.
65 *The story will be told soon after the meeting.*
66 *caught, sung, beaten, put*

Abschlusstest

Seite 357

1 The mouse was caught by the cat. The presidential election in 2008 was won by Obama. The bridge will be opened in 2014. The money has been/was stolen. My chicken sandwich has been ordered. The house was sold in 1982.   ___/12

2 a) The chairs have to be put on the desks at the end of the lesson.
   b) The blackboard has to be cleaned after every lesson.
   c) The windows must be opened during every break.
   d) The teacher must be greeted every morning by the pupils.
   e) The English test will be done next month.   ___/10

Seite 358

3 a) The kitchen wall was painted yesterday, Susan.
   b) Will the Harry Potter volume be given to me tomorrow, Dad?
   c) Oh, my bike has been cleaned.   ___/6

4 Yesterday, a wonderful day was spent at the zoo by my aunt and me. I first saw the monkey house. The gorillas' kids were being chased through the house. I liked that because they were funny. Then the ducks in the large pond behind the elephant area were fed by my aunt. We also saw the big alligator. He had been named Hanibal. Next spring he will be made acquainted with a female crocodile. He will be looking forward to that. At lunchtime, my aunt asked me, "Do you want a sandwich right now or later?" I didn't give her an answer because at that moment we were sitting on a bench and I was fast asleep!   ___/18

Seite 359

46 bis 37 Punkte	36 bis 23 Punkte	unter 23 Punkte
sehr gut bis gut	befriedigend bis ausreichend	nicht mehr ausreichend

___/46

Kapitel 7: Adjektive und Adverbien

1 Gestern musste Herr Niedermeier in die <u>große</u> Stadt fahren. Er setzte sich auf sein <u>grünes</u> Fahrrad und sagte zu seinem <u>braunen</u> Hund: „<u>Braver</u> Hund. Bleib fein zu Hause und stell nichts an!" Dann radelte er über den <u>engen</u> Fußweg, der sich neben dem <u>reißenden</u> Gebirgsbach entlangschlängelte. Die ganze Zeit musste er an seine <u>jüngste</u> Tochter denken, die er gestern zum <u>alten</u> Bahnhof gebracht hatte. Plötzlich wurde er von <u>quietschenden</u> Bremsen unsanft aus seinen <u>vielen</u> Gedanken gerissen. „Kannst du nicht aufpassen, du <u>dummer</u> Kerl!", schrie der <u>aufgeregte</u> Fahrer eines <u>großen</u> LKW.

Seite 360

Seite
360/361

2 The **new** CD "Viva la Vida" by Chris Martin and his band has been their **best** album up to now. It starts and ends with **lyrical** synthesizer melodies and continues through a **fine** number of songs before reaching its peak in the **following** title-track and the song "Violet Hill". The **rocky** album confirms (= bestätigt) their **leading** role among rock bands.

Seite
361/362

3

Grundform (Positiv)	Komparativ	Superlativ
narrow	narrower	**narrowest**
big	**bigger**	biggest
funny	funnier	**funniest**
beautiful	**more beautiful**	**most beautiful**
bad	worse	**worst**
much/many/a lot of	**more**	most
nice	nicer	**nicest**
small	**smaller**	**smallest**
famous	**more famous**	**most famous**

Seite
362/363

4 a) A typical Amish farm is **not as big as** other farms. The plantations in the South are often much **bigger**. But the irrigated farms in the West are very often **the biggest** farms.
b) For a few years now Amish people have been allowed to ride scooters. They can't have bikes because these are **faster than** the horse-drawn buggies. Buggies are **the fastest** vehicles for them, all other vehicles have to be **slower**.
c) Although their horses are **not as strong as** tractors, their farms are very often **more productive than** other farms. In fact, they are the **most productive** farms without irrigation.

Seite 364

5 a) The skyscraper is **as tall as** the church tower. The mountain is **higher than** the skyscraper. The church tower is not **as tall as** the mountain.
b) The car is **faster than** the truck. The truck is **faster than** the ship. The truck is not **as fast as** the car, and the ship is not **as fast as** the truck. The car is **the fastest** vehicle of all.
c) Tom is **happier** and **younger than** Bob. Bob is **older than** Tom. Tom is not **as old as** Bob. Bob is not **as happy as** Tom.

6 My best friend, your worst idea, the worse car, the better horses, much time, the nicest fairytales, the funniest teacher, my sunniest holiday, more money

Seite 365

7 a) Lara regularly visits the orient. b) Last week she found a tomb in the desert. c) When she went into the room she saw big candles in the centre of a pool. d) They were burning in a chandelier which was standing on a golden coffin. e) Suddenly a man came through the door.

Seite 366

8 Ein Mann rannte schnell die Straße hinunter. Er war etwas dick und schon ganz außer Atem. Am Hafen angelangt, setzte er sich ziemlich verzweifelt auf einen Stuhl, der einsam an der Mauer stand, und fing bitterlich an zu weinen. „Was ist denn los?", fragte eine Frau mitleidig. „Vor zwei Stunden habe ich mein Auto ganz vorsichtig auf die Fähre zur Isle of Wight gefahren. Dann bin ich gemütlich in die Stadt gegangen. Und jetzt ist die Fähre weg!"

Seite 367

9

Adjektiv	horrible	fanatic	happy	quick	true
Adverb	horribly	fanatically	happily	quickly	truly

Adjektiv	full	mad	easy	friendly
Adverb	fully	madly	easily	in a friendly way

Adjektiv	lonely	terrific	tired	extreme
Adverb	in a lonely way	terrifically	tiredly	extremely

Adjektiv	funny	silly	sad	pretty
Adverb	funnily	in a silly way	sadly	prettily

10 Robin had an English test three days ago. When he went into the room he was **calm** before the test. But when he saw it he started to laugh **nervously**. Then his teacher said, " You must be **quiet**. All the other pupils are working **quietly**. They cannot concentrate **properly**." Robin couldn't stop laughing, so he left the room **quickly**. Later in the staff room, his teacher said to a colleague **sadly**: "Robin is usually very **clever**, but today he behaved **stupidly**."

11 a) madly, after the test, in the language room
 b) nicely, after the lesson
 c) before dinner, under the table, quickly
 d) last Tuesday, silently, in the school cafeteria
 e) easily, after school, in her room

Seite 368

12 a) The teacher screamed madly in the language room after the test.
 b) Tom behaved nicely after the lesson.
 c) The dog ate quickly under the table before dinner.
 d) Susan spoke silently to Mike in the school cafeteria last Tuesday.
 e) Jill does her homework easily after school in her room.

13 a) Tigger, the cat, was sitting lazily in the living room.
 b) Suddenly she heard quick steps in the corridor.
 c) She quickly stood up and ran hastily into the kitchen.
 d) Here she patiently waited for Manni, her owner.
 e) The door slowly opened and Manni nervously looked around.
 f) Tigger meowed loudly in the kitchen.
 g) She was sitting excitedly next to the fridge.
 h) Manni said: "I'm sorry, I haven't fed you properly for the last two days."
 i) Tigger thought: "I have retaliated properly."
 j) "I've completely scratched your computer monitor and broken your best vase."

Seite 369

Training plus

Seite 370

67 Adjektive beziehen sich auf Nomen.
68 Adjektive stehen nur nach dem Verb *be*.
69 Steigerungsformen: Komparativ, Superlativ
70 Steigerung der Adjektive mit *-er* und *-est*: alle einsilbigen und zweisilbige auf -y, -le, -er, -ow.
71 Steigerung der Adjektive mit *more* und *most*: alle anderen Adjektive (im Vergleich zu 70).
72 Vergleichswörter bei Gleichheit: ... as ... as ...
73 Vergleichswörter bei Ungleichheit (Komparativ): ... *than* ... oder *not as ... as* ...
74 *adverbs of frequency*
75 Adverbien der Art und Weise
76 AOZ (Art und Weise – Ort – Zeit) oder mpt (*manner – place – time*)
77 Ein *adverb of manner* darf nie zwischen Verb und Objekt stehen.
78 *logically*

Abschlusstest

Seite 371

1 The plane was flying **silently** through the **dark** night. A man was kneeling **uncomfortably** behind an open door next to the cockpit. He looked **nervously** at the red and blue wires in front of him. He **slowly** lifted the pair of **old** scissors in his hand but stopped when he heard a **dark** voice in his **dusty** ear-phones. "How **far** have you got?", the voice asked **croakingly**. "I haven't finished yet", he answered **angrily**. "If I make the **slightest** mistake, everything will be lost!" He looked **carefully** at the wires again and then cut the red one **quickly**. Suddenly a **loud** noise filled the air and all the passengers turned **pale**. The man stood up **more slowly** than any of the passengers thought would be **possible** and turned around even **more slowly**. All the time the noise continued **incessantly**. Then he said **in a friendly way**, "Ladies and Gentlemen, "I'm **happy** to tell you our **serious** complication has been solved! I've **finally** managed to repair the coffee-maker." And all the people on the plane started to clap **wildly**. ___/26

Seite 372   2   Mike: Look, the ballerina is beautiful.
            Tom: Yes, she dances beautiful.   beautifully
            Mike: The clown is heavily.   heavy
            Tom: But the elephant can lift him easy.   easily
                   Can you see the rope? It's so highest.   high
                   But the artist is real walking very quick.   really, quickly
            Mike. I don't want to do that. It must be dangerous.
            Tom: Not if you walk careful.   carefully
                   But look at the lions. They are walking through the cage wild. wildly
            Mike: Yes, can you see the big one over there?
                   It isn't looking at the trainer very friendliest.   in the friendliest way
            Tom: I don't want to see that. Hey, the clowns are nice.
      __/10   They move funny.   funnily

Seite 373   3   a) On Sundays, Tommy Eliot always meets his friend Oliver in a snackbar in Clark Street.
                b) Today his father is giving him a ride into town.
                c) He wants to meet Mr Cook in the pub.
                d) Mr Cook always buys his clothes at Mr. Eliot's shop in Low Street.
                e) Every year my nephew spends his summer holidays in Paris or in Scotland.
      __/12   f) Mr Cook drove home slowly from the snackbar at 8 o'clock.

48 bis 39 Punkte	39 bis 24 Punkte	unter 24 Punkte
__/48 | sehr gut bis gut | befriedigend bis ausreichend | nicht mehr ausreichend |

Anmerkungen:
Aufgabe 3: Für die einzelnen Sätze gibt es je nach Schwierigkeitsgrad unterschiedliche Punkt-
zahlen. Für die Sätze b) und c) gibt es jeweils einen Punkt, für die Sätze d) und f) jeweils zwei
Punkte. Für die Sätze a) und e) erhältst du jeweils drei Punkte, weil abgesehen von der Satzstellung auch die Übersetzung stimmen muss.

Kapitel 8: Konjunktionen und Präpositionen

Seite 374/375   1   Susan and Julia were walking along High Street. Tomorrow was their class-trip to Brighton
            and Susan wanted to get a new haircut and Julia wanted to buy a new T-shirt. Before they
            went to the hairdresser's, they had to go to the bank in order to get some money. When
            they got to the bank, they saw that their classmates, Tom and Lukas, were standing right
            in front of it.
            "If we go to the bank now, they will ask us where we are going," Susan said, "and I will have
            to tell them about the haircut!" "Yes, they will make jokes about it or laugh about us, because
            they always do!", added Julia. "Let's wait until they have gone away!"
            They went into a snackbar at the corner of the street and sat down by the window before
            they ordered a coke. When they saw that the two boys went away, they quickly finished their
            drinks, fetched the money and rushed to the hairdresser's. When Susan went inside, Julia
            promised to pick her up in an hour. Although she tried on a lot of T-shirts, Julia didn't find a
            nice one. When she looked at her watch she found out that she was late, so she hurried back
            to the hairdresser's as fast as possible. She opened the door and when she looked inside
            she had to laugh because Lukas was getting a new haircut, too. Susan's hair was super and
            she was sitting next to Tom. He had had a new haircut, too. Green spikes! Urgh!

            Konjunktionen der Zeit: before, when, until
            Konjunktionen des Ortes: –
            Konjunktionen der Bedingung: if
            Konjunktionen des Grundes: because
            Konjunktionen der Einräumung: although

Konjunktionen der Absicht: in order to
Konjunktionen der Folge: so
Beiordnende Konjunktionen: and

2   a) You are always so nasty, **so** I won't talk to you. Seite 376
     b) I don't have much time, **but** I can help you.
     c) He doesn't know **when** he met her brother.
     d) Can you speak up, please, **because** I can't hear you.
     e) He was watching a movie **when** the doorbell rang.
     f) He likes Hollywood movies **but/although** he doesn't like Bollywood productions.

3   One day Mike went **to** the river. He sat down **by** the river and watched the birds **in** the trees. Seite 377
    Suddenly his leg hurt. He looked **under** his leg and noticed a large stone. "I wonder if I can
    throw it **across** the river?", he thought. He got up and threw. But the stone fell **into** the river.

4   a) in, b) among, c) next to, d) behind, e) from, f) on, g) until, h) opposite, Seite 378
     i) Instead of, j) with, k) in front of/through, l) above

5   Mögliche Lösungen Seite 379
     a) Look up the time of the next train in the schedule.
     b) Our car broke down on the motorway.
     c) Give up smoking, please.
     d) We called off the picnic because of the bad weather.
     e) I came across a word I have never heard before.
     f) She came up with a new idea.
     g) We invited her to dinner, but she didn´t turn up.
     h) My bike is so old. It´s falling apart.
     i) The London train gets in at 10.05.
     j) She´s gone for some milk.
     k) Keep off the grass.
     l) Can you make out a face on the photo?
     m) I put down my name on the list.
     n) We set off early the next morning.

Training plus Seite 380
79   Konjunktionen verbinden Wörter, Satzteile und Sätze.
80   Es gibt beiordnende und unterordnende Konjunktionen.
81   *although, though*
82   Präpositionen drücken zeitliche, räumliche und abstrakte Verhältnisse aus.
83   *Phrasal verbs* verwendet man vor allem in der Umgangssprache.
84   Bedeutung
85   *to blow something up*
86   auf jemanden aufpassen, sich um jemanden sorgen
87   z.B. *in, behind, in front of*
88   *The stone fell into the river.*

Abschlusstest Seite 381
1   to look: to look at → etwas anschauen; to look after → sich um etwas kümmern, to look
             for → etwas suchen; to look forward to doing something → sich auf etwas freuen;
             to look into sth.→ etwas prüfen, untersuchen; to look up to s.b. → zu jdm. aufsehen
     to turn: drehen, to turn up → plötzlich erscheinen, auftauchen, to turn out → als Ergebnis
             haben, sich entwickeln
     to bring: to bring about → etwas verursachen, to bring up → erziehen _/12
     to give: to give in → nachgeben; to give up → etwas aufhören

2   a) below, b) until, c) against, d) at/in, e) opposite/next to, f) in, Seite 382
     g) in front of, h) over, i) under, j) after; in _/11

Seite
382/383

3 a) I was 16 years old **when** I had my first band.
 b) We were looking for a place to rehearse for a long time **until** we found an empty garage.
 c) We didn't know our instruments very well **although** we tried very hard.
 d) We kicked out our drummer **because** he was too bad.
 e) (We told him,) **"If** you work harder, we will take you back!"
 f) **When** he left the garage, he threw down my guitar **because** he didn't like it.
 g) **Then** he started to rehearse **and** he played in a heavy metal band later.
 h) **But** today he can't hear any more **because** they played so loudly.
 i) **But** the band was never successful **because** the musicians played so badly.

___/13

36 bis 29 Punkte	28 bis 18 Punkte	unter 18 Punkte
sehr gut bis gut	befriedigend bis ausreichend	nicht mehr ausreichend

___/36

Anmerkungen:
<u>Aufgabe 3:</u> Für jede richtig eingesetzte Konjunktion gibt es 1 Punkt.

Kapitel 9: Arbeitstechniken und Sprachfertigkeiten

Seite 385

1 b) reason: Grund / hope: Hoffnung, hoffen / Pilgrim: Pilger, Mitglied der ersten Siedler in der USA / Mayflower: Name des Schiffes der ersten Siedler / Plymouth: Hafenstadt in den USA und GB / Puritans: Puritaner, Mitglieder einer religiösen Gemeinschaft / worship: verehren, dienen / Mayflower Compact: Vertrag, der auf dem Schiff zwischen den ersten Siedlern geschlossen wurde / sail: segeln, das Segel / average: Durchschnitt / value: Wert / ruler: Herrscher / citizen: Bürger / settlement: Siedlung / organize: organisieren / Quaker: Mitglied einer religiösen Gemeinschaft, Quäker / community: Gemeinschaft / wheat: Weizen / plantation: Plantage / slave: Sklave / workhand: Arbeitskraft

Seite 386

2 a) not in the text; b) wrong; c) wrong; d) not in the text; e) not in the text; f) wrong; g) true; h) true; i) true; j) true; k) wrong; l) true; m) wrong

3 a) The first settlers were the Pilgrim Fathers.
 b) They settled in Plymouth.
 c) They arrived in 1620.
 d) They travelled for 67 days.
 e) They were small farmers, built ships and lived from the trade with England.
 f) They grew rice, indigo and tobacco because it grew well and sold well in Europe.

4 Individuelle Lösung. Mögliche Beispiele:
 Where did the first settlers come from? How did they come to America?
 Why did they come to America? Who are the Quakers? What are plantations?

Seite 387

5 a) Traurigkeit; b) Champion, Sieger; c) Qualität; d) Bezahlung; e) maximieren; f) identifizieren; g) verbreitern; h) australisch, Australier; i) egoistisch; j) furchtlos; k) bewusstlos; l) aufdecken; m) unfähig; n) ineffektiv, unwirksam, wirkungslos; o) respektlos; p) disqualifizieren, ausschließen

Seite 389

6 Oberbegriff: school

school			
subjects	**people**	**classroom**	**schoolbag**
Geography	teacher	board	rubber
Maths	pupil	desk	pencil
English	headmaster	chair	pen
History	caretaker	radiator	pencil-case
		window	

7 Die *mindmap* bildet Hauptabzweigungen zu den Oberbegriffen *subjects, people, classroom* und *schoolbag*. Ggf. wird sie durch weitere Fächer, Räume oder Gegenstände ergänzt, wie z.B. *German, Physical Education/P.E., Home Economics* (Hauswirtschaft), *Drama, Gym* (Turnhalle), *break* etc.

8 a) Once upon a time there were three pupils, Nirav, Paul and Eileen. They wanted to start a band because Nirav played the bass, Paul played guitar and Eileen was a good singer. There were, however, a few big problems. They didn't have any money for new instruments and amplifiers …

b) The topic of this text is the problems many young and gifted (= *begabt*) people of today have: no money. Let's take, for example, Nirav, a young man from London whose Hindi name means "without sound" and who is a very talented bass player. He wants to form a rock band with his friends Paul, a new star in the heaven of guitar players and Eileen, probably the new Madonna …

Seite 390

9 Reihenfolge der Sätze: b, g, q, e, i, c, m, k, d, r, l, n, h, p, j, a, f, o

Seite 391

10 A little girl was sitting next to a tree in a park. She was crying loudly. So I asked, "Why are you crying?" She answered, "I saw a beautiful bird which was flying across the lake. Suddenly a boy came and he had a bow and an arrow in his hands. When he aimed at the bird I screamed, "Stop, don't do that!" But he didn't listen and shot the arrow. It flew into the air and hit the bird which fell into the lake. It was so sad!"

11 Individuelle Lösung unter Verwendung von: … and they lived happily ever after.
Bzw. … and they had many top ten hits and were happy for the rest of their lives.

12 a) A shop where you can buy sweets
b) A trolley or cart you put little children in
c) A place in the open air where children play
d) A place where you can save money
e) The husband of someone's daughter
f) Something that has many colours
g) A car that tows away another one that has broken down or has had an accident

Seite 392

13 Individuelle Lösung mit Sätzen nach ähnlichem Muster:
a) An aged person isn't young any more.

b) interesting	c) strong	d) to answer	e) difficult	f) war
g) to sleep	h) dialogue	i) for	j) not interesting	k) alive
l) teacher	m) fast	n) sadness	o) beautiful	p) downwards
q) careful	r) to build up	s) rainy	t) easy	u) sweet

Seite 393

14 Hier die Antworten von Jonas:
Miro schreibt aus Tschenstochau in Polen.
Es liegt ungefähr 750 km von unserem Wohnort entfernt.
Miros Großmutter spricht etwas Deutsch und hat ihm von dem Wettflug erzählt.
Der Luftballon hing in einem alten Apfelbaum im Garten.
Sein Deutsch ist sehr schlecht.
Er möchte, dass du ihm schreibst.

Seite 393/394

15 Mobbing gibt es überall, denn es hat viele Erscheinungsformen. Alle Opfer von Mobbing haben Angst oder werden dadurch belastet. Sie meinen sie seien nicht gut, mit ihnen stimme etwas nicht oder sie denken, nicht zu der Gruppe zu gehören. Menschen, die andere mobben, haben oft selbst Probleme: Sie sind oft selbst gemobbt worden oder haben selbst Angst. Nichtsdestotrotz ist Mobbing falsch. Wenn man gemobbt wird, soll man die Menschen, die dies tun, fragen, warum sie das tun. Allerdings soll man sich vorher überlegen, was man sagen will und aufschreiben, was passiert. Danach sollte man mit einer Person, der man vertraut, reden. Vor allem darf man nicht denken, Mobbing sei in Ordnung, nur weil alle es tun. Man darf dabei nicht mitmachen.

Seite 395

Seite 396 16 You have to be at the hostel at 6 o'clock, otherwise you may lose your bed. If you inform your host, you can arrive later.
There are different rooms for boys and girls. Guests must keep the rooms in order and must help during the meals. They mustn't litter and must help to save/conserve energy and water.
They are not allowed to prepare food or eat in the rooms where they sleep (dormitories).
Parts of the house may be closed for cleaning in the mornings.
The hostel is normally open between 7 a.m. and 10 p.m. After 10 p.m. you must be quiet until 7 a.m. You can only smoke in special areas.
You are not allowed to drink alcohol at a youth hostel.
You are allowed to bring your radio or a CD-player but you mustn't be loud.

Seite 397 **Training plus**

89 Schlüsselwörter geben Aufschluss über das grundsätzliche Thema eines Textes und seiner Inhalte.

90 *Who, what, where, when, how.*

91 Weil nicht alle Wörter für das Textverständnis notwendig sind.

92 Sie verändern das Wort ins Gegenteil.

93 Diese Nachsilben weisen auf ein Adjektiv hin.

94 Eine „mindmap" ist eine Stoffsammlung unter Oberbegriffen, eine „geistige Landkarte".

95 *suddenly*

96 Einleitung, Hauptteil , Schluss bzw. *introduction, main part, ending*

97 Bei der *Mediation* ist es wichtig, sinngemäß zu übertragen.

98 *Opposites* helfen, Begriffe zu umschreiben.

99 A "Jugendherberge" is a cheap hotel for young people. The translation is "youth hostel".

Seite 398 **Abschlusstest**

1

noun	verb	adjective
loneliness	intensify	thoughtless
intensity	socialize	terrific
society	qualify	defenseless
battlement	hypnotize	hideous
serendipity		horrific
inflation		conscious
excitement		
emptiness		

___/18

Seite 398/399 2 Er fragt, ob wir bestellen wollen.
We would like one mixed salad and two salami pizzas. For me a lasagna, please.
Was wollen wir trinken?
A glass of red wine, one beer and one Coke, please.
Willst du ein deutsches oder ein englisches Bier, Oma? Sie haben auch Heineken aus Amsterdam.
An English beer, please.
Er fragt ob das alles ist oder ob jemand noch einen Nachtisch will.
We will tell you later. / We'll decide later.
My grandpa ordered a pizza salami! And he would like another glass of wine.
Er hat sich entschuldigt. Deine Pizza kommt gleich.
Er fragt, ob alles in Ordnung ist und entschuldigt sich nochmal für sein Versehen.
My grandma says that that can happen to anyone. The food is delicious/very good. And we would like another Coke and a glass of water, please.

___/22

40 bis 32 Punkte	31 bis 20 Punkte	unter 20 Punkte
sehr gut bis gut	befriedigend bis ausreichend	nicht mehr ausreichend

___/40

Verbtabelle

Diese Liste wichtiger unregelmäßiger Verben enthält neben Infinitiv und *simple past*-Form auch die dritte Form, nämlich die des Perfekts (z.B. *to go – went – gone*; gehen – ging – gegangen).

infinitive	simple past	perfect	deutsch
to be	was/were	been	sein
to beat	beat	beaten	schlagen, besiegen
to bring	brought	brought	bringen
to buy	bought	bought	kaufen
to choose	chose	chosen	wählen, aussuchen
to cling	clung	clung	festhalten, sich klammern
to come	came	come	kommen
to do	did	done	machen, tun
to draw	drew	drawn	zeichnen
to dream	dreamt	dreamt	träumen
to drink	drank	drunk	trinken
to drive	drove	driven	fahren
to eat	ate	eaten	essen
to fall	fell	fallen	fallen
to feed	fed	fed	füttern
to feel	felt	felt	(sich) fühlen
to fight	fought	fought	kämpfen, streiten
to find	found	found	finden
to fly	flew	flown	fliegen
to forget	forgot	forgot/forgotten	vergessen
to get	got	got/gotten	bekommen
to give	gave	given	geben
to go	went	gone	gehen
to grow	grew	grown	wachsen, anbauen
to have	had	had	haben
to hear	heard	heard	hören
to hit	hit	hit	treffen, schlagen
to hurt	hurt	hurt	weh tun, verletzen
to know	knew	known	kennen, wissen
to learn	learnt	learnt	lernen
to let	let	let	lassen

infinitive	simple past	perfect	deutsch
to lie	lay	lain	liegen
to lose	lost	lost	verlieren
to make	made	made	machen, tun
to mean	meant	meant	bedeuten
to meet	met	met	(sich) treffen
to put	put	put	setzen, stellen, legen
to read	read	read	lesen
to ride	rode	ridden	reiten, fahren
to run	ran	run	laufen, rennen
to say	said	said	sagen
to see	saw	seen	sehen
to send	sent	sent	schicken, senden
to set	set	set	setzen, stellen, legen
to shake	shook	shaken	schütteln
to shine	shined/shone	shined/shone	scheinen, glänzen
to shut	shut	shut	schließen, zumachen
to sing	sang	sung	singen
to sit	sat	sat	sitzen
to sleep	slept	slept	schlafen
to speak	spoke	spoken	sprechen
to spell	spelt	spelt	buchstabieren
to spend	spent	spent	verbringen, ausgeben
to stand	stood	stood	stehen
to swim	swam	swum	schwimmen
to take	took	taken	nehmen
to teach	taught	taught	lehren, unterrichten
to tell	told	told	sagen, erzählen
to think	thought	thought	denken, meinen
to throw	threw	thrown	werfen
to understand	understood	understood	verstehen
to wake	waked/woke	waked/woken	wecken
to wear	wore	worn	tragen
to win	won	won	siegen, gewinnen
to write	wrote	written	schreiben

Glossar

Abstrakte Nomen *(abstract nouns)*
Nomen oder Hauptwörter, die in dieser Form nur im → Singular verwendet werden können bzw. den → Plural mit Umschreibungen bilden müssen. Beispiel: *information, advice, water, homework.*

Adjektiv *(adjective)*
Gibt Auskunft darüber, wie etwas ist (Wiewort); steht vor → Nomen oder im Zusammenhang mit dem → Verb *to be*. Beispiel: *the nice boy; the boy is nice.*

Adverb *(adverb)*
Umstandswort. Gibt an, wie, wo, wie oft oder zu welcher Zeit man etwas tut. Beispiel: *happily, angrily; often, always, today, yesterday; here, there, ...*

Adverbiale Bestimmung
Umstandsbestimmung. Gibt an, wie, wo, wie oft oder zu welcher Zeit man etwas tut. Beispiel: *the right way, in angry tones, once a week, from time to time, under the car, behind the curtain, on Monday, in 1998 ...*

Aktiv *(active clause)*
Wenn das Subjekt des Satzes handelt, steht das Verb in der Aktiv-Form. Beispiel: *I read this book. – Ich lese dieses Buch.* Das Gegenteil ist das → Passiv.

Artikel, bestimmter *(definite article)*
Verweist auf eine näher bestimmte, bekannte Person oder Sache. Beispiel: *the green apple – der grüne Apfel.*

Artikel, unbestimmter *(indefinite article)*
Beschreibt eine nicht näher bestimmte Person oder Sache. Beispiel: *an apple; a green apple – ein Apfel; ein grüner Apfel.*

Bedingungssatz *(if-clause, conditional sentence)*
Drückt aus, dass etwas unter einer bestimmten Bedingung geschieht. Bedingungssätze des Typs 1 beschreiben erfüllbare Bedingungen. Beispiel: *If I clean my room, mum will be very happy.*

Conditional sentence
→ Bedingungssatz

Demonstrativpronomen *(demonstrative pronoun)*
Wortart, mit deren Hilfe der Sprecher/die Sprecherin auf einen Gesprächsgegenstand verweist, auf den man z.B. mit dem Finger zeigen kann. Beispiel *this* (→ Singular), *these* (→ Plural); *that* (→ Singular), *those* (→ Plural).

Gerundium *(gerund)*
Substantiviertes Verb in der -ing-Form, das die Funktion eines Substantivs hat. Beispiel: *I like reading. – Ich mag (das) Lesen.*

going to-future
Drückt aus, dass jemand etwas plant oder triftige Gründe oder Anzeichen dafür sprechen, dass etwas eintritt. Beispiel: *I am going to fly to Rio next week.*

Grundform *(infinitive)*
Infinitiv des → Verbs ohne Hinweise auf Personen oder Zeitform (Tempus). Beispiel: *drive, eat, drink ...*

Häufigkeitsadverb *(adverb of frequency)*
Gibt an, ob eine Handlung oft, manchmal, immer, regelmäßig, normalerweise, selten oder nie stattfindet. Beispiel: *often, sometimes, always, regularly, normally, rarely, never ...*

Hilfsverb, modales
(modal auxiliary verb)
Kann nur in Verbindung mit einem → Vollverb das → Prädikat eines Satzes bilden. Beispiel: *I must help my father this afternoon. Jenny can play football!*

if-clause
→ Bedingungssatz

Imperativ *(imperative)*
Befehlsform des Verbs. Beispiel: *Help me! Shut up, please.*

Indirekte Rede *(reported speech)*
Gibt wieder, was jemand gesagt hat. Gegensatz zur direkten Rede. Besteht aus dem Redebegleitsatz *(reporting clause)* und der wiedergegebenen Aussage *(reported clause)*. Beispiel: *She says (reporting clause) that her teacher is ill (reported clause).*

Infinitiv *(infinitive)*
→ Grundform des → Verbs.

Konjunktion *(conjunction)*
Bindewort. Verbindet Wörter, Satzteile oder Sätze. Beispiele: *and, or, when, because.*

Mediation
Sinngemäße Übersetzung mit Umschreibungen. Das Gegenteil ist die wortwörtliche Übersetzung *(translation)*.

Mengenanzeiger *(quantifiers)*
Bezeichnen bestimmte oder unbestimmte Mengen und stehen in der Regel vor den zählbaren oder nicht zählbaren → Nomen. Beispiel: *some juice, any bottles, much money, little work, every pupil, all teachers, a lot of time.*

Modales Hilfsverb
(modal auxiliary verb)
→ Hilfsverb

Nomen *(noun)*
Substantiv oder Hauptwort; wird oft von einem → Artikel begleitet. Beispiel: *flower, stone …*

Objekt *(object)*
Satzergänzung; z.B. Dativobjekt (Frage: Wem?) oder Akkusativobjekt (Frage: Wen oder Was?).

Ortsadverb und adverbiale Bestimmung
Zum Beispiel *here, there, at school, in the park, under the car …*

Paarwort *(pair noun)*
Bezeichnet Dinge, die aus zwei Teilen bestehen und im → Plural gezählt werden. Beispiel: *scissors, trousers, jeans, glasses …*

Passiv *(passive clause)*
Das Subjekt eines Satzes handelt nicht selbst, sondern etwas wird mit ihm gemacht bzw. es „erleidet" eine Handlung. Das Verb steht dann in der Passiv-Form. Beispiel: **The car was stolen. – Das Auto wurde gestohlen.** Das Gegenteil ist das → Aktiv.

Past progressive (Verlaufsform der Vergangenheit)
Drückt aus, dass eine Handlung in der Vergangenheit gerade ablief oder dass es sich um eine Hintergrundhandlung handelt. Beispiel: *She was preparing dinner when the door bell rang.*

Personalpronomen (personal pronoun)
Steht anstelle eines → Nomens. Beispiel (Subjektfall): *I, you, he, she, it, we, you, they.*

Plural *(plural)*
Mehrzahl. Beispiel: *flowers, stones …*

Possessivpronomen
(possessive pronoun)
Besitzanzeigendes Fürwort; zeigt an, wem etwas gehört oder wem etwas zuzuordnen ist. Beispiel: *my, your, his, her, its, our, your, their.*

Prädikat *(predicate)*
Satzaussage; besteht aus einem → Vollverb oder aus einem Verb und einem Hilfsverb. Beispiel: *He likes pizza. She must play the trumpet.*

Präposition *(preposition)*
Verhältniswort; drückt im Satz das Verhältnis von Personen und Dingen zueinander aus. Es gibt z.B. → Präpositionen des Ortes, der Richtung oder der Zeit.

Präposition des Ortes
(preposition of place)
Beschreibt den Ort von Dingen und Personen. Beispiel: *on, under, next to, in front of, behind …*

Präposition der Richtung
(preposition of direction)
Verrät etwas über eine Richtung oder Bewegung. Beispiel: *up, down, to, into, around, through*

Present perfect
Form der Vergangenheit, die angibt, dass in der Vergangenheit etwas gerade geschehen ist. Drückt aus, dass beendete Handlungen/Ereignisse Auswirkungen auf die Gegenwart haben. Beispiel: *She has phoned her husband. (They want to take the train together.)*

Present progressive
(Verlaufsform der Gegenwart)
Drückt aus, was im Moment des Sprechens passiert bzw. was jemand im Moment des Sprechens tut. Beispiel: *It is raining at the moment. Susi and Pete are playing football.*

Signalwörter für das *present progressive* sind zum Beispiel *at the moment, now.*

Pronomen *(pronouns)*
Wörter, die für (lateinisch: pro) ein Nomen stehen. Durch sie vermeidet man z.B die Wiederholung eines Nomens. Es gibt z.B. → Personalpronomen, → Possessivpronomen oder → Relativpronomen.

Relativpronomen
Fürwort, das auf das Nomen des Hauptsatzes verweist. Relativpronomen können Subjekt oder Objekt des Nebensatzes sein. Beispiel: *Tom is a boy who loves sports.* Relativpronomen sind z.B. *who, that, which.*

Relativsatz
Nebensatz, der sich auf das Nomen des Hauptsatzes bezieht. Beispiel: *The book which/that I'm reading is very interesting.*

Richtungspräposition
(preposition of direction)
→ Präposition der Richtung

Question tag
Bestätigungsfrage am Satzende. Beispiel: *The weather is nice, isn't it?*

Satz *(sentence, clause)*
Ein vollständiger Aussagesatz besteht mindestens aus einem Subjekt und einem Prädikat. Die Satzstellung *(word order)* im englischen Aussagesatz folgt dem Muster Subjekt – Verb/Prädikat – Objekt bzw. *subject – verb/predicate – object (S – P – O).*

Simple past
(einfache Vergangenheit)
Einfache Vergangenheit; gibt in der Vergangenheit abgeschlossene Handlungen wider. Beispiel: *I watched TV last night.* Signalwörter für das *simple past* sind zum Beispiel: *last week, yesterday, three years ago.*

Simple present
(einfache Gegenwartsform)
Wird verwendet, wenn etwas immer wieder so passiert oder immer wieder so ist. Beispiel: *We always <u>have</u> breakfast in the kitchen. Every morning, he <u>gets up</u> late.*
Signalwörter für das *simple present* sind zum Beispiel *always, every, usually*.

Singular *(singular)*
Einzahl. Beispiel: *flower, stone ...*

Subjekt *(subject)*
Satzgegenstand; Satzglied im 1. Fall bzw. Nominativ; Frage: Wer?/Was?). Beispiel: *The teacher sounds angry.*

Unzählbare Nomen
(noncounts/noncountables)
Beispiele: *love, milk, information*

Verb *(verb)*
Tätigkeitswort oder Zeitwort. Beispiel: *walk, he talked, he has lost.*

Verb, unregelmäßig *(verb, irregular)*
Bildet die Vergangenheitsformen unregelmäßig. Beispiel: *drive – drove – driven; go – went – gone.*

Vollverb *(main verb)*
Kann allein das → Prädikat eines Satzes bilden, d.h. ohne ein → Hilfsverb. Beispiel: *Elephants eat a lot!*

Will-future
Drückt Vorhersagen oder Vermutungen über die Zukunft aus, die nicht beeinflussbar sind oder verweist auf spontane Entschlüsse. Beispiel: *It will be cloudy tomorrow. Wait, I will help you!*

Zeit/Zeitform *(tenses)*
Zeit lässt sich in die Bereiche Vergangenheit, Gegenwart und Zukunft aufteilen. Zeit wird durch die Zeitformen *(tenses)* ausgedrückt. Beispiel: *present tense: simple present* und *present progressive; past tense: simple past* und *past perfect; future: will-future* und *going to-future.*

Zeitpräposition *(preposition of time)*
Gibt an, wann oder zu welchem Zeitpunkt etwas passiert. Beispiel: *10 years ago, before, on, in, at, during ...*

Stichwortverzeichnis

Deutsch

Adverb, Adverbien 30, 46
Adverbiale Bestimmung 37, 38
Adverbialsatz 33, 38
ähnlich klingende Laute 18, 19, 20
ai 18
Aktiv 40
Argument 86, 89
Apposition 54
Attribut 40
Attributsatz 40
äu 19
Begründen 86, 87
Behauptung 89
Bericht, Berichten 70, 94
    Zeugenbericht 70, 71, 72, 73
Beschreibung . . . . 74 – 83
    Tierbeschreibung 74, 77, 79
    Personenbeschreibung 80, 81, 82, 83
Bindestrich 15
Britting, Georg 108
das 17
dass 17
Dehnung 66
Demonstrativpronomen 49
ei 18
Eichendorff, Joseph von 108
eingewanderte Wörter 38
end 20
ent 20
Erzählen 58
eu 19
Fantastische Geschichten 58
Futur I und II 52, 54
Gleich klingende Laute . . . . 18 – 20
Groß- und Kleinschreibung 8, 9, 10, 11
Grund, Gründe 86, 87, 88
Hauptsatz 21, 22, 28, 29, 31
Hauptsatzverbindungen 31
-ich und -ig 20
Komma . . . . 21 – 23
   – bei Aufzählung 21
   – bei einer Infinitivgruppe 23
   – bei Satzgefügen 22
   – vor Konjunktionen 21
Konsonantenverdreifachung 15
Kreuzreim 106
Ländernamen 10
Lügengeschichten 64, 66, 67
Metapher 107
Morgenstern, Christian 105, 106
Mörike, Eduard 110
Münchhausen, Freiherr von 65
Nebensatz 22, 31, 32

Objekt 36
   – Akkusativobjekt 36
   – Dativobjekt 36
   – Genitivobjekt 36
   – Präpositionalobjekt 36
Ortsnamen 10
Paarreim 106
Partizip I und II 51
Passiv 54
Perfekt 52, 53
Personifikation 107
Perspektive 60
Plusquamperfekt 52, 53
Präpositionalattribut 40
Präpositionalobjekt 36
Präsens 52, 53, 97
Präteritum 52, 53, 94
Pronomen 48, 49
   – Demonstrativpronomen 49
   – Relativpronomen 31, 34, 48
Reim 104, 106
    Kreuzreim 106
    Paarreim 106
    umarmender Reim 106
Relativpronomen 31, 34, 48
Relativsatz 34
Satzgefüge 31
Satzglied 35
Satzreihe 28
Schlüsselwort 99
Schnurre, Wolfdietrich 107
s-Laut 16
   – stimmhaft 16
   – stimmlos 16
Stütze 89
Substantivierung 9
Tageszeiten 11
Tempus 50, 52
   – Futur I 52, 53
   – Futur II 52, 53
   – Perfekt 52, 53
   – Plusquamperfekt 52, 53
   – Präsens 52, 53, 97
   – Präteritum 52, 53, 94
Umstellprobe 35
Verb . . . . 50 – 54
Verbformen 50, 53
   – einfache 53
   – finite und infinite 50, 51
   – zusammengesetzte 53
Vergleich 107
Verschiebeprobe 35
Vokale 12, 13, 14, 16
   – lang 12
   – kurz 14

Wörter, eingewanderte........................... 38
Wörter, zusammengesetzte...................... 10
Wörtliche Rede................................. 62
wider.. 13
wieder... 13
Zeitangaben 11
Zeitstufen..................................... 52

Mathematik

Abbildungen in der Ebene...................... 230
absolute Häufigkeit........................... 240
Achsenspiegelung............................. 233
Achsensymmetrie 235
Addition
    von Brüchen.............................. 154
    von Dezimalbrüchen 166
    von rationalen Zahlen 176
Ausklammern 183
Ausmultiplizieren............................. 184
Balkendiagramm.............................. 202
Betrag.. 174
Brüche 148–161
    als Maßzahlen............................. 149
Dezimalbruch 162
Dezimalschreibweise 162
Dezimalstellen 162
Diagonale..................................... 224
DIN-Formate 169
Distributivgesetz
    der Division 158, 184
    der Multiplikation..................... 158, 182
Division
    von Brüchen.............................. 157
    von Dezimalbrüchen 168
    von rationalen Zahlen 181
Drachen 224
Drehsymmetrie................................ 235
Drehung 231
Dreieck 220
Dreisatzrechnung............................. 188
Durchschnitt von Häufigkeitsverteilungen 244
echte Brüche.................................. 150
Elementarereignis............................. 238
Ergebnismenge 238
Erweitern von Brüchen........................ 151
Fixpunkt 231, 232, 233
Flächen 218
Flächeninhalt 218, 220, 222, 223, 224, 226
Gegenwinkel.................................. 212
Gegenzahl 174
gemischte Zahlen 150
Gesetz der großen Zahlen..................... 241
gleichnamige Brüche 153
Gleichverteilungen 243
Grad.. 208
grafische Darstellungen.................. 192, 202
Größenvergleich von Dezimalbrüchen.......... 164
Grundwert G 198
Häufigkeitsverteilung......................... 240

Hauptnenner.................................. 153
Hyperbel..................................... 192
Kehrbruch 157
Klammerausdrücke 178
Klammerregel................................ 158
kleinstes gemeinsames Vielfaches (kgV).......... 153
Kreis 226
Kreisdiagramm............................... 202
Kreisumfang 226
Kürzen von Brüchen 151
Laplace-Experiment........................... 243
Laplace-Formel............................... 243
Maßzahlen................................... 149
    Dezimalbrüche 170
Menge $\mathbb{N}$ 175
Menge $\mathbb{Q}$ 175
Menge $\mathbb{Z}$ 175
Mittelsenkrechte 231, 233
Multiplikation
    von Brüchen.............................. 156
    von Dezimalbrüchen 167
    von rationalen Zahlen 180
natürliche Zahlen............................. 175
Nebenwinkel................................. 212
negative Zahlen 174
Parallelogramm 222
periodischer Dezimalbruch.................... 163
proportionale Zuordnungen 188
Prozentrechnung 198, 200
    Grundbegriffe 198
Prozentsatz 198
Prozentwert W 198
Prozentzahl 198
Punkt-vor-Strich-Regel 158
Punktspiegelung 232
Punktsymmetrie.............................. 235
Quadrat...................................... 218
rationale Zahlen.............................. 174
Raute.. 224
Rechteck..................................... 218
rechter Winkel 211
relative Häufigkeit............................ 240
Runden von Dezimalbrüchen 165
Säulendiagramm 202
Scheitelwinkel 212
Spiegelgerade................................ 233
Streifendiagramm 202
Stufenwinkel................................. 212
stumpfer Winkel.............................. 210
Subtraktion
    von Brüchen.............................. 154
    von Dezimalbrüchen 166
    von rationaler Zahlen 176
Symmetrie in Figuren......................... 235
Trapeze...................................... 223
Überkreuz-Kürzen 156
Umfang................... 218, 220, 222, 233, 224
umgekehrt proportionale Zuordnungen 190
unechte Brüche 150

ungleichnamige Brüche 154
Ursprungsgerade 192
Verknüpfung von Abbildungen 234
Verschiebung 230
Verschiebungspfeil 230, 234
Vieleck 225
Vorzeichen 174
Wechselwinkel 212
Wertepaar 192
Wertetabelle 192
Winkel 208
  am Dreieck 213
  an Geradenkreuzungen 212
  messen und zeichnen 209
Winkelarten 211
Zahlenkreis 208
Zahlenmenge 175
Zufallsexperiment, zweistufiges 238

Englisch

Adjektiv / *adjective* 360, 361, 362, 366
Adverb / *adverb* 365, 366, 369
Adverb der Art und Weise / *adverb of manner* . . 366, 368
Aktiv / *active clause* 352
Amish people 363
any 320, 321, 322
Artikel, bestimmter / *definite article* 324, 325, 326
Artikel, unbestimmter / *indefinite article* . 324, 325, 326
as … as 362
Bedingungssatz, Typ 1 / *conditional sentence* 336
Bestätigungsfragen / *question tags* 339, 340
brainwriting 388
by-agent 355
conditional sentence 336
contact clause 335
direkte Rede 344
Earth Day 312
Edison, Thomas Alva 355
ending 391
Endkonsonantenverdoppelung 361
every 320, 322, 365
football 291
Fragebildung 292, 299
Fragewörter, *wh*-Fragen 384
future 294, 353
Gegenwartsformen 290
Gerundium / *gerund* 316, 317, 377
going to-future 294
Häufigkeitsadverb 320, 365
Hilfsverb, modales /
  modal auxiliary verb 291, 299, 308, 310, 311, 339
Hollywood 376
if-clause 336
indirekte Rede / *reported speech* 284
Infinitiv mit to / *to-infinitive* 338
introduction 390
Komparativ 361, 362
Konjunktion 374
Kurzformen 299

London Eye 293
main part 390, 391
Mediation 392, 393, 394
mindmap 388
modales Hilfsverb /
  modal auxiliary verb 291, 299, 308, 310, 311, 339
no 320, 322
Nomen, zählbar 318
Oktoberfest 346
one / ones 318, 319
Ortsadverb und -adverbiale Bestimmung 365
Passiv / *passive voice* 352, 353, 354, 355
past participle 299, 353
past progressive 295
phrasal verbs 379
Präposition / *preposition* 334, 377, 379
present perfect 298, 299, 300, 301, 302, 353
present progressive 290
question tags 339, 340
reading comprehension 384, 387
Redewendungen, *cooking* 327
Relativpronomen 332, 333, 335
Relativsatz 332, 334, 335
regelmäßige Verben 292
reported speech 344
Satzbausteine 332
Satzstellung / *word order* 291, 365, 368, 369
Stoffsammlung 388
Signalwörter 292, 296, 300, 303
simple past 292, 302, 303, 353
simple present 290, 353
sinngemäßes Übersetzen 392
Superlativ 361
Texterschließung 384, 387
Texte schreiben 389
to-infinitive 338
translation 392
umschreiben / Umschreibung 393
unregelmäßige Verben 292, 298, 421, 422
Verb / *verb* 290, 292, 298
Verb, regelmäßig / *verb, regular* 292, 298
Verb, unregelmäßig / *verb, irregular* . . 292, 298, 421, 422
Vergangenheit, Formen der 292, 295, 300, 303
Verneinung 290, 299, 353
will-future 294, 422
while 296
wh-Fragen 384
word order 291, 365, 368
Wörter, unbekannte 387
wordweb 388
zählbare Nomen 318
Zeitadverb bzw. -adverbial 365
Zukunft, Formen der 294, 353

Quellenverzeichnis

Textquellen

15   Bastian Sick: Der Dativ ist dem Genitiv sein Tod. © 2004, 2012 by Verlag Kiepenheuer & Witsch, Köln GmbH & Co. KG, Köln, S.72 f.

16   Duden Etymologie. Das Herkunftswörterbuch der deutschen Sprache. Duden Band 7, von Günther Drosdowski, Dudenverlag, Mannheim/Wien/Zürich 1989, S. 86.

52/53   Hans Joachim Schädlich: Der Sprachabschneider. © 1980 by Rowohlt Verlag Gmbh, Reinbek bei Hamburg.

57   Hans Joachim Schädlich: Der Sprachabschneider. © 1980 by Rowohlt Verlag Gmbh, Reinbek bei Hamburg.

65   Der Baron von Münchhausen. Nach: http://www.muenchhausenland.de/index.php?side=content &ID=92 (Stand: 31.10.2008)

76   Lutz Röhrich: Lexikon der sprichwörtlichen Redensarten, Herder spektrum Bd. 5400, © Verlag Herder GmbH, Freiburg im Breisgau, 3. Auflage 2006, S. 755 – 766.

76   Rabenvögel. Aus: Brehms Tierleben. Allgemeine Kunde des Tierreichs, Vögel. Band 1, 3. Auflage, Leipzig/Wien 1891, S. 408.

77   Text 3: Der Fuchs. Aus: Brehms Tierleben, Allgemeine Kunde des Tierreichs, Säuger. Band 2, 3. A. Leipzig/Wien 1890.

77   Text 4: Der Fuchs. Aus: Biologie heute 1G, Schroedel Schulbuchverlag Hannover 1989, S. 122 f.

80   Textauszug aus „Pippi Langstrumpf" von Astrid Lindgren © Friedrich Oetinger Verlag, Hamburg 1986, S.13 f.

98   Warum ist das Meerwasser salzig? Aus: http://www.helles-koepfchen.de/warum_ist_meerwasser _salzig.html

99   Erdbeben in Pakistan © AFP, 26.10.2008

100   Regenbögen; aus: http://www.helles-koepfchen.de/lichterscheinungen/regenbogen-halo.html (Stand: 20.11.2008)

101   Was passiert, wenn man Licht durch ein Prisma wirft? http://www.helles-koepfchen.de/licht erscheinungen/regenbogen-halo.html (Stand: 20.11.2008)

103   Dieter Breuers: Ritter, Mönch und Bauersleut. Eine unterhaltsame Geschichte des Mittelalters, © 1994 Verlagsgruppe Lübbe GmbH & Co. KG, Bergisch Gladbach, S. 267 – 269.

104/105   Nach: Karl Simrock: Wundersame, abenteuerliche und bisher unbeschriebene Geschichten und Thaten der Schildbürger. Kapitel 17; in: http://ftp3.gwdg.de/pub/misc/gutenberg-de/gutenberg. spiegel.de/simrock/schildbg/schild17.htm (Stand: 20.11.2008)

105   Christian Morgenstern: Das ästhetische Wiesel. Gesammelte Werke in einem Band, München 1965.

106   Christian Morgenstern: Der Lattenzaun; aus: Gedichtbuch. Deutsche Gedichte für das fünfte bis zehnte Schuljahr. CVK, 1. Aufl. 1986, Bielefeld 1986, S. 241.

107   Wolfdietrich Schnurre: Kulisse; aus Wolfdietrich Schnurre: Kassiber. Suhrkamp Verlag. Frankfurt am Main 1956.

108   Georg Britting: Feuerwoge jeder Hügel; aus: aus: Georg Britting: Sämtliche Werke. © Georg-Britting-Stiftung 2008, Höhenmoos.

108   Joseph von Eichendorff: Die Nachtblume. Werke, hrsg. Von G. Baumann, Stuttgart 1953.

110   Eduard Mörike: Er ist's; aus: Gedichtebuch. Deutsche Gedichte für das fünfte bis zehnte Schuljahr. CVK, 1. Aufl. 1986, Bielefeld 1986.

Bildquellen

75	Bilder 1–3 OKAPIA, Frankfurt am Main
77	Arco Images, Lünen
85	OKAPIA, Frankfurt am Main
100	Mauritius Images, Mittenwald
293	ZB/Jens Büttner, picture-alliance, Frankfurt/M.
314	Verkehrsschilder. Rechts abbiegen: fritz, Fotolia; One way: Caila, Fotolia; Halteverbot: Instantly, Fotolia; Überholverbot: Falco, Fotolia; Stop-Zeichen: O.M., Fotolia.
363	EPA/Matthew Cavanaugh, picture-alliance, Frankfurt/M.